Economics Education und Human Resource Management

Reihe herausgegeben von
Olga Zlatkin-Troitschanskaia, Berlin, Deutschland
Christian Dormann, Mainz, Deutschland

In dieser Schriftenreihe stehen insbesondere empirische Studien in der Wirtschaftspädagogik und der Wirtschaftspsychologie im Mittelpunkt, die sich auf Lernen und Lehren in allen Bildungsbereichen und Institutionen erstrecken. Dies umfasst die schulische, akademische, nicht-akademische und betriebliche Bildung sowie deren Kontextfaktoren auf verschiedenen Ebenen. Ein besonderer Fokus liegt dabei auf der Erfassung und Erklärung von Bildungsprozessen und Lernergebnissen. Publiziert werden nationale und internationale wissenschaftliche Arbeiten. Die Reihe *Economics Education und Human Resource Management* wird von Christian Dormann und Olga Zlatkin-Troitschanskaia herausgegeben.

Weitere Bände in der Reihe http://www.springer.com/series/15631

Lena Hillebrecht

Studienerfolg von berufsbegleitend Studierenden

Entwicklung und Validierung
eines Erklärungsmodells

 Springer

Lena Hillebrecht
Göttingen, Deutschland

Die Dissertation wurde durch die Hans-Böckler-Stiftung mit einem Promotionsstipendium gefördert und im Rahmen eines Promotionskollegs an der wirtschaftswissenschaftlichen Fakultät der Georg-August-Universität erstellt.

Hans **Böckler**
Stiftung ▬▬

Mitbestimmung·Forschung·Stipendien

Economics Education und Human Resource Management
ISBN 978-3-658-26163-4   ISBN 978-3-658-26164-1   (eBook)
https://doi.org/10.1007/978-3-658-26164-1

Die Deutsche Nationalbibliothek verzeichnet diese Publikation in der Deutschen National-bibliografie; detaillierte bibliografische Daten sind im Internet über http://dnb.d-nb.de abrufbar.

Springer ist ein Imprint der eingetragenen Gesellschaft Springer Fachmedien Wiesbaden GmbH und ist ein Teil von Springer Nature
Die Anschrift der Gesellschaft ist: Abraham-Lincoln-Str. 46, 65189 Wiesbaden, Germany

Danksagung

Die vorliegende Dissertation hat mich einige Jahre meines Lebens-beschäftigt und ich bin glücklich und dankbar, sie nun zu veröffent-lichen. Dies wäre nicht möglich, ohne die Hilfe und Unterstützung vieler Personen aus meinem beruflichen und privaten Umfeld.

Als erstes möchte ich meiner Erstbetreuerin, Frau Prof. Dr. Susan Seeber, danken. Sie hat meine Dissertation von Anfang an, auch als ich noch Masterstudentin war, betreut. Außerdem hat sie mich während der gesamten Dauer meiner Promotion an ihrem Lehrstuhl beschäftigt. So konnte ich viel lernen und habe Einblicke in die vielfältigen Arbeitsbereiche erhalten.

Herrn Prof. Dr. Kilian Bizer gebührt der Dank ebenfalls in zweier-lei Hinsicht. Zum einen dafür, dass er die Zweitbetreuung meiner Dissertation übernommen hat und zum anderen dafür, dass er das Promotionskolleg geleitet hast, in dem ich Mitglied sein durfte. Dieses Kolleg wurde von der Hans-Böckler-Stiftung finanziert, der ich ebenfalls sehr dankbar für die Förderung meiner Dissertation im Rahmen eines Promotionsstipendiums bin. Die vielen Veran-staltungen, die im Rahmen des Kollegs stattgefunden haben, berei-cherten meine Arbeit. Außerdem danke ich Herrn Prof. Dr. Dr. Fabian J. Froese für die Drittbetreuung meiner Arbeit.

Auch meinen Kolleginnen und Kollegen am Lehrstuhl für Wirt-schaftspädagogik und Personalentwicklung möchte meinen Dank aussprechen. Dabei sind es drei Personen, die ich in besonders gu-ter Erinnerung behalte. Die erste ist Laura Büker, mit der ich die ersten dreieinhalb Jahre das Büro teilen durfte. Ich bin ihr so dankbar, dass ich immer ihren Rat einholen konnte. Auch am letzten Tag vor der Abgabe meiner Dissertation stand sie mir spontan zur Seite. Die zweite Kollegin, die ich erwähnen möchte, ist Therese Rosemann. Es war sehr schön, ihre Nachbarin zu sein und mit ihr zusammen zu arbeiten. Ich wünsche Laura und Therese viel Erfolg und das nötige Fünkchen Glück für ihre eigenen Dissertationen. Außerdem danke ich Christel Schikora für die Unterstützung und dafür, dass sie immer ein offenes Ohr für mich hatte.

Als nächstes möchte ich meiner Familie, also meinen Eltern, Jutta und Karl Hillebrecht und meinem Bruder, Simon Hillebrecht, von ganzem Herzen danken. Diese Menschen haben mich auf meinem gesamten Lebensweg bis hierher immer unterstützt. Sie sind meine Wurzeln und haben mir Flügel gegeben, mit denen ich zu dem Menschen werden konnte, der ich heute bin.

Neben meiner Familie haben mich auch viele Freunde auf meinem Weg begleitet. Dazu gehören Svenja Lange und Franziska Lawrenz, die ich schon sehr viele Jahre kenne. Außerdem sind dies meine Göttinger Freundinnen Laura Kuntz, Lena Schröder, Carolin Ebermann und Runhild Wienecke. Diese Freundinnen haben mich während meiner Promotionszeit immer wieder aufgemuntert und den erfolgreichen Abschluss der Promotion mit mir gefeiert.

Der größte Dank gebührt meinem Verlobten Simon Trang. Er hat meine Promotion vom ersten Gedanken an unterstützt und unermüdlich an mich geglaubt, auch wenn es einmal nicht so gut lief. Auch privat ist er immer an meiner Seite und ich freue mich, den Rest meines Lebens mit ihm zu verbringen.

Göttingen, im Frühjahr 2019
Lena Hillebrecht

Inhalt

Abbildungsverzeichnis

Tabellenverzeichnis

Abkürzungsverzeichnis

ACT	American College Test
AIC	Akaike Information Criterion
ASK	Akademisches Selbstkonzept
AV	Abhängige Variable
AVE	Average Variance Extraced/ Durchschnittlich extrahierte Varianz
BEM	Berufsbezogene Motivation
BER	Beratung
BET	Betreuung
BIC	Bayesian Information Criterion
BQ	Berufliche Qualifikation
BSE	Bewertung Studieneinstieg
BWL	Betriebswirtschaftslehre
CFA	Konfirmatorische Faktorenanalyse
CFI	Comparative Fit Index
C/D-Paradigma	Confirmation-Disconfirmation-Paradigma
Cor	Korrelation
CR	Composite Reliability/ Faktorreliabilität
DZHW	Deutsches Zentrum für Hochschul- und Wissenschaftsforschung
ECTS	European Credit Transfer System

FH	Fachhochschule
FMB	Fachliche Studierbarkeit
GPA	Grade Point Average, Durchschnittsnote
GRE	Graduate Record Examination
HS	Hochschule
HSR	Hochschulreife
HZB	Hochschulzugangsberechtigung
ICC	Interklassenkorrelation
KMK	Kultusministerkonferenz/Ständige Konferenz der Kultusminister der Länder in der Bundesrepublik Deutschland
LEI	Leistungsdruck
LEK	Lehrkompetenz
LEM	Leistungsmotivation
LK	Leistungskurs
M	Mediatorvariable
MW	Mittelwert
N	Stichprobenumfang
NEPS	National Education Panel Study
NTS	Nicht-traditionelle Studierende
PEG	Persönliche Eingebundenheit
PLS-SEM	Partial Least Squares Structural Equation Modelling
REL	Relevanz

RMSEA	Root Mean Square Error of Approximation
SAT	Scholastic Aptitude Test
SD	Standardabweichung
SIN	Studieninteresse
SMB	Strukturelle Studierbarkeit
SMC	Squared Multiple Correlation/ Indikatorreliabilität
STA	Studienabbruchintentionen
Std	Studierender
SWE	Selbstwirksamkeitserwartungen
TLI	Tucker-Lewis-Index
TS	Traditionelle Studierende
Uni	Universität
UV	Unabhängige Variable
VEWI	Verwaltungswissenschaften
VIF	Varianzinflationsfaktor
WEM	Wettbewerbsmotivation
WINF	Wirtschaftsinformatik
WING	Wirtschaftsingenieurwesen
WIWI	Wirtschaftswissenschaften
ZOR	Zeitliche Organisation
ZUF	Zufriedenheit

1   Einleitung

Bereits vor 20 Jahren prognostizierte der Wissenschaftsrat (1998, S. 4), dass „Studieren […] zunehmend zum Teil einer Lebensphase [wird], die Lernen mit Erwerbstätigkeit und Erwachsenendasein zu einer umfassenden Lebensform verbinde". Daraus leitet sich die Vorstellung ab, dass der klassische Weg des unmittelbar nach Erwerb der allgemeinen Hochschulreife aufgenommenen Vollzeitstudiums, welches für die gesamte sich anschließende berufliche Laufbahn qualifiziert, nicht mehr der vorherrschende Weg für akademische Laufbahnen ist (Donk & Leszczensky, 2012, S. 455). Eine besondere Bedetutung kommt hierbei berufsbegleitenden Studiengängen zu, da sie dieser Vorstellung hinsichtlich Studienformat und Zielgruppen entsprechen. Daher sind berufsbegleitende Studiengänge und deren Zielgruppen Gegenstand der vorliegenden Dissertation.

Die eingangs erläuterte Vorstellung führte zu verschiedenen Entwicklungen im deutschen Hochschulsystem. Im Rahmen des Bologna-Prozesses wurden die Strukturen der europäischen Hochschulsysteme in den vergangenen Jahrzehnten auf verschiedenen Handlungsebenen weiterentwickelt (Hericks, 2018, S. 9). Dazu gehört auch das Ziel, die Hochschulbildung in den beteiligten Ländern zu einem Bildungsbereich des Lebenslangen Lernens auszubauen (Europäische Bildungsminister, 1999, S. 3). Hierfür ist es erforderlich die Zugangswege zu Hochschulbildung für neue Zielgruppen zu öffnen, die in diesem Bildungsbereich zuvor unterrepräsentiert waren (Spexard & Banscherus, 2018, S. 33). Die Zielgruppen des Lebenslangen Lernens an Hochschulen sind „zum einen Berufstätige, die bereits ein Hochschulstudium abgeschlossen

© Springer Fachmedien Wiesbaden GmbH, ein Teil von Springer Nature 2019
L. Hillebrecht, *Studienerfolg von berufsbegleitend Studierenden*, Economics Education und Human Resource Management, https://doi.org/10.1007/978-3-658-26164-1_1

haben und zum Zwecke der beruflichen Weiterqualifizierung weiterbildende Angebote der Hochschulen nachfragen, und zum anderen Berufstätige, die an der Hochschule eine akademische Erstausbildung absolvieren" (Wolter, Banscherus & Kamm, 2016, S. 19–
20). Die zweite Gruppe ist außerdem zu unterscheiden in Personen
mit schulischer Hochschulzugangsberechtigung und Personen, die
diese Zugangsberechtigung über einen anderen als den schulischen
Weg erworben haben, also z. B. über eine berufliche Qualifikation
(Wolter, et al. 2016, S. 19–20).

Eine weitere Maßnahme, die das Lebenslange Lernen an Hochschulen ermöglichen soll, ist der Ausbau bzw. die Schaffung flexibler Studienangebote, wie z. B. berufsbegleitender Studiengänge.
Solche Angebote sollen es Personen, die aufgrund ihrer Berufstätigkeit oder familiärer Aufgaben zeitlich eingeschränkt sind, die
Studienaufnahme   ermöglichen   (Spexard & Banscherus,   2018,
S. 41). Ein weiteres Merkmal flexibler Studienangebote ist der
zielgruppenadäquate Zugang zum Studium, da davon ausgegangen
wird, dass die Zielgruppen des Lebenslangen Lernens an Hochschulen andere Anforderungen an den Studienzugang stellen
(Spexard, 2016, S. 270–271).

1.1 Problemstellung

Dementsprechend wurde im Zuge der Ausrichtung der Hochschulbildung am Konzept des Lebenslangen Lernens ein Ausbau des
Studienangebots und des Studienzugangs initiiert, um die Belange
von Studierenden zu berücksichtigen, bei denen die Studienaufnahme nicht unmittelbar im Anschluss an den Besuch der gymnasi-
alen Oberstufe erfolgte, die über berufliche Qualifikationen verfügen und sich dem Studium aufgrund von Erwerbstätigkeit und Fa-

milienpflichten nicht in Vollzeit widmen können (Hanft, 2015, S. 18–20).

Ein wichtiger Meilenstein für die Förderung der Durchlässigkeit zwischen der beruflichen und der akademischen Bildung ist die Öffnung des Studienzugangs für beruflich qualifizierte Studierende ohne schulische Hochschulzugangsberechtigung (KMK, 2009), die dazu beitragen kann, soziale Ungleichheiten beim Hochschulzugang auszugleichen. Personen, die während der Schulzeit trotz ausreichender Fähigkeiten aufgrund ihrer Herkunft benachteiligt waren und zunächst keine Hochschulzugangsberechtigung erworben haben, erhalten diese und die damit verbundene Chance zur Teilnahme an akademischer Bildung nachträglich. Entscheidend ist jedoch nicht nur, dass die beruflich Qualifizierten eine Zugangsberechtigung erhalten, sondern auch, dass sie im Studium die gleichen Chancen erhalten, gute Studienleistungen zu erzielen (Brändle & Lengfeld, 2015, S. 25).

Weiterhin erfolgte ein Ausbau flexibler Studienangebote. Hierbei kommen vor allem Studiengänge in Betracht, die als Teilzeitstudium, als berufsbegleitendes Studium oder als Fernstudium konzipiert sind. Auch wenn es eine Steigerung des Angebots dieser Studienformate zu verzeichnen gibt, ist das Angebot in Deutschland bisher recht gering. Lediglich 11,9 % der Studiengänge können in Teilzeit studiert werden, 6,2 % sind berufsbegleitende Studiengänge und 2,6 % sind Fernstudiengänge (Spexard & Banscherus, 2018, S. 41). Im internationalen Vergleich sind solche Studienformate in Deutschland unterdurchschnittlich verbreitet (Spexard & Banscherus, 2018, S. 43).

Auch die Inanspruchnahme berufsbegleitender Studiengänge hat in den vergangenen Jahren zwar zugenommen (Autorengruppe Bildungsberichterstattung, 2016, S. 125), dennoch bleiben die Zahlen der Studienanfängerinnen und Studienanfänger hinter den Erwartungen zurück (Wolter, Banscherus, Kamm, Otto & Spexard, 2014). Dies gilt auch für die Beteiligung von beruflich Qualifizierten ohne schulische Hochschulzugangsberechtigung an Hochschulbildung. Denn obwohl in den letzten Jahren eine Steigerung dieses Anteils zu verzeichnen war, lassen sich lediglich 3,5 % der Studienanfänger dieser Gruppe zuordnen (Autorengruppe Bildungsberichterstattung, 2016, S. 128).

Daher liegt die Frage nahe, warum sich flexible Studienangebote in Deutschland bisher nicht etabliert haben, obwohl es verschiedene hochschulpolitische Innitiativen gibt, die dies intendieren.Vielfach wird als Grund für die vergleichsweise geringe Inanspruchnahme der bestehenden Studienangebote angenommen, dass die Angebote nicht vollständig auf die Bedürfnisse von heterogenen Zielgruppen ausgerichtet sind (Jürgens, 2017, S. 13; Kerres, Hanft & Wilkesmann, 2012, S. 286; Wolter et al., 2014, S. 34). Die Studienangebote richten sich nach wie vor hauptsächlich an einem Idealtypus des Studierenden aus, der nach Erwerb der Hochschulzugangsberechtigung das Studium in Vollzeit und in Präsenz absolviert. Die Belange von Studierenden, die auf einem abweichenden Bildungsweg und nach Ausübung einer mehrjährigen, oftmals während des Studiums weiterhin bestehenden Berufstätigkeit in ein Hochschulstudium einmünden, werden zumeist nicht berücksichtig (Wolter et al., 2016, S. 20). Es ist also fraglich, ob die bestehenden berufsbegleitenden Studiengänge so gestaltet sind, dass sie entsprechende Lern- und Studienangebote bereitstellen, die von den

Studierenden so genutzt werden können, dass diese ihr Studium gut bewältigen können.

Weiterhin könnte eine mögliche Erklärung für die geringe Inanspruchnahme darin liegen, dass die Studierenden ohne schulische Hochschulzugangsberechtigung nicht über die notwendigen kognitiven und nicht-kognitiven Studienvoraussetzungen verfügen, um ein Hochschulstudium bewältigen zu können (Brändle & Lengfeld, 2015, S. 5). Auf der anderen Seite könnte es auch sein, dass die Lebens- und Berufserfahrung, über die die beruflich Qualifizierten verfügen, hilfreich bei der Bewältigung des Studiums ist (Jürgens, 2017, S. 13–14).

Das heißt, die Ursachen der geringen Inanspruchnahme der flexiblen Studienangebote werden entweder in den Merkmalen der Studiengänge oder in den individuellen Merkmalen der Studierenden gesehen. Bisher liegt kein empirisch überprüftes Messinstrument vor, welches sich zur Beurteilung der Lehr- und Studienqualität berufsbegleitender Studiengänge, unter Berücksichtigung der Anforderungen an flexible Studienangebote und der individuellen Merkmale, einsetzen ließe, weshalb dessen Entwicklung und empirische Überprüfung erforderlich ist (Minks, Netz & Völk, 2011, S. 110–112; Völk & Netz, 2012, S. 52).

Es ist also von Interesse, zu untersuchen, inwiefern es den Studierenden in berufsbegleitenden Studiengängen gelingt, die spezifischen fachlichen und organisatorischen Studienanforderungen auf Grundlage ihrer individuellen Studienvoraussetzungen und Lebensbedingungen zu bewältigen.

Diesbezüglich existieren bislang nur sehr wenige Forschunsgerkenntnisse (Jürgens & Zinn, 2015, S. 51). Gelingt die Bewältigung des Studiums, führt dies zum Studienerfolg (Amelang, 1997, S. 89). Für das Zustandekommen des Studienerfolgs wird angenommen, dass eine Vielzahl von Merkmalen hierfür verantwortlich sind. Diese Merkmale beeinflussen den Erfolg jedoch nicht auf direktem Wege, sondern mediiert durch die Interaktion von institutionellen Gegebenheiten und individuellen Merkmalen (Helmke & Schrader, 2010, S. 276–277).

In der Studienerfolgsforschung fanden bisher vor allem klassische Vollzeit-Studiengänge Beachtung, was sich z. B. in den Metastudien von Richardson, Abraham und Bond (2012) und Trapmann, Hell, Weigand und Schuler (2007) widerspiegelt. Der Studienerfolg von berufsbegleitend Studierenden war im Gegensatz dazu deutlich seltener Gegenstand der Forschung (Jürgens & Zinn, 2015, S. 51). Eine direkte Übertragung von Modellen zur Erklärung des Studienerfolgs von Vollzeitstudierenden auf diesen Forschungsgegenstand scheint insofern nicht möglich, als einerseits Unterschiede bei der Konzeption berufsbegleitender Studiengänge im Vergleich zu Vollzeitangeboten vorliegen und sich andererseits die Zusammensetzung der Studierendengruppen von denjenigen in Vollzeitstudiengängen unterscheidet. Dies hat zur Folge, dass die Konstellationen der typischen Einflussfaktoren, die üblicherweise in den individuellen Merkmalen der Studierenden und in der Studiengangskonzeption gesehen werden und die ihrerseits wechselseitig den Lern- und Studienprozess beeinflussen, in berufsbegleitenden Studiengängen nicht gleichermaßen vorhanden sind wie in Vollzeit-Studiengängen (Minks et al., 2011, S. 110–112).

1.2 Zielsetzung und forschungsmethodisches Vorgehen

In der vorliegenden Arbeit geht es darum, die Faktoren zu identifizieren, die den Studienerfolg der berufsbegleitend Studierenden beeinflussen. Diese Faktoren sollen in einem gemeinsamen Modell dargestellt werden. Das Ziel der vorliegenden Arbeit ist die Entwicklung und Validierung eines Erklärungsmodells für Studienerfolg von berufsbegleitend Studierenden. Mit diesem Erklärungsmodell soll der Studienerfolg der berufsbegleitend Studierenden und dessen Zustandekommen durch das Zusammenwirken verschiedener Einflussfaktoren abgebildet werden. Um diese Zielsetzung zu verfolgen, sollen die folgenden Forschungsfragen beantwortet werden:

- Welche Einflussfaktoren des Studienerfolgs lassen sich bei berufsbegleitend Studierenden identifizieren *(Forschungsfrage 1)*?
- Wie lassen sich die gefundenen Einflussfaktoren in einem Erklärungsmodell für Studienerfolg abbilden *(Forschungsfrage 2)*?
- Inwiefern lässt sich der Studienerfolg von berufsbegleitend Studierenden mit dem entwickelten Forschungsmodell erklären *(Forschungsfrage 3)*?
- Wie können die bestehenden Studienmodelle weiterentwickelt werden, um die Studierbarkeit und damit den Studienerfolg zu erhöhen *(Forschungsfrage 4)*?

Bevor das Erklärungsmodell ausgearbeitet wird, gilt es zunächst, die potenziellen Einflussgrößen des Studienerfolgs der berufsbegleitend Studierenden zu identifizieren *(Forschungsfrage 1)*. Bezüglich dieser Einflussfaktoren wird davon ausgegangen, dass individuelle Merkmale der Studierenden relevant sind. Überdies wird angenommen, dass auch Einflussfaktoren vorhanden sind, die die Organisation von Lehre und Studium (institutionelle Merkmale) sowie die Rahmenbedingungen von Hochschulbildung (überinstitutionelle Merkmale) betreffen (Helmke & Schrader, 2010, S. 275). Weiterhin ist davon auszugehen, dass neben den individuellen, institutionellen und überinstitutionellen Merkmalen auch die Arbeitgeber durch Unterstützungsleistungen den Studienerfolg beeinflussen können. Für die Einflussfaktoren aus den genannten Bereichen wird kein direkter, sondern ein indirekter, durch den Lern- und Studienprozess vermittelter Einfluss auf den Studienerfolg angenommen (Helmke & Schrader, 2010, S. 276–277). Dementsprechend wird im Erklärungsmodell für den Studienerfolg der berufsbegleitend Studierenden von einem indirekten Zusammenhang der Einflussfaktoren auf den Studienerfolg ausgegangen *(Forschungsfrage 2)*.

Zur Beantwortung der Forschungsfragen wurde ein Forschungsdesign gewählt, dass sowohl qualitative als auch quantitative Forschungsmethoden einbezieht. Für die Analyse des Forschungsstandes und für die qualitative Vorstudie fiel die Wahl auf einen hermeneutisch-interpretativen Zugang mit dem Ziel, das Zustandekommen des Studienerfolgs von berufsbegleitend Studierenden möglichst umfassend zu verstehen. Da zu den Einflussfaktoren des Studienerfolgs von berufsbegleitend Studierenden bisher nur wenige Forschungsbefunde vorliegen, wird zunächst eine explorative, qualitative Vorstudie durchgeführt, um die relevanten Einflussfaktoren zu identifizieren und deren Zusammenwirken zu verstehen *(Forschungsfrage 1)*. Die Vorstudie besteht aus Experteninterviews mit berufsbegleitend Studierenden und Mitarbeitenden von Hochschulen, die berufsbegleitende Studiengänge anbieten. Die Auswertung der Interviews erfolgt mithilfe der qualitativen Inhaltsanalyse (Kuckartz, 2014a; Mayring, 2015). Anschließend werden die gefundenen Einflussfaktoren in ein Forschungsmodell überführt, das die Erklärung von Studienerfolg von berufsbegleitend Studierenden ermöglicht *(Forschungsfrage 2)*.

Das auf Basis der Analyse des Forschungsstandes und der qualitativen Vorstudie entwickelte Forschungsmodell wird im Rahmen der quantitativen Hauptstudie überprüft, um zu untersuchen, inwiefern sich der Studienerfolg der berufsbegleitend Studierenden mit dem entwickelten Erklärungsmodell erklären lässt *(Forschungsfrage 3)*. Die quantitative Hauptstudie ist kritisch-rationalistisch orientiert, da sie versucht, den Studienerfolg der Zielgruppe anhand der zuvor identifizierten Einflussfaktoren zu erklären. Zunächst werden die potenziellen Einflussfaktoren dafür in Form eines Fragebogens operationalisiert. Die Güte des Fragebogens wird anschließend an einer kleineren Gruppe von berufsbegleitend Studierenden erprobt. Nach der Pilotierung werden die überarbeiteten Testinstrumente in der quantitativen Haupterhebung an einer größeren Gruppe von berufsbegleitend Studierenden eingesetzt. Die erhobenen Daten werden anhand von Strukturgleichungsmodellen analysiert. So kann überprüft werden, welchen Beitrag die zuvor identifizierten Einflussfaktoren für die Erklärung des Studienerfolgs leisten und welche Faktoren sich quantitativ-empirisch bestätigen lassen. Aus diesen Erkenntnissen sollen auch Möglichkeiten der Weiterentwicklung für bestehende Studienmodelle abgeleitet werden, damit eine bessere Ausrichtung der Angebote auf die Bedürfnisse der Zielgruppe gelingen kann *(Forschungsfrage 4)*.

1.3 Aufbau und Struktur der Arbeit

Zunächst werden theoretisch-konzeptionelle Zugänge zum Studienerfolg vorgestellt (Kapitel 2). Dabei werden zunächst verschiedene Definitionen des Begriffes Studienerfolg gegenübergestellt
und anschließend Kriterien erläutert, an denen der Studienerfolg
üblicherweise bemessen wird. Im Einzelnen wird dabei auf die Kriterien Studienleistungen, Studiendauer, Studienzufriedenheit und
Studienabbruch bzw. Studienabbruchintention eingegangen. Kapitel 3 widmet sich dem Stand der Forschung zu den Einflussfaktoren
des Studienerfolgs von Vollzeit-Studierenden. Dabei werden zunächst die einbezogenen Studien vorgestellt (Kapitel 3.1) und anschließend die Forschungsbefunde zu den individuellen (Kapitel 3.2), den auf den Lernprozess bezogenen (Kapitel 3.3) und den
institutionellen sowie den überinstitutionellen Einflussfaktoren
(Kapitel 3.4) beschrieben. Anschließend wird ein Zwischenfazit im
Hinblick auf die für die weitere Vorgehensweise bedeutsamen Erkenntnisse gezogen (Kapitel 3.5).

Als nächstes erfolgt in Kapitel 4 die Vorstellung des spezifischen
Untersuchungsgegenstandes der vorliegenden Arbeit, die Gruppe
der berufsbegleitenden Studierenden. Anschließend gibt Kapitel 5
einen Einblick in den Stand der Forschung zu nicht-traditionellen
Studierenden. Als erstes werden hierbei Befunde von Studien zusammengefasst, die vor dem Jahr 2000 erschienen sind (Kapitel 5.1). Danach erfolgt die vertiefende Betrachtung von Studien,
die nach 2000 erschienen sind (Kapitel 5.2). Zunächst wird ein
Überblick über die einbezogenen Studien gegeben, bevor deren
Ergebnisse vorgestellt werden. Es schließt sich eine Beschreibung
der Erkenntnisse zu den Merkmalen der nicht-traditionellen Studie-

renden, zu deren motivationalen Studienvoraussetzungen, zur Vereinbarkeit von Studium, Beruf und Privatleben sowie zum Studienerfolg von nicht-traditionellen Studierenden an. Das Kapitel 5.3
dient der Zusammenfassung der Forschungsbefunde zu den nicht-
traditionellen Studierenden und dem Aufzeigen von Desiderata.

Aufbauend auf den theoretischen Grundlagen und den Erkenntnissen der Analyse der bisherigen Forschungsbefunde wird in Kapitel 6 das Forschungsdesign erläutert. Daran schließt sich eine Vorstellung der qualitativen Vorstudie in Kapitel 7 an, bevor die Ergebnisse separat für die Oberkategorien beschrieben werden.
Kapitel 7.11 fasst diese Ergebnisse zusammen. Es folgt die Vorstellung des Forschungsmodells (Kapitel 7.12), welches mithilfe der
quantitativen Hauptstudie überprüft wird. Die Zielsetzung, die
Konzeption und die methodischen Grundlagen der der quantitativen Hauptstudie werden in Kapitel 8 beschrieben. Kapitel 9 dient
der Vorstellung der Testinstrumente und Kapitel 10.1 beschreibt,
wie die Studie durchgeführt wurde. Es schließt sich die Darstellung
der Ergebnisse der Haupterhebung an, wobei zunächst deskriptive
Befunde zum Studienerfolg aufgezeigt werden (Kapitel 10.3), bevor in Kapitel 10.4 die Evaluation des Messmodells und in Kapitel 10.5 die Evaluation des Strukturmodells erfolgen. Aufbauend
auf diesen Erkenntnissen schließt sich die Überprüfung der Forschungshypothesen an (Kapitel 10.6). Es folgen weiterführende
Analysen, die aus einer Mediatoranalyse (Kapitel 10.7) und einer
Mehrebenenanalyse (Kapitel 10.8) bestehen.

Im abschließenden Kapitel der Arbeit (Kapitel 11) werden zunächst
die Ergebnisse der vorangegangenen Kapitel zusammengefasst.
Dabei sollen insbesondere die Zusammenhänge der theoretischen

Grundlagen mit den empirischen Erkenntnissen dieser Arbeit aufgezeigt werden. Darüber hinaus werden die Bezüge zwischen qualitativer Vorstudie und quantitativer Hauptstudie hergestellt. Abschließend werden die Limitationen der empirischen Ergebnisse
aufgezeigt und es wird ein Ausblick auf weitere Forschungsbedarfe
gegeben. Außerdem werden die Implikationen, die aus den Ergebnissen für die Weiterentwicklung von berufsbegleitenden Studiengängen gewonnen werden können, beschrieben.

2 Theoretisch-konzeptionelle Zugänge zum Studienerfolg

Die vorliegende Arbeit verfolgt das Ziel, ein Erklärungsmodell für den Studienerfolg von berufsbegleitend Studierenden theoretisch-konzeptuell zu entwickeln und empirisch zu überprüfen. Nach einer begrifflichen Einführung werden verschiedene Erklärungsmodelle und Forschungsergebnisse vorgestellt, die im Rahmen von Studien zu Vollzeitstudiengängen entstanden sind. Auf diese Weise sollen die für den Studienerfolg in Vollzeit-Studiengängen empirisch bedeutsamen individuellen und institutionellen Determinanten identifiziert werden.

2.1 Definition des Begriffs Studienerfolg

Studienerfolg ist kein kategorialer Begriff, sondern ein Konstrukt, das mit verschiedenen Kriterien in der Forschung assoziiert wird. Dementsprechend findet sich in der Literatur weder eine einheitliche Definition noch eine einheitliche Operationalisierung für Studienerfolg (Ramseier, 1980, S. 112; Trapmann, 2008, S. 57). Dies liegt auch daran, dass die Definition des Konstruktes von der Perspektive abhängt, aus der der Studienerfolg beurteilt werden soll. Studienerfolg kann also z. B. aus der Perspektive von Studierenden, von Absolventinnen und Absolventen, von Universitäten oder auch aus der Sicht von potenziellen Arbeitgebern sowie der Gesellschaft als Ganzes definiert werden (Konegen-Greiner, 2001, S. 29). Je nach Perspektive ergeben sich folglich andere Definitionsansätze (Merker, 2009, S. 74 f.). Unabhängig von der Zielgruppe haben alle Definitionen gemeinsam, dass sie Studienerfolg als das Erreichen eines spezifischen, definierten Ziels, das in Verbindung mit einem

© Springer Fachmedien Wiesbaden GmbH, ein Teil von Springer Nature 2019
L. Hillebrecht, *Studienerfolg von berufsbegleitend Studierenden*, Economics Education und Human Resource Management, https://doi.org/10.1007/978-3-658-26164-1_2

oder mehreren Studiengängen steht, verstehen (Berthold, Jorzik & Meyer-Guckel, 2015, S. 7).

In der vorliegenden Arbeit wird die individuelle Perspektive von Studierenden eigenommen, da angenommen wird, dass Lernprozesse als Aktivitäten des lernenden Subjekts aufzufassen sind. Diese Lernaktivitäten sind demzufolge nicht als unmittelbares Ergebnis der Lehraktivitäten oder der individuellen Lernvoraussetzungen zu verstehen (Holzkamp, 1995, S. 15). Dementsprechend sollte die Beurteilung des Lernprozesses ebenfalls aus der Perspektive der Lernsubjekte erfolgen, um deren Standpunkt abbilden zu können und so den Lernprozess als subjektive Erfahrung verstehen und erklären zu können (Holzkamp, 1995, S. 19-21). Nur wenn die Perspektive des Lernenden eingenommen wird, können die individuellen Beweggründe der Lernaktivitäten verstanden werden (Holzkamp, 1995, S. 24–28).

Eine relativ eng gefasste Begriffsbestimmung des Studienerfolgs aus der Sicht von Studierenden liefert der Wissenschaftsrat (2004, S. 87); welcher Studienerfolg als Studienabschluss mit guten Noten versteht und damit der Definition zwei objektiv messbare Kriterien zugrundelegt. An dieser Auffassung wird deutlich, dass Studienerfolg üblicherweise als multidimensionales, mehrschichtiges Konstrukt beschrieben wird, für das mehr als ein Kriterium zugrunde gelegt werden muss (Amelang, 1997, S. 95; Camara, 2005, S. 54).

Zur Erklärung des Zustandekommens von Studienerfolg lassen sich Anhaltspunkte bei Amelang (1997) finden. Der Autor schlägt vor, Studienerfolg im Sinne des Person-Job-Fit-Ansatzes zu sehen, wie er in der Arbeitspsychologie zugrunde gelegt wird (Amelang, 1997, S. 89). Dies hat zur Folge, dass sich der Studienerfolg am Grad der

Übereinstimmungen der Personencharakteristika mit den Charakteristika des Studiums ergibt. Dies meint einerseits die Übereinstimmung der Bedürfnisse und Erwartungen des Studierenden mit den Studienbedingungen und den durch das Studium gebotenen Optionen. Andererseits fällt hierunter die Passung der im Studium gestellten Anforderungen mit den Fähigkeiten des Studierenden (Amelang, 1997, S. 89). Je höher der Übereinstimmungsgrad in dieser wechselseitigen Beziehung ist, desto besser fällt der Studienerfolg aus (Amelang, 1997, S. 89).

Für eine Identifikation von Einflussfaktoren des Studienerfolgs ist es folglich notwendig, sowohl die Studierendenmerkmale als auch die Studienbedingungen zu berücksichtigen. Dadurch können auch Deckungslücken identifiziert werden, die zu einer schlechteren Passung und folglich auch zu einem geringeren oder ausbleibenden Studienerfolg führen (Amelang, 1997, S. 89).

2.2 Studienerfolgskriterien

Bei der Operationalisierung des Studienerfolgs zeigt sich kein einheitliches Bild bezüglich der Frage, welche Studienerfolgskriterien zugrundezulegen sind (Ramseier, 1980, S. 112; Trapmann, 2008, S. 57). Die Bestimmung des Studienerfolgs ist nach Amelang (1997, S. 94–95) keinesfalls anhand nur eines einzigen Kriteriums festzumachen, sondern anhand mehrerer gleichzeitig, da die unterschiedlichen Kriterien verschiedene Facetten des Konstruktes *Studienerfolg* erfassen und bei der Verwendung unterschiedlicher Kennzeichen eine umfassende Abbildung des Konstruktes möglich wird. Der Autor spricht außerdem von einer „immerwährenden Kriterienproblematik" (Amelang, 1997, S. 95), denn letztendlich könne der Studienerfolg erst nach Abschluss des Studiums bestimmt werden. Den Studienabschluss fassen auch Rindermann und Oubaid (1999), Trost und Bickel (1979), und der Wissenschaftsrat (2004) als Erfolgskriterium auf (vgl. Tabelle 1).

Der Studienabschluss stellt laut Rindermann und Oubaid (1999, S. 174) das grundlegende Kriterium des Studienerfolgs dar, wohingegen der Studienabbruch als basales Misserfolgskriterium anzusehen ist. Folglich kann bezüglich des Studienerfolgs in zwei Kontrastgruppen von Studierenden unterschieden werden: die erfolgreichen und die erfolglosen Studierenden. Allerdings lassen sich die Zuordnungen zu diesen Gruppen i. d. R. erst nach Ende des Studiums bestimmen und außerdem sind mit den Kriterien Studienabschluss und Studienabbruch keine präziseren Unterscheidungen zwischen Studierenden möglich, da lediglich in die zwei Gruppen der erfolgreichen und erfolglosen Studierenden differenziert werden kann (Trost & Bickel, 1979, S. 11). Um jedoch graduelle Unterschiede hinsichtlich des Studienerfolgs zwischen einzelnen Studierenden deutlich zu machen, sind weitere Kriterien erforderlich, die eine differenziertere Beschreibung des Studienerfolgs erlauben (Trost & Bickel, 1979, S. 11).

Tabelle 1: Mögliche Studienerfolgskriterien

Autor(en)	Kriterien
Amelang (1997)	- Vorläufige Kriterien: Leistungen in einzelnen Klausuren, Leistung in einem Studienabschnitt, aktuelle Studienzufriedenheit - Ultimative Kriterien: Studienabschluss, Abschlussnoten, Studienzufriedenheit insgesamt, Persönlichkeitsentwicklung, beruflicher Erfolg
Blömeke (2009)	- Objektive Kriterien: Studienabschlussnoten, Studiendauer - Subjektive Kriterien: Studienzufriedenheit, Belastungserleben

Kuh, Kinzie, Buckley, Bridges & Hayek (2007)	-	Studienerfolg: Studienabschluss, Studiennoten, Lernerfolg
	-	Nachgelagerter Studienerfolg: Beschäftigung, weiterführendes Studium, Lebenslanges Lernen
Rindermann und Oubaid (1999)	-	Studienabschluss
	-	Studienabbruch
	-	Studiendauer
	-	Studienabschlussnote
	-	Studienzufriedenheit
	-	Erworbene berufsqualifizierende Kompetenzen
	-	Beruflicher Erfolg
Robbins et al. (2004)	-	Unmittelbarer Erfolg: Leistung in einer bestimmten Klausur
	-	Mittelfristiger Erfolg: Leistung in einem Modul/Studienabschnitt
	-	Endgültiger Erfolg: Abschlussnote des Studiums
Trost & Bickel (1979)	-	Studienabschluss vs. Studienabbruch
	-	Objektive Kriterien: Studiennoten, Studiendauer
	-	Subjektive Kriterien: Studienzufriedenheit, selbst berichteter/fremdberichteter Lernerfolg
Wissenschaftsrat (2004)	-	Studienabschluss
	-	Studiennoten

Trost und Bickel (1979, S. 11) ziehen hierfür objektive und subjektive Kriterien heran. Zu den objektiven Kriterien gehören die Studiennoten und die Studiendauer. Diese können z. B. aus den universitätsinternen Datenbanken ermittelt werden und werden daher nicht durch subjektive Beurteilungen oder Falschangaben der Studierenden verzerrt, wie es bei den subjektiven Kriterien der Fall ist. Die Studiennoten sind das am häufigsten vorgeschlagene Kriterium (Amelang, 1997; Blömeke, 2009; Kuh et al., 2007; Rindermann & Oubaid, 1999; Robbins et al., 2004; Wissenschaftsrat, 2004), die Studiendauer legen außer Trost und Bickel (1979) nur noch Blömeke (2009) und Rindermann und Oubaid (1999) zugrunde.

Zu den subjektiven Erfolgskriterien wird häufig die Studienzufriedenheit gezählt (Amelang, 1997; Blömeke, 2009; Rindermann & Oubaid, 1999; Trost & Bickel, 1979). Trost und Bickel (1979) schlagen außerdem den selbsteingeschätzten Lernerfolg sowie den durch andere Personen, wie z. B. durch Lehrpersonen und Kommilitoninnen und Kommilitonen, eingeschätzten Lernerfolg als subjektive Kriterien vor. Blömeke (2009, S. 85–86) zählt zu den subjektiven Kriterien zudem das Belastungserleben während des Studiums. Diese Kriterien werden deswegen als subjektive Kriterien bezeichnet, da sie auf den Einschätzungen und Urteilen der befragten Personen beruhen, wodurch sie verzerrt werden können. Allerdings besteht auch für die genuin objektiven Kriterien die Möglichkeit, diese von den Studierenden selbst zu erfragen, wenn ein Datenbankzugriff nicht möglich ist, sodass auch bei diesen Kriterien Verzerrungen nicht immer auszuschließen sind (Trost & Bickel, 1979, S. 11–12).

Von den beschriebenen Kriterien beziehen sich insbesondere die Noten auf die Studienleistungen, während andere Kriterien, z. B. die allgemeine Studienzufriedenheit, keinen direkten Leistungsbezug aufweisen (Giesen, Gold, Hummer & Jansen, 1986). Das heißt, ein weiteres Unterscheidungsmerkmal für Studienerfolgskriterien stellt die Frage nach dem Vorhandensein eines Leistungsbezuges dar (Giesen et al., 1986). Kuh et al. (2007) legen mit dem Lernzuwachs und Rindermann und Oubaid (1999) mit den erworbenen Kompetenzen weitere leistungsbezogene Kriterien zugrunde.

Überdies können die Studienerfolgskriterien bezüglich ihrer zeitlichen Reichweite unterschieden werden in vorläufige Kriterien, die während des Studiums erfasst werden können, endgültige Kriterien, die unmittelbar nach dem Studium vorliegen (Robbins et al., 2004, S. 262) und nachgelagerte Kriterien, die den beruflichen Erfolg oder den Besuch weiterführender Studiengänge betreffen (Kuh et al., 2007, S. 10–11). Manche Kriterien, wie die Studienzufriedenheit, können sowohl während als auch nach dem Studium ermittelt werden (Amelang, 1997, S. 95).

Der Berufserfolg wird von Amelang (1997), Kuh et al. (2007) und Rindermann und Oubaid (1999) als Studienerfolgskriterium angeführt, ist jedoch selbst ein mehrdimensionales Konstrukt, das unterschiedlich operationalisiert wird. Kriterien der Operationalisierung beziehen sich üblicherweise entweder auf die spezifische Arbeitssituation oder auf die berufliche Laufbahn einer Person und können wiederum objektiver oder subjektiver Natur sein (Seibert & Kraimer, 2001, S. 2). Als objektives Maß des beruflichen Laufbahnerfolgs wird häufig das Gehalt oder die Gehaltssteigerung im Verlauf des Berufslebens erfasst. Ein subjektives Kriterium für den Laufbahnerfolg ist z. B. die durch Vorgesetzte eingeschätzte Beförderungswürdigkeit (Dette, Abele & Renner, 2004, S. 173–174). Ein Beispiel für ein objektives Kriterium für den Berufserfolg in der aktuellen Arbeitssituation sind Absatzzahlen, die durch Arbeitsleistung der betreffenden Person beeinflusst werden. Ein Beispiel für ein subjektives Kriterium ist die Leistungsbeurteilung durch den Vorgesetzten (Dette et al., 2004, S. 173-174). Die Verwendung des Studienerfolgskriteriums *Berufserfolg* gestaltet sich in der Forschungspraxis recht schwierig, da der Berufserfolg erst ei-

nige Zeit nach Studienabschluss beurteilt werden kann (Rindermann & Oubaid, 1999, S. 174-175).

Bei den Studienerfolgskriterien gibt es nicht nur Uneinigkeit im
Hinblick auf die Frage, welche Kriterien auszuwählen sind, sondern auch darauf, welche Merkmale als Kriterien und welche
Merkmale als Einflussfaktoren des Erfolgs gelten (Robbins et al.,
2004, S. 262). Bspw. wird die Studiendauer von manchen Autoren
als Einflussfaktor (z. B. Jirjahn, 2007) angesehen, von anderen
wiederum als Kriterium (z. B. Schmidt-Atzert, 2006). Zusammenfassend kann Studienerfolg als „ein mehrschichtiges und facetten-
reiches Phänomen" (Trost & Bickel, 1979, S. 19) betrachtet werden, das nicht an einem einzigen Kriterium festgemacht werden
sollte. Ein weiteres Argument für die Verwendung mehrerer Kriterien zur Bestimmung des Studienerfolgs ist die Tatsache, dass sich
Studierende hinsichtlich des Studienerfolgs oftmals nur graduell
unterscheiden und detaillierte Aussagen und Vergleiche nur bei der
Berücksichtigung mehrerer Kriterien möglich sind, die unterschiedliche Facetten des Studienerfolgs zum Ausdruck bringen
(Trost & Bickel, 1979, S. 19). Im Folgenden werden nun die Kriterien Studienleistungen, Studiendauer, Studienzufriedenheit und
Studienabbruch bzw. Studienabbruchintention einzeln in den Blick
genommen.

2.2.1 Studienleistungen

Studiennoten sind das am häufigsten verwendete Studienerfolgskriterium und gelten als zuverlässiger Indikator für die Studienleistungen (Moosbrugger & Jonkisz, 2005, S. 8; Rindermann
& Oubaid, 1999, S. 174, Robbins et al., 2004, S. 262). Für ihre
Verwendung spricht, dass sie ein praktikables Kriterium sind, mit

dem Studienerfolg von verschiedenen Personen ohne großen Aufwand, aber dennoch detailliert, miteinander verglichen werden kann (Trost & Bickel, 1979, S. 12). Darüber hinaus sind Noten einfach zu erheben und stehen ohne großen Aufwand zur Verfügung (Camara, 2005, S. 57).

Hinsichtlich der Vergleichbarkeit von Studiennoten gibt es jedoch verschiedene Einwände. Studiennoten hängen zu einem gewissen Anteil von den Beurteilungsmaßen der verschiedenen bewertenden Personen ab, weshalb die Vergleichbarkeit von Noten unterschiedlicher Lehrender nur eingeschränkt gegeben ist (Trost & Bickel, 1979, S. 12). Außerdem ist das Zustandekommen von Prüfungsnoten von vielen, z. T. nicht beeinflussbaren und zufälligen Faktoren determiniert, sodass es zu Verzerrungen kommen kann (Wissenschaftsrat, 2012, S. 7–8). Es zeigt sich z. B., dass sich die Notenvergabe in den meisten Studienfächern in den vergangenen Jahrzehnten sukzessive verbessert hat, was die Vergleichbarkeit von Noten unterschiedlicher Zeitpunkte erschwert (Gaens & Müller-Benedict, 2017, S. 28–30). Die Noten unterscheiden sich außerdem deutlich zwischen den verschiedenen Studienfächern. Während z. B. in Jura oder Betriebswirtschaftslehre im Mittel eher schlechtere Noten vergeben werden, sind in Biologie und Psychologie vergleichsweise bessere Noten zu beobachten (Gaens & Müller-Benedict, 2017, S. 24–25).

Weiterhin zeigen sich Unterschiede in der Notenvergabe zwischen Universitäten und Fachhochschulen insofern, als an Letzteren tendenziell bessere Noten vergeben werden. Außerdem lässt sich feststellen, dass die Noten in Bachelorstudiengängen schlechter ausfallen als in Masterstudiengängen (Grözinger, 2017, S. 109–111). Zu

einem gewissen Anteil beruhen die Unterschiede in der Notenvergabe sogar auf den Bewertungsmaßstäben einzelner Hochschulen, an denen für bestimmte Fächer spezifische Prüfungspraktiken
vorherrschen (Müller-Benedict & Tsarouha, 2011, S. 407). Die
Funktion von Studiennoten, über die Studienleistungen zu informieren, ist aufgrund der unterschiedlichen Bewertungsmaßstäbe
somit nur eingeschränkt gegeben (Wissenschaftsrat, 2012, S. 9).

Die Vorhersage von Prüfungsnoten als Studienerfolgskriterium ist
überdies in manchen Studienfächern besser möglich als in anderen.
So zeigten bspw. die Längsschnittanalysen der Frankfurter Arbeitsgruppe Bildungsverläufe (Gold, 1999, S. 60), dass die Vorhersage
der Noten besonders gut in wirtschaftswissenschaftlichen, rechts-
wissenschaftlichen und medizinischen Studiengängen möglich ist.
Bei der Verwendung von Studiennoten als Erfolgskriterium sollte
folglich darauf geachtet werden, nur Noten miteinander zu vergleichen, die ungefähr im selben Zeitraum vergeben wurden und für
die eine ähnliche Fachkultur angenommen werden kann. Weiterhin
sollten Unterschiede zwischen Noten, die in Bachelor- und Masterstudiengängen sowie an Fachhochschulen und Universitäten vergeben werden, berücksichtig werden (Tsarouha, 2017, S. 166–167).

Für das Zustandekommen von Studiennoten wird, trotz der geschilderten Einschränkungen hinsichtlich der eingeschränkten Vergleichbarkeit von Noten durch eventuelle Verzerrungen, dennoch
davon ausgegangen, dass sie einen mehr oder minder validen, aber
durchaus praktikablen Indikator der Lernergebnisse von Hochschulbildung darstellen (Kuh et al., 2007, S. 7–8; Robbins et al.,
2004, S. 262). Der Zusammenhang zwischen den im Hochschulstudium erworbenen Kompetenzen und den Studiennoten lässt sich

mit dem Kompetenzverständnis von Shavelson (2012, S. 29–30) in der Hinsicht erklären, dass Kompetenzen als nicht direkt beobachtbare Leistungsdispositionen vorliegen. Kompetenzen manifestieren sich in konkreten Situationen durch ein bestimmtes beobachtbares Verhalten, das sich aus der Kombination von kognitiven und nichtkognitiven Dispositionen ergibt und als Performanz bezeichnet wird (Blömeke, Gustafsson & Shavelson, 2015, S. 6–7; Shavelson, 2012, S. 29–30). Solche konkreten Situationen können bspw. Klausuren im Studium sein. Die für die Prüfung im Studium erteilten Noten sind dementsprechend das Resultat einer konkreten Performanz in einer Prüfungssituation, bewertet durch die Lehrpersonen im Studium. Es wird daher angenommen, dass ein positiver Zusammenhang zwischen Studiennoten und erworbenem Wissen bzw. erworbenen Kompetenzen existiert und die Studiennoten ein Indikator für den Wissens- bzw. Kompetenzzuwachs im Studium sind (Aschinger et al., 2011, S. 270; Förster, Happ & Zlatkin-Troitschanskaia, 2012, S. 7).

Es liegen bisher nur wenige Forschungsbefunde zum Verhältnis von Kompetenzen bzw. Fachwissen und Noten in der Hochschulbildung vor. Der Zusammenhang zwischen dem betriebswirtschaftlichen Wissen und den durchschnittlichen Studiennoten in betriebswirtschaftlichen Fächern wurde vor allem in den USA untersucht (Jähnig, 2014, S. 62–65). Die Mehrheit der Studien konnte diesen angenommenen Zusammenhang bestätigen (z. B. Mason, Coleman, Steagall, Gallo & Fabritius, 2011, S. 75). Jähnig (2014, S. 182) untersuchte diesen Zusammenhang bei deutschen Studierenden und konnte für einen der zwei eigesetzten Wissenstests einen signifikanten Zusammenhang zwischen dem betriebswirtschaftlichen Wissen und den Noten zeigen. Der Test, für den ein

Zusammenhang mit den Noten identifiziert werden konnte, besaß curriculare Validität für die untersuchten Studiengänge, der andere Test hingegen nicht (Jähnig, 2014, S. 120). Brunner et al. (2006, S. 536) untersuchten bei Mathematiklehrkräften den Zusammenhang zwischen den Studiennoten und dem Professionswissen, wobei sich ebenso ein signifikanter Zusammenhang zeigte. Eine gleichfalls aus der Lehrerforschung stammende Studie zeigt außerdem den signifikanten Zusammenhang von Studiennoten und den Kompetenzen im Bereich des Unterrichtens (Biermann, Karbach, Spinath, & Brünken, 2018, S. 12). Die Zuverlässigkeit der Aussagekraft von Noten für das Vorhandensein von Fachwissen oder -kompetenzen ist folglich als grundsätzlich gegeben zu beurteilen, auch wenn einzelne Forschungsbefunde dem widersprechen.

Für die Messung von Kompetenzen werden komplexe Testinstrumente benötigt, deren Entwicklung methodisch anspruchsvoll und zeitintensiv ist (Shavelson et al., 2015, S. 10–12; Zlatkin-Troitschanskaia, Shavelson & Kuhn, 2015, S. 402). In den vergangenen Jahren gab es einige nationale und internationale Forschungsbemühungen zur Entwicklung von Assessments zur Erfassung von fachspezifischen und fachübergreifenden Kompetenzen in der Hochschulbildung (Kuhn, Zlatkin-Troitschanskaia, Pant & Hannover, 2016, S. 275; Zlatkin-Troitschanskaia et al., 2015, S. 401–403). Die Entwicklung von validen, reliabelen und objektiven Testverfahren setzt eine intensive Auseinandersetzung mit der Konzeption von Studiengängen und Curricula voraus (Zlatkin-Troitschanskaia, Pant, Toepper, Lauterbach & Molerov, 2017, S. 2–4). Hierbei gestaltet sich im deutschen Hochschulsystem vor allem problematisch, dass die Kompetenzorientierung in der Studiengangsgestaltung zwar im Zuge der Bologna-Reform implementiert wurde (KMK, 2000, S. 6), es aber in den meisten Studienfächern keine einheitlichen Vorgaben über die zu erwerbenden Kompetenzen gibt (Kuhn et al., 2016, S. 277)[1]. Dementsprechend sind die Curricula in den verschiedenen Studiengängen eines Faches hinsichtlich der zu erwerbenden Kompetenzen sehr unterschiedlich ausgestaltet, was eine Erfassung insbesondere der fachspezifischen Kompetenzen erheblich erschwert (Kuhn et al., 2016, S. 277).

Kuhn et al. (2016, S. 277) kommen bzgl. des Standes der Forschung in Deutschland zu dem Schluss „Von einer systematischen und flächendeckend realisierten Erfassung von im Hochschulstudium erworbenen Kompetenzen sind wir jedoch weit entfernt." Daher gibt es bisher keine Testinstrumente, die eine valide hochschulübergreifende Erfassung von fachspezifischen Kompetenzen von Studierenden am Ende ihres Studiums ermöglicht, weshalb die meisten Studien die im Studium erworbenen Kompetenzen indirekt über andere Indikatoren wie z. B. die Studiennoten ermitteln (Zlatkin-Troitschanskaia, Pant, Kuhn, Toepper & Lauterbach, 2016, S. 180–182).

Für die Verwendung von Studiennoten als Studienerfolgskriterium spricht die Tatsache, dass diese Leistungen wiederum der beste Prädiktor des beruflichen Erfolgs sind. Mit ihnen kann also auch der dem Studienerfolg nachgelagerte Erfolg prognostiziert werden (Camara, 2005, S. 56). Vor der Einführung von Bachelor- und Masterstudiengängen, bei denen es i. d. R. keine Abschlussprüfung bzw. Abschlussexamen gibt, wurde als Studienerfolgskriterium in den meisten Fällen die Examensnote oder die Note eines Vorexamens oder der Zwischenprüfung zugrunde gelegt (Trost & Bickel,

---

[1] Ausnahmen hiervon werden in Kapitel 3.4.2 beschrieben.

1979, S. 12). Dies ist nun nicht mehr in allen Studiengängen möglich, da nur noch in wenigen Studiengängen ein Examen bzw. eine Abschlussprüfung absolviert wird. Daher wird in neueren Untersuchungen i. d. R. der Durchschnitt der im Studium erbrachten Leistungen verwendet. Dies geht mit forschungspraktischen Vorteilen einher, denn so stehen bereits nach relativ kurzer Studiendauer Noten zur Verfügung, da üblicherweise am Ende jedes Semesters benotete Prüfungen abgelegt werden. Daher kann auf das Erfolgskriterium *Studiennoten* bei Verwendung der Durchschnittsnote eher im Studium zurückgegriffen werden als bei der Verwendung der Noten von Zwischen- oder Abschlussprüfungen (z. B. Jürgens, 2014). Zwar bilden die vorläufigen Noten nicht den endgültigen, sondern nur den vorläufigen Studienerfolg ab, es wird aber davon ausgegangen, dass diese eine hohe Prognosekraft für die Studienabschlussnote aufweisen (Trapmann, 2008, S. 57). Brandstätter und Farthofer (2003b) zeigten z. B., dass sich die Studienabschlussnote gut anhand der Noten anderer Studienabschnitte vorhersagen lässt.

Neben Studiennoten gibt es noch andere Möglichkeiten, die Studienleistungen zu operationalisieren. Hußtegge (2011, S. 15) zählt z. B. zu den von Studierenden zu erbringenden Leistungen auch die Anzahl der erbrachten Scheine. Der Autor berücksichtigt gleichzeitig die Studiennoten als Ausdruck der qualitativen Leistungen und die Anzahl der Scheine als Ausdruck der quantitativen Leistungen und des Studienfortschritts. Eine ähnliche Operationalisierung wählen Brandstätter und Farthofer (2003a, S. 137), indem sie zu den Studienleistungen sowohl die erreichten Noten als auch die Anzahl der erfolgreich absolvierten Prüfungen zählen. Hierbei ergeben sich seit der Implementierung des European Credit Transfer Systems

(ECTS) im Zuge der Bologna Reform neue Möglichkeiten, denn in Bachelor- und Masterstudiengängen werden für erbrachte Leistungen zusätzlich zu den Noten auch Leistungspunkte vergeben. Diese bringen den zeitlichen Arbeitsaufwand zum Ausdruck, der zum erfolgreichen Absolvieren eines Moduls mit einer bestimmten Anzahl an Leistungspunkten üblicherweise erforderlich ist (KMK, 2010, S. 2). An der Gesamtzahl der erreichten Leistungspunkte im Verhältnis zur Gesamtzahl der in dem belegten Studiengang zu erbringenden Punkte kann außerdem der bisherige Studienfortschritt ermittelt werden. Weiterhin kann hierbei bei Berücksichtigung des Fachsemesters der erreichte Studienforstschritt in Relation zu den üblicherweise zu absolvierenden Modulen ermittelt werden (KMK, 2010, S. 2).

Zusammenfassend lässt sich festhalten, dass Studiennoten trotz bestehender Einschränkungen hinsichtlich ihrer Aussagekraft ein geeignetes und praktikables Kriterium zur Messung des Studienerfolgs darstellen (Rindermann & Oubaid, 1999, S. 174; Trapmann, 2008, S. 57).

2.2.2 Studiendauer

Besonders im deutschsprachigen Raum wird neben den Studienleistungen in einigen Studien auch die Studiendauer als Erfolgskriterium zugrunde gelegt, da die Zeitdauer, die einzelne Studierende für ihr Studium im gleichen Studiengang benötigen, stark schwankt. In angelsächsischen Ländern ist dieses Phänomen weniger häufig zu beobachten (Trost & Bickel, 1979, S. 13–14; Rindermann & Oubaid, 1999, S. 174).

Für die Verwendung der Studiendauer als Erfolgskriterium spricht seine Praktikabilität, da dieses Kriterium als manifestes Merkmal präzise und ohne komplexe Skalenentwicklung zu erfassen ist. Es wird davon ausgegangen, dass der Studienerfolg geringer ausfällt, je länger die Studiendauer ist (Moosbrugger & Jonkisz, 2005, S. 8). Häufig wird nicht die absolute Dauer des Studiums berücksichtigt, sondern die Abweichung der tatsächlichen Dauer des Studiums von der Regelstudienzeit. Allerdings wird erst für längere Überschrei-tungen der üblichen Studiendauer von mehreren Semestern ange-nommen, dass diese ein Zeichen für einen geringeren Studienerfolg darstellen (Trost & Bickel, 1979, S. 14). Dies erscheint auch vor dem Hintergrund der Tatsache sinnvoll, dass 2014 lediglich 40 % der Studierenden ihr Studium innerhalb der Regelstudienzeit been-deten (Statistisches Bundesamt, 2016b, S. 18–19)

Es wird angenommen, dass Studierende, die länger als üblich für die Bewältigung des Studiums benötigen, den Studienanforderun-gen nicht vollumfänglich gewachsen sind, da sie die Stofffülle nicht in der dafür vorgesehenen Zeit bewältigen können (Menzel, 2005, S. 154). Aus diesen Gründen wird üblicherweise davon aus-gegangen, dass ein Studium besonders erfolgreich ist, wenn es in der maßgeblich vorgesehenen Zeit mit Abschluss beendet wird (Rindermann & Oubaid, 1999, S. 175). Allerdings werden als Gründe für eine Überschreitung der üblichen Studiendauer häufig eher private Verpflichtungen wie Kinderbetreuung oder Erwerbstä-tigkeit angeführt als leistungsbezogene Gründe (Menzel, 2005, S. 156–157).

Wie auch die Studiennoten, so variiert auch die durchschnittliche Studiendauer stark zwischen den verschiedenen Studienfächern, sodass bei der Verwendung dieses Kriteriums Fächerunterschiede berücksichtigt werden sollten (Statistisches Bundesamt, 2016c, S. 155–168). Probleme bei der Verwendung der Studiendauer als Erfolgskriterium können weiterhin daraus resultieren, dass Teilzeit-studierende, Quereinsteiger und Fachwechsler zu Verzerrungen des Kriteriums führen können (Moosbrugger & Jonkisz, 2005, S. 8).

Argumente für kurze Studienzeiten können einerseits aus einer ge-sellschaftlichen und andererseits aus der individuellen Perspektive der Studierenden formuliert werden. Aus Sicht der Gesellschaft kann argumentiert werden, dass, je mehr Zeit ein Studierender an der Hochschule verbringt, desto mehr Kosten dadurch für die öf-fentliche Hand entstehen. Außerdem blockieren Langzeitstudieren-de Studienplätze, die für andere Studieninteressierte nicht zur Ver-fügung gestellt werden können (Schaeper & Minks, 1997, S. 2–3). Als Gegenargument kann vorgebracht werden, dass Langzeitstudie-rende i. d. R. keine absolut höhere Nachfrage nach den Bildungs-leistungen an den Hochschulen ausüben, sondern ihre Nachfrage über einen größeren Zeitraum ausdehnen. Dementsprechend verur-sachen sie pro Semester geringere Kosten als Studierende, die ihr Studium in der üblichen Zeit absolvieren. Nichtsdestotrotz entste-hen durch Langzeitstudierende höhere Kosten für die Gesellschaft, da sie länger soziale Vergünstigungen in Anspruch nehmen und durch den späteren Berufseintritt weniger zum Steueraufkommen beitragen (Schaeper & Minks, 1997, S. 3). Aus der Perspektive der Studierenden sind lange Studienzeiten ebenfalls mit höheren Kos-ten und einem Verdienstausfall verbunden. Darüber hinaus verzö-gert sich dadurch die persönliche und berufliche Entwicklung (Gie-seke, 1988, S. 23).

Die Verwendung des Erfolgskriteriums der Studiendauer ist folglich vor allem durch hochschulpolitische und gesellschaftliche Interessen motiviert. Vordergründiges Argument für die Befürwortung von kurzen Studienzeiten sind die geringeren Kosten. Dementsprechend scheint dies weniger ein Kriterium des individuellen Studienerfolgs als vielmehr des institutionellen Studienerfolgs zu sein.

2.2.3 Studienzufriedenheit

Einige Autoren legen, wie eingangs erörtert, auch die Studienzufriedenheit als Studienerfolgskriterium zugrunde. Hinsichtlich der Definition und Operationalisierung dieses Konstruktes herrscht in der Forschung keine Einigkeit (Moosbrugger & Jonkisz, 2005, S. 8). Im Wesentlichen sind drei verschieden Strömungen bei der Definition der Studienzufriedenheit vorhanden:

- die Definition im Sinne einer Einstellung mit Bezug zu Definitionen von Arbeitszufriedenheit (z. B. Westermann, Heise, Spies & Trautwein, 1996)
- die Definition als Ergebnis eines Soll-Ist-Vergleiches mit Bezug zu Definitionen von Kundenzufriedenheit (z. B. Schwaiger, 2002)
- und die Definition von Studienzufriedenheit als ein Bestandteil des subjektiven Wohlbefindens (z. B. Blüthmann, 2012).

Häufig wird Studienzufriedenheit dabei in Anlehnung an Arbeitszufriedenheit definiert (Westermann et al., 1996, S. 3). Apenburg (1980, S. 49) merkt hierzu einschränkend an, dass die Vergleichbarkeit von Studien- und Arbeitszufriedenheit nur bedingt gegeben ist. Gemeinsam haben Berufstätigkeit und Studium, dass sie i. d. R.

als Hauptbeschäftigung ausgeübt werden (Apenburg, 1980, S. 53). Der zentrale Unterschied zwischen Berufstätigkeit und Studium liegt darin, dass der Beruf einen Tauschcharakter besitzt, da Arbeitskraft gegen Gehalt eingetauscht wird. Dieser Tauschcharakter ist dem Studium nicht unmittelbar, sondern höchstes mit größerer zeitlicher Verzögerung zu eigen. Ein Beruf ermöglicht im Gegensatz zum Studium außerdem i. d. R. die materielle Absicherung des Lebens (Apenburg, 1980, S. 50). Ein Studium wird überdies lediglich über einen begrenzten, zuvor bekannten Zeitraum absolviert und ist auf das Erreichen eines festen Ziels, den Studienabschluss, ausgerichtet. Eine solche zeitliche Begrenzung durch ein vorgegebenes Ziel gibt es für gewöhnlich bei der Berufstätigkeit nicht (Apenburg, 1980, S. 51).

Westermann et al. (1996) verstehen Studienzufriedenheit als die Einstellung eines Studierenden zum Studium und entwickeln die Merkmale und Kategorien der Studienzufriedenheit nach Apenburg (1980) weiter, die an Modelle zur Arbeitszufriedenheit angelehnt sind. Die Studienzufriedenheit wird in drei voneinander unabhängigen Dimensionen aufgegliedert: „die Zufriedenheit mit den Inhalten des Studiums, mit den Studienbedingungen und mit der Bewältigung von Studienbelastungen" (Heise, Westermann, Spies & Schiftler, 1997, S. 114). Einstellungen werden in der Sozialpsychologie zumeist als subjektive Bewertung eines Objektes beschrieben, die aus kognitiven, affektiven und konativen Komponenten besteht (Rosenberg & Hovland, 1960, S. 3). Diese Bewertung beruht auf den Überzeugungen, Emotionen und Erfahrungen der bewertenden Person (Fishbein & Ajzen, 1975, S. 12–13). Für Einstellungen wird angenommen, dass sie zeitlich relativ stabil sind und dass sie das Verhalten vermittelt über Intentionen beeinflussen.

Bspw. kann eine positive Einstellung zu einem Objekt zu positivem Verhalten diesem Objekt gegenüber führen (Ajzen, 1985, S. 13–15).

Andere Autoren verstehen Studienzufriedenheit nicht als Einstellung, da sie davon ausgehen, dass diese auf den konkreten Studienerfahrungen basieren muss, und Einstellungen dagegen auf Überzeugungen basieren, die auch erfahrungsunabhängig gebildet werden können. Ein Beispiel hierfür ist die Definition von Studienzufriedenheit in Anlehnung an Kundenzufriedenheit im Sinne des betriebswirtschaftlichen Confirmation-Disconfirmation-Paradigmas (C/D-Paradigmas, Schwaiger, 2002, S. 2–3).

Diesem Paradigma folgend, ist Zufriedenheit das Ergebnis eines individuellen Abgleichs zwischen erwarteter Leistung (Soll-Leistung) und tatsächlich wahrgenommener Leistung (Ist-Leistung). Für den Ausgang dieses Soll-Ist-Vergleiches gibt es drei mögliche Ergebnisse. Wenn die Ist-Leistung der Soll-Leistung entspricht, wird von einer Bestätigung gesprochen (Konfirmation), was zu einem Ausmaß an Zufriedenheit auf dem Konfirmationsniveau der Zufriedenheit führt (Homburg & Stock-Homburg, 2016, S. 20). Wenn die Ist-Leistung höher als die Soll-Leistung ausfällt, liegt eine positive Diskonfirmation vor und das Zufriedenheitsniveau liegt oberhalb des Konfirmationsniveaus. Ein niedrigeres Zufriedenheitsniveau als das Konfirmationsniveau resultiert folglich aus einer geringeren Ist-Leistung im Vergleich zur Soll-Leistung, was zu Unzufriedenheit (negative Diskonfirmation) führt (Homburg & Stock-Homburg, 2016, S. 22). Neben den geschilderten indirekten Effekten hat das wahrgenommene Leistungsniveau einen zusätzlichen direkten Einfluss auf das Zufriedenheitsniveau (Homburg & Stock-Homburg, 2016, S. 20).

Der Vergleichsstandard des Objektes, über das die Zufriedenheit gebildet wird, kann aus den Erwartungen, den Erfahrungsnormen oder den Idealen einer Person entspringen. Die Erwartungen drücken ein antizipiertes Leistungsniveau aus, die Erfahrungsnormen bauen auf Erfahrungen mit gleichen oder ähnlichen Objekten auf. Ideale stellen das bestmögliche Leistungsniveau dar (Homburg & Stock-Homburg, 2016, S. 21). Für die Zufriedenheit i. S. des C/D-Paradigmas wird angenommen, dass sie das Ergebnis des kognitiven Soll-Ist-Vergleiches und damit selbst ein kognitives Phänomen ist (Homburg & Stock-Homburg, 2016, S. 22).

Bei der Operationalisierung der Zufriedenheit nach dem C/D-Paradigma ist der Bezugsrahmen für die Bildung der Zufriedenheit eine Situation nach einer bereits erfolgten Handlung oder eine Erfahrung wie der Kauf eines Produktes oder die Aufnahme eines Studiums (Homburg & Stock-Homburg, 2016, S. 23). Zufriedenheit i. S. einer Einstellung richtet sich hingegen auch auf die Phase vor der Entscheidung zu dieser Handlung (Homburg & Stock-Homburg, 2016, S. 23). Für die Entstehung einer Einstellung sind also keine Erfahrungen mit dem Objekt notwendig, auf das sich die Zufriedenheit bezieht. Für das Bilden von Zufriedenheit als Ergebnis eines Soll-Ist-Vergleiches sind hingegen Erfahrungen erforderlich (Homburg & Stock-Homburg, 2016, S. 23). Dementsprechend besitzt Zufriedenheit, die das Ergebnis eines Soll-Ist-Vergleiches ist, einen konkreten Bezugspunkt und ist weniger allgemein als eine Einstellung (Homburg & Stock-Homburg, 2016, S. 23).

Andere Autoren verstehen die Studienzufriedenheit gemäß den Erkenntnissen der psychologischen Emotionsforschung als Aspekt des subjektiven Wohlbefindens. Das subjektive Wohlbefinden als ein übergeordnetes Konstrukt besteht aus affektiven und kognitiven Komponenten. Die affektiven Komponenten sind die Emotionen, Stimmungen und Gefühle einer Person, die entweder negativ oder positiv ausfallen können (Diener, Suh, Lucas, Smith, 1999, S. 277). Zufriedenheit ist die kognitive Komponente des subjektiven Wohlbefindens und ist in die generelle Lebenszufriedenheit und die Zufriedenheit mit den einzelnen Lebensbereichen, wie z. B. mit der familiären Situation, zu unterscheiden (Mayring, 2009, S. 587).

Weiterhin wird beim subjektiven Wohlbefinden in zeitlich stabile (*state*) und in zeitlich instabile (*trait*) Komponenten unterschieden. Freude ist z. B. situationsspezifisch und zeitlich instabil, Zufriedenheit gehört hingegen zu den zeitlich stabilen Persönlichkeitszügen, die sich im Zeitverlauf entwickeln (Mayring, 2009, S. 587–588). Allerdings gilt dies nur für übergreifende Formen der Zufriedenheit wie die allgemeine Lebenszufriedenheit. Bezieht sich die Zufriedenheit auf eine konkrete Situation zu einem konkreten Zeitpunkt, so wird momentane Zufriedenheit eher zu den *State*-Persönlichkeitszügen gezählt (Mayring, 2007, S. 56–57). Die Bereichszufriedenheiten, wie die Studienzufriedenheit, werden je nachdem, welchen Stellenwert der jeweilige Bereich im Leben der entsprechenden Person einnimmt, zu den *State*- oder den *Trait*-Persönlichkeitszügen gezählt (Mayring, 2007, S. 57). Im Weiteren wird für die Zufriedenheit mit einem länger relevanten Lebensbereich angenommen, dass diese im Zeitverlauf zwar relativ stabil ist, in kleinerem Umfang jedoch trotzdem durch aktuelle Emotionen oder Stimmungen beeinflusst werden kann (Diener,

2000, S. 35). Da sich Zufriedenheit i. S. der Theorie des subjektiven Wohlbefindens nur auf tatsächlich vorhandene Lebensbereiche von Personen beziehen kann, ist es hierbei implizit erforderlich, dass für die Entstehung der Zufriedenheit konkrete Erfahrungen mit diesem Lebensbereich vorliegen müssen. Folgt man dieser Theorieströmung, wird Zufriedenheit eher im Sinne von umfassenden Persönlichkeitszügen verstanden, wohingegen Einstellungen auch spezifischer Natur sein können und sich auf einzelne Objekte beziehen. In der Zufriedenheit i. S. der Theorie des subjektiven Wohlbefindens sind hingegen mehrere Einstellungen zu einem bestimmten Lebensbereich vereint (Mayring, 2009, S. 590).

Vielfach wird Kritik an der Verwendung von Zufriedenheit als Studienerfolgskriterium geäußert. Die wesentlichen Kritikpunkte werden daher im Folgenden aufgezeigt. Die individuelle Einschätzung des eigenen Studienerfolgs durch die Studierenden beeinflusst vermutlich die Studienzufriedenheit, weshalb diese Kriterien nicht ohne weiteres voneinander unterschieden werden können. Dennoch wird in der Einschätzung der eigenen Leistungen etwas Anderes ausgedrückt als mit der Studienzufriedenheit. Der Zusammenhang von Studienzufriedenheit und selbsteingeschätztem Kompetenzniveau wurde bspw. von Frey (2004) untersucht. Die Ergebnisse dieser Studie zeigen einen positiven, wenn auch niedrigen, Zusammenhang zwischen der Ausbildungszufriedenheit und dem selbsteingeschätzten Niveau an Fach, Methoden-, Sozial-, und Personalkompetenzen (Frey, 2004, S. 919). Auch Trapmann (2008, S. 58) merkt zur Verwendung der Studienzufriedenheit als Studienerfolgskriterium an, dass der Zusammenhang von Studienzufriedenheit und Studienleistungen nicht hinreichend geklärt ist. Dies liegt insbesondere an der zeitlich kausalen Interdependenz beider

Konstrukte. So wurde noch nicht hinreichend untersucht, ob zufriedenere Studierende so zufrieden sind, weil sie eben gute Leistungen erbringen, oder ob umgekehrt die hohe Zufriedenheit einen erfolgreichen Studenten ausmacht (Trapmann, 2008, S. 58–59).

Tabelle 2: Durchschnittliche Studienzufriedenheit

Autoren	Skala	Stufen	MW	SD	α
Albrecht (2011)	5 Items, Thiel, Veit, Blüthmann, Lepa & Ficzko (2008)	1–6	**4,74**	0,91	0,80
Blüthmann (2012)	1 Item, Eigenentwicklung	0–7	**4,50**	1,90	-
Frey (2004)	1 Item, Eigenentwicklung	1–6	2,72	0,92	-
Künsting & Lipowski (2011)	7 Items, Westermann et al. (1996)	1–6	**4,57**	0,83	0,84
Schiefele & Jacob-Ebbinghaus (2006)	3 Skalen, Westermann et al. (1996)	1–6	3,35	1,17	0,89
	Studieninhalte (3 Items)	1–6	2,90	1,06	0,74
	Studienbedingungen (3 Items)	1–6	**4,24**	0,98	0,67
	Studienbelastungen (4 Items)				
Trapmann (2008)	3 Skalen, Hiemisch, Westermann & Michael (2005)	1–5	**3,93**	0,78	0,86
	Studieninhalte (3 Items)	1–5	2,76	0,82	0,76
	Studienbedingungen (3 Items)	1–5	**3,55**	0,86	0,75
	Studienbelastungen (3 Items)				
Willige, Grützmacher, Sudheimer, Naumann (2017)	1 Item, Eigenentwicklung	1–5	**3,70**	0,90	-

MW = Mittlewert, SD = Standardabweichung, α = Cronbachs Alpha, Stufen = Stufen der jeweiligen Likert-Skala, Mittelwerte oberhalb des theoretischen Skalenmittelwertes sind markiert.

Ein weiterer Kritikpunkt an der Erfassung von Zufriedenheit ist die häufig zu beobachtende Tendenz zum positiven Antwortverhalten bei der Erfassung von Zufriedenheit. Bspw. neigen Probandinnen und Probanden in Studien zur Arbeitszufriedenheit häufig dazu, in

Testsituationen eine hohe Zufriedenheit anzugeben, obwohl dies im Widerspruch steht zu anderen empirischen Erkenntnissen wie z. B. zum hohen Belastungserleben im Beruf (Rehwaldt, 2017, S. 17). Ein möglicher Erklärungsansatz hierfür ist, dass viele Personen zwar eigentlich unzufrieden mit ihrer Arbeitssituation sind, sich allerdings damit abgefunden und gewissermaßen resigniert haben. Wenn davon ausgegangen wird, dass Arbeitszufriedenheit das Ergebnis eines Soll-Ist-Vergleiches von Erwartungen an die Arbeitssituation mit der tatsächlichen Situation ist, dann bedeutet Resignation, dass die betreffenden Personen ihr Anspruchsniveau soweit abgesenkt haben, dass der Soll-Ist-Vergleich keine Deckungslücken mehr liefert (Baumgartner & Udris, 2006, S. 112; Homburg & Stock-Homburg, 2016, S. 20). Für die Studienzufriedenheit wurden bisher keine vergleichbaren Analysen durchgeführt. Tabelle 2 gibt einen Überblick zu Forschungsbefunden zur mittleren Studienzufriedenheit von deutschen Studierenden. Erkenntnisse zur durchschnittlichen Studienzufriedenheit zeigen, dass deutsche Studierende im Durchschnitt eine mittlere Zufriedenheit angeben.

Betrachtet man die Mittelwerte der Zufriedenheitsbeurteilungen der verschiedenen Studien, so ist festzustellen, dass die mittlere Zufriedenheit in sieben von elf Fällen oberhalb des jeweiligen Skalenmittelwertes liegt. Die Abweichung vom theoretischen Mittelwert ist in den meisten Fällen geringer als die Standardabweichung (vgl. Tabelle 2). Es kann also nicht im Allgemeinen davon ausgegangen werden, dass Studierende ihre Zufriedenheit aufgrund der Neubewertung von Bedürfnissen positiver bewerten, als es ihrer tatsächlichen Studiensituation entspricht.

Ein weiterer Kritikpunkt ist die Fraglichkeit der Annahme von Zufriedenheit als ein zeitlich stabiles Konstrukt, die impliziert, dass die Erwartungen bzw. die Vergleichsstandards, die die Grundlage der Zufriedenheit darstellen, zeitlich stabil sind. Schiefele und Jacob-Ebbinghaus (2006, S. 208–209) untersuchten den Zusammenhang der Zufriedenheit mit dem Fachsemester und fanden heraus, dass die Zufriedenheit mit den Inhalten des Studiums und der Bewältigung von Belastungen mit steigendem Fachsemester leicht abnimmt, die Zufriedenheit mit den Studienbedingungen hingegen nicht. Bei Sieverding, Schmidt, Obergfell und Scheiter (2013, S. 97) zeigt sich ebenfalls ein signifikanter negativer Zusammenhang zwischen Studiendauer und der globalen Studienzufriedenheit. Ähnliches ist auch für die Ausbildungszufriedenheit in der dualen Ausbildung bekannt: Auszubildende, die sich in der zweiten Hälfte ihrer Ausbildung befinden, sind weniger zufrieden als die Auszubildenden zu Beginn des Bildungsgangs (Ebner, 2003, S. 8).

Trotz dessen, dass es einige Kritikpunkte an der Verwendung der Studienzufriedenheit als Merkmal gibt, kann bei Einbezug dieses Kriteriums die subjektive Sichtweise der Studierenden in Hinblick auf die Erfüllung ihrer Erwartungen und die Befriedigung ihrer Lern- und Studienbedürfnisse abgebildet werden, die in keinem anderen Kriterium zum Ausdruck kommt. Dementsprechend erscheint es sinnvoll, die Studienzufriedenheit als ergänzendes Erfolgskriterium einzubeziehen (Trapmann, 2008, S. 74; Trost & Bickel, 1979, S. 14). In der vorliegenden Arbeit wird die Studienzufriedenheit im Sinne des C/D-Paradigmas verstanden und als das Ergebnis eines individuellen Abgleichs zwischen Erwartungen an das Studium der und tatsächlich wahrgenommenen Studiensituation aufgefasst. Weiterhin wird angenommen, dass die Studienzufriedenheit zeitlich relativ stalbil ist.

2.2.4 Studienabbruch und Studienabbruchintentionen

In der Studienerfolgsforschung ist der Studienabbruch neben den Studiennoten ein häufig zugrundegelegtes Kriterium (Camara, 2005, S. 55). Der Studienabbruch wird als negatives Kriterium des Studienerfolgs betrachtet, das in Zusammenhang mit anderen Kriterien des Studienerfolgs wie Studienleistungen oder Zufriedenheit mit dem Studium steht. Z. B. kommen im Kriterium des Abbruchs i. d. R. mehrere nicht bestandene Prüfungen, also mehrere schlechte Studienleistungen, zusammen. Weiterhin kann er auch die Konsequenz von Unzufriedenheit mit dem Studium sein. Inhaltlich geht er allerdings über die Zufriedenheit i. S. einer Einstellung heraus, da er eine bereits vollzogene Handlung darstellt (Giesen et al., 1986, S. 101).

Wie bereits eingangs beschrieben, stellt der Studienabbruch das härteste Misserfolgskriterium in der Studienerfolgsforschung dar (Trost & Bickel, 1979, S. 8). Studienabruch meint das vorzeitige Verlassen der Hochschule ohne Studienabschluss. Es herrscht jedoch Uneinigkeit darüber, in welchen Fällen das vorzeitige Verlassen der Hochschule ohne Studienabschluss als Studienabbruch zu werten ist (Pohlenz, Tinsner & Seyfried, 2012, S. 26).

Heublein, Schmelzer, Sommer und Spangenberg (2002) definieren Studienabbruch als endgültiges Verlassen der Hochschule ohne Abschluss und legen damit eine strenge Definition zugrunde. Das heißt, ein Studienabbruch liegt laut dieser Definition nur vor, wenn kein neues Studium in einem anderen Fach oder an einer anderen

Hochschule aufgenommen wird und die betreffenden Personen im Laufe ihres Lebens niemals einen Hochschulabschluss erwerben (Spady, 1970, S. 65).

Eine weniger strenge Definition des Studienabbruchs würde auch den Hochschul- oder Studienfachwechsel als Abbruch werten (Gold & Kloft, 1991). Das heißt, Studienabbrecher sind Personen, die ein Studium vorzeitig ohne Abschluss beenden, ohne dass weiter beachtet wird, ob sie anschließend ein neues Studium aufnehmen (Spady, 1970, S. 65). Das heißt, nach diesem Definitionsansatz werden auch Fachwechsler zu den Studienabbrechern gezählt. Fachwechsler sind schwer zu identifizieren, da Studienabbrecher nicht immer nach dem erstmaligen Verlassen der Hochschule weiterverfolgt werden können. Eine Verlaufsstatistik für das Studienverhalten bzw. den Weg einer Person im deutschen Hochschulsystem liegt in Deutschland nicht vor (Heublein & Wolter, 2011, S. 217). Daher kann nicht geklärt werden, welcher Anteil derjenigen, die ihr Studium zunächst aufgaben, später in einem anderen Fach oder an einer anderen Hochschule weiterstudierten (Moosbrugger & Reiß, 2005, S. 178).

Für die Verwendung einer strengen Definition des Phänomens Studienabbruch spricht, dass der Umfang des Studienabbruchs überschätzt wird, wenn auch der vorübergehende Studienabbruch, der sich z. B. durch einen Fachwechsel ergibt, einbezogen wird. Dies ist auch insbesondere deswegen problematisch, weil davon auszugehen ist, dass der vorrübergehende Studienabbruch sich hinsichtlich der Ursachen vom endgültigen Abbruch des Studiums unterscheidet (Tinto, 1975, S. 90). Daher hat sich die strenge Definition, die nur den endgültigen Studienabbruch umfasst, in der Forschung weitgehend durchgesetzt, auch wenn ihre Praktikabilität problematisch ist (Heublein & Wolter, 2011, S. 216).

Eine weitere forschungspraktische Hürde bei der empirischen Forschung zum Studienabbruch liegt darin, dass Studienabbrecher i. d. R. schwer zu kontaktieren sind, da sie das Hochschulsystem verlassen haben. Vielfach wird daher nicht das Kriterium des Abbruchs selbst erfasst, sondern Abbruchintentionen von Studierenden, um die Probandinnen und Probanden besser erreichen zu können (Georg, 2008, S. 201–202). Ein weiterer Vorteil der Verwendung von Abbruchintentionen als Kriterium liegt darin, dass mit diesem Merkmal auch graduelle Vergleiche hinsichtlich der Studienabbruchneigung zwischen verschiedenen Studierenden möglich sind. Das Kriterium *Studienabbruch* hat hingegen nur zwei Ausprägungen und ermöglicht lediglich den Vergleich zwischen Personen, die abbrechen, und Personen, die weiterstudierenden (Winteler, 1984).

Auch wenn stark ausgeprägte Studienabbruchintentionen nicht zwingend einen tatsächlichen Studienabbruch nach sich ziehen, werden sie dennoch als bedeutsamster Einflussfaktor des eigentlichen Studienabbruchs gesehen und können daher als Prädiktor des Studienabbruchs eingesetzt werden (Ditton, 1998). Abbruchintentionen sind gewissermaßen ein „Frühwarnindikator" (Georg, 2008, S. 201) für den Studienabbruch und es kann davon ausgegangen werden, dass Studierende mit einer hoch ausgeprägten Abbruchintention mit höherer Wahrscheinlichkeit das Studium abbrechen als Studierende, bei denen diese Intention weniger stark ausgeprägt ist.

2.3 Umfang von Studienerfolg und Studienabbruch

Informationen zum Umfang des Studienabbruchs lassen sich aus den vom DZHW vorgelegten Schätzungen der Abbruchquoten, die auf Grundlage von Kohorten-Vergleichen zwischen Studienanfängerinnen und -anfängern sowie den Absolventinnen und Absolventen errechnet werden, gewinnen. Dabei werden einem bestimmten Absolventenjahrgang, unter Einsatz von Gewichtungen, infrage kommende Studienanfängerjahrgänge gegenübergestellt. Die Gewichtungen ergeben sich aus der Studiendauer der Absolventinnen und Absolventen, die eine anteilige Zuordnung zu den Anfängerkohorten ermöglicht (Heublein et al., 2017, S. 261-263). In Deutschland ist es nicht möglich, den Studienverlauf eines Studierenden zu verfolgen, da es keine zentrale Studierendendatenbank gibt, in der einzelne Personen identifiziert werden können. Die Studienabbruchquote kann daher nicht im Detail ermittelt, sondern lediglich geschätzt werden (Heublein & Wolter, 2011, S. 217).

Die Abbruchquote des Studienanfängerjahrgangs 2010/11 beträgt in Bachelorstudiengängen insgesamt 29 %, wobei sie an Universitäten mit einem Anteil von 32 % höher, an Fachhochschulen mit 27 % geringer ausfällt (Heublein et al., 2017, S. 263). Für die Studienabbruchquote an Universitäten zeigt sich hierbei ein leichter Rückgang, und für diejenige an Fachhochschulen ein deutlicher Anstieg (Heublein et al., 2017, S. 263). An Universitäten bilden die Rechts-, Wirtschafts-, und Sozialwissenschaften mit einer Abbruchquote im Bachelorstudium von 30 % eine Fächergruppe mit einer vergleichsweise geringen Studienabbruchquote. Die höchsten Abbruchquoten zeigten sich hier in den Ingenieurwissenschaften (48 %) sowie in Mathematik und Naturwissenschaften (39 %, Heublein et al., 2017, S. 264-265). An den Fachhochschulen zeigt sich ein ähnliches Bild: Die Studienabbruchquote in den Rechts-, Wirtschafts- und Sozialwissenschaften ist mit nur 19 % die geringste im Fachgruppenvergleich und am häufigsten wird das Studium in den Ingenieurswissenschaften (33 %) oder im Bereich Mathematik und Naturwissenschaften abgebrochen (42 %, Heublein et al., 2017, S. 266-267).

Im Masterstudium fallen die Studienabbruchquoten des Studienanfängerjahrgangs 2012 mit 15 % an Universitäten und 19 % an Fachhochschulen deutlich geringer aus. Bemerkenswert ist hierbei, dass die Fächergruppe Rechts-, Sozial-, und Wirtschaftswissenschaften hierbei eine vergleichsweise hohe Abbruchquote hat (20 % an Universitäten und 24 % an Fachhochschulen). Im Vergleich zum Studienanfängerjahrgang 2010 sind die Abbruchquoten im Masterstudium gestiegen (Heublein et al., 2017, S. 267–269). Die Abbruchquote in den herkömmlichen Studiengängen lag im Zeitraum 1999–2008 zwischen 20 und 25 % (Heublein & Wolter, 2011, S. 220).

Ein anderes Schätzverfahren wird bei der Berechnung von Erfolgsquoten, also dem Anteil an erreichten Studienabschlüssen, durch das Statistische Bundesamt angewandt. Dabei wird der Studienverlauf auf Grundlage einer bestimmten Studienanfängerkohorte simuliert. Einbezogen werden auch Informationen aus der Studierenden- und Prüfungsstatistik, sodass der Status der Studierenden verfolgt werden kann. Die Daten werden mit der Absolventenstatistik verknüpft, wobei der Status der Studierenden allerdings nicht tatsächlich verfolgt werden kann, da es in Deutschland keine Studierendenstatistik gibt, in der der Studienverlauf einzelner Personen tatsächlich verfolgt werden kann (Heublein & Wolter, 2011, S. 217). Es stehen lediglich die Studienanfängerzahl und die Zahl der Absolventinnen und Absolventen pro Semester zur Verfügung. Daher erfolgt eine Zuordnung mittels statistischer Verfahren (Hetmeier, Bihler, Brugger, Scharfe & Willand, 2008). Der Status der Studierenden einer Anfängerkohorte wird so lange weiterverfolgt, bis der Anteil der noch im Studium befindlichen Personen unter 20 % liegt. Für diese Personen wird die Abbruchquote geschätzt und für die übrigen Personen eine Zuordnung zu den Absolventinnen und Absolventen simuliert. Anschließend werden Aussagen darüber getroffen, welcher Anteil der zugrundeliegenden Anfängerkohorte ihr Studium wahrscheinlich erfolgreich abgeschlossen haben oder erfolgreich abschließen werden (Heublein & Wolter, 2011, S. 218).

Auf Grundlage dieses Berechnungsverfahrens ergibt sich eine Studienabbruchquote bei Bachelorstudierenden, die das Negativpendant der Erfolgsquote ist, von 17,6 % für den Studienanfängerjahrgang 2005 und von 19,9 % für 2006 (Statistisches Bundesamt, 2016a, S. 9). Dementsprechend kann nach den Berechnungen des statistischen Bundesamtes davon ausgegangen werden, dass über 80 % der Studierenden das Studium erfolgreich beenden (Statistisches Bundesamt, 2016a, S. 9). Damit liegt die auf Grundlage dieses Verfahrens geschätzte Abbruchquote deutlich unter der vom DZHW geschätzten. Die Berechnungsverfahren unterscheiden sich vor allem hinsichtlich der betrachteten Bezugsgruppen. Das tatsächliche Ausmaß des Studienabbruchs kann jedoch aufgrund der unzureichenden Datenbasis nicht ermittelt werden.

Bargel, Heine, Multrus und Willige (2014, S. 38–39) untersuchten außerdem die Häufigkeit von Studienabbruchintentionen von Bachelor- und Masterstudierenden. Es zeigte sich, dass solche Intentionen an Fachhochschulen etwas geringer ausgeprägt waren als an Universitäten. Von den Bachelorstudierenden an Universitäten zogen 6 % ernsthaft einen Abbruch in Erwägung, und einen Fachwechsel beabsichtigten 11 % der Studierenden (Bargel et al. 2014, S. 38). An den Fachhochschulen waren dies lediglich 5 % bzw. 6 % der Bachelorstudierenden. Die Wirtschaftswissenschaften liegen hinsichtlich der Studienabbruchintentionen im Vergleich der Fachrichtungen untereinander etwa im Durchschnitt (Bargel et al. 2014, S. 39). Bei den Masterstudierenden sind Studienabbruchintentionen wesentlich seltener ausgeprägt; weniger als 3 % der Studierenden an Universitäten und Fachhochschulen erwägen ernsthaft einen Abbruch (Bargel et al. 2014, S. 239–240). Die Autoren sehen die Begründung für die Seltenheit von Abbruchintentionen bei den Masterstudierenden in der Tatsache, dass diese bereits ein Studium mit dem Bachelorabschluss erfolgreich beendet haben und sich auf Grundlage der Erfahrungen aus dem Erststudium bewusst für ein weiteres Studium entschieden haben (Bargel et al. 2014, S. 239). Auch wenn nicht eindeutig ermittelt werden kann, wie hoch die Studienabbruchquote in Deutschland tatsächlich ist (s. o.), so zeigt sich dennoch, dass deutlich weniger Studierende stark ausgeprägte Abbruchintentionen aufweisen, als tatsächlich ihr Studium abbrechen.

Hinsichtlich der Bewertung des Phänomens Studienabbruch und der Höhe der Studienabbruchquoten hat sich in den vergangenen Jahrzehnten in Deutschland die Auffassung durchgesetzt, dass geringe Abbruchquoten erwünscht sind bzw. dass einem Studienabbruch durch geeignete Unterstützungsangebote entgegengewirkt werden sollte. Dies wird dadurch begründet, dass eine Erhöhung der Akademikerquote gesellschaftlich erstrebenswert ist, um den Anforderungen der wissensintensiven Arbeitswelt gerecht werden zu können. Da es in bestimmten Fachbereichen doch erhebliche Unterschiede zwischen den Zahlen der Personen, die ein Studium aufnehmen, und denen, die dieses erfolgreich absolvieren, gibt, ist hier aus Sicht der Hochschulen ein großes Potenzial für die Erhöhung der Absolventenzahlen durch Verbesserung der Erfolgsquote bei abbruchgefährdeten Studierenden gegeben (Heublein & Wolter, 2011, S. 232; Koepernick & Wolter, 2012, S. 36–37). Darüber hinaus kann Studienabbruch auch als Fehlinvestition gewertet werden. Dies gilt sowohl aus Sicht des Studienabbrechers, für den das Studium mit finanziellen und zeitlichen Aufwendungen einhergeht, als auch für den Staat, der ebenfalls finanzielle Mittel für Studierende bereitstellt (Sarcletti & Müller, 2011, S. 236).

2.4 Theoretische Erklärungsansätze für Studienerfolg

Bisher wurde theoretisch beleuchtet, was unter Studienerfolg verstanden werden kann und anhand welcher Kriterien der Studienerfolg üblicherweise operationalisiert wird. Im Folgenden werden nun drei Modelle vorgestellt, die Erklärungsansätze für das Zustandekommen von Studienerfolg liefern. Damit soll einerseits aufgezeigt werden, welche potenziellen Einflussfaktoren des Studienerfolgs identifiziert werden können, und andererseits, von welchen wechselseitigen Beziehungen zwischen diesen Merkmalen auszugehen ist. Im Anschluss an die Beschreibung der einzelnen Modelle werden die Modellannahmen sowie die in den Modellen vorgeschlagenen Einflussfaktoren miteinander verglichen.

2.4.1 Person-Umwelt-Modelle

Rindermann und Oubaid (1999) gehen davon aus, dass die Einflussfaktoren des Studienerfolgs unter den individuellen Merkmalen der Studierenden, der Studien- und Lehrqualität sowie den gesellschaftlichen Rahmenbedingungen zu suchen sind (vgl. Abbildung 1). Grundannahme bildet hierbei die von Amelang (1997) formulierte These, dass Studierende umso bessere Studienleistungen erzielen, je besser die Passung zwischen Personenmerkmalen und den Merkmalen der Umwelt, also hier des Studiums, ausfällt. Eine fehlende Person-Umwelt-Kongruenz kann sich entweder in Unter- oder in Überforderung äußern. Beide Fälle können zu schlechteren Studienleistungen und im Extremfall auch zum Studienabbruch oder Studienfachwechsel führen (Gold & Giesen, 1993, S. 117; Rindermann & Oubaid, 1999, S. 174). Das auf dieser Annahme beruhende Bedingungsmodell des Studienerfolgs von Rindermann und Oubaid (1999) ist in Abbildung 1 grafisch dargestellt.

Zur Studien- und Lehrqualität zählen in diesem Modell die Inhalte des Studiums, die eingesetzten Lehrmethoden, die Lehrkompetenzen der Dozentinnen und Dozenten, die Betreuungssituation, die Prüfungs- und die curriculare Organisation sowie die Ausstattung der Hochschule (Rindermann & Oubaid, 1999, S. 187). Bei den Rahmenbedingungen werden die rechtlichen Voraussetzungen, die Finanzierung sowie die Entscheidungsfreiheit der einzelnen Hochschulen als für den Studienerfolg relevant identifiziert (Rindermann & Oubaid, 1999, S. 174).

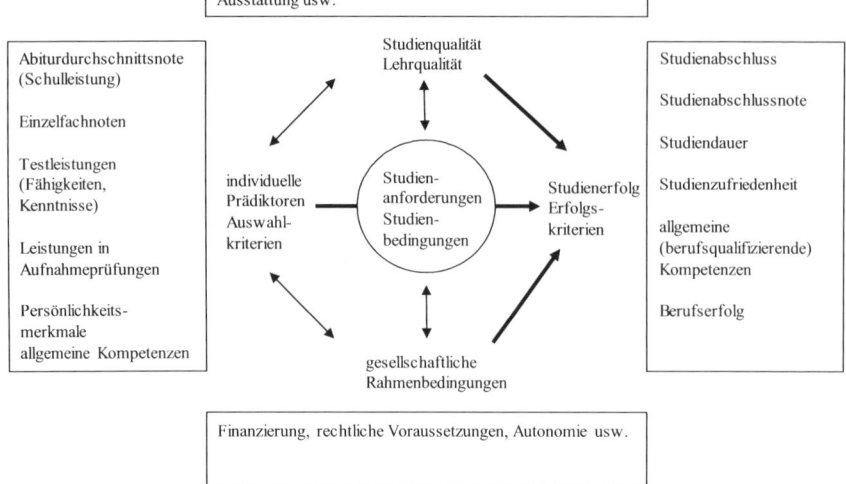

Abbildung 1: Bedingungsmodell des Studienerfolgs (Rindermann & Oubaid, 1999)

Außerdem wird in diesem Modell angenommen, dass es individuelle Merkmale gibt, mit denen der Studienerfolg prognostiziert werden kann (Rindermann & Oubaid, 1999, S. 174). Zu den Prädiktoren des Studienerfolgs zählen die Autoren die Schulnoten, die in Eignungstest oder Aufnahmeprüfungen erreichten Leistungen und Persönlichkeitsmerkmale sowie fachübergreifende Kompetenzen (Rindermann & Oubaid, 1999, S. 173–174). Bei den Schulnoten werden die Abiturdurchschnittsnote und die mit dem Studium fachlich verwandten Einzelnoten zu den Prädiktoren des Studienerfolgs gezählt. Die Abiturdurchschnittsnote ist das am häufigsten zur Auswahl von Studienbewerbern eingesetzte Kriterium (Rindermann & Oubaid, 1999, S. 173–175).

Eignungstests werden in manchen Studiengängen, wie z. B. Medizin, zur Auswahl von Studienbewerbern verwendet und es wird dabei davon ausgegangen werden, dass die Studienleistungen mithilfe der Leistungen in solchen Tests präziser vorhergesagt werden können als nur anhand der Schulnoten. Aufnahmeprüfungen werden z. B. in Studiengängen aus den Bereichen Sport, Musik und Kunst eingesetzt und verlangen vom Studienbewerber das Erbringen von fachspezifischen, zumeist praktischen Leistungen. Bei den Persönlichkeitsmerkmalen und den allgemeinen Kompetenzen gibt es eine große Vielfalt von Merkmalen, die bei der Bewerberauswahl berücksichtigt werden können. Dazu gehören z. B. die Studienmotivation, das Studieninteresse und die soziale Kompetenz. Erfasst werden diese z. B. in Gesprächen, Assessment-Centern oder über Fragebögen (Rindermann & Oubaid, 1999, S. 173–175).

Das Modell von Rindermann und Oubaid (1999) gibt einen Einblick in die für den Studienerfolg relevanten Prädiktoren sowie über die Kriterien des Studienerfolgs. Allerdings muss bei diesem Modell einschränkend beachtet werden, dass es sich mit Verfahren der Bewerberauswahl bei der Zulassung zum Studium befasst. Daher können die von den Autoren genannten Prädiktoren nicht als vollständige Liste der infrage kommenden Prädiktoren gelten, sondern es wird lediglich ein Überblick über die am häufigsten berücksichtigten Merkmale bei der Bewerberauswahl gegeben. Es handelt sich dabei also ausschließlich um Merkmale, die bereits vor Beginn des Studiums vorliegen. Viele individuelle Merkmale, bei denen üblicherweise ein Einfluss auf den Studienerfolg angenommen wird, werden hier vernachlässigt. Dass auch Merkmale des Studiums und die Rahmenbedingungen einen Einfluss auf den Studienerfolg haben, wird im Modell von Rindermann und Oubaid (1999) zwar angedeutet, allerdings werden diese Zusammenhänge nicht näher erläutert.

Anzumerken ist außerdem, dass hier nicht die individuellen Studienvoraussetzungen selbst in den Blick genommen werden, wie bspw. Intelligenz oder die kognitiven Grundfähigkeiten, sondern lediglich Indikatoren, wie die Abiturdurchschnittsnote (Rindermann & Oubaid, 1999, S. 172–173). Das Modell von Rindermann und Oubaid (1999) gibt zwar einen Überblick über mögliche Einflussfaktoren des Studienerfolgs, liefert jedoch keine detaillierte Erklärung für das tatsächliche Zustandekommen des Studienerfolgs. Dies liegt daran, dass die Autoren mit der Vorstellung des Modells einen Überblick über geeignete Auswahlkriterien von Studienbewerbern geben und die prognostische Validität einzelner Instrumente zur Studierendenauswahl analysieren (Rindermann & Oubaid, 1999, S. 172–173).

2.4.2 Prozessorientierte Ansätze

Ein weiteres Modell zur Prognose des Studienerfolgs findet sich bei Thiel et al. (2008, S. 4). Der Studienerfolg wird hierbei anhand der Kriterien Studienzufriedenheit, fachlicher Kompetenzzuwachs, berufsrelevanter Kompetenzzuwachs und Studienabbruch operationalisiert. In einer überarbeiteten Version des Modells (Thiel, Blüthmann & Richter, 2010, S. 7) differenzieren die Autoren den Zuwachs an Wissen und Kompetenzen noch weiter aus und zählen nun den Erwerb von Fachwissen, von berufsrelevanten und fächerübergreifenden Kompetenzen und die Entsprechung von Erwartungen und Erfahrungen dazu. Unter dem letzten Aspekt verstehen die Autoren den Grad der Passung der Erwartungen der Studierenden an ein Studium mit den tatsächlichen Erfahrungen an der Hochschule bezogen auf die inhaltliche und organisatorische Ausgestaltung des Studiums sowie die Studienanforderungen (vgl. Abbildung 2). Der Studienabbruch wird in der überarbeiteten Modellversion nicht mehr zu den Erfolgskriterien gezählt (Thiel et al., 2010, S. 7).

Für den Studienerfolg wird angenommen, dass dieser das Ergebnis des Studier- und Lernverhaltens ist. In diesem Prozess finden die Lernaktivitäten der Studierenden statt, die durch den Einsatz von Lernstrategien und Strategien des Zeitmanagements beeinflusst werden (Thiel et al., 2008, S. 3–4). Als für den Studienerfolg relevante Prozessmerkmale werden hier auch die Kenntnis der Ordnungen, die Gestaltung des Studienverlaufs nach einem vorgegebenen Plan sowie die Lernerfahrungen der Studierenden angeführt (Thiel et al., 2010, S. 7). Der Lern- und Studienprozess wird von den individuellen Eingangsvoraussetzungen der Studierenden beeinflusst, denn auf dessen Grundlage nehmen die Lernenden das Studienangebot in Anspruch, das wiederum von den Studienbedingungen und den Merkmalen des privaten Kontextes abhängt. Damit basiert das Modell des Studienerfolgs von Thiel et al. (2008, S. 4; 2010, S. 7) auf dem Angebots-Nutzungsmodell von Helmke (2015), das für die Beschreibung von Schul- und Unterrichtsqualität entwickelt und hier auf den Hochschulkontext übertragen wurde (Blüthmann, 2012, S. 280). Erweitert wurde das Modell durch die Berücksichtigung der Mehrebenenstruktur von Lernprozessen an Hochschulen, was zur Folge hat, dass Merkmale des Lernprozesses einerseits auf der individuellen Ebene, und andererseits auf Ebene des gesamten Studienganges einbezogen werden (Blüthmann, 2012, S. 280).

Zu den individuellen Eingangsvoraussetzungen der Studierenden, von denen in diesem Modell ein direkter oder indirekter Einfluss auf den Studienerfolg angenommen wird, werden die schulischen Leistungen in Form der Note der Hochschulzugangsberechtigung gezählt und außerdem die Nähe der schulischen Schwerpunkte zum gewählten Studienfach. Als relevant werden darüber hinaus die soziodemografischen Merkmale, der Bildungshintergrund und die Wartezeit bis zum Beginn des Studiums angesehen (Thiel et al., 2008, S. 3–4). Weiterhin sind die im Vorfeld des Studiums absolvierten Tätigkeiten von Bedeutung (Thiel et al., 2008, S. 4), wozu z. B. eine berufliche Ausbildung oder ein vorangegangenes Studium gezählt werden (Thiel et al., 2010, S. 7).

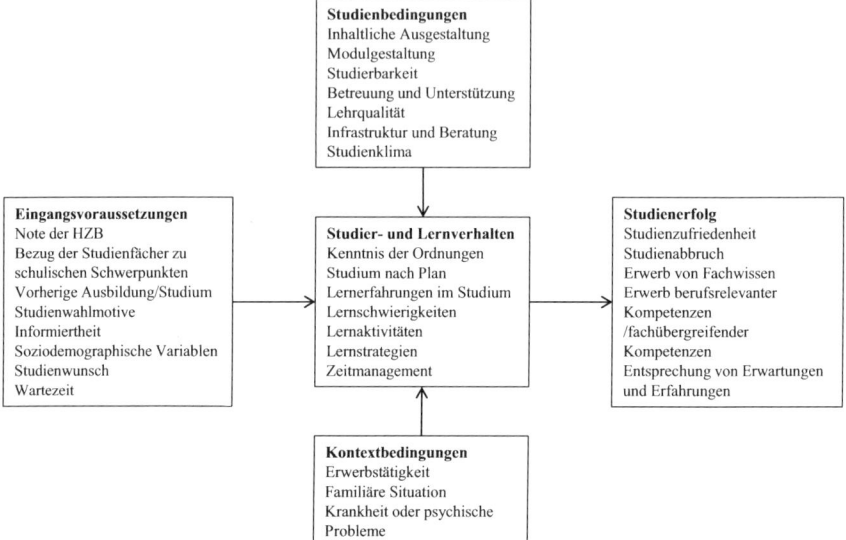

Abbildung 2: Modell des Studienerfolgs (Thiel et al., 2008; 2010)

Es wird angenommen, dass bei den Eingangsvoraussetzungen die Studienwahlmotive, die Studienwünsche und die Informiertheit vor

Studienbeginn von Bedeutung für den Studienerfolg sind (Thiel et al., 2008, S. 4). Unter den Kontextbedingungen werden Merkmale verstanden, die die Erwerbstätigkeit sowie die familiäre und gesundheitliche Situation der Studierenden betreffen (Thiel et al., 2008, S. 4).

Zu den für den Studienerfolg bedeutsamen Studienbedingungen werden beim Modell von Thiel et al. (2008, S. 4) Merkmale der Lehrveranstaltungen und der Studienorganisation gezählt. Zu den Merkmalen der Lehre gehören die inhaltliche Ausgestaltung, Aufbau und Struktur bzw. die Modulgestaltung, Betreuung und Unterstützung seitens der Lehrpersonen sowie die allgemeine Lehrqualität (vgl. Abbildung 2). Zu den organisatorischen Merkmalen gehören Studien- und Prüfungsorganisation, Beratung und Service, Studienklima und Studierbarkeit (Thiel et al., 2008, S. 4; 2010, S. 7).

Neben diesen Einflussfaktoren aus den Bereichen individuelle Studienvoraussetzungen, Studien- und Kontextbedingungen wird auch die Lehr-Lern-Situation beleuchtet. Es wird davon ausgegangen, dass die Lernaktivitäten, -strategien und das Zeitmanagement den Studienerfolg beeinflussen. Das genaue Zustandekommen dieser Lernaktivitäten und deren Zusammenhang zu den individuellen und den Studien- und Kontextbedingungen wird jedoch nicht erklärt (Thiel et al., 2008, S. 4).

2.4.3 Pädagogisch-psychologische Ansätze

Weitere Anhaltspunkte für die Untersuchung von Lehr-Lernprozessen in der Hochschulbildung können beim *Rahmenmodell zur Wirkungsanalyse des Hochschulunterrichts* von Helmke und Schrader (2010) gefunden werden, das als Angebots-Nutzungsmodell konzipiert ist (vgl. Abbildung 3). Ausgangspunkt dieses Modells stellen die Ziele von akademischer Bildung dar, die im Erwerb von Fachwissen und fachunabhängigen Fähigkeiten im sozialen, methodischen, affektiven und emotionalen Bereich liegen. Folglich kann der Erfolg der Hochschulbildung nicht allein im kognitiven Bereich beobachtet und somit auch nicht allein an erreichten Studiennoten oder Studienabschlüssen bemessen werden. Diese verschiedenen Ziele sind nicht immer in Einklang zu bringen, sodass sich Zielkonflikte ergeben können (Helmke & Schrader, 2010, S. 274–275).

Das Erreichen der Bildungsziele wird von einer Vielzahl an Faktoren bedingt, die in Beziehung zueinander stehen. Diese Faktoren lassen sich in die drei Bereiche Lehre und Lehrpersonen, individuelle Studienbedingungen und Lernvoraussetzungen sowie in den fachlichen, sozialen und ökologischen Kontext einteilen (Helmke & Schrader, 2010, S. 274). Alle diese Faktoren werden weiterhin durch die soziokulturellen Rahmenbedingungen beeinflusst, in die sie eingebettet sind (Helmke & Schrader, 2010, S. 275).

Das Lehrangebot, das von den Kontextbedingungen abhängt, stellt ein Lernangebot an die Lernenden dar und kann auf Basis der individuellen Studienbedingungen und Lernvoraussetzungen genutzt werden, um Fachwissen und weitere Qualifikationen zu erwerben (Helmke & Schrader, 2010, S. 275). Die aktive Nutzung des Angebots geht über die bloße Teilnahme an einer Lehrveranstaltung hinaus. Für den Studienerfolg ist es entscheidend, welche spezifischen Lernaktivitäten stattfinden (Helmke & Schrader, 2010, S. 277).

Bei den individuellen Lernvoraussetzungen spielen zum einen die kognitiven Voraussetzungen der Studierenden eine Rolle, die aus den allgemeinen kognitiven Fähigkeiten und dem fachspezifischen Vorwissen bestehen. Zum anderen werden zu den Lernvoraussetzungen auch die epistemologischen Überzeugungen sowie die Lernstile und Lernstrategien der Studierenden gezählt (vgl. Abbildung 3). Darüber hinaus sind motivationale und volitionale Aspekte relevant, da von der Ausprägung dieser Merkmale das Lernhandeln beeinflusst wird (Helmke & Schrader, 2010, S. 275–276).

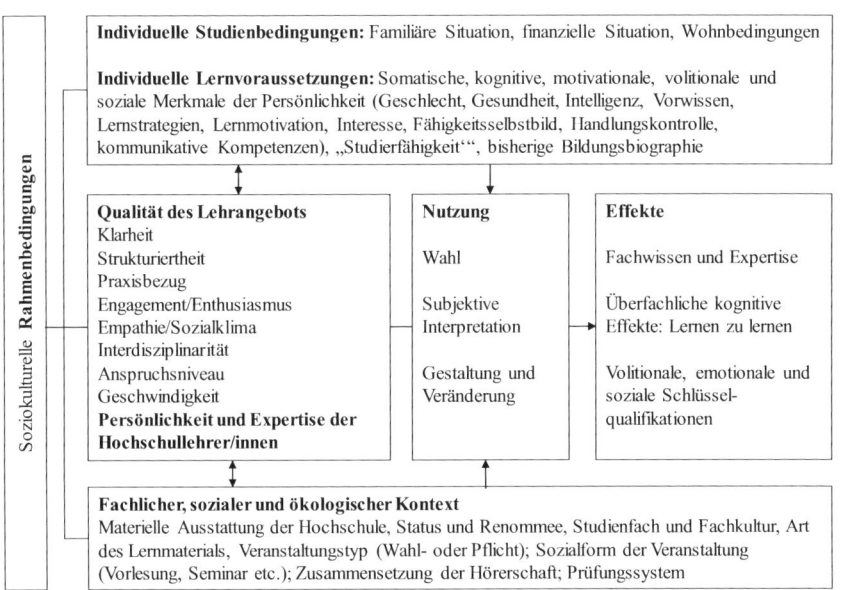

Abbildung 3: Modell zur Wirkungsanalyse des Hochschulunterrichts (Helmke & Schrader, 2010)

Die Studienbedingungen ergeben sich aus der familiären und der finanziellen Situation sowie aus den Wohnbedingungen (Helmke & Schrader, 2010, S. 276).

Die Qualität der Lehre hängt von der Art der eingesetzten Lehr-Lernmethoden und Lernformen ab. Es besteht gegenwärtig jedoch kein Konsens darüber, welche Methoden und Lernformen besonders positiv oder negativ für die Lehrqualität zu bewerten sind (Helmke & Schrader, 2010, S. 274–275). Helmke und Schrader (2010, S. 275) schlagen die Aspekte Qualität der Instruktion, Engagement der Lehrperson und Empathie der Lehrperson für die Studierenden vor, um die Lehrqualität zu beurteilen. An diesen Aspekten wird noch einmal deutlich, dass die Lehrperson einen entscheidenden Einfluss auf die Lehrqualität hat (Helmke & Schrader, 2010, S. 275). Zudem spielt auch der Medieneinsatz eine wichtige Rolle für die Lehrqualität. Dabei können Art und Umfang der eingesetzten Medien stark variieren, was in bestimmten Fällen auch zu Verschiebungen bei den Aufgaben der Lehrenden führt, da vielfach die Rolle des Vermittelns von Inhalten an die Medien übergeben wird und der Lehrende eine eher beratende als eine vermittelnde Rolle übernimmt (Helmke & Schrader, 2010, S. 275). Bei den Merkmalen des Kontextes existiert eine Reihe von Faktoren, die einen Einfluss auf die Qualität des Lehrangebots besitzen. Hierzu gehören beispielsweise „das Studienfach und die damit verbundenen Fachkulturen, Prüfungs- und Lernanforderungen und Lernmaterialen, aber auch die materielle Ausstattung der Hochschule, die sich unmittelbar auf die Qualität der Lehre und die individuellen Studienbedingungen auswirkt" (Helmke & Schrader, 2010, S. 275).

Das Angebots-Nutzungs-Modell von Helmke und Schrader (2010) fasst das Absolvieren eines Hochschulstudiums als einen sozialen Prozess auf, dessen Ergebnis „eine Ko-Produktion der beteiligten Personen" darstellt (Klieme, 2006, S. 765). Diese Auffassung hat eine Abgrenzung vom Persönlichkeitsparadigma der Unterrichtsforschung zur Folge, das einen direkten Zusammenhang zwischen den Merkmalen der Lehrperson und den Wirkungen von Lernprozessen annimmt (Lotz, 2016, S. 7).

Damit wendet sich das Modell gegen das Prozess-Produkt-Paradigma, welches einen direkten Zusammenhang zwischen der Lehr- und Studienqualität mit dem Output des Lernprozesses postuliert (Klieme, 2006, S. 765). Der Lernprozess an sich, der das Zusammenspiel von Angebot und Nutzung darstellt, wird aus einer konstruktivistischen Sichtweise heraus betrachtet und als Mediationsprozess aufgefasst (Helmke, 2015, S. 71). Dementsprechend wird die Hochschullehre als Angebot an die Studierenden verstanden, das Lerngelegenheiten schafft, die von den Lernenden individuell wahrgenommen und genutzt werden (Lotz, 2016, S. 7). Die Wirksamkeit der Lernangebote hängt von zwei verschiedenen vermittelnden Prozessen ab, die bei den Lernenden initiiert werden. Zunächst nehmen die Lernenden das Angebot wahr und interpretieren es. Anschließend können, je nach Ausgang des ersten Prozesses, motivationale, emotionale und volitionale Prozesse ausgelöst werden, die ihrerseits wiederum zu Lernaktivitäten führen können (Helmke, 2015, S. 71). Die Mediationsprozesse hängen außerdem von den individuellen Lernbedingungen und -voraussetzungen sowie von den Kontextfaktoren ab. Die Wirkungen von Unterricht können folglich nur über den Weg seiner individuellen Verarbeitung verstanden werden. Diese Auffassung wird auch als *mediating-processes-paradigm* bezeichnet (Helmke, 2015, S. 80).

Die Nutzung des Angebots besteht in direkt beobachtbaren und nicht direkt beobachtbaren Lernaktivitäten. Für den Erfolg dieser Aktivitäten ist es entscheidend, ob die Lernenden die neuen Lerninhalte nachvollziehen und an ihr Vorwissen anknüpfen können, um so ihr Wissen erweitern zu können. Diese Prozesse werden durch affektive und motivationale Prozesse unterstützt und reguliert. Dementsprechend werden die Lernaktivitäten nicht als Informationsverarbeitungsprozess verstanden, sondern als individueller, durch den Lernenden selbst gesteuerter und aufrechterhaltener Prozess (Rakoczy, Klieme, Lipowski & Drollinger-Vetter, 2010, S. 232–233).

Angebots-Nutzungs-Modelle, wie das hier zugrunde gelegte Modell von Helmke und Schrader (2010), bieten damit die Möglichkeit, Einblicke in den Lernprozess zu erhalten. Doch auch hier sind bislang noch nicht alle Zusammenhänge im Detail erforscht, weshalb weitere Forschungsbemühungen seitens der pädagogisch-psychologischen Forschung notwendig sind, um die vielschichtigen Prozesse verstehen zu können (Seidel, 2014, S. 860–861). Darin klingt ein weiterer Vorteil von Angebots-Nutzungs-Modellen an, denn diese sind bereits auf die empirische Überprüfung der komplexen Zusammenhänge zwischen den Merkmalsbereichen ausgerichtet (Helmke, 2015, S. 82–83; Klieme, 2006, S. 766).

2.4.4   *Organisations- und systemtheoretische Ansätze*

Ditton (2000, S. 76) ist der Ansicht, dass es für die Auseinandersetzung der Wirksamkeit von Lernprozessen nicht ausreicht, die Prozessperspektive (dynamische Dimension) zu betrachten, sondern weiterhin der Mehrebenencharakter des Gegenstandsbereiches berücksichtigt werden muss, um seiner Komplexität gerecht zu werden. Nach Ditton (2000, S. 76) werden Bildungsinstitutionen wie Schulen dementsprechend als Mehrebenensysteme betrachtet (strukturelle Dimension), bei denen üblicherweise vier Ebenen unterschieden werden: die individuelle Ebene, die Ebene des Unterrichts bzw. der Klasse/der Lerngruppe, die Ebene der Institution, d. h. der Schule, und die Ebene der sozialen und regionalen Bedingungen. Für Hochschulen lässt sich die Ebene der Klasse nicht modellieren, da Studiengruppen nicht zeitstabil sind, sondern sich in den einzelnen Veranstaltungen immer wieder neue Gruppenkompositionen ergeben. Grotheer, Kerst und Wolter (2011, S. 98) schlagen vor, in die folgenden Ebenen zu unterscheiden: die Mikroebene der einzelnen Lehrveranstaltung, die Mesoebene des Studiengangs bzw. Fachbereichs und die Makroebene der gesamten Hochschule. Es ergeben sich folglich drei strukturelle Ebenen, die in einem Über-Unterordnungs-Verhältnis zueinanderstehen (Grotheer et al., 2011, S. 98). Dementsprechend sollten bei der Analyse der Wirkungszusammenhänge im Hochschulbereich zwei Dimensionen, die dynamische und die strukturelle, beachtet werden (Ditton, 2000, S. 77).

2.5 Theoretische Erklärungsansätze für Studienabbruch

Bezüglich des Verhältnisses von Studienabbruch zum Studienerfolg gibt es zwei konkurrierende Betrachtungsweisen. Einige Autoren sehen Studienabbruch als ein negatives Studienerfolgskriterium, andere Autoren wiederum betrachten Studienabbruch als eigenständiges Phänomen. Daher gibt es Modelle zur Erklärung von Studienerfolg, die auch den Studienabbruch als Kriterium enthalten (vgl. Kapitel 2.4), und außerdem gibt es Modelle, die den Studienabbruch als eigenständiges Phänomen verstehen. Die zentralen Modelle der Studienabbruchforschung werden im Folgenden beschrieben, um aufzuzeigen, welche Unterschiede und Gemeinsamkeiten mit den beschriebenen Studienerfolgsmodellen bestehen.

2.5.1 Soziologisch orientierte Erklärungsmodelle

Die Ursprünge der Studienabbruchforschung liegen in den 1970er Jahren, als Spady (1970) sein theoretisches Modell zur Erklärung des Studienabbruchprozesses vorlegte, dessen zentrale Annahme ist, dass die Entscheidung, das Studium abzubrechen, das Ergebnis einer Interaktion des Studierenden mit den Gegebenheiten des Studiums ist (vgl. Abbildung 4).

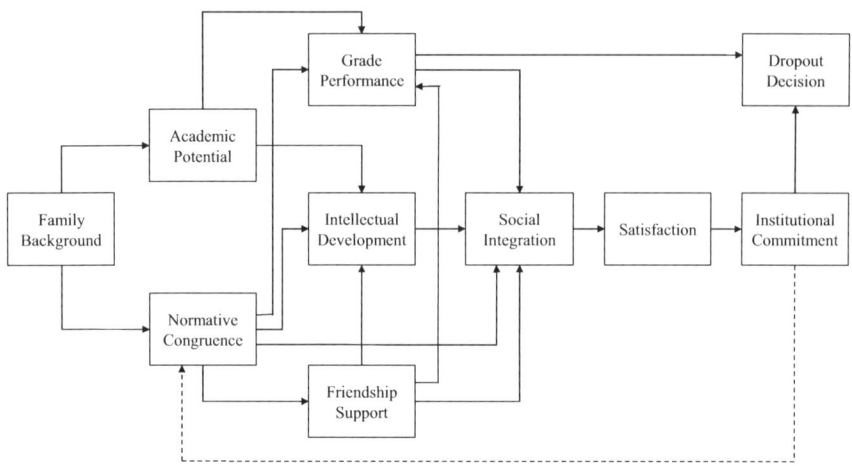

Abbildung 4: Modell des Studienabbruchs nach Spady (1970)

Für die Interaktion ist es von Bedeutung, inwiefern es dem Studierenden gelingt, sich im sozialen System der Hochschule zu integrieren. In welchem Maße die Integration gelingt, hängt davon ab, inwiefern eine Passung der individuellen Studierendenmerkmale mit den Studienbedingungen gelingt (Spady, 1970, S. 77). Grundlage dieses Modells bildet die Theorie von Durkheim (1961), die ein soziologisches Erklärungsmodell für die Entscheidung zum Suizid liefert (Spady, 1970, S. 77–78).

Eine erfolgreiche soziale Integration in das System Hochschule ist das Resultat von guten Studienleistungen und der intellektuellen Entwicklung des Studierenden, die wiederum durch das akademische Potenzial der Studierenden und seine normative Kongruenz mit dem Studium beeinflusst werden (vgl. Abbildung 4). Diese Eigenschaften werden selbst wiederum durch den familiären Hintergrund bedingt (Spady, 1970, S. 77–79).

Die normative Kongruenz beeinflusst außerdem, inwiefern der Studierende Unterstützung durch seine Peergroup erfahren wird, die wiederum den Grad der sozialen Integration beeinflusst. Diese wird auch direkt von der normativen Übereinstimmung beeinflusst. Für die soziale Integration nimmt Spady (1970, S. 79) einen indirekten Zusammenhang mit dem institutionellen Commitment an, der über die Studienzufriedenheit moderiert wird. Das institutionelle Commitment beeinflusst gemeinsam mit den Studiennoten die Entscheidung darüber, das Studium abzubrechen. Das heißt, es ist davon auszugehen, dass Studierende, die gute Noten erzielen sowie ein hohes Commitment haben, das Studium weniger häufiger abbrechen. Zusammenfassend ist festzuhalten, dass die Studienabbruchentscheidung in diesem Modell sowohl auf leistungsbezogene als auch auf soziale Ursachen zurückgeführt wird (Spady, 1970, S. 78–79).

Wenige Jahre nach Spady (1970) legte Tinto (1975) ein Modell zur Erklärung des Studienabbruchprozesses vor, das ebenfalls soziologisch orientiert ist (vgl. Abbildung 5). Dieses Modell basiert auf der Theorie Durkheims (1961) und stellt eine Weiterentwicklung desjenigen von Spady (1970) dar. Dieser Ansatz bildet vor allem im US-amerikanischen Raum das am häufigsten zugrundegelegte

Erklärungsmodell für Studienerfolg bzw. Studienabbruch (Kuh et al., 2007, S. 13).

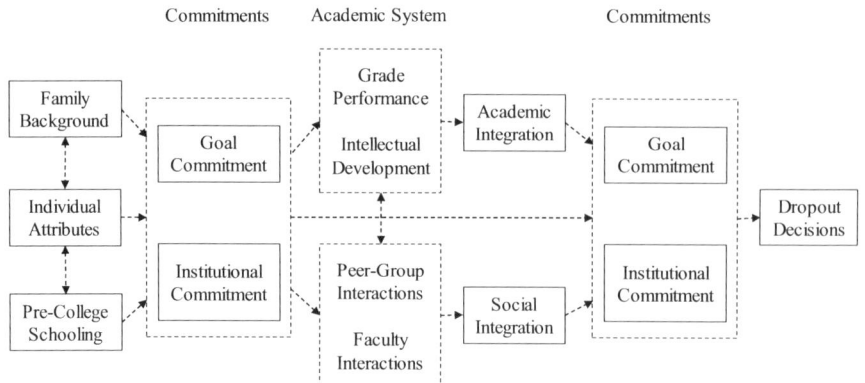

Abbildung 5: Modell des Studienabbruchs nach Tinto (1975)

Auch Tinto (1975, S. 90) geht davon aus, dass die Entscheidung zum Abbruch des Studiums das Resultat der Interaktion des Individuums mit dem System Hochschule ist. Insbesondere diese Interaktion versucht Tinto (1975) mithilfe seines Modells zu erklären, wodurch er genauer den Prozesscharakter des Studienverlaufes beleuchtet.

Er betont stärker als Spady (1970) die Trennung zwischen akademischer und sozialer Integration. Sowohl für den Grad der sozialen als auch den Grad der akademischen Integration wird ein Einfluss auf die Abbruchentscheidung, vermittelt durch das Commitment mit den Studienzielen sowie mit der Hochschule als Institution, angenommen. Je bedeutsamer und erstrebenswerter das Erreichen des Hochschulabschlusses erscheint und je stärker die Bindung an die Institution der Hochschule ausgeprägt ist, desto unwahrscheinlicher ist ein Studienabbruch (Tinto, 1975, S. 94–96). Tinto (1975,

S. 92) geht davon aus, dass die Integration das Resultat des gesamten Bildungsverlaufes ist und folglich bereits durch die Eingangsbedingungen der Studierenden beeinflusst wird und sich im Laufe des Studiums durch die Studienerfahrungen weiterentwickelt.

Ein weiterer Unterschied gegenüber dem Modell von Spady (1970) stellt die Annahme dar, dass die Entscheidung über den Studienabbruch das Ergebnis einer Abwägung der für das Studium aufzubringenden Anstrengungen und einzusetzenden Ressourcen mit dem zu erwartenden Nutzen des Studiums ist (Tinto, 1975, S. 98). Dementsprechend ist die Entscheidung zum Studienabbruch das Ergebnis einer Kosten-Nutzen-Analyse des Studierenden, der sich für eine von mehreren Handlungsalternativen entscheidet, die für ihn das optimale Kosten-Nutzen-Verhältnis verspricht. Im Gegensatz dazu nimmt Spady (1970) einen kausalen Zusammenhang zwischen den Variablen seines Modells an und geht davon aus, dass bestimmte Merkmalskonstellationen gewissermaßen unweigerlich zum Studienabbruch führen.

Das Modell von Tinto (1975) hat seit seiner Entwicklung in den 1970er Jahren viel Aufmerksamkeit erfahren und ist vielfach empirisch geprüft und theoretisch weiterentwickelt worden (Heublein & Wolter, 2011, S. 230). Auch heute noch ist das Modell sehr bedeutsam, auch wenn sich die Hochschulsysteme in Deutschland und in den USA in den vergangenen Jahrzehnten weiterentwickelt haben. Tinto (2006, S. 3–4) gibt an, dass heutzutage die sozioökonomische Herkunft der Studierenden stärker zu berücksichtigen ist als noch in den 1970er Jahren, da sich die Zusammensetzung der Studierenden im Zuge der Expansion von Hochschulbildung hinsichtlich ihrer sozioökonomischen Merkmale gewandelt hat. Es studieren nun auch vermehrt Personen, die einen nicht-akademischen Bildungshintergrund haben oder aus einer weniger hohen sozialen Schicht stammen. Die staatlichen Ausgaben für Hochschulbildung wurden außerdem nicht an die immer höheren Studierendenzahlen angepasst. Dies hatte zur Folge, dass nun viele Hochschulen von einer Mittelknappheit betroffen sind, worunter vielfach die Ausstattung der Hochschulen und die Studienorganisation leiden müssen. Deshalb sind heutzutage Aspekte des sozio-ökonomischen Hintergrunds der Studierenden sowie der Studienorganisation stärker von Bedeutung als in der Vergangenheit (Tinto, 2006, S. 3–4). Darüber hinaus gibt Tinto (2006, S. 4) an, dass sein Modell für den Fall entwickelt wurde, dass der betrachtete Studierende an einer Hochschule mit angeschlossenem Wohncampus studiert. Deshalb wurde die Wohnsituation im Modell ausgeblendet, da sie bei jedem Studierenden vergleichbar ist. Falls ein Studiengang in den Blick genommen wird, bei dem die Studierenden außerhalb des Campus leben, so schlägt Tinto (2006, S. 4) vor, die Wohnsituation ebenfalls als Einflussfaktor zu berücksichtigen.

2.5.2   Organisationstheoretische Modelle

Eine Weiterentwicklung der ersten Modelle stellt das Student-Attrition-Model von Bean (1983) dar. Hierbei wird im Gegensatz zu den Modellen von Spady (1970) und Tinto (1975) stärker der Einfluss der institutionellen Studienbedingungen einbezogen. Bean (1983, S. 139–141) geht davon aus, dass die Zufriedenheit mit den Studienbedingungen den zentralen Einflussfaktor der Entscheidung für oder gegen einen Studienabbruch darstellt. Bevor das Studium abgebrochen wird, entsteht die Studienabbruchintention (Bean, 1983, S. 134). Im Gegensatz zu den Modellen von Spady (1970) oder Tinto (1975), die eine soziologische Perspektive einnehmen, orientiert sich dieses Modell an Ansätzen zur Erklärung von Arbeitsplatzwechseln und hat damit einen organisationstheoretischen Hintergrund (Bean, 1983, S. 130–131).

2.5.3 Konflikttheoretische Erklärungsansätze

Eine Weiterentwicklung des Modells von Tinto (1975) aus dem deutschsprachigen Raum stellt Ströhleins (1983) Modell dar, bei dem noch stärker als bei Tinto (1975) das Abwägen zwischen Kosten und erwartetem Nutzen der Entscheidung für oder gegen die Weiterführung des Studiums als Ursprung für Abbruchentscheidungen in den Blick genommen wird. Die Entscheidungssituation selbst wird in diesem konflikttheoretischen Modell detailliert theoretisch beleuchtet (Ströhlein, 1983, S. 58–61). Ströhlein (1983, S. 58-60) geht davon aus, dass der Studierende diese Entscheidung auf Basis seiner Einstellungen bezüglich des Studiums trifft. Im Falle der Entscheidung für den Studienabbruch liegt keine Passung der individuellen Leistungsfähigkeit und Bedürfnisse mit den Studienanforderungen und -bedingungen vor. Für den Umgang mit dieser Diskrepanz bestehen drei Handlungsalternativen: entweder sie werden ausgeräumt oder die individuellen Erwartungen den Studienanforderungen angenähert. Eine weitere Handlungsalternative ist die Kompensation der durch die Diskrepanz ausgelösten Unzufriedenheit durch andere Tätigkeiten. Die letzte Handlungsalternative besteht im Abbruch des Studiums (Ströhlein, 1983, S. 59-61).

Darüber hinaus wird für den Entscheidungsprozess für oder gegen den Abbruch des Studiums der Aufwand mitberücksichtigt, der bei Weiterführung des Studiums zu erwarten ist. Dieser wird mit dem zu erwartenden Nutzen des Studienabschlusses abgewogen. Außerdem werden die zu erwartenden Konsequenzen und deren subjektiv wahrgenommene Eintrittswahrscheinlichkeit einbezogen (Ströhlein, 1983, S. 60). Damit kombiniert Ströhlein (1983) einerseits die Modellannahmen von Tinto (1975) und andererseits die Annahmen der Theory of Planned Behaviour (Fizhbein & Ajzen, 1975, S. 302).

Zusammenfassend lässt sich bei diesem Modell festhalten, dass die zentrale Modellannahme darin besteht, dass die Entscheidung zum Abbruch des Studiums bedingt wird durch „mangelnde Übereinstimmung zwischen den individuellen Erwartungen, Fähigkeiten, Verhaltensweisen (inkl. Leistungen) oder Zielen einerseits und den wahrgenommenen und gegebenen Anforderungen des eigenen Studiums andererseits" (Ströhlein, 1983, S. 59). Solche Diskrepanzen können das Individuum dazu veranlassen, sich nach anderen Bildungsgängen oder beruflichen Optionen umzusehen, die attraktiver als das gegenwärtige Studium erscheinen. Die Attraktivität wird dabei anhand der zu erwartenden Konsequenzen eingeschätzt, also z. B. hinsichtlich der zu erwartenden Anstrengungen, die zur Bewältigung notwendig sind, oder hinsichtlich der vermuteten Vereinbarkeit der eigenen Bedürfnisse und Fähigkeiten mit den Bedingungen und Anforderungen der Alternative (Ströhlein, 1983, S. 60). Wenn es also eine Alternative zum derzeitigen, als wenig attraktiv bewerteten, Studium gibt, die für das Individuum als deutlich attraktiver erscheint, dann entscheidet sich das Individuum gegen das jetzige Studium und für die Alternative (Ströhlein, 1983, S. 62).

2.5.4 *Explorativ entwickeltes Studienabbruchmodell*

Im Gegensatz zu den theoretisch begründeten Modellen von Bean (1983), Spady (1970), und Tinto (1975) legten Heublein, Hutzsch, Schreiber, Sommer und Besuch (2010) ein Modell zur Erklärung des Studienabbruchprozesses vor, das explorativ entwickelt wurde und auf den Ergebnissen einer empirischen Studie zu den Gründen des Studienabbruchs beruht (Heublein et al., 2010, S. 2).

Bei diesem Modell wird hervorgehoben, dass die Entscheidung, das Studium abzubrechen, i. d. R. das Ergebnis eines längeren Entscheidungsprozesses ist (vgl. Abbildung 6), in welchem viele verschiedene Faktoren eine Rolle spielen, sodass davon auszugehen ist, dass die Abbruchentscheidung multikausal begründet ist (Heublein et al., 2010, S. 13). Im *Modell des Studienabbruchprozesses* (Heublein et al., 2010, S. 13) werden drei Phasen betrachtet. Die erste ist die Studienvorphase, in der die Entscheidung zur Studienaufnahme getroffen wird. Es folgt die konkrete Studiensituation, in der sich der Studierende mehr oder weniger gut akademisch und sozial im Hochschulstudium integrieren kann (vgl. Abbildung 6).

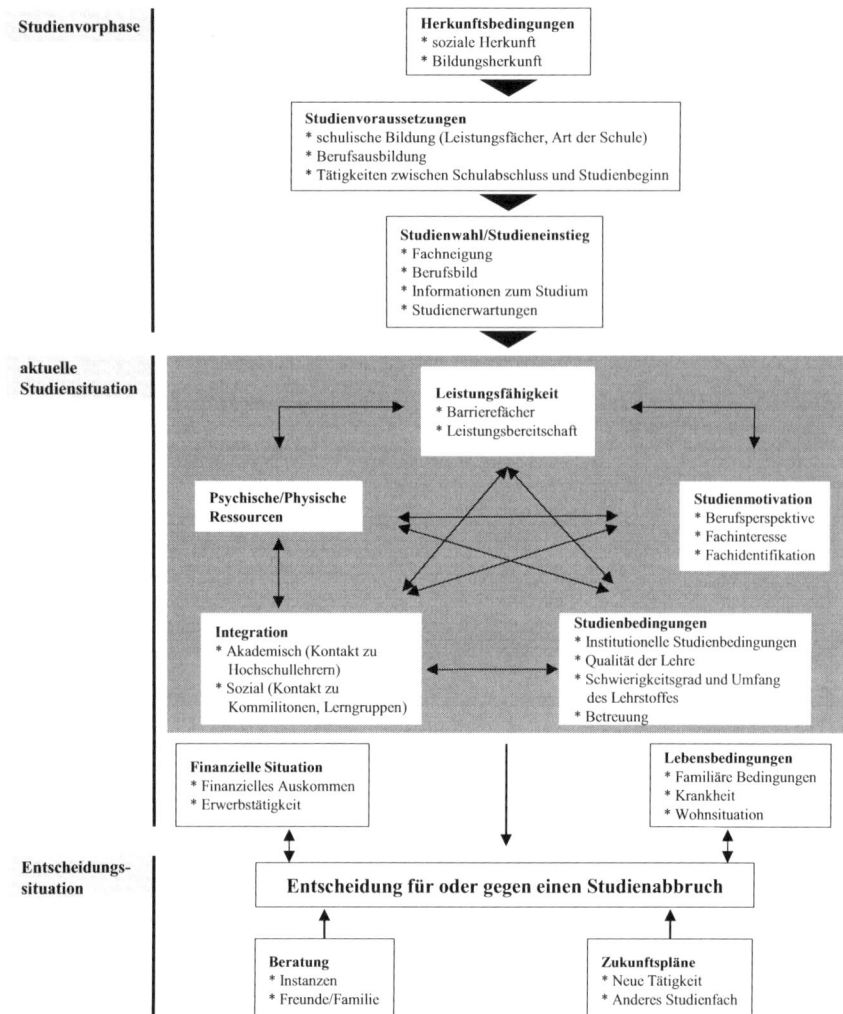

Abbildung 6: Modell des Studienabbruchprozesses von Heublein et al. (2010)

Die letzte Phase ist die Entscheidungssituation, in der die Entscheidung für oder gegen den Studienabbruch getroffen wird. Die Autoren gehen davon aus, dass die Entscheidung während der verschie-

denen Phasen von einem komplexen Gefüge von Faktoren beeinflusst wird (Heublein et al., 2010, S. 15). In der Studienvorphase
wird auf Grundlage der individuellen Herkunfts- und Studienbedingungen ein Studiengang gewählt. Während des Studiums selbst
kann sich der Studierende mehr oder weniger gut im Studium integrieren (Heublein et al., 2010, S. 14–15). Hierbei ist analog zu
Tintos Modell (1975) einerseits die akademische Integration von
Bedeutung und andererseits die soziale Integration. Beeinflusst
wird diese Integration durch die Leistungsfähigkeit, die Studienmotivation, die psychischen und physischen Ressourcen des Studierenden sowie die Studienbedingungen. Aus der Studiensituation
ergibt sich die Entscheidung für oder gegen den Studienabbruch,
die auch von der finanziellen Situation, den Lebensbedingungen,
der Beratung und den Zukunftsplänen abhängt (Heublein et al.,
2010, S. 14–15).

2.6 Zwischenfazit

Hinsichtlich der Kriterien des Studienerfolgs existiert eine ganze
Reihe infrage kommender Kriterien. Als Indikator der Studienleistungen bieten sich vor allem die Studiennoten an, wenn der Erfolg
studiengangsübergreifend verglichen werden soll. Studiennoten
bieten außerdem den forschungsmethodischen Vorteil, dass sie im
Gegensatz zur Verwendung des Studienabschlusses graduelle Unterschiede zwischen den Personen aufzeigen (vgl. Kapitel 2.2.1).
Studiennoten liegen seit der Einführung des ECTS-Systems im
Zuge der Bologna-Reform bereits während des Studiums vor und
nicht erst bei erfolgreichem Studienabschluss. Damit können bereits während des Studiums Prognosen über den potenziellen Studienerfolg erstellt werden. Neben den Studiennoten bietet es sich

außerdem an, die Studienzufriedenheit als ergänzendes, nicht direkt leistungsbezogenes Kriterium zu verwenden, da anhand dieses Kriteriums die subjektive Bewertung der Passung von individuellen und institutionellen Merkmalen verdeutlicht werden kann (vgl. Kapitel 2.2.3).

Um die negativen Facetten des Studienerfolgs zu untersuchen, scheint es außerdem zielführend, den Studienabbruch als Kriterium zu berücksichtigen. Allerdings sind Studienabbrecher häufig eine schwer zu erreichende Zielgruppe, weshalb es sinnvoll ist, statt des Studienabbruches die Studienabbruchintentionen zu erfassen. Diese werden als Prädiktor des Studienabbruches verstanden und geben Hinweise darüber, welche Studierenden das Studium voraussichtlich abbrechen werden (2.2.4).

Das Rahmenmodell zur Wirkungsanalyse von Helmke und Schrader (2010) liefert nicht nur Indizien zu den unabhängigen und abhängigen Variablen des Studienerfolgs, sondern ermöglicht auch, die Nutzung des Lehr- und Studienangebotes durch die Studierenden zu verstehen, und liefert eine Erklärung für das komplexe Zusammenwirken der verschiedenen Merkmalsbereiche. Diese Auffassung wird durch ein konstruktivistisches Verständnis des Lehr-Lern-Prozesses fundiert (Helmke, 2015, S. 71). Das Lehrangebot wird durch das Lernende Individuum wahrgenommen und interpretiert; ob jedoch aus diesem Mediationsprozess Lernaktivitäten resultieren, hängt von vielen weiteren Variablen ab (Helmke, 2015, S. 71). Damit rücken der Lern- und Studienprozess und die dabei ablaufenden Prozesse in das Zentrum der Betrachtung (Klieme, 2006, S. 769). Dementsprechend wird in der vorliegenden Arbeit das Angebots-Nutzungsmodell von Helmke und Schrader

(2010) zugrunde gelegt und stellenweise durch die Annahmen über Einflussfaktoren und Studienerfolgskriterien der Modelle von Rindermann und Oubaid (1999) und Thiel et al. (2008) ergänzt.

Vergleicht man die drei beschriebenen Modelle, die alle Erklärungsansätze für Studienerfolg liefern, so zeigen sich große Ähnlichkeiten hinsichtlich der für den Studienerfolg relevanten Merkmale (vgl. Tabelle 3). Allerdings werden die Bereiche, denen die Einflussfaktoren zugeordnet werden, unterschiedlich benannt. Dies hat z. T. abweichende Zuordnungen der gleichen Merkmale zur Folge. Tabelle 3 gibt einen Überblick über die möglichen Einflussfaktoren des Studienerfolgs, die sich aus den Modellen von Helmke und Schrader (2010), Rindermann und Oubaid (1999) und Thiel et al. (2008, 2010) ergeben.

Tabelle 3: Einflussfaktoren des Studienerfolgs

Bereich	Merkmale
Individuelle Merkmale	**Studienvoraussetzungen:** - Kognitive Voraussetzungen: Intelligenz, Vorwissen, fachliche und allgemeine Kompetenzen - Nicht-kognitive Voraussetzungen Lernstrategien, Lernmotivation, Interesse, Fähigkeitsselbstbild, Handlungskontrolle, Kommunikative Kompetenzen, Persönlichkeitsmerkmale - Indikatoren der Voraussetzungen: (Durchschnitts-)Note der HZB, Einzelfachnoten, Testleistungen in Studieneignungstests, Leistungen in Aufnahmeprüfungen, Bisherige Bildungsbiografie, Studierfähigkeit - Soziodemografische Merkmale: Geschlecht, Gesundheit, Bildungshintergrund, Wartezeit
	Lebensbedingungen: - Familiäre Situation und Wohnbedingungen - Finanzielle Situation / Erwerbstätigkeit

Bereich	Merkmale
	- Gesundheitliche Situation
Institutionelle Merkmale	Lehrqualität: - Kompetenz, Expertise und Persönlichkeit der Lehrpersonen - Merkmale der Lehr-Lern-Situation: Studieninhalte, Lehrformen, Klarheit, Strukturiertheit, Praxisbezug, Interdisziplinarität, Anspruchsniveau, Geschwindigkeit - Interaktion zwischen Lehrpersonen und Lernenden sowie der Lernenden untereinander: Engagement, Enthusiasmus, Empathie, Sozialklima, Betreuung
	Studienqualität bzw. fachlicher, sozialer und ökologischer Kontext: Aufbau und Struktur, inhaltliche Ausgestaltung, Studien- und Prüfungsorganisation, Betreuung und Unterstützung, Beratung und Service, Studienklima, räumliche, sachliche und personale Ausstattung, Status, Renommee, Studienfach und Fachkultur, Art des Lernmaterials, Veranstaltungstyp (Wahl oder Pflicht), Sozialform (Vorlesung, Seminar etc.), Zusammensetzung der Hörerschaft
Studier- und Lernverhalten	Wahl, subjektive Interpretation, Gestaltung und Veränderung: Lernaktivitäten, Lernerfahrungen, Lernstrategien, Lernschwierigkeiten, Kenntnis der Ordnungen, Zeitmanagement, Auswahl von Lehrveranstaltungen und Einhaltung des Studienplans
Rahmenbedingungen	Finanzierung, rechtliche Voraussetzungen, Autonomie, soziokulturelle Rahmenbedingungen

Die Autoren sind sich einig, dass bei den Studienvoraussetzungen sowohl kognitive als auch nicht-kognitive Voraussetzungen als individuelle Einflussfaktoren des Studienerfolgs infrage kommen. Helmke und Schrader (2010) sowie Thiel et al. (2008) nehmen weiterhin an, dass auch die soziodemografischen Merkmale einen Einfluss auf den Studienerfolg haben. Im Gegensatz zu den anderen Autoren benennen Rindermann und Oubaid (1999) hier eher die Indikatoren der Studienvoraussetzungen als die Merkmale selbst, wie z. B. Testleistungen, die Auskunft über bestimmte Fähigkeiten oder Kenntnisse geben können. Neben den Studienvoraussetzungen werden bei Helmke und Schrader (2010) und bei Thiel et al. (2008) auch die Lebensbedingungen als für den Studienerfolg relevant angenommen, wozu die familiäre, die gesundheitliche, die finanzielle Situation und die Wohnsituation gezählt werden.

Bei den institutionellen Einflussfaktoren kann in Merkmale der Lehr- und Studienqualität unterschieden werden. Die Lehrqualität kann im Wesentlichen durch die Lehrperson gestaltet werden, wobei z. B. die inhaltliche und methodisch-didaktische Gestaltung eine Rolle spielt. Die Studienqualität wird durch die Organisation des Studiums über die einzelne Lehrveranstaltung hinaus bestimmt. Daher haben die einzelnen Lehrpersonen hier i. d. R. auch nur wenige Gestaltungsmöglichkeiten (Helmke & Schrader, 2010, S. 275).

Neben den Merkmalen der Studienqualität, die einen bestimmten Studiengang und die Hochschule charakterisieren, an der dieser Studiengang angesiedelt ist, gehen Helmke und Schrader (2010) und Rindermann und Oubaid (1999) davon aus, dass die Bedingungen des Hochschulsystems insgesamt und die soziokulturellen Rahmenbedingungen ebenfalls einen Einfluss auf den Studienerfolg haben können. Hierfür wird jedoch im Vergleich zu den individuellen und institutionellen Bedingungen eine nachgelagerte Bedeutung angenommen (Helmke & Schrader, 2010, S. 274). Dementsprechend erscheint es weiterhin sinnvoll, die Wirkungsweisen des Absolvierens eines Studiengangs auf verschiedenen Ebenen zu betrachten: auf der individuellen Ebene, der Ebene des Studiengangs und der Ebene der Hochschule (Grotheer et al., 2011).

Alle drei betrachteten Modelle gehen davon aus, dass es keinen direkten Einfluss der Merkmale auf den Studienerfolg gibt, sondern, dass die Nutzung des Studien- und Lehrangebots auf eine individuelle Weise geschieht. Auch wenn nur das Modell von Helmke und Schrader (2010) einen Erklärungsansatz hierfür liefert, finden sich bei Thiel et al. (2008) mögliche Einflussfaktoren des Studienerfolgs. Diese betreffen die Nutzung von Lernstrategien sowie das Auftreten von evtl. Lernschwierigkeiten und darüber hinaus, inwiefern die Studierenden sich im Studium organisatorisch zurechtfinden und ihr Studium gemäß den Vorgaben der Hochschule gestalten (Thiel et al., 2008).

In der Studienabbruchforschung liegen abweichende Modelle vor, die jedoch einem eher soziologisch orientierten Erklärungsansatz folgen. Vergleicht man die Modelle von Heublein et al. (2010), Spady (1970) und Tinto (1975) miteinander, so fällt auf, dass alle Autoren individuelle Merkmale einbeziehen, die vor und während des Studiums vorliegen. Die individuellen Einflussfaktoren werden bei Heublein et al. (2010) detaillierter ausdifferenziert. Außerdem wird bei diesem Modell der Einfluss der institutionellen Merkmale auf die Abbruchentscheidung stärker betont. Grundsätzlich scheint sich jedoch die Annahme, dass der Grad der Integration im Studium als Ergebnis des Wechselspiels zwischen individuellen und institutionellen Merkmalen entscheidend für die Entscheidung zur Weiterführung oder zum Abbruch des Studiums ist, durchgesetzt zu haben. Diese Annahme stellt sowohl bei den Pionieren der Forschungsdisziplin (Spady, 1970; Tinto, 1975) als auch bei Heublein et al. (2010) die Kernannahme des Modells dar.

Mit Rückblick auf die Modelle zur Erklärung von Studienerfolg (vgl. Kapitel 2.4) zeigt sich, dass die Studienabbruchmodelle ähnliche Merkmale für die individuellen Studienvoraussetzungen und Lebensbedingungen annehmen. Die Relevanz von institutionellen

Faktoren für den Studienerfolg wird erst in neueren Studienab-
bruchmodellen (z. B. Heublein et al., 2010) berücksichtigt. Sowohl
in der Studienerfolgsforschung als auch in der Studienabbruchforschung hat sich die Ansicht durchgesetzt, dass Studienerfolg bzw.
Studienabbruch das Resultat einer mehr oder weniger guten Passung zwischen den individuellen Voraussetzungen und den institutionellen Bedingungen des Studiums ist (Helmke & Schrader,
2010; Rindermann & Oubaid, 1999; Stöhlein, 1983; Tinto, 1975).

Grundsätzlich ist festzuhalten, dass bei den Modellen für Studienerfolg die potenziellen Einflussfaktoren detaillierter beschrieben
werden, bei den Modellen zur Erklärung von Studienabbruch dagegen das Zustandekommen der Abbruchentscheidung im Mittelpunkt steht. Auch wenn unterschiedliche Schwerpunktsetzungen
erfolgen, so sind die Grundannahmen der verschiedenen For-
schungsrichtungen doch ähnlich genug, um im Folgenden gleichzeitig zur Analyse und Erkenntnissen zur Erklärung von Studienerfolg und –abbruch herangezogen zu werden. Dies erscheint auch
sinnvoll, da einige Autoren (z. B. Thiel et al., 2008) Studienabbruch als ein Studienerfolgskriterium definieren.

Die beschriebenen Modelle zur Erklärung des Studienabbruchs
fokussieren vordergründig die soziale sowie die akademische Integration der Studierenden (Heublein et al., 2010; Spady, 1970;
Tinto, 1975) und nehmen damit eine soziologische Perspektive ein.
Die Bedeutung der Lernprozesse wird in diesen Modellen hingegen
vernachlässigt (Blüthmann, 2012, S. 111). Eine detaillierte Betrachtung des Lernprozesses ermöglicht das Modell von Helmke und Schrader (2010), das eine pädagogische Perspektive auf den
Studienverlauf ermöglicht.

Festzuhalten sind weiterhin regionale Besonderheiten. Empirische Studien zum Studienerfolg aus dem US-amerikanischen Raum basieren üblicherweise auf den Modellen zur Erklärung von Studienabbruch von Bean (1983) und Tinto (1975). Deutschsprachige Studien legen hingegen tendenziell eher Angebots-Nutzungs-Modelle wie die von Helmke und Schrader (2010) oder Thiel et al. (2008) zugrunde.

3 Einflussfaktoren des Studienerfolgs im Vollzeit-Studium

Aus den Beschreibungen der theoretischen Modelle zur Prognose von Studienerfolg und Studienabbruch geht hervor, dass es eine Vielzahl von potenziellen Studienerfolgsdeterminanten gibt. Von diesen Merkmalen wird erwartet, dass sie den Studienerfolg bzw. die Erfolgskriterien positiv oder negativ beeinflussen. Sowohl aus der Studienerfolgsforschung als auch aus der Studienabbruchforschung ergibt sich die Annahme, dass sowohl individuelle als auch institutionelle und überinstitutionelle Merkmale als Einflussfaktoren infrage kommen. Weiterhin kann angenommen werden, dass die Passung der individuellen Voraussetzungen mit den Studienbedingungen relevant ist und dass die konkrete Nutzung des Studien- und Lehrangebots durch aktive Lernaktivitäten einen Einfluss auf den Studienerfolg hat. Das heißt, auch Prozessvariablen, die im Wechselspiel zwischen Studierendem und Hochschule bzw. Studiengang entstehen, sollten bei der Erklärung von Studienerfolg oder Studienabbruch Beachtung finden (Helmke & Schrader, 2010).

3.1 Überblick über einbezogene Studien

Für die Analyse des Forschungsstandes wurden quantitative Primärstudien einbezogen, die als Querschnitts- oder als Längsschnittstudie vorliegen. Qualitative Studien zu den Einflussfaktoren des Studienerfolgs existieren nur in sehr geringer Zahl und wurden aufgrund der geringen Vergleichbarkeit der Ergebnisse mit denen von quantitativen Studien nicht berücksichtigt. Es wurden Studien zusammengestellt, die den Einfluss von einem oder mehreren Merkmalen auf den Studienerfolg mit inferenzstatistischen Metho-

L. Hillebrecht, *Studienerfolg von berufsbegleitend Studierenden*, Economics Education und Human Resource Management, https://doi.org/10.1007/978-3-658-26164-1_3

den untersucht haben. Tabelle 4 gibt einen Überblick über die einbezogenen Studien und die empirisch überprüften Einflussfaktoren
des Studienerfolgs.[2]

**Tabelle 4: Überblick zu empirisch überprüften Einflussfaktoren des Stu-
dienerfolgs[3]**

Studien	Überprüfte Einflussfaktoren
• Albrecht (2011)	**Individuelle Merkmale**
• Blömeke (2009)	**Soziodemografische/sozioökonomische**
• Blüthmann (2012)	**Merkmale**
• Blüthmann, Lepa & Thiel (2008)	• Geschlecht
• Blüthmann, Thiel & Wolfgram (2011)	• Alter
• Brandstätter & Farthofer (2003a)	• Kinder
• Brandstätter, Grillich & Farthofer (2006)	• Bildungshintergrund
• Busato, Prins, Elshout & Hamaker (2000)	• Migrationshintergrund
• Choi (2005)	**Lebensbedingungen**
• Ditton (1998)	• Gesundheitliche Beeinträchtigung
• Erdel (2010)	• Erwerbstätigkeit
• Fellenberg & Hannover (2006)	• Finanzielle Situation
• Fischer, Schult & Hell (2014)	**Kognitive Voraussetzungen**
• Förster, Brückner, Beck, Zlatkin-Troitschanskaia & Happ (2016)	• HZB-Note / andere Schulnoten
• Freyer (2013)	• Intelligenz / kognitive Fähigkeiten
• Freyer, Epple, Brand, Schiebener	• Fachwissens- / Studieneignungstests
	• Berufliche Qualifikation
	Nicht-kognitive Voraussetzungen
	• Studienmotive
	• Studieninteresse
	• Allgemeine / Berufliche Interessen

---

[2] Nicht in der Tabelle aufgeführt sind Metaanalysen oder Publikationen, die einen Literaturüberblick geben. Die Erkenntnisse aus diesen Publikationen flie-
ßen in die Beschreibung der einzelnen Einflussfaktoren mit ein.

[3] Da in den aufgeführten Studien sehr viele unterschiedliche individuelle Einflussfaktoren Beachtung finden, wurden nur Determinanten in der Tabelle aufgenommen, die in mindestens vier verschiedenen Studien berücksichtigt
wurden. Eine ausführliche Beschreibung der Konzeption und der Ergebnisse
der Studien ist in Tabelle 41 im Anhang A zu finden.

Studien	Überprüfte Einflussfaktoren
& Sumfleth (2014)	• Studienmotivation
• Georg (2008)	• Leistungsmotivation
• Giesen et al. (1986)	• Selbstwirksamkeitserwartungen
• Gold & Souvignier (2005)	• (Akademisches) Selbstkonzept
• Hell, Linsner & Kurz (2008)	• Persönlichkeitseigenschaften / BIG 5
• Hill (1990)	**Studier-und Lernverhalten**
• Hustegge (2011)	• Zeitaufwand für das Studium
• Jaeger, Woisch, Hau-	• Wahrnehmung der Gesamtbelastung
schildt & Ortenburger (2014)	• Lernstrategien
• Jirjahn (2007)	• Lernschwierigkeiten
• Künsting & Lipowski (2011)	• Studienunterbrechungen
• Merker (2009)	• Informiertheit bei Studienaufnahme
• Nagy (2005)	**Institutionelle Merkmale**
• Nickolaus & Abele (2009)	**Lehrqualität**
• Pohlenz, Tinsner & Seyfried	• Globale Lehrqualität
(2012)	• Inhaltliche Ausgestaltung
• Ridgell & Lounsbury (2004)	• Anspruchsniveau / Leistungsdruck
• Ruffing, Wach, Spinath, Brün-	• Praxisbezug / Relevanz der Studieninhalte
ken & Karbach (2015)	• Lehrkompetenz der Dozierenden
• Sarcletti (2015)	• Betreuung und Unterstützung
• Schaeper & Minks (1997)	• Größe der Lerngruppen
• Schiefele & Jacob-Ebbinghaus	**Studienqualität**
(2006)	• Globale Studienqualität
• Schiefele, Streblow & Brinkmann	• Studien- und Prüfungsorganisation
(2007)	• Beratung
• Schiefele, Streblow, Ermgas-	• Studieneingangsphase
sen & Moschner (2003)	• Studienklima
• Schmidt-Atzert (2005)	• Rahmenbedingungen
• Schulmeister & Metzger (2011)	**Überinstitutionelle Merkmale**
• Trapmann (2008)	• Studiengangs-Art
• Vignoles & Powdthavee (2009)	• Hochschulart
• Wach, Karbach, Ruffing, Brün-	• Studienstandort
ken & Spinath (2016)	• Fachkultur
• Wahlen, Saunders & Shelley	
(2010)	

Es zeigt sich, dass es eine Vielzahl von empirisch überprüften individuellen, lernprozessbezogenen, institutionellen und überinstitutionellen Einflussfaktoren des Studienerfolgs gibt (vgl. Tabelle 4). Am häufigsten versuchen die aufgeführten Studien, das Studienerfolgskriterium Studienleistungen vorherzusagen. Außerdem wurde der Studienerfolg häufig anhand der Studienzufriedenheit oder dem Studienabbruch operationalisiert, weniger häufig hingegen anhand von Studienabbruchintentionen. Selten wurden andere Kriterien verwendet, wie der Studienfortschritt, die Studiendauer oder der Wissenserwerb (vgl. Tabelle 41 im Anhang A).

3.2 Individuelle Einflussfaktoren

In diesem Unterkapitel werden die Forschungserkenntnisse zu den individuellen Einflussfaktoren des Studienerfolgs erläutert. Dabei finden zunächst die kognitiven Eingangsvoraussetzungen Beachtung und anschließend die motivationalen Merkmale. Danach wird der Einfluss von Merkmalen beleuchtet, die die Persönlichkeitseigenschaften, den sozioökonomischen Hintergrund, die soziodemografischen Merkmale sowie Erwerbstätigkeit betreffen.

3.2.1 Schulnoten und weitere Aspekte der Vorbildung

In den betrachten Studien ist das am häufigsten untersuchte individuelle Merkmal die Durchschnittsnote der Hochschulzugangsberechtigung. Aber auch andere Schulnoten, wie Einzelfachnoten werden häufig als Einflussfaktor des Studienerfolgs zugrunde gelegt (vgl. Tabelle 41 im Anhang A).

Schulnoten beruhen auf dem Urteil von Lehrkräften und bilden eine wichtige Grundlage in Studien- und Berufswahlprozessen,

zugleich sind sie Selektionskriterium an weiterführenden Bildungs-
einrichtungen (Baron-Boldt, Funke & Schuler, 1989, S. 11). Die
Urteile der Lehrkräfte umfassen nicht nur die kognitiven schulfach-
spezifischen Fähigkeiten der beurteilten Schülerinnen und Schüler,
sondern auch Urteile über ihre motivationalen, sozialen und affektiven Eigenschaften (Camara, 2005, S. 56; Tent & Stelzl, 1993,
S. 214). Die Notengebung wird jedoch nicht nur durch Merkmale
der Lernenden bestimmt, sondern auch durch die diagnostischen
Kompetenzen der Lehrkraft (Tent, 2006, S. 874), durch Merkmale
der besuchten Schulform und der jeweiligen Schule, wie z. B. die
Zusammensetzung der Schülerschaft (Tent & Stelzl, 1993, S. 213–
214). Es ist davon auszugehen, dass Schulnoten zwischen unterschiedlichen Bundesländern oder sogar zwischen unterschiedlichen
Schulen nur bedingt vergleichbar sind (Rindermann & Oubaid,
1999, S. 179). Die unterschiedlichen Bewertungsmaßstäbe verschiedener Lehrkräfte schränken die Vergleichbarkeit und Validität
der Schulnoten ein (Süllwold, 1983, S. 314). Darüber hinaus wird
z. T. auch die Fähigkeit der Lehrpersonen an den Schulen ange-
zweifelt, anhand der Schulnoten die Fähigkeiten der Lernenden
objektiv, valide und reliabel zu beurteilen (Möller & Köller, 1997,
S. 193). Daher wird die Eignung von Noten als Indikator für die
Schulleistungen vielfach infrage gestellt (Camara, 2005, S. 68; Süß,
2001, S. 120).

Dennoch gelten Schulnoten als wichtigster Indikator für die schulischen Leistungen eines Individuums (Tent & Stelzl, 1993, S. 213–
214). Die Tatsache, dass neben den eigentlichen Schulleistungen
eine Vielzahl an Faktoren in Schulnoten einfließen, kann auch positiv aufgefasst werden, wenn Schulnoten als Prädiktor von Studienleistungen verwendet werden sollen. Viele dieser Faktoren, wie

z. B. motivationale Eigenschaften der Lernenden, sind auch Einflussfaktoren des Studienerfolgs (Baron-Bold et al., 1989, S. 11). Auch der Wissenschaftsrat (2004, S. 27) ist der Ansicht, dass mit dem Rückgriff auf die Note der Hochschulzugangsberechtigung in vielerlei Hinsicht systembedingte Vorteile einhergehen, da diese bei der Mehrheit der Studienanfänger vorhanden und einfach zu erheben ist (Deidesheimer Kreis, 1997; Rindermann & Oubaid, 1999).

Für die Verwendung der Durchschnittsnote der Hochschulzugangsberechtigung im Gegensatz zu Verwendung von Einzelfachnoten spricht, dass diese eine Vielzahl von aggregierten Einzelbewertungen enthält (Süllwold, 1983, S. 311–312; Trapmann, 2008, S. 21). Die Mittelwertbildung führt zu einer Reduzierung der möglichen Fehlereinflüsse im Hinblick auf die bewertenden Lehrpersonen (Baron-Boldt et al., 1989, S. 12). Weitere psychometrische Gründe, die laut Trapmann (2008, S. 21) für die Verwendung der Durchschnittsnote sprechen, liegen in der Tatsache, dass sich die enthaltenen Einzelnoten i. d. R. auf einen Zeitraum von zwei Jahren beziehen und die Bewertung von Prüfungen mit unterschiedlichen Formaten, wie schriftliche Klausuren oder mündliche Prüfungen, enthalten. Allerdings bringt die Tatsache, dass die Durchschnittsnote der Hochschulzugangsberechtigung aus aggregierten Einzelnoten besteht, auch negative Folgen mit sich, denn die in ihr enthaltenen Informationen sind wenig fachspezifisch. Daher ist ihre fachspezifische Erklärungskraft eingeschränkt, die insbesondere in Studiengängen erforderlich wäre, bei denen ein hohes Maß an fachspezifischer Eignung für die Bewältigung der Studienanforderungen erforderlich ist (Wissenschaftsrat, 2004, S. 27). Vor diesem Hintergrund wird häufig auf Einzelfachnoten zurückgegriffen, was jedoch nicht für alle Studiengänge möglich ist, da nicht für alle von ihnen ein inhaltlich passendes Schulfach vorliegt (Wissenschaftsrat, 2004, S. 27).

Um die Validität von Schulnoten als Prädiktor von Studienleistungen zu untersuchen, führten Trapmann et al. (2007, S. 11–12) eine Metaanalyse durch, bei der 26 nach 1980 veröffentlichte Studien aus dem europäischen Raum einbezogen wurden. Die höchste prognostische Validität zeigte sich für die Durchschnittsnote der Hochschulzugangsberechtigung, aber auch bei fachnahen Einzelnoten wie der Mathematiknote sowie der Note im Fach der Muttersprache erwiesen sich die Schulnoten als guter Prädiktor der Studienleistungen (Trapmann et al., 2007, S. 14–18). Für wirtschaftswissenschaftliche Studiengänge konnte eine mittlere prognostische Validität der Schulnoten gezeigt werden. Am höchsten fiel sie in naturwissenschaftlichen und ingenieurwissenschaftlichen Fächern, am niedrigsten in den Sprach- und Kulturwissenschaften aus (Trapmann et al., 2007, S. 20-24).

Auch weitere Metaanalysen, die die Validität der Determinanten des Studienerfolgs untersuchten, kamen zu dem Ergebnis, dass die Schulnoten ein valider Prädiktor sind. Dazu gehören z. B. die Metaanalyse von Richardson et al. (2012), die 217 zwischen 1997 und 2010 publizierte englischsprachige Studien aus Nordamerika und Europa einbezog. Es zeigte sich ein mittlerer Korrelationskoeffizient von $r = 0{,}40$ für den Zusammenhang zwischen Schulabschlussnoten und Studienleistungen (Richardson et al., 2012, S. 366). Eine weitere Metaanalyse aus dem englischsprachigen Raum, die die prognostische Validität der Schulabschlussnoten bestätigt, stammt von Robbins et al. (2004), die 109 englischsprachige Studien einbezieht (Robbins et al., 2004, S. 268). Es zeigt sich ein mittlerer Korrelationskoeffizient (r = 0,41) zwischen Schulabschlussnote und Studienabschlussnote und eine etwas geringere Korrelation (r = 0,24) mit der Studienabschlusswahrscheinlichkeit (Robbins et al., 2004, S. 269–270). Die von Larsen, Kornbeck, Kristensen, Larsen & Sommersel (2013, S. 151) vorgelegte Review, die 44 Studien aus verschiedenen europäischen Ländern einbezieht, zeigt ein geringeres Studienabbruchrisiko für Schülerinnen und Schüler mit besseren Schulnoten.

Die prädiktive Validität von Schulnoten konnte demnach vielfach metaanalytisch bestätigt werden. Das gilt auch für die hier betrachteten Studien. Sowohl für die Studienleistungen (z. B. Blömeke, 2009; Freyer et al., 2014; Schiefele et al., 2003, Schmidt-Atzert, 2006), den Studienabbruch (z. B. Albrecht, 2011; Brandstätter et al., 2006; Hell et al., 2008) als auch für die Studienabbruchintention (z. B. Blömeke, 2009; Nagy, 2005) scheinen die Schulnoten somit ein geeigneter Prädiktor zu sein.

Lediglich bei der Erklärung der Studienzufriedenheit als Studienerfolgskriterium zeigte sich häufiger, dass die Schulnoten nicht als Prädiktoren eingesetzt werden können, da kein signifikanter Zusammenhang nachgewiesen werden konnte (z. B. Albrecht, 2011; Jaeger et al, 2014; Nagy, 2005; Schiefele & Jacob-Ebbinghaus, 2006). Bezüglich der Erklärung der Studiendauer kann auf Grundlage der vorliegenden Erkenntnisse keine Aussage getroffen werden, denn in manchen Fällen erweisen sich die Schulnoten als Prädiktor (Jirjahn, 2007; Schaeper & Minks, 1997), in anderen Fällen wiederum nicht (Schmidt-Azert, 2006; Trapmann, 2008).

Zusätzlich zu den Schulnoten werden in manchen Studien weitere Aspekte der Vorbildung, wie z. B. eine vor Studienbeginn erworbene berufliche Qualifikation, erfasst. Ein signifikanter Zusammenhang für dieses Eingangsmerkmal mit dem Studienerfolg zeigt sich z. B. bei Erdel (2010) und Förster et al. (2016). Ein anderer Aspekt der Vorbildung, der in manchen Studien einbezogen wurde, ist die Wahl der Leistungskurse. Hierbei ging es darum, ob die Wahl eines den Studieninhalten ähnlichen Leistungskurses den Studienerfolg positiv beeinflusst. Diesen Zusammenhang konnten Bömeke (2009) und Jirjahn (2007) mit ihren Studien nachweisen.

Alles in allem lässt sich bezüglich der Verwendung von Schulnoten als Prädiktor des Studienerfolgs festhalten, dass es theoretisch betrachtet Argumente sowohl für als auch gegen die Verwendung von Schulnoten gibt, dies aber letztendlich eine geeignete Lösung darstellt, die Vorbildung auf einfache Art zu berücksichtigen. Empirisch erweisen sich die Schulnoten als reliabeler und valider Prädiktor der Studienleistungen und des Studienabbruchs.

3.2.2 Intelligenz- und Fähigkeitstests

Vielfach werden die Ergebnisse von Intelligenztest, anderen Fähigkeitstests oder fachspezifischen Kompetenz- und Wissenstests zur der Erklärung des Studienerfolgs herangezogen (Rindermann & Oubaid, 1999, S. 174). Es wird davon ausgegangen, dass die Intelligenz eine zentrale Rolle für die Bewältigung der Studienanforderungen spielt (Süß, 2001, S. 124). Viele Definitionsansätze von Intelligenz beinhalten einen Situationsbezug, wie z. B. bei Groffmann (1964, S. 190), der Intelligenz als „[…] die Fähigkeit des Individuums, anschaulich oder abstrakt in sprachlichen, numerischen oder raumzeitlichen Beziehungen zu denken" versteht. Intelligenz „ermöglicht [die] erfolgreiche Bewältigung vieler komplexer und mit Hilfe jeweils besonderer Fähigkeitsgruppen auch [die Bewältigung] ganz spezifischer Situationen und Aufgaben" (Groffmann, 1964, S. 190). Nach Groffmann (1964) liegen der Intelligenz folglich unterschiedliche einzelne Fähigkeiten zugrunde, die vom Individuum in der jeweiligen Situation zur Bewältigung einer spezifischen Aufgabe eingesetzt werden können. Andere Definitionen von Intelligenz betonen vordergründig, dass Intelligenz die Fähigkeit ist, wie schnell und gut eine Person in der Lage ist, ein für sie neuartiges Problem zu lösen (Süß, 2003, S. 217).

Im ersten Erklärungsmodell für Intelligenz von Spearman (1904) wird angenommen, dass alle kognitiven Leistungen auf einem gemeinsamen Faktor basieren, der als Generalfaktor (g-Faktor) bezeichnet wird und die sogenannte allgemeine Intelligenz repräsentiert. Thurstone (1938) geht hingegen bereits davon aus, dass sich die Intelligenz aus sieben unabhängigen Einzelfähigkeiten wie bspw. Sprachfähigkeit oder Rechenfähigkeit zusammensetzt, die er als Primärfaktoren bezeichnet. Cattell (1987) geht von einem hierarchischen Modell der Intelligenz aus und differenziert zwischen zwei Intelligenzfaktoren, der fluiden und der kristallinen Intelligenz. Die fluide Intelligenz ist angeboren und unveränderlich, die kristalline Intelligenz jedoch, die auf der fluiden basiert, wird im Laufe des Lebens erlernt. Ein Beispiel für ein mehrdimensionales Modell aus dem deutschsprachigen Raum stellt das Berliner Intelligenzstrukturmodell (Jäger, 1982; 1984) dar, das die Modellannahmen von Spearman (1904) und Thurstone (1938) vereint. Einerseits wird von einer generellen Intelligenz auf der höchsten Hierarchieebene und andererseits von sieben Einzelfacetten mit mittlerer Generalität ausgegangen (Jäger, Süß & Beauducel, 1997, S. 15–16).

Weiterhin existieren mehrdimensionale Ansätze für die Modellie-
rung von Intelligenz wie die *Three Stratum Theory* von Carroll
(1993), bei der in diverse Faktoren auf drei verschiedenen Hierar-
chieebenen unterschieden wird. Für die Messung der Intelligenz
liegen viele verschiedene Testinstrumente vor, die auf den verschiedenen Modellen basieren (Süß, 2003, S. 222).

In der Metaanalyse von Richardson et al. (2012) konnte die prognostische Validität der Intelligenz für die Studienleistungen bestätigt werden. Es zeigt sich ein signifikanter, positiver Zusammenhang. Allerdings ist dieser Zusammenhang nicht besonders stark,
denn der mittlere Korrelationskoeffizient beträgt lediglich $r = 0,21$
(Richardson et al., 2012, S. 366). Auch in vielen der hier betrachteten Einzelstudien kamen Intelligenztests oder andere Kompetenz-
oder Fähigkeitstest zum Einsatz, sodass die Testergebnisse als Determinante des Studienerfolgs verwendet wurden. In vielen Fällen
erwiesen sich die allgemeinen kognitiven Fähigkeiten bzw. die
Intelligenz als signifikante Prädiktoren des Studienerfolgs (z. B.
Busato et al., 2000; Freyer et al., 2014; Nagy, 2005; Ridgell
& Lounsbury, 2004; Ruffing et al., 2015). Einige Studien zeigen
auch einen signifikanten Zusammenhang zwischen fachspezifischen Fähigkeits- oder Kompetenztests und dem Studienerfolg
(z. B. Brandstätter et al., 2006; Fischer et al., 2014; Gold
& Souvignier, 2005; Hell et al., 2008; Nickolaus & Abele, 2009).
In wenigen Fällen zeigte sich wiederum kein Zusammenhang mit
dem Studienerfolg (z. B. Freyer, 2013; Giesen et al., 1986;
Wach et al., 2016).

Insbesondere in den USA erfolgt die Studierendenauswahl unter
Zuhilfenahme von Fähigkeitstest, mit denen die allgemeinen und

fachspezifischen Fähigkeiten der Studienbewerberinnen und Studienbewerber ermittelt werden sollen. Diese Tests ermöglichen eine detaillierte Erfassung der kognitiven Fähigkeiten. Sie bieten jedoch keine exakte Erklärung über den Studienerfolg, da hierfür die nichtkognitiven Fähigkeiten ebenfalls von Bedeutung sind (Camara, 2005, S. 69–75). In der Metaanalyse von Richardson et al. (2012, S. 366) ergibt sich ein positiver Zusammenhang mit den Studienleistungen für die klassischen US-amerikanischen Studierfähigkeitstests, den Scholastic Aptitude Test (SAT) und den American College Test (ACT). Auch in der Metaanalyse von Robbins et al. (2004) wurde der Zusammenhang der SAT- und ACT-Punktzahlen mit dem Studienerfolg untersucht. Hier wurden die Ergebnisse beider Tests zu einer Variable zusammengefasst, und es zeigte sich eine mittlere Korrelation von $r = -0,12$ mit dem Studienabbruch und von $r = 0,39$ mit den Studienleistungen (Robbins et al., 2004, S. 269-270).

Insgesamt zeigen die bisherigen Forschungserkenntnisse, dass die Ergebnisse von Intelligenz-, Fähigkeits- und Studierfähigkeitstest sich im Allgemeinen als Determinante des Studienerfolgs eignen. Allerdings muss hierfür ein entsprechender Test durchgeführt werden, womit ein hoher zeitlicher und organisatorischer Aufwand einhergeht. Daher ist es aus forschungspraktischer Sicht nicht immer möglich, solche Tests einzusetzen (Hell, Trapmann & Schuler, 2007).

3.2.3   Motivation und Interesse

Neben den kognitiven Studienvoraussetzungen wird auch für die motivationalen Merkmale vielfach ein positiver Zusammenhang mit dem Studienerfolg angenommen. Die Selbstbestimmungstheorie von Deci und Ryan (1993) stellt einen zentralen theoretischen Erklärungsansatz für Motivation dar, bei dem in intrinsisch und extrinsisch motiviertes Verhalten unterschieden wird (Deci & Ryan, 1993, S. 225). Diese Theorie bezieht sich nicht originär auf Lernverhalten, wird aber häufig zu dessen Erklärung herangezogen (Deci & Ryan, 1993, S. 230–236; Wild & Krapp, 1995, S. 579). Wenn ein Verhalten vollkommen selbstbestimmt ausgeführt wird, so wird es als intrinsisch motiviert bezeichnet. Intrinsisches Verhalten wird weder aufgrund der zu erwartenden Konsequenzen oder zur Befriedigung von Trieben ausgeführt, sondern um seiner selbst willen aus Interesse und Freude an der Aktivität (Deci & Ryan, 1993, S. 225–227).

Bei extrinsischem Verhalten wirken externe Reize oder zu erwartende Folgen des Handels motivierend; bspw. stellen materielle Werte oder externe Zwänge den Anreiz zu einer bestimmten Aktivität dar (Deci & Ryan, 1993, S. 225–227). Ein Bespiel mit Bezug auf die extrinsische Leistungsmotivation im Studium ist es, wenn ein Student sich zum Lernen motivieren kann, da er den erfolgreichen Studienabschluss anstrebt (Deci & Ryan, 1993, S. 228). Ein anderes Beispiel ist es, wenn Studierende motiviert zum Lernen sind, da sie mit dem erfolgreichen Studienabschluss die Hoffnung auf ein hohes Gehalt und beruflichen Erfolg verbinden (Röbken & Mertens, 2013, S. 44).

Studierende, die sich aus extrinsischen Motiven heraus für ein bestimmtes Studienfach entschieden haben, können sich trotzdem gleichzeitig im Einklang mit ihren Bedürfnissen nach Selbstbestimmung und Kompetenz befinden. Allerdings haben Studien gezeigt, dass intrinsisch motivierte Lernende gründlicher lernen und in die Tiefe gehende Lernstrategien bevorzugen, die auf ein vertieftes Verständnis abzielen, wohingegen extrinsisch motivierte eher zum oberflächlichen und rein prüfungsorientierten Lernen neigen (Wild & Krapp, 1995, S. 579). Demnach ist davon auszugehen, dass die Ergebnisse von intrinsisch motiviert Lernenden besser ausfallen als die von extrinsisch motivierten (Krapp, 1993, S. 209; Wild & Krapp, 1995, S. 579).

Neben extrinsisch und intrinsisch motivierten Verhaltensweisen definieren Deci und Ryan (1993, S. 224–225) die Amotivation, die vorliegt, wenn ein Verhalten ausgeübt wird, ohne dass damit ein Ziel verbunden ist. Das heißt, dass kein Zusammenhang zwischen einer Handlung und den Folgen dieser Handlung besteht, was mit der sogenannten gelernten Hilflosigkeit einhergeht. In Bezug auf Motivation im Hochschulbereich bedeutet dies, dass Studierende, die amotiviert sind, keinen Grund sehen, sich im Studium zu engagieren, was oftmals mit Gleichgültigkeit für den Studienerfolg und einer erhöhten Studienabbruchintention verbunden ist (Röbken & Mertens, 2013, S. 43–44; Schiefele et al., 2007, S. 131). Üblicherweise wird für die Lernmotivation angenommen, dass diese ein dispositionales Personenmerkmal und daher zeitlich relativ stabil ist. Dementsprechend werden die motivationalen Dispositionen von Lernenden als Lernvoraussetzungen und nicht als Merkmale des Lernprozesses aufgefasst (Wild & Krapp, 1995, S. 580).

Die betrachteten Einzelstudien beziehen in vielen Fällen die Lern- und Studienmotivation als Determinante des Studienerfolgs ein. In Hinblick auf die Erklärungskraft der Motivation zeigen sich jedoch disparate Befunde. In einigen Studien ergibt sich für diese Determinante ein signifikanter Zusammenhang mit den Studienleistungen (z. B. Albrecht, 2011; Blömeke, 2009; Busato et al., 2000; Georg, 2008; Trapmann, 2008), in anderen wiederum nicht (z. B. Brandstätter et al., 2006; Fischer et al., 2014; Wach et al., 2016).

Die Metaanalyse von Robbins et al. (2004, S. 269–270) zeigt für die Lernmotivation einen leichten positiven Zusammenhang mit der Studienabschlussbereitschaft (r = 0,105) und einen ebenfalls leichten, aber vergleichsweise stärkeren positiven Zusammenhang mit den Studienleistungen (r = 0,257). In der von Richardson et al. (2012, S. 366) durchgeführten Metaanalyse wird in intrinsische und extrinsische Motivation unterschieden, jedoch zeigt sich nur für die intrinsische Motivation ein schwacher Zusammenhang mit den Studienleistungen (r = 0,17). In der Review von Larsen et al. (2013, S. 151) erwiesen sich Studienabbrecher über alle Studien hinweg als wenig intrinsisch motiviert, was mit vergleichsweise schlechten Studienleistungen einhergeht. Insgesamt zeigen die Forschungser-kenntnisse zum Zusammenhang zwischen der Studienmotivation und dem Studienerfolg kein einheitliches Bild und es bleibt offen, ob diese Determinante als valider Prädiktor des Studienerfolgs an-gesehen werden kann oder nicht. Einige Studien berücksichtigen auch die Motive, die bei der Studienwahl entscheidend waren, und stellen einen signifikanten Zusammenhang für das Vorliegen intrinsischer Studienmotive mit dem Studienerfolg fest (z. B. Blö-meke, 2009; Erdel, 2010; Jaeger et al., 2014).

Das Studieninteresse wird ebenfalls zu den motivationalen Studi-envoraussetzungen gezählt, die als potenzielle Einflussgrößen des Studienerfolgs infrage kommen. Schiefele, Krapp, Wild und Winteler (1993, S. 336) definieren Interesse als eine „[…] spezifische Relation zwischen einer Person und einem Ge-

gentand", die i. d. R. zeitlich stabil ist. Die Autoren gehen davon aus, dass sich das Interesse aus zwei Komponenten zusammensetzt: Der gefühlsbezogenen Valenz, die vorliegt, wenn ein Gegenstand oder Sachverhalt mental mit positiven Emotionen verknüpft wird, und der wertbezogenen Valenz, die entsteht, indem ein Individuum dem Gegenstand eine hohe persönliche Bedeutung zuschreibt (Schiefele et al., 1993, S. 337). Interesse weist außerdem einen intrinsischen Charakter auf, was bedeutet, dass eine Beschäftigung mit dem Gegenstand um seiner selbst willen erfolgt (Schiefele et al., 1993, S. 337).

Die hier betrachteten Studien zeigen häufig einen positiven Zusammenhang zwischen dem Interesse an den Studieninhalten und dem Studienerfolg. Sowohl bei der Erklärung der Studienzufriedenheit (z. B. Albrecht, 2011; Schiefele & Jakob-Ebbighaus, 2006) als auch bei der Erklärung des Studienabbruchs bzw. der Abbruchintention (z. B. Blömeke, 2009; Fellenberg & Hannover, 2006; Schiefele et al., 2007) und der Studienleistungen (z. B. Freyer et al., 2014; Giesen et al., 1986; Nagy, 2005; Schiefele et al., 2003) zeigt sich ein signifikanter Einfluss des Studieninteresses auf den Studienerfolg. Nur in wenigen Studien ist kein Einfluss dieses Merkmals nachweisbar (z. B. Freyer, 2013; Hustegge, 2011). Es liegt also die Schlussfolgerung nahe, dass das Studieninteresse ein geeigneter Prädiktor des Studienerfolgs zu sein scheint.

3.2.4 Selbstkonzept und Selbstwirksamkeitserwartungen

In einigen Studien wird neben der Studienmotivation und dem Fachinteresse auch das Selbstkonzept als potenzielle motivationale Determinante des Studienerfolgs angesehen. Im Allgemeinen wird unter dem Selbstkonzept die Wahrnehmung einer Person von sich

selbst verstanden (Marsh & Shavelson, 1985, S. 107). Dazu gehören die mentalen Repräsentationen der Eigenschaften, des Verhaltens, der Vorlieben, der Gefühle und der Fähigkeiten der eigenen
Person (Marsh & Shavelson, 1985, S. 107). Das akademische
Selbstkonzept als eine spezielle Form des Selbstkonzeptes umfasst
allgemeine Einschätzungen der eigenen Fähigkeiten in bestimmten
Fächern, die das Ergebnis von Kompetenzerfahrungen in diesen
Fächern sind (Lent, Brown & Gore, 1997, S. 308; Möller & Köller,
2004, S. 19).

Shavelson, Hubner, & Stanton (1976, S. 411) nehmen an, dass das
Selbstkonzept ein strukturiertes Konstrukt ist, da Menschen in der
Lage sind, die eigenen Erfahrungen so zu strukturieren, dass sich
daraus einzelne spezifische Selbstkonzepte ergeben (Shavelson et al., 1976, S. 411–412). Weiterhin wird eine hierarchische
Struktur für das Selbstkonzept angenommen, an deren Spitze ein
generelles Selbstkonzept steht, welches sich in die Teilfacetten
akademisches und nicht-akademisches Selbstkonzept untergliedert
(Shavelson et al., 1976, S. 412). Auf der nächsttieferen Stufe glie-
dert sich das akademische Selbstkonzept in fachspezifische Teilfacetten, wie z. B. das mathematische Selbstkonzept. Beim nicht-
akademischen Selbstkonzept findet sich eine Aufgliederung in phy-
sisches, emotionales und soziales Selbstkonzept. Auf der untersten
Ebene ist die Bewertung des eigenen Verhaltens in einer konkreten
Situation angesiedelt (Shavelson et al., 1976, S. 412).

Ferner gehen Shavelson et al. (1976, S. 412) davon aus, dass die
Selbstkonzepte auf den oberen Hierarchiestufen, wie z. B. das mathematische Selbstkonzept, zeitlich relativ stabil sind, wohingegen
die Bewertungen des spezifischen eigenen Verhaltens, die in der

Hierarchie weiter unten angesiedelt sind, schneller durch neue Erfahrungen verändert werden können (Shavelson et al., 1976, S. 414). Selbstkonzepte entwickeln sich im Laufe des Lebens auf Grundlage des wachsenden Erfahrungsschatzes und werden im Zeitverlauf sukzessive weiter ausdifferenziert (Shavelson et al., 1976, S. 414). Das Selbstkonzept wird außerdem als evaluatives Konstrukt bezeichnet, da es das Ergebnis subjektiver Wahrnehmungen ist und damit durch die subjektiven Bewertungen des Individuums beeinflusst wird (Shavelson et al., 1976, S. 414).

Auch in den hier betrachteten Studien wurde der Einfluss unterschiedlicher Selbstkonzepte auf den Studienerfolg untersucht. Für das allgemeine akademische Selbstkonzept konnten Blömeke (2009), Choi (2005) und Schiefele et al. (2003) einen positiven signifikanten Einfluss auf den Studienerfolg feststellen, Fellenberg und Hannover (2006) und Schiefele et al. (2007) hingegen nicht. Der positive Einfluss des fachbezogenen Selbstkonzeptes wird durch die Studien von Choi (2005) und Schiefele et al. (2003) bestätigt, bei Fellenberg und Hannover (2006) und Schiefele et al. (2007) wiederum nicht.

Die Metaanalyse von Robbins et al. (2004) zeigt einen leichten positiven Zusammenhang des generellen Selbstkonzeptes mit den Studienleistungen, nicht aber mit dem Studienabbruch. Richardson et al. (2012) berücksichtigten das Selbstkonzept nicht in ihrer Metaanalyse. Insgesamt zeigt sich folglich ein uneinheitliches Bild bzgl. des Einflusses des Selbstkonzeptes auf den Studienerfolg, und es kann vor dem Hintergrund des aktuellen Forschungsstandes keine gesicherte Aussage getroffen werden.

In wenigen Studien wurde ferner der Einfluss von Selbstwirksamkeitserwartungen auf den Studienerfolg untersucht, wobei es sich
bei diesen ebenfalls um ein motivationales Konstrukt handelt, dass
inhaltlich dem Selbstkonzept ähnelt. Selbstwirksamkeitserwartungen bezeichnen die Erwartungen einer Person darüber, in der Lage
zu sein, eine bestimmte Handlung selbst auszuführen. Diese Erwartungen sind im Selbstkonzept verankert (Bandura, 1977, S. 192).
Bei Ditton (1998) zeigt sich ein signifikanter Einfluss der studienbezogenen Selbstwirksamkeitserwartungen auf den Studienerfolg,
bei Schiefele et al. (2003, 2007) hingegen nicht. Die Metaanalyse
von Richardsson et al. (2012) zeigt jedoch im Kontrast dazu einen
mittleren positiven Zusammenhang der studien- und leistungsbezogenen Selbstwirksamkeitserwartungen mit den Studienleistungen.
Zu einem ähnlichen Ergebnis kommen auch Robbins et al. (2004),
denen zufolge sich ebenfalls ein mittlerer, positiver Zusammenhang
der studienbezogenen Selbstwirksamkeitserwartungen mit den Studienleistungen sowie mit dem Studienabbruch zeigt. Obwohl die
wenigen vorliegenden Einzelstudien nicht einhellig die Selbstwirksamkeitserwartungen in ihrer Prognosekraft als Determinante des
Studienerfolgs bestätigen können, ist dennoch davon auszugehen,
dass für dieses Konstrukt ein Zusammenhang mit dem Studienerfolg besteht, da die Metaanalysen hier ein klares Bild zeigen.

3.2.5 *Persönlichkeitseigenschaften*

Neben den kognitiven und motivationalen Eingangsvoraussetzungen werden bei den individuellen Merkmalen oftmals auch die Persönlichkeitseigenschaften der Studierenden berücksichtigt. Es gibt
eine Vielzahl an Modellen zur theoretischen Beschreibung von
Persönlichkeitsmerkmalen, das Modell der Big-Five-Persönlich-

keitsfaktoren wird jedoch am häufigsten verwendet (Goldberg, 1981, 1982; McCrae & Costa, 1987). Ein weniger stark verbreitetes, aber dennoch bekanntes Modell ist bspw. das HEXACO-Modell von Lee & Ashton (2004). Die Grundannahme des Big-Five-Modells besteht darin, dass die wesentlichen Bereiche der menschlichen Persönlichkeit mit fünf Faktoren beschrieben werden können. Als diese fünf Faktoren werden Offenheit gegenüber neuen Erfahrungen, Gewissenhaftigkeit, Extraversion, Verträglichkeit und Neurotizismus bzw. emotionale Stabilität genannt (Goldberg, 1990, S. 1217). Für die Persönlichkeitseigenschaften wird angenommen, dass es sich hierbei um *Traits*, also um recht stabile und zeitlich überdauernde Merkmale der menschlichen Persönlichkeit handelt, die das Verhalten einer Person in bestimmten Situationen bedingen (Cattell, 1943, S. 476–477).

Von den hier betrachteten Einzelstudien, die die Big-Five-Persönlichkeitsmerkmale im Hinblick auf ihren Einfluss auf den Studienerfolg untersuchten, konnte Gewissenhaftigkeit bei Busato et al. (2000) als signifikanter Einflussfaktor bestätigt werden. In den Studien von Ridgell & Lounsbury (2004), Schmidt-Atzert (2005) und Wach et al. (2016) erwies sich hingegen Neurotizismus als signifikante Determinante mit negativem Einfluss auf den Erfolg. Die übrigen vier Merkmale konnten als Prädiktor des Studienerfolgs nicht bestätigt werden. Brandstätter et al. (2006) verwendeten ein nicht auf dem Big-Five-Ansatz beruhendes Testinstrument mit insgesamt 16 verschiedenen Persönlichkeitsfaktoren (Brandstätter, Schneewind, Schröder & Cattell, 1983) und konnten für die Persönlichkeitsfaktoren Selbstkontrolle, Belastbarkeit und Introversion einen signifikanten Einfluss auf den Studienerfolg zeigen.

Trapmann et al. (2007) führten eine Metaanalyse durch, um den Einfluss der Big-Five-Persönlichkeitseigenschaften auf den Studienerfolg, operationalisiert anhand von Studiennoten, Studienabbruch und Zufriedenheit, genauer zu analysieren. Lediglich der Einfluss der Gewissenhaftigkeit auf die Studiennoten konnte bestätigt werden (Trapmann et al., 2007). Die bereits erwähnte Metanalyse von Richardson et al. (2012) untersuchte ebenfalls die Prognosekraft der Persönlichkeitseigenschaften als Prädiktor der Studienleistungen. Bei den Big-Five-Persönlichkeitsmerkmalen konnte lediglich ein valider Zusammenhang für Gewissenhaftigkeit identifiziert werden (Richardson et al., 2012). Insgesamt zeigen die empirischen Ergebnisse, dass der Einfluss der Persönlichkeitsmerkmale nur eingeschränkt vorhanden zu sein scheint. Am besten konnte die Validität der Gewissenhaftigkeit für die Erklärung der Studiennoten gezeigt werden.

3.2.6 Herkunfts- und Lebensbedingungen

Einige Studien untersuchten die Abhängigkeit des Studienerfolgs von den soziodemografischen Merkmalen. In den hier betrachteten Studien wurden vor allem Geschlecht, Alter, Lebenssituation, soziale Herkunft und berufliche Situation berücksichtigt.

Signifikante Unterschiede im Studienerfolg zwischen den Geschlechtern liegen bei den Ergebnissen von Erdel (2010), Fischer et al. (2014), Förster et al. (2016), Jaeger et al. (2014), Jirjahn (2007), Nagy (2005), Sarcletti (2015) und Wahlen et al. (2010) vor. Die Ergebnisse zeigen einen positiven Zusammenhang zwischen weiblichem Geschlecht und Studienerfolg. Keine signifikanten Unterschiede ergeben sich weniger häufig (Brandstätter et al., 2006; Georg, 2008; Trapmann, 2008; Vignoles & Powdthavee,

2009; Wach et al., 2016). Das Alter wurde weniger häufig als das Geschlecht berücksichtigt. Hierfür liegen eindeutige Ergebnisse vor, denn bei fast allen Studien zeigt sich ein positiver Einfluss auf den Studienerfolg, sodass ältere Studierende besser abschneiden (Erdel, 2010; Jaeger et al., 2014; Jirjahn, 2007; Sarcletti, 2015), lediglich in einem Fall nicht (Wach et al., 2016). In der Metaanalyse von Richardson et al. (2012, S. 366) ergibt sich ein niedriger, positiver Zusammenhang zwischen Alter und Geschlecht mit den Studienleistungen, das heißt, weibliche und ältere Studierenden erbringen etwas bessere Studienleistungen. Larsen et al. (2013, S. 151) stellten in ihrer Review zudem ein höheres Studienabbruchrisiko für männliche Studierende fest.

Die in den Studien berücksichtigten Merkmale variieren z. T. sehr stark. Daher liegen für manche der soziodemografischen Merkmale nur wenige Erkenntnisse vor. Einige Autoren berücksichtigen z. B. die Beeinträchtigung durch gesundheitliche Probleme. Bei Blüthmann et al. (2008), Blüthmann et al. (2011), Blüthmann (2012) und Jaeger et al. (2014) zeigt sich hierfür ein signifikanter Einfluss auf den Studienerfolg, bei Albrecht (2011) hingegen nicht. Jaeger et al. (2014), Jirjahn (2007), Sarcletti (2015) und Wahlen et al. (2010) konnten außerdem zeigen, dass finanzielle Probleme den Studienerfolg beeinträchtigen können.

Weiterhin untersuchen einige Studien den Einfluss von Erwerbstätigkeit auf den Studienerfolg, denn obwohl der überwiegende Teil der Studierenden in Vollzeit studiert, ist ein großer Anteil (65 %) von ihnen neben dem Studium erwerbstätig (Middendorff et al., 2017, S. 58–60). Bringt man die Erwerbstätigenquote in Verbindung mit den soziodemografischen Merkmalen und der Bildungsherkunft, so zeigt sich, dass ältere und weibliche Studierende sowie Studierende mit niedriger Bildungsherkunft vergleichsweise häufiger erwerbstätig sind (Middendorff et al., 2017, S. 62). Thiel et al. (2010) gehen in ihrem Modell zur Erklärung von Studienerfolg davon aus, dass der Umfang der neben dem Studium ausgeübten Erwerbstätigkeit einen negativen Einfluss auf den Studienerfolg hat. Die Berücksichtigung der Erwerbstätigkeit als Determinante des Studienerfolgs beruht auf der Annahme, dass, je mehr Zeit für Erwerbstätigkeit aufgewendet werden muss, desto weniger Zeit für Lern- und Studienaktivitäten zur Verfügung steht (z. B. Blüthmann, 2012, S. 277). Weiterhin wird angenommen, dass Studierende, die auf die Erwerbstätigkeit als Finanzierungsquelle des Studiums angewiesen sind, sich zumeist in einer ungünstigeren finanziellen Situation befinden. Eine schlechtere finanzielle Ausstattung könnte dann wiederum ein Zeichen für einen geringeren sozioökonomischen Status sein (Branstätter & Farthofer, 2003, S. 135).

In Bezug auf den Einfluss von neben dem Studium ausgeübter Erwerbstätigkeit zeigt sich kein einheitliches Bild in den vorliegenden Forschungsbefunden. In manchen Studien wird der Studienerfolg durch die Erwerbstätigkeit negativ beeinflusst (Blüthmann et al., 2011; Brandstätter et al., 2006; Georg, 2008), in anderen kann dagegen kein signifikanter Einfluss der Erwerbstätigkeit auf den Studienerfolg von Vollzeit-Studierenden festgestellt werden (z. B. Albrecht, 2011; Blüthmann, 2012; Merker, 2009). Der Zusammenhang zwischen dem Aufwand für Erwerbstätigkeit und dem sozioökonomischen Status wurde von Brandstätter und Farthofer (2011, S. 142) untersucht, konnte jedoch nicht bestätigt werden.

Auch bei der Erfassung der Erwerbstätigkeit bzw. der für Erwerbstätigkeit aufgewendeten Zeit variiert die Art der Erfassung zwischen den Studien, wie auch bei der Erfassung der für das Studium aufgewendeten Zeit, sehr stark. Während z. B. bei Albrecht (2011, S. 137) mit einem Item erfasst wird, inwiefern das Studium mit der gleichzeitig ausgeübten Erwerbstätigkeit vereinbar ist, fragten Brandstätter und Farthofer (2003a, S. 137) nach dem durchschnittlichen wöchentlichen Zeitaufwand, der retrospektiv als Durchschnittswert für das vergangene Semester eingeschätzt werden sollte. Dementsprechend ist es fraglich, inwiefern die Forschungserkenntnisse belastbar sind und miteinander verglichen werden können.

Viele Autoren sehen im sozioökonomischen Status der Studierenden einen Einflussfaktor des Studienerfolgs. Ein Erklärungsansatz hierfür findet sich bei Bourdieu (1983, S. 185-186), der davon ausgeht, dass die gesellschaftliche Position und Teilhabe einer Person durch ihr ökonomisches, soziales und kulturelles Kapital bestimmt werden, welche diese geerbt hat und im Laufe ihres Lebens akkumuliert. Ökonomisches Kapital umfasst den materiellen Reichtum. Das kulturelle Kapital besteht aus dem Bildungsstand und das soziale Kapital aus den gesellschaftlichen Beziehungen und Verpflichtungen einer Person, die aus der Zugehörigkeit zu einer spezifischen sozialen Gruppe resultieren. Das soziale und das kulturelle Kapital können in ökonomisches Kapital umgewandelt werden. Wenn eine Person über ökonomisches Kapital verfügt, ist sie nicht nur in der Lage, materiellen Reichtum zu erwerben, sondern auch, ihr soziales und kulturelles Kapital zu vermehren (Bourdieu, 1983, S. 185–186). Insbesondere das kulturelle und das soziale Kapital einer Person haben Einfluss auf den Zugang zu bestimmten Bildungswegen. Daher ist es für Personen mit einer höheren sozialen Herkunft einfacher, im Bildungssystem erfolgreich zu sein (Bourdieu, 1982, S. 145).

Auch bei Boudon (1974, S. 29) findet sich eine Begründung dafür, warum es Personen aus höheren sozialen Schichten einfacher haben, im Bildungssystem erfolgreich zu sein. Boudon differenziert hierbei in primäre und sekundäre Herkunftseffekte (1974, S. 29-30). Primäre Herkunftseffekte haben zur Folge, dass Personen aus einer höheren sozialen Schicht bereits von Beginn ihres Bildungsverlaufes besser von ihren Eltern unterstützt werden können. Sekundäre Herkunftseffekte resultieren aus den schichtspezifischen Einstellungen und Werthaltungen. Personen aus niedrigeren sozialen Schichten entscheiden sich bspw. seltener für den Besuch weiterführender Bildungsgänge und für den frühzeitigen Eintritt in den Arbeitsmarkt, um den Einkommensverlust zu vermeiden, der mit einer längeren Bildungslaufbahn einhergeht (Boudon, 1974, S. 30). Zudem würde ein Bildungsaufstieg für sie eine Entfremdung von ihrem sozialen Umfeld bedeuten, die i. d. R. vermieden wird (Boudon, 1974, S. 29–30). Für Personen mit hohem sozialen Status bedeutet das Nicht-Absolvieren weiterführender Bildungsgänge hingegen einen sozialen Abstieg, weshalb höhere Bildungsabschlüsse angestrebt werden (Boudon, 1974, S. 30–31).

Der sozioökonomische Status beeinflusst das Bildungsverhalten zum einen direkt und zum anderen indirekt. Ein indirekter Einfluss besteht darin, dass Personen mit einem geringeren sozioökonomischen Status geringere Bildungsaspirationen besitzen und daher weniger häufig höhere Bildungsgänge besuchen und diese zudem weniger häufig erfolgreich beenden (Hamrick & Stage, 2004,

S. 164). Entsprechend der theoretischen Überlegungen von Boudon (1974) und Bourdieu (1982) nehmen viele Autoren einen positiven Einfluss der sozialen Herkunft auf den Studienerfolg an (z. B. Bargel & Bargel, 2010, S. 18–19). Um den sozioökonomischen Status einer Person zu bestimmen, wird häufig die soziale Stellung der Familie bzw. des Elternhauses herangezogen, die typischerweise anhand der von den Eltern ausgeübten Berufe oder ihrer Bildungsabschlüsse bestimmt wird (Watermann & Baumert, 2006, S. 63).

In einigen der betrachteten Studien wird der sozioökonomische Status der Studierenden anhand des elterlichen Bildungsstandes berücksichtigt. Bei Georg (2008), Jaeger et al. (2014), Jirjahn (2007), Sarcletti (2015), Schaeper und Minks (1997) und Vignoles und Powdthavee (2009) zeigte sich dabei ein signifikanter positiver Einfluss auf den Studienerfolg, bei Erdel (2010), Jaeger et al. (2014), Wach et al. (2016) und Wahlen et al. (2010) hingegen nicht. Der sozioökonomische Status wird auch in den Metaanalysen von Richardson et al. (2012, S. 366) und Robbins et al. (2004) berücksichtigt und erweist sich in beiden Studien als signifikanter positiver Einflussfaktor der Studienleistungen mit einer mittleren Korrelation von $r = 0,11$ (Richardson et al., 2012, S. 366) respektive $r = 0,15$ (Robbins et al., 2004, S. 270). Weiterhin zeigt sich ein leichter positiver Zusammenhang mit der Abschlussbereitschaft (mittleres $r = 0,21$, Robbins et al., 2004, S. 269). Konform dazu kamen Larsen et al. (2013, S. 151) zu dem Ergebnis, dass das Risiko zum Studienabbruch für Studierende aus einem nicht-akademischen Elternhaus deutlich höher ist. Resümierend kann festgehalten werden, dass der sozioökonomische Status ein Einflussfaktor des Studienerfolgs zu sein scheint, auch wenn einzelne Studien diesen Zusammenhang nicht bestätigen konnten.

3.3 Einflussfaktoren des Lern- und Studienverhaltens

Wie in Kapitel 2.6 geschildert, gehen die theoretischen Modelle von Helmke und Schrader (2010) und Thiel et al. (2010) davon aus, dass es keinen direkten Einfluss der individuellen und institutionellen Merkmale auf den Studienerfolg gibt, sondern dass die tatsächliche Inanspruchnahme des Studienangebots und die damit einhergehenden Lernaktivitäten entscheidend für den Studienerfolg sind. Zu diesem Lern- und Studienverhalten liegen allerdings nur wenige Forschungsbefunde vor. Einige Autoren berücksichtigten die für das Studium aufgewendete Zeit als Determinante des Studienerfolgs, auch wenn diese nur ein Indikator für den Lernaufwand ist und nicht die Lernaktivitäten selbst widerspiegelt. Diese Erkenntnisse werden im Folgenden geschildert. Es schließt sich die Beschreibung von Erkenntnissen zum Einfluss von Lernstrategien auf den Studienerfolg an. Diesbezüglich herrscht in den theoretischen Modellen Uneinigkeit, denn Helmke und Schrader (2010) zählen die Lernstrategien zu den Studienvoraussetzungen, Thiel et al. (2010) hingegen zum Lernverhalten. Da aber in den hier vorliegenden Studien die Lernstrategien im Sinne des Lernverhaltens im Studium verstanden werden (Schiefele et al., 2003, S. 187–188), können die entsprechenden Ergebnisse hier auch dem Lernverhalten zugerechnet werden.

Viele Autoren gehen von einem Einfluss der für das Studium aufgewendeten Zeit auf dessen Erfolg aus, denn das erfolgreiche Bewältigen des Studiums setzt zeitaufwendige Lern- und Studienaktivitäten wie z. B. Prüfungsvorbereitungen voraus (Jirjahn, 2007,

S. 293). Die für das Studium aufgewendete Zeit wurde daher in einigen Studien erfasst, und es zeigte sich in manchen Fällen ein Einfluss auf den Studienerfolg (z. B. Brandstätter & Farthofer, 2003a; Erdel, 2010; Georg, 2008; Sarcletti, 2015), in anderen Fällen jedoch wiederum nicht (z. B. Blüthmann, 2012; Schulmeister & Metzger, 2011).

Möglicherweise resultieren diese uneinheitlichen Befunde daraus, dass die für das Studium aufgewendete Zeit häufig als retrospektiv einzuschätzender Durchschnittswert mithilfe eines Items erfasst wurde (z. B. Blüthmann, 2012) und nicht detailliert über einen Zeitraum mit einer Art Lerntagebuch ermittelt wurde, sodass in die Analysen vermutlich hätten realistischere Durchschnittswerte des zeitlichen Aufwandes einfließen können. Doch auch in der Studie von Schulmeister und Metzger (2011), die den Zeitaufwand für das Studium detailliert erfassten, zeigte sich kein Einfluss auf den Studienerfolg. Es liegt die Vermutung nahe, dass die für das Studium aufgewendete Zeit allein nicht entscheidend ist, sondern auch berücksichtigt werden sollte, mit welcher Intensität die Auseinandersetzung mit den Studieninhalten erfolgt, also welche Lernaktivitäten konkret ausgeführt werden (Schulmeister & Metzger, 2011, S. 116–117). Zu diesem Schluss kommen auch Nonis und Hudson (2010, S. 230) und gehen weiterhin davon aus, dass die für das Studium aufgewendete Zeit nicht allein als Prädiktor der Studienleistungen dienen kann, da andere Merkmale, wie bspw. die kognitive Leistungsfähigkeit weitaus bedeutsamer sind (Nonis & Hudson, 2010, S. 230). Jirjahn (2007, S. 60) bezieht in seiner Studie die Zeit in Hinblick auf die Allokation des individuellen Zeitbudgets auf Studium, Erwerbstätigkeit und ehrenamtliche Tätigkeiten ein und kommt zu dem Ergebnis, dass Studierende, die Probleme bei der Zeiteinteilung haben, schlechtere Studienleistungen erbringen.

Einige der Studien beziehen auch die eingesetzten Lernstrategien als Einflussfaktoren des Studienerfolgs ein. Häufig kam bei der Erfassung der Lernstrategien der Fragebogen *Lernstrategien im Studium* (LIST) zum Einsatz, der von Wild und Schiefele (1994) entwickelt wurde. Dieser basiert auf im englischen Sprachraum etablierten Instrumenten zur Erfassung von Lernstrategien und unterscheidet in kognitive, ressourcenbezogene und metakognitive Lernstrategien. Die kognitiven Lernstrategien stehen in direktem Bezug mit der Aufnahme, Speicherung und Verarbeitung von Informationen. Zu ihnen gehören die Elaborations-, Organisations- und die Wiederholungsstrategien (Wild & Schiefele, 1994, S. 186–187). Die metakognitiven Strategien initiieren Aktivitäten zur Kontrolle der eigenen Lernaktivitäten und werden dabei in Planungs-, Überprüfungs- und Regulationsstrategien unterschieden (Wild & Schiefele, 1994, S. 187). Die ressourcenbezogenen Strategien umfassen Tätigkeiten, die das Ziel haben, die für das Lernen benötigten Ressourcen bereitzustellen oder das Lernen gegenüber Störfaktoren abzuschirmen. Die Lernstrategien, die hierzu gezählt werden, sind das Management der internen Ressourcen, also der Anstrengungen, des Zeitbudgets, der Aufmerksamkeit und der Konzentration. Darüber hinaus zählen die Gestaltung der Lernumgebung, die Nutzung von Literatur und das Lernen mit Anderen, also Tätigkeiten, die die Nutzung externer Ressourcen voraussetzen, dazu (Wild & Schiefele, 1994, S. 187). Wild und Schiefele (1994, S. 185) gehen davon aus, dass ein Einsatz der Lernstrategien, die mit dem LIST erfasst werden können, den Lernerfolg positiv beeinflusst. Der von ihnen entwickelte Fragebogen basiert vor allem auf dem englischsprachigen *Motivated Strategies for Learning Questonaire* (MSLQ, Pintrich, Smith, Garcia & Mc Keachie, 1991).

Einige der hier betrachteten Studien erfassten die Nutzung von Lernstrategien durch die Studierenden. Es zeigte sich jedoch, dass ein Einfluss der Nutzung von Lernstrategien nur in wenigen Fällen und nur für einzelne Lernstrategien nachzuweisen ist (Ruffing et al., 2015; Schiefele et al., 2003; Schiefele et al., 2007; Trapmann, 2008). Lediglich das Anstrengungsmanagement zeigte sich hierbei mehrfach als Prädiktor des Studienerfolgs (Ruffing et al., 2015; Schiefele et al., 2003).

In der Metaanalyse von Richardson et al. (2012) finden die Lernstrategien ebenfalls Beachtung. Der stärkste Zusammenhang einer Lernstrategie zeigte sich für das Anstrengungsmanagement; hier wurde eine mittlere Korrelation von $r = 0{,}32$ mit den Studienleistungen ermittelt (Richardson et al., 2012, S. 366–368). Aber auch für andere Lernstrategien (Metakognition, kritisches Denken, Elaboration, Konzentration, Zeitmanagement, und Hilfesuchen) konnten schwache positive Zusammenhänge mit dem Studienerfolg identifiziert werden. Nicht als valide Prädiktoren des Studienerfolgs erwiesen sich Lernen mit Anderen, Organisationsstrategien und Wiederholungsstrategien. Ein negativer Zusammenhang zeigte sich erwartungskonform für Prüfungsangst. (Richardson et al., 2012, S. 366–368). Insgesamt erbrachte diese Metaanalyse im Kontrast zu den referierten Einzelstudien jedoch einen positiven Zusammenhang zwischen Lernstrategieeinsatz und Studienerfolg. Diese Unterschiede sind verwunderlich, nicht zuletzt vor dem Hintergrund, dass in den deutsch- und englischsprachigen, in der Metanalyse enthaltenen Einzelstudien ähnliche Erhebungsinstrumente zum Einsatz kamen (Richardson et al., 2012, S. 357–358).

Wie bereits angedeutet, wurde das Lern- und Studienverhalten nur mit wenigen Merkmalen berücksichtigt, auch wenn die theoretischen Modelle für eine große Bedeutung dieses Verhaltens für den Studienerfolg sprechen. Im Folgenden wird nun auf Aspekte eingegangen, die neben den Lernstrategien und der für das Studium aufgewendeten Zeit in den analysierten Studien Berücksichtigung fanden.

Albrecht (2011) und Sarcletti (2015) konnten einen negativen Zusammenhang von Problemen bei der Bewältigung des Studiums und dem Erfolg zeigen. Albrecht (2011) berücksichtigte außerdem, ob die Studierenden häufig gemeinsam mit anderen lernen oder ob sie Strategien zum Anstrengungs- und Zeitmanagement einsetzen, konnte hierfür allerdings keine signifikanten Zusammenhänge zeigen. Schmidt-Atzert (2005) kam zu dem Ergebnis, dass sich die Studiendauer verlängert, wenn die Studierenden während des Studiums ein hohes Belastungserleben empfinden.

Weitere berücksichtigte Aspekte des Studienverhaltens beziehen sich auf das Verhalten bei Studienaufnahme. Der Wissenschaftsrat (2004, S. 4) stellte fest, dass die Studienanfängerinnen und Studienanfänger bei Beginn des Studiums vielfach nicht ausreichend über die Charakteristika des gewählten Studiengangs an der gewählten Hochschule informiert sind und daher bei der Studienwahl häufig private Motive zugrunde gelegt werden. Auch die Informiertheit über das Studium bei Studienaufnahme wurde in einigen Studien als Prädiktor des Studienerfolgs zugrunde gelegt, und es zeigte sich häufig ein Zusammenhang mit dem Studienerfolg, insbesondere hinsichtlich des Kriteriums Studienabbruch bzw. Studienabbruchintention (z. B. Albrecht, 2011; Brandstätter et al., 2006; Blüthmann et al., 2011; Schmidt-Atzert, 2006). Bei Erdel (2010) konnte für die Informiertheit bei Studienbeginn jedoch kein Zusammenhang mit dem Studienerfolg gezeigt werden. In Hinblick auf das Studienwahlverhalten kommen die Autoren zu dem Schluss, dass Studierende, die sich bei der Studienwahl unsicher waren und sich nicht ausreichend informiert fühlten, später häufiger ihr Studium abbrachen (Sarcletti & Müller, 2011, S. 241).

3.4 Institutionelle und überinstitutionelle Einflussfaktoren

Neben den individuellen Einflussfaktoren und den Merkmalen des Studier- und Lernverhaltens sind in den Modellen zur Erklärung des Studienerfolgs auch Faktoren enthalten, die die Qualität der Lehrveranstaltungen sowie der Studienbedingungen beschreiben. Außerdem werden zusätzlich studiengangsübergreifende, also überinstitutionelle Faktoren untersucht.

3.4.1 Konzeptionelle Grundlagen

Zusammengefasst werden die institutionellen Merkmale häufig unter dem Begriff Lehr- und Studienqualität, die üblicherweise als multiperspektivisches Konstrukt definiert wird, für dessen Bestimmung unterschiedliche Aspekte zu berücksichtigen sind (Wolter, 1996, S. 52). Die Bestimmung dessen, was unter Lehr- und Studienqualität zu fassen ist, hängt folglich von der Perspektive ab, aus der diese beurteilt werden soll, da unterschiedliche Zielgruppen unterschiedliche Erwartungen an die Studienqualität stellen. Mögliche Zielgruppen sind Studierende, Hochschullehrende, die Hochschulen, Absolventinnen und Absolventen, Arbeitgeber, Politik und

Gesellschaft (Multrus, 2013, S. 62). Auch wenn Lehr- und Studienqualität im Allgemeinen als mehrperspektivisches Konstrukt
aufgefasst wird, so ist die studentische Individualperspektive dennoch als zentral anzusehen (Grotheer et al., 2011, S. 99). Normalerweise wird die Qualität in Bezug auf eine bestimmte Hochschule
oder einen bestimmten Studiengang, also institutionengebunden,
beurteilt (Grotheer et al., 2011, S. 96).

Wolter (1996, S. 47) spricht sich dafür aus, dass bei der Beurteilung der institutionellen Determinanten aus der Perspektive der
Studierenden sowohl die Lehrqualität beachtet werden sollte als
auch Aspekte der Studienorganisation, denn „[...] Lehr- und Studienqualität [ist] wesentlich mehr als die Summe einzelner Lehrveranstaltungen" (Wolter, 1996, S. 47). Der Autor rät dazu, neben
der Lehrqualität auch die Prüfungsorganisation, den Studienaufbau,
die Organisation der Lehre, die Studienberatung, die Organisation
von Praktika oder Auslandsaufenthalten sowie die materielle, per-
sonelle, mediale und technische Ausstattung der Hochschule einzubeziehen (Wolter, 1996, S. 52).

Bei der Beurteilung der Lehrqualität durch Studierende wird unterstellt, dass Studierende, die selbst Teil des Lernprozesses sind, in
der Lage sind, die Qualität von Lehrveranstaltungen zu beurteilen
(Bargel & El Hage, 2000, S. 214). Diese Annahme wird jedoch
nicht von allen Autoren geteilt (Bargel & El Hage, 2000, S. 214).
Bei der Beurteilung der Lehr- und Studienqualität durch Studierende sollte nicht außer Acht gelassen werden, dass diese Urteile u. U.
verzerrt werden. Die Ursachen für solche Verzerrungen liegen darin, dass studentische Urteile häufig durch das eigene Fachinteresse
am Lehrstoff und den Schwierigkeitsgrad der Lehrveranstaltung

beeinflusst werden, und auch durch die Tatsache, ob es sich um eine freiwillig besuchte Veranstaltung oder eine Pflichtveranstaltung handelt (Wolter, 1996, S. 54).

Außerdem sind einige Autoren der Ansicht, dass Studierende Lehrveranstaltungen nach deren Unterhaltungswert beurteilen und unterhaltsame Veranstaltungen daher besser bewertet werden. Dies wird kritisch betrachtet, da einige Autoren den Unterhaltungswert nicht als Bestandteil der Lehrqualität ansehen. Dagegen spricht jedoch, dass ansprechend und unterhaltsam gestaltete Veranstaltungen auch die Aufnahme und Verarbeitung der Inhalte unterstützen können (Bargel & El Hage, 2000, S. 214–215). Des Weiteren spielen bei der Bewertung der Lehrqualität auch die Rahmenbedingungen der Lehre eine Rolle, z. B. werden Veranstaltungen, an denen sehr viele Studierende auf einmal teilnehmen, im Durchschnitt schlechter bewertet als Veranstaltungen mit einer geringeren Teilnehmerzahl. Daher sollten die Rahmenbedingungen der Lehrveranstaltung Berücksichtigung finden (Bargel & El Hage, 2000, S. 216). Die Beurteilung der Studenten über Lehr- und Studienqualität sollte laut Grotheer et al. (2011, S. 99) möglichst für den gesamten von ihnen besuchten Studiengang, also auf der Mesoebene, erfolgen und nicht nur für einzelne Lehrveranstaltungen oder gar für die gesamte Hochschule. So können Verzerrungen, die z. B. aufgrund von Sympathie oder Antipathie für eine bestimmte Lehrperson entstehen können, vermieden werden (Grotheer et al., 2011, S. 99).

Wie bereits in Kapitel 2.4.4 erläutert, erscheint es sinnvoll, den Mehrebenencharakter der Hochschulen zu berücksichtigen, der insbesondere in der Studienqualität zum Ausdruck kommt

(Grotheer et al., 2011, S. 98). Manche Aspekte der Lehr- und Studienqualität wie das konkrete Lehrverhalten einer Lehrperson sind der Mikroebene zuzuordnen, andere, wie die Prüfungsorganisation des Studienganges, der Mesoebene und wiederum andere, wie die Unterscheidung zwischen Universitäten und Fachschulen, gehören zur Makroebene der überinstitutionellen Merkmale (Grotheer et al., 2011, S. 110–114). Um herauszufinden, welcher Anteil der Varianz des Studienerfolgs auf die unterschiedlichen Ebenen entfällt, können als Analyseverfahren Mehrebenenmodelle eingesetzt werden (Grotheer et al., 2011, S. 98–110).

Bisher wurden Merkmale der Lehrveranstaltungsqualität uneingeschränkt den institutionellen Einflussfaktoren des Studienerfolgs zugeordnet, was impliziert, dass sie im jeweiligen Studiengang festgelegt werden. In einigen Studienfächern sind die Inhalte jedoch an Standards gebunden, die überinstitutionellen Charakter haben. Ein Beispiel hierfür stellen die Standards für die Lehrerbildung in den Bildungswissenschaften (KMK, 2004, S. 3–4), den Fachwissenschaften und den Fachdidaktiken (KMK, 2017, S. 2) dar, die Kompetenzen vorgeben, über die Studierende in Lehramtsstudiengängen am Ende ihres Studiums verfügen sollen. In solchen Fällen sind folglich nicht alle Lehrveranstaltungsmerkmale den institutionellen Einflussfaktoren zuzuordnen, sondern Aspekte der Studieninhalte gehören zu den überinstitutionellen Faktoren (vgl. Kapitel 2.6).

Im Folgenden wird zunächst auf die Forschungsbefunde zum Einfluss der Lehrqualität, anschließend auf die Erkenntnisse zur Studienqualität eingegangen. Weiterhin werden Erkenntnisse zu überinstitutionellen Einflussfaktoren beschrieben.

3.4.2 Lehrqualität

Die Qualität der Lehrveranstaltungen hängt wesentlich von den Lehrpersonen ab, denn bei der Gestaltung der Lernsituation hat der Lehrende i. d. R. Gestaltungsfreiheit, wird jedoch eingeschränkt durch die Bedingungen des jeweiligen Studiengangs, Fachbereichs sowie der Hochschule. Die sich dadurch ergebenden Bedingungen des Studiums bestimmen die räumlichen, zeitlichen und materiellen Rahmenbedingungen der Gestaltung der einzelnen Lehrveranstaltung (Schmidt, 2008, S. 158). In der Literatur finden sich unterschiedliche Ansätze zur Bestimmung der Lehrqualität, von denen im Folgenden die Ansätze von Rindermann (2001), Schiefele, Moschner und Hustegge (2002) und Tillmann et al. (2011) vorgestellt werden.

Rindermann (2001) nimmt in der zweiten Version des *Heidelberger Inventars zur Lehrveranstaltungsevaluation (HILVE II)* ein multifaktorielles Modell der Lehrveranstaltungsqualität an (vgl. Abbildung 7). Grundannahme des Modells ist, dass der Erfolg der Lehrveranstaltung, also der Lehrerfolg, das Ergebnis des Zusammenspiels der institutionellen Rahmenbedingungen, der Voraussetzungen sowie des Verhaltens der Studierenden und der Merkmale der Lehrveranstaltung selbst ist (Rindermann, 2001, S. 63–64). Die Dozierenden in der Hochschullehre haben üblicherweise vielfache Gestaltungsmöglichkeiten. Bei der Gestaltung der Lehrveranstaltung ist die Strukturiertheit und Klarheit von Bedeutung, die es dem Lernenden ermöglichen, die Inhalte und deren Zusammenhänge nachzuvollziehen und an das Vorwissen der Lernenden anzuknüpfen (Rindermann, 2001, S. 66-67).

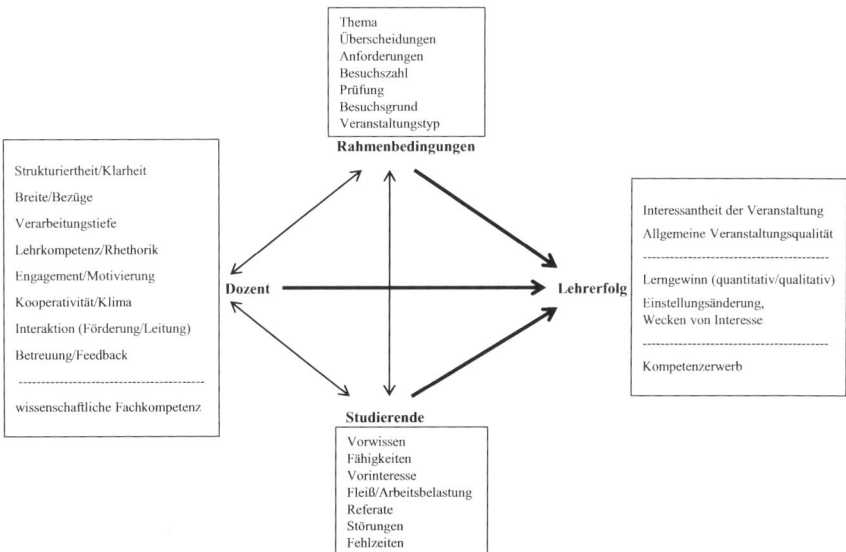

Abbildung 7: Heidelberger Inventar zur Lehrveranstaltungsevaluation (Rindermann, 2001)

Des Weiteren erleichtert die Darbietung der Inhalte mit Beispielen und in variierenden Kontexten den Lernprozess, was zu einem besseren Verständnis beitragen kann (Rindermann, 2001, S. 67).Weiterhin spielt die Lehrkompetenz eine Rolle, die in der Verwendung einer angemessenen, verständlichen Sprache und dem Vermögen, auch komplizierte Sachverhalte verständlich zu erklären, zum Ausdruck kommt (Rindermann, 2001, S. 67–68). Gute Lehre zeichnet sich zudem durch engagierte Lehrpersonen aus, denen es gelingt, die Lernenden für die Inhalte sowie zum Lernen zu motivieren. Darüber hinaus spielen auch die sozialen Fähigkeiten der Lehrperson eine Rolle, die darin Ausdruck finden, inwiefern es ihr gelingt, Kooperation innerhalb der Lerngruppe zu unterstützen und ein lernförderliches Klima zu gestalten. Neben der Kooperation zwischen den Lernenden sollte sich die Lehrperson auch um die Interaktion mit den Lernenden bemühen, da so die Lernenden in das Lerngeschehen einbezogen werden können, was wiederum die Effektivität der Lehre erhöhen kann (Rindermann, 2001, S. 68). Neben der Vermittlung der Inhalte sollte der Lehrende die Lernenden auch bei der Erstellung von Hausarbeiten und der Bearbeitung von Aufgaben unterstützen (Rindermann, 2001, S. 68–69).

Neben den direkt mit der Lehrveranstaltung in Beziehung stehenden Fähigkeiten von Lehrpersonen wird angenommen, dass eine kompetente Lehrperson auch über ein breites wissenschaftliches Fachwissen verfügt, was allerdings nicht durch die Studierenden beurteilt werden sollte (Rindermann, 2001, S. 69). Zu den Rahmenbedingungen, die die Lehrenden zumeist nicht selbst bestimmen können, gehören Interessantheitsgrad und Relevanz des Themas aus Sicht der Studierenden sowie die Überschneidungsfreiheit mit anderen Veranstaltungen (Rindermann, 2001, S. 71–72). Außerdem werden hierzu das Anforderungsniveau, die Größe der Lerngruppen, die Prüfungsform und der Veranstaltungstyp gezählt (Rindermann, 2001, S. 71–73).

Im Rahmen des *SMILE-Projektes* (Schiefele et al., 2002) wurde ebenfalls ein Instrument zur Erfassung der Lehrqualität entwickelt. Die Skala Lehrqualität besteht hier aus drei Subskalen: Kompetenz der Lehrperson, Relevanz der Studieninhalte und Leistungsdruck. Insgesamt umfasst die Skala 22 Items (Schiefele et al., 2002, S. 190) und basiert auf der ersten Version des *HILVE* (Rindermann & Amelang, 1994). Der entscheidende Unterschied der von Schiefele et al. (2002) entwickelten Skala im Vergleich zum *HILVE* besteht darin, dass nicht eine einzelne Lehrveranstaltung evaluiert werden soll, sondern dass es bei dieser Skala darum geht, die globale Lehrqualität des Studiums zu erfassen (Schiefele & Jacob-Ebbinghaus, 2006, S. 204–205). Mit der Subskala Relevanz der Inhalte soll erfasst werden, in welchem Ausmaß die Inhalte für die Studierenden bedeutsam erscheinen und einen Bezug zur Praxis aufweisen. Mit Leistungsdruck soll ermittelt werden, inwiefern die Stofffülle, die Geschwindigkeit der inhaltlichen Vermittlung und das Anforderungsniveau aus Studierendensicht angemessen sind. Mit der umfangreichsten der drei Subskalen, der Kompetenz der Lehrperson, soll das Engagement der Lehrenden bewertet werden und darüber das Ausmaß an Interaktion mit den Lernenden (Schiefele & Jacob-Ebbinghaus, 2006, S. 205).

Ein weiteres Instrument zur Beurteilung der Lehrqualität ist der *Frankfurter Studierenden-Fragebogen zur Evaluation von Lehrveranstaltungen* (Tillmann et al., 2011, S. 81), mit dem die Qualität von einer Lehrveranstaltung ebenfalls aus der Perspektive der Studierenden beurteilt wird. Der Fragebogen erfasst schwerpunktmäßig das Lehrverhalten von Dozierenden und besteht aus zwölf Items (Tillmann et al., 2011, S. 81). Diese Items sollen die Erfassung von sieben Merkmalen der didaktischen Lehrqualität ermöglichen (vgl. Abbildung 8). Diese Merkmale sind Strukturiertheit und Klarheit, Verständlichkeit der Erklärungen und Darstellungen, Management von Zeit und Schwierigkeit, Verarbeitungstiefe, Motivierung, Kooperation und Klima sowie die Interaktionsqualität (Tillmann et al., 2011, S. 81).

Bei den hier gewählten Merkmalen der Lehrqualität wurden solche Merkmale gewählt, die von der Lehrperson selbst beeinflusst werden können, da es um die Erfassung der sogenannten personalen Lehrqualität geht (Tillmann et al., 2011, S. 81). Es wird davon aus-

gegangen, dass die Lernprozesse der Studierenden individuell initiiert werden und selbstkontrolliert ablaufen, die Studierenden jedoch
durch das Lehrangebot zum Lernen animiert werden und dadurch
Unterstützung beim Lernen erfahren (Tillmann et al., 2011, S. 81).

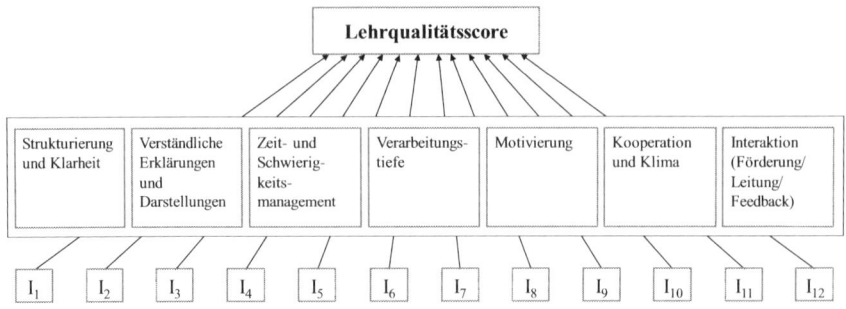

Abbildung 8: Didaktische Merkmale der Lehrqualität (Tillmann et al. 2011)

Es zeigt sich, dass Rindermann (2001) in seinem Modell zur Lehrveranstaltungsevaluation nicht nur Merkmale der Lehrveranstaltung an sich einbezieht, sondern auch deren Rahmenbedingungen.
Die Ansätze von Schiefele et al. (2002) und Tillmann et al. (2011)
fokussieren dagegen stärker die Lehrveranstaltungen. Tillmann et al. (2011) nehmen dabei schwerpunktmäßig die Kompetenzen der Lehrperson in den Blick, Schiefele et al. (2002) beziehen darüber hinaus auch Aspekte der Lerngruppe und der Inhalte
der Veranstaltung ein. Zudem richtet sich die Skala von Schiefele et al. (2002) auf die Erfassung eines gesamten Studiengangs und
nicht, wie die anderen Ansätze, auf die Evaluation einer einzelnen
Lehrveranstaltung.

Viele der hier betrachteten Studien gehen von einem Einfluss der
Lehrqualität auf den Studienerfolg aus und nehmen diese folglich
als institutionelle Determinante auf. Häufig kann ein signifikanter

Einfluss der wahrgenommenen Lehrqualität auf den Studienerfolg gezeigt werden (Albrecht, 2011; Blüthmann et al., 2011; Blüthmann 2012; Georg, 2008; Pohlenz et al., 2012). Bei Trapmann (2008) erweist sich die allgemeine Lehrqualität lediglich als Prädiktor der Studienabbruchintention, für die anderen Studienerfolgskriterien jedoch nicht. Bei Albrecht (2011), Blüthmann et al. (2008) und Blüthmann et al. (2011) zeigt sich ein signifikanter Einfluss der Qualität der inhaltlichen Ausgestaltung auf den Studienerfolg. Bei Schiefele et al. (2003), Schiefele und Jacob-Ebbinghaus (2006) und Schiefele et al. (2007) ergibt sich hingegen ein signifikanter Einfluss der wahrgenommenen Relevanz der Studieninhalte, der Lehrkompetenzen der Lehrpersonen sowie des Leistungsdrucks in den Lehrveranstaltungen auf den Studienerfolg. Hier kam die oben beschriebene Skala zur wahrgenommenen Lehrqualität zum Einsatz, die im Rahmen des SMILE-Projektes entwickelt wurde (Schiefele et al., 2002). Bei Giesen et al. (1986) kann kein signifikanter Einfluss der wahrgenommenen Lehrkompetenz nachgewiesen werden. Nichtsdestotrotz lässt sich zur wahrgenommenen Qualität der Hochschullehre sagen, dass diese, unabhängig davon, ob sie als globale Lehrqualität oder in Einzelfacetten berücksichtigt wird, in den allermeisten Fällen ein signifikanter Prädiktor des Studienerfolgs ist.

3.4.3 Studienqualität

Im Gegensatz zur Qualität der Lehrveranstaltungen gibt es nur wenige Ansätze zur Konzeptualisierung der Qualität der Studienorganisation. Multrus (2013, S. 81–82) schlägt vor, die Beratung, das soziale Klima, die Studienstruktur und die Seltenheit von Überschneidungen und Ausfällen der Veranstaltungen zusätzlich zu der

Lehrqualität zu berücksichtigen. Außerdem können hierunter die Prüfungsorganisation und die Ausstattung bzgl. Räumlichkeiten und Materialien gezählt werden (Bargel, 1993, zt. nach Grotheer et al. 2011, S. 98).

Die globale Qualität der Studienbedingungen findet sich bei Brandstätter et al. (2006), Jaeger et al. (2014) sowie Pohlenz et al. (2012) als potenzieller Einflussfaktor des Studienerfolgs. In allen Fällen erweist sie sich als signifikanter Einflussfaktor des Studienerfolgs. Für die strukturelle Ausgestaltung des Studiums konnte in zwei Fällen ein signifikanter Zusammenhang gefunden werden (Blüthmann, 2012; Giesen et al., 1986), in zwei anderen wiederum nicht (Albrecht, 2011; Georg, 2008). Die Prüfungsorganisation wurde in drei Studien als institutionelle Determinante verwendet. Es zeigte sich in zwei Fällen (Blüthmann et al., 2011; Blüthmann, 2012) ein Einfluss auf den Studienerfolg, bei Albrecht (2011) jedoch nicht.

Ähnliches gilt für die Qualität von Beratung, denn auch diese kann in einigen Untersuchungen als Determinante des Studienerfolgs identifiziert werden (Blüthmann et al., 2008; Blüthmann et al., 2011; Blüthmann, 2012), andere Studien entdecken hier wiederum keinen signifikanten Zusammenhang (Albrecht, 2011; Georg, 2008). Auch beim Studienklima konnten Blüthmann et al. (2011) und Blüthmann (2012) einen Einfluss auf den Studienerfolg statistisch absichern, Albrecht (2011) hingegen nicht.

Hinsichtlich des Zusammenhangs zwischen den institutionellen Studienbedingungen und der Wahrscheinlichkeit des Studienabbruchs kamen die Larsen et al. (2013) zu keinem eindeutigen Ergebnis. Einzig für Unterstützungsangebote seitens der Hochschulen

konnte ein negativer Zusammenhang mit der Abbruchwahrschein-
lichkeit gezeigt werden (Larsen et al., 2013, S. 151).

Grundsätzlich zeigt sich ein wenig einheitliches Bild bei der Berücksichtigung der Qualität der Studienbedingungen. Dies ist auch
darin begründet, dass die verwendeten Skalen nicht einheitlich sind
und es unklar bleibt, wo inhaltliche Übereinstimmungen bestehen
und wo nicht. Dies liegt vermutlich auch daran, dass keine einheitlichen theoretischen Konstrukte zu den Studienbedingungen vorliegen. Die Studienbedingungen scheinen zwar den Studienerfolg zu
beeinflussen, genauere Aussagen sind vor dem Hintergrund des
gegenwärtigen Forschungsstandes jedoch nicht möglich.

3.4.4 Überinstitutionelle Einflussfaktoren

Einige Autoren berücksichtigen auch überinstitutionelle Unterschiede in Aussagen über den zu erwartenden Studienerfolg. Dafür
wurden zumeist Kontrollvariablen für die jeweiligen Kategorien,
wie z. B. für die verschiedenen Studienfächer, im jeweiligen Erklärungsmodell aufgenommen (vgl. Tabelle 41 im Anhang A).

Eine Fragestellung ist hierbei, ob sich der Studienerfolg zwischen
Universitäten und Fachhochschulen unterscheidet. Jaeger et al.
(2014) weisen mit ihrer Studie signifikante Unterschiede nach, allerdings nur für die Studiennoten, den Studienfortschritt und die
Abschlussintentionen. Diese Kriterien sind an Fachhochschulen
besser ausgeprägt, die Studienzufriedenheit jedoch nicht (Jaeger et al., 2014, S. 27). Bei Nagy (2005) fallen die Studienleistungen an Fachhochschulen ebenfalls signifikant besser aus. Außerdem zeigten sich in zwei Studien signifikante Unterschiede im Studienerfolg zwischen verschiedenen Studiengängen der gleichen

Fachrichtung an unterschiedlichen Universitäten (Freyer, 2013; Jirjahn, 2007).

Hinsichtlich der verschiedenen Studienfächer zeigen sich bei Blüthmann (2012), Gold und Souvignier (2005), Sarcletti (2015) und Schaeper und Minks (1997) Unterschiede im Studienerfolg, bei Georg (2008) nicht. Dementsprechend werden durch diese Studien die Erkenntnisse von Grözinger (2017) i. W. bestätigt (vgl. Kapitel 2.2.1).

Die Mehrdimensionalität der Studienqualität wurde von Blüthmann (2012), Förster et al. (2006) und Georg (2008) explizit durch die Verwendung von Mehrebenenmodellen berücksichtigt. Blüthmann (2012, S. 282) und Georg (2008, S. 200) wählten je zwei Ebenen und untersuchten auf der zweiten Ebene (Level 2) sowohl Merkmale der Lehr- und Studienqualität als auch überinstitutionelle Unterschiede zwischen verschiedenen Studienfächern. In beiden Studien erwiesen sich Level 2-Prädiktoren der Lehr-und Studienqualität als signifikante Einflussfaktoren des Studienerfolgs. Förster et al. (2016, S. 385–386) wählte ebenfalls zwei Ebenen und verglich auf der zweiten Ebene den Studienerfolg zwischen verschiedenen Hochschulen. Es zeigte sich in allen drei Studien, dass ein substanzieller Varianzanteil durch die Determinanten auf der zweiten Ebene erklärt werden konnte (Blüthmann, 2012, S. 291; Förster et al., 2016, S. 386; Georg, 2008, S. 203). Daher zeigen diese drei Studien auf, dass es sinnvoll erscheint, Mehrebenenanalysen zur Prädiktion von Studienerfolg zu verwenden.

3.5 Zwischenfazit zu den Einflussfaktoren

Hinsichtlich der Einflussfaktoren des Studienerfolgs konnte in den analysierten Studien eine ganze Reihe von Faktoren identifiziert werden, die einen Zusammenhang mit dem Studienerfolg aufweisen. Insbesondere die individuellen Determinanten wurden bisher hinsichtlich ihres Einflusses auf den Studienerfolg untersucht (vgl. Kapitel 3.1).

Vor allem die kognitiven Studienvoraussetzungen wie die Schulnoten oder die Ergebnisse von Intelligenztests erwiesen sich als Einflussfaktoren des Studienerfolgs (vgl. Kapitel 3.2.1 und 3.2.2). Bei den motivationalen Voraussetzungen zeigen sich uneinheitliche Erkenntnisse für die Studienmotivation (vgl. Kapitel 3.2.3), das Selbstkonzept und die Selbstwirksamkeitserwartungen (vgl. Kapitel 3.2.4). Lediglich für das Studieninteresse liegen größtenteils einheitliche Forschungserkenntnisse vor, die für einen positiven Zusammenhang dieses Merkmals mit dem Studienerfolg sprechen (vgl. Kapitel 3.2.3). Weiterhin wurden vielfach die Persönlichkeitseigenschaften im Sinne des Big-Five-Modells von Goldberg (1990) einbezogen. Es zeigte sich jedoch nur für die Gewissenhaftigkeit ein eindeutiger positiver Zusammenhang mit dem Studienerfolg (vgl. Kapitel 3.2.5). Allerdings bemängeln die Autoren an den gegenwärtig vorliegenden Studien, dass die einzelnen nicht-kognitiven Faktoren nicht mit einheitlichen, geprüften Messinstrumenten erhoben wurden und daher die Vergleichbarkeit der Studien nur bedingt gegeben ist. Durch die stringente Verwendung standardisierter Instrumente könnte es ermöglicht werden, Schlüsselfaktoren zu identifizieren, die einen maßgeblichen Einfluss auf die Studienleistungen besitzen (Richardson et al., 2012, S. 376).

Bei den soziodemografischen Merkmalen zeigt sich ebenfalls ein gemischtes Bild. Bezüglich des Einflusses der neben dem Studium ausgeübten Berufstätigkeit lassen sich keine einheitlichen Befunde feststellen. In Bezug auf die weiteren soziodemografischen Merkmale zeigt sich die Tendenz, dass weibliche und ältere Studierende sowie Studierende mit einem höheren sozioökonomischen Status erfolgreicher im Studium sind und auch weniger häufig dazu neigen, ihr Studium abzubrechen (vgl. Kapitel 3.2.6).

Der Bereich der individuellen Einflussfaktoren wurde bisher am detailliertesten berücksichtigt. Zum Einfluss des konkreten Lernverhaltens und den Lernaktivitäten während des Studiums liegen nur wenige Erkenntnisse vor. In manchen Studien wurde die für das Studium aufgewendete Lernzeit hinsichtlich ihrer Prognosekraft untersucht. Es zeigte sich über die Studien hinweg kein Einfluss der Lernzeit auf den Studienerfolg. Es liegt hierbei die Vermutung nahe, dass eine detaillierte Erfassung der tatsächlichen Lernaktivitäten oder der Lernintensität erforderlich wäre, um Zusammenhänge mit dem Studienerfolg aufdecken zu können (Nonis & Hudson, 2010, S. 230). Eine Möglichkeit, Lernaktivitäten dennoch zu berücksichtigen, stellt die Erfassung von Lernstrategien dar. Die hier betrachteten Studien konnten jedoch keinen eindeutigen Zusammenhang zwischen Lernstrategieeinsatz und Studienerfolg aufzeigen (vgl. Kapitel 3.3) .

Bezüglich der Berücksichtigung der institutionellen Merkmale erscheint es sinnvoll, einerseits die Lehrqualität und andererseits die Qualität der Studienorganisation zu berücksichtigen (z. B. Grotheer et al., 2011). Für die Lehrqualität liegen diverse Operationalisierungen vor und die Ergebnisse der Studien sprechen für ei-

nen positiven Zusammenhang zwischen wahrgenommener Lehrqualität und Studienerfolg (vgl. Kapitel 3.4.2). Bezüglich der Studienqualität zeigt sich ein anderes Bild: Hier liegen kaum Ansätze
zur Operationalisierung vor, die empirisch geprüft werden. Die
eingesetzten Skalen werden nicht theoretisch begründet, und die
Ergebnisse weisen nicht eindeutig auf einen Zusammenhang der
organisationalen Studienbedingungen mit dem Studienerfolg hin
(vgl. Kapitel 3.4.3). Die einbezogenen Metaanalysen von Richardson et al. (2012) und Robbins et al. (2004) berücksichtigen bei ihren Analysen keine institutionellen Merkmale. Bezüglich der institutionellen Einflussfaktoren und dem Lern- und Studienverhalten
liegen folglich kaum umfassende Erkenntnisse vor, sodass hier
weitere Forschungsbedarfe zu identifizieren sind.

Allgemein lassen sich noch weitere Probleme der Forschungserkenntnisse von Studien zum Studienerfolg finden: So werden die
theoretischen Modelle zwar oft vorgestellt, es erfolgt aber im empirischen Teil der Arbeiten keinerlei Rückbezug auf diese. Insgesamt
liegen zu den institutionellen und überinstitutionellen Studienbedingungen weniger Untersuchungen vor als zu den individuellen
Bedingungen. Außerdem fällt auf, dass die meisten Studien alle
bereits vor einigen Jahren veröffentlicht wurden und daher bislang
kaum Studien zum Bachelor- und Mastersystem vorliegen. Weiterhin sind die Studien hinsichtlich der Stichprobenzusammensetzung
nicht einheitlich, denn manche beziehen sich auf mehrere Studiengänge an verschiedenen Hochschulen, andere nehmen nur Studierende bzw. Studienabbrecher eines Studienganges an einem Stand-
ort in den Blick (Heublein & Wolter, 2011, S. 228). Die Übertrag-
barkeit von internationalen Forschungserkenntnissen auf das
deutsche Hochschulsystem ist ebenfalls nur eingeschränkt gegeben,

da sich die Hochschulsysteme in Deutschland und z. B. in den USA doch erheblich voneinander unterscheiden (Heublein & Wolter, 2011, S. 227–228).

Es scheint sich als sinnvoll zu erweisen, überinstitutionelle Aspekte einzubeziehen und so die Mehrebenenstruktur der Wirkungsweisen zu berücksichtigen. Grotheer et al., (2011, S. 98) schlagen hierfür drei verschiedene Ebenen vor (vgl. Kapitel 3.4.1). Diejenigen Studien, die Mehrebenenmodelle verwendeten, berücksichtigten zwei Ebenen und fassten damit gewissermaßen die beiden höheren Ebenen zusammen. Es zeigen sich in diesen Studien auf der zweiten Ebene signifikante Zusammenhänge der Einflussfaktoren mit dem Studienerfolg und außerdem ist der Anteil der erklärten Varianz jeweils als substanziell anzusehen (vgl. Kapitel 3.4.4). Daher liefern die bisherigen Forschungsbefunde erste Einblicke in das mehrdimensionale Zusammenwirken der Faktoren auf den unterschiedlichen Ebenen, auch wenn es an Studien fehlt, die in drei Ebenen differenzieren, wie es Grotheer et al. (2011) empfehlen.

4 Berufsbegleitende Studiengänge und ihre Zielgruppen

Nachdem in den vorangegangenen Kapiteln der Stand der Forschung zu den Einflussfaktoren des Studienerfolgs in Vollzeit-Studiengängen beschrieben wurde, werden nun die in dieser Studie untersuchten Studienformate in den Blick genommen, die berufsbegleitenden Studiengänge. Im Folgenden wird die Zielgruppe der berufsbegleitenden Studiengänge beschrieben. Hierfür wird vor allem der Begriff der nicht-traditionellen Studierenden zugrunde gelegt. Es folgt eine Analyse des Forschungsstandes zu den nicht-traditionellen Studierenden.

4.1 Merkmale berufsbegleitender Studiengänge

Berufsbegleitende Studiengänge gehören laut dem Wissenschaftsrat (2013, S. 7) zur Gruppe der praxisnahen Studienformate, sind also Studienformate, bei denen eine mehr oder weniger enge Verknüpfung zwischen Studium und beruflicher Tätigkeit vorliegt. Unterschieden werden die Studienformate in dieser Gruppe nach der Verknüpfung der Lernorte und der Stellung zur beruflichen Erstausbildung (vgl. Tabelle 5) in ausbildungsbegleitende, ausbildungsintegrierende, berufsbegleitende, berufsintegrierende, praxisbegleitende, praxisintegrierende und weiterbildende Studiengänge (Wissenschaftsrat, 2013, S. 9–10).

© Springer Fachmedien Wiesbaden GmbH, ein Teil von Springer Nature 2019
L. Hillebrecht, *Studienerfolg von berufsbegleitend Studierenden*, Economics Education und Human Resource Management, https://doi.org/10.1007/978-3-658-26164-1_4

Tabelle 5: Praxisnahe Studienangebote (Wissenschaftsrat, 2013)

Individueller Bildungs- abschnitt		Beziehung der Lernorte	
		verzahnt	parallel
Erstausbildung	mit Berufs- ausbildung	ausbildungsintegrierend (Bachelor)	ausbildungsbegleitend (Bachelor)
Erstausbildung	mit Praxis- anteilen	praxisintegrierend (Bachelor) gestalteter Ausbildungsanteil beim Praxispartner	praxisbegleitend (Bachelor) mit obligatorischen Praktika in Unternehmen
Weiterbildung	mit Berufs- tätigkeit	berufsintegrierend (Master/Bachelor) mit gestalteten Bezugnahmen	berufsbeglei- tend/berufsintegrierend (Master/Bachelor) ohne gestaltete Bezugnahmen
Weiterbildung	mit Praxisantei- len	praxisintegrierend (Master/Bachelor)	praxisbegleitend mit Praktika oder praktischen Anteilen

Ein berufsbegleitender Studiengang ist demnach ein „Voll- oder Teilzeitstudium, das parallel zu einer Berufstätigkeit mit oder ohne fachliche Nähe zum Studiengang absolviert wird, ohne dass institu- tionell-strukturelle oder inhaltliche Verzahnungselemente zwischen Studium und Berufstätigkeit existieren. Es wird der volle Umfang an zu erbringenden Leistungspunkten an der Hochschule erwor- ben" (Wissenschaftsrat, 2013, S. 9).

Als berufsbegleitend werden, dieser Klassifizierung folgend, Studi- engänge bezeichnet, die parallel zu einer Berufstätigkeit absolviert werden, ohne dass eine direkte fachliche oder organisatorische Verknüpfung mit dieser vorhanden sein muss. Daher werden alle Studienleistungen an der Hochschule erbracht. Berufsbegleitende Studiengänge können als Vollzeit- oder als Teilzeitstudium konzipiert sein (Wissenschaftsrat, 2013, S. 9). Im Gegensatz dazu findet bei ausbildungs-, berufs- und praxisintegrierenden Studiengängen eine systematische Verknüpfung von beruflicher Tätigkeit und Lernprozessen statt (vgl. Tabelle 5). Ein weiteres Merkmal von berufsbegleitenden Studiengängen ist, dass keine Verknüpfung zu einer beruflichen Erstausbildung vorliegt, wie es bspw. beim ausbildungsintegrierenden Studium der Fall ist (Wissenschaftsrat, 2013, S. 10).

Weiterhin von berufsbegleitenden Studiengängen abzugrenzen sind die dualen Studiengänge. Diese orientieren sich an der Organisation der dualen Berufsausbildung und weisen daher zwei Lernorte auf: den Ausbildungsbetrieb und die Hochschule. Der Wechsel zwischen diesen beiden Lernorten ist üblicherweise klar vorgegeben (Bargel & Bargel, 2014, S. 27)

Ein berufsbegleitendes Studium ist letztendlich lediglich durch das Merkmal der gleichzeitig ausgeübten Berufstätigkeit gekennzeichnet. Ein berufsbegleitendes Studium kann also mit verschiedenen Studienformen einhergehen, d. h. sowohl mit einem Vollzeit- als auch mit einem Teilzeit- oder einem Fernstudium (Bargel & Bargel, 2014, S. 20). Vielfach sind berufsbegleitende Studiengänge als eine Kombination aus verschiedenen Studienformaten konzipiert, wie es bspw. beim Blended Learning der Fall ist (Bargel & Bargel, 2014, S. 20).

Ein Teilzeitstudium liegt vor, wenn der zeitliche Studienaufwand reduziert wird. Dies kann formell geschehen, also in bestimmten, als Teilzeitstudiengang konzipierten Studienangeboten. In solchen Fällen wird von einem formellen Teilzeitstudium gesprochen. Beim informellen Teilzeitstudium hingegen entscheidet der Studierende selbst, nur bestimmte Teile seines Studiums zu absolvieren, auch wenn er in einem Vollzeitstudium eingeschrieben ist. In beiden Fällen hat das Teilzeitstudium eine Verlängerung der Studiendauer zur Folge (Bargel & Bargel, 2014, S. 27).

Weiterhin abzugrenzen ist der Begriff des Fernstudiums. Auch Fernstudiengänge richten sich vor allem an berufstätige Studieninteressierte. Dies ist auch darin begründet, dass Fernstudiengänge sowohl in Vollzeit als auch in Teilzeit angeboten werden (Bargel & Bargel, 2014, S. 19). Das Fernstudium wird räumlich betrachtet nicht an der Hochschule selbst absolviert, sondern aus der Ferne, also z. B. von zu Hause aus. Dadurch sind die Studierenden weder zeitlich noch örtlich an die Hochschule gebunden. Die Hochschule stellt die Lernmaterialien zur Verfügung, was in den letzten Jahren vermehrt mittels digitaler Medien geschieht (Bargel & Bargel, 2014, S. 19).

Eine besondere Form des Fernstudiums ist das sogenannte Blended Learning, bei dem das Studium teilweise als Fernstudium, teilweise als Präsenzstudium gestaltet ist (Bargel & Bargel, 2014, S. 19). Es wechseln sich die Phasen des Fern- und Präsenzstudiums ab, die i. d. R. inhaltlich und organisatorisch miteinander verknüpft sind (Bargel & Bargel, 2014, S. 22).

4.2 Berufsbegleitende Studiengänge in Deutschland

Bereits im Jahr 1993 forderte der Wissenschaftsrat (1993, S. 34) den Ausbau von Teilzeitstudiengängen, da hierfür ein bildungspolitischer Bedarf vorliege. Wenige Jahre später wurde diese Forderung auf alle Studienbereiche ausgeweitet, da im Zuge der Hochschulexpansion zu beobachten war, dass die Studierenden immer mehr vom klassischen Bild des zuvor vorherrschenden „Leitbild des Vollzeitstudierenden" (Wissenschaftsrat, 1998, S. 2) abweichen. Ein großer Anteil der Studierenden sei neben dem Studium erwerbstätig oder gehe familiären Verpflichtungen nach und würde daher faktisch in Teilzeit studieren. Daher bestehe ein Bedarf an für diese Zielgruppe passenden Studienangeboten, die die Vereinbarkeit von Studium, Erwerbstätigkeit und Familie ermöglichen (Wissenschaftsrat, 1998, S. 2–3).

Minks et al. (2011, S. 2) legten erstmals eine Studie vor, die die Anzahl und die Strukturen von berufsbegleitenden Studiengängen detailliert untersucht. Anlass dafür stellte der Beschluss der Kultusministerkonferenz des Jahres 2009 dar, mit welchem neue Möglichkeiten des Hochschulzuganges für beruflich Qualifizierte geschaffen wurden (KMK, 2009). Weiterhin zielte dieser Beschluss darauf ab, die Bestrebungen zum Ausbau von berufsbegleitenden Studienangeboten in Deutschland voranzutreiben (KMK, 2009). Argumente für diesen Ausbau sehen die Autoren in der Chance, dass der zu erwartende steigende Bedarf an hochqualifizierten Fachkräften auch durch berufsbegleitende Bildungsangebote gedeckt werden kann. So kann durch den Ausbau lebensbegleitender Bildungsangebote auch ein Beitrag zur Sicherung der Wettbewerbsfähigkeit des deutschen Bildungssystems im internationalen Vergleich geleistet werden, um gesellschaftlichen und wirtschaftlichen Herausforderungen gerecht zu werden (Minks et al., 2011, S. 7–8).

Der Umfang des berufsbegleitenden Studienangebots variiert sehr stark zwischen den Fachrichtungen. Die am häufigsten vertretenden Fachrichtungen sind die Wirtschaftswissenschaften (42 %) und die

Ingenieurwissenschaften (18 %). Berufsbegleitende Masterstudiengänge sind häufiger verbreitet als Bachelorstudiengänge (Minks et al., 2011, S. 4). Der Anteil der berufsbegleitenden Studiengänge am Gesamtstudienangebot wurde in den letzten Jahren an Universitäten und auch an Fachhochschulen ausgebaut (vgl. Abbildung 9).

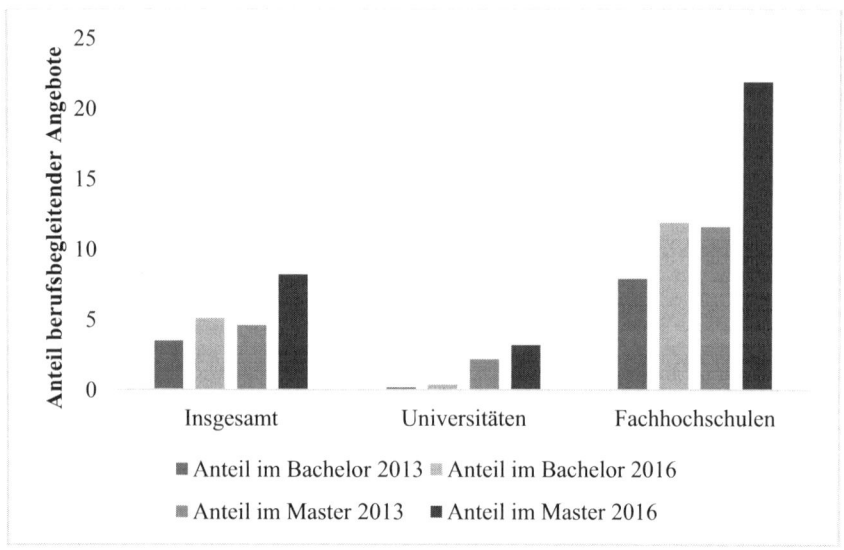

Abbildung 9: Anteile der berufsbegleitenden Studiengänge am Gesamtstudienangebot (Autorengruppe Bildungsberichterstattung, 2016)

So betrug der Anteil der berufsbegleitenden Studiengänge an allen Studiengängen bei den Bachelorstudiengängen im Jahr 2016 5,1 % und bei den Masterstudiengängen 8,2 % (Autorengruppe Bildungsberichterstattung, 2016, Tab. F1-4web). Im Vergleich zu 2013 sind die Anteile in beiden Bereichen gestiegen, denn drei Jahre zuvor betrugen sie nur 3,5 % (Bachelor) bzw. 4,6 % (Master, Autorengruppe Bildungsberichterstattung, 2016, Tab. F1-4web). An den

Fachhochschulen fällt der Anteil der berufsbegleitenden Studiengänge mit 11,9 % bei den Bachelorangeboten und 21,9 % bei den Masterangeboten deutlich größer aus als an den Universitäten (Bachelor: 0,4 %, Master: 3,2 %, Autorengruppe Bildungsberichterstattung, 2016, Tab. F1-4web). Vergleicht man den Anteil der berufsbegleitenden Studiengänge an den privaten und den staatlichen Universitäten und Fachhochschulen, so zeigt sich ein deutlicher Schwerpunkt an den privaten Einrichtungen, denn hier ist der Anteil am Gesamtstudienangebot deutlich größer (Autorengruppe Bildungsberichterstattung, 2016, Tab. F1-4web).

Betrachtet man nicht nur die Anteile der berufsbegleitenden Studiengänge, sondern auch ihre Anzahl, so ist von 2013 bis 2016 ebenfalls ein Ausbau des Studienangebots zu beobachten (vgl. Abbildung 10).

Im Jahr 2013 gab es ca. 260 berufsbegleitende Bachelor- und ca. 325 berufsbegleitende Masterstudiengänge, während es im Jahr 2016 bereits knapp 430 Bachelor- und sogar mehr als 670 Masterstudiengänge waren (vgl. Abbildung 10). Insgesamt ist das Angebot berufsbegleitender Angebote an Fachhochschulen deutlich größer als an Universitäten. Interessant ist hierbei die Tatsache, dass an den Fachhochschulen im Jahre 2013 absolut mehr berufsbegleitende Angebote auf Bachelorniveau vorhanden waren und 2016 mehr Masterangebote, obwohl auch das Bachelorangebot deutlich ausgebaut wurde (vgl. Abbildung 10). Insgesamt zeigt sich der Ausbau des berufsbegleitenden Studienangebots an deutschen Fachhochschulen und Universitäen folglich sowohl für den Anteil am Gesamtangebot an Studiengängen als auch für die absolute Anzahl der Studiengänge.

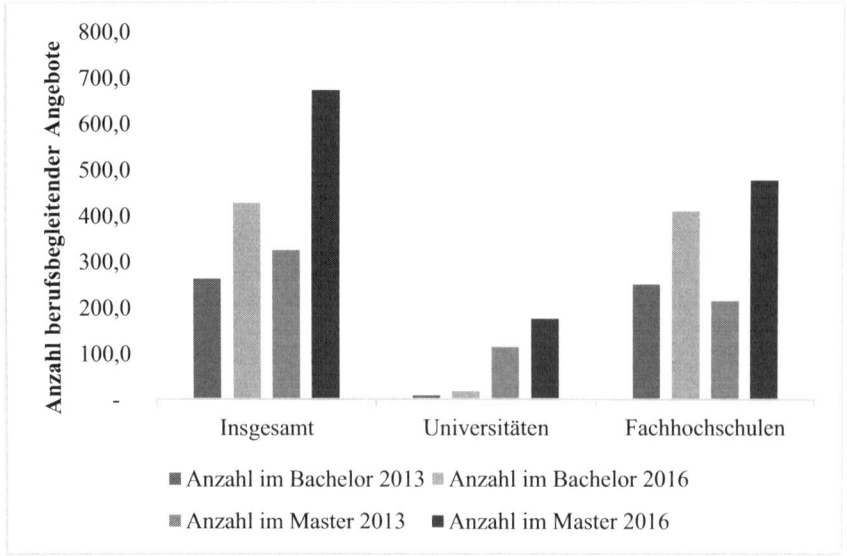

Abbildung 10: Anzahl berufsbegleitender Studiengänge (Autorengruppe Bildungsberichterstattung, 2016)

Der Ausbau von flexiblen Studienangeboten betrifft die Fern-, Teilzeit- sowie Blended-Learning-Studiengänge, was als Konsequenz der gesteigerten Nachfrage nach Hochschulbildung und der fortschreitenden Hochschulexpansion im Allgemeinen gesehen wird. Durch den Attraktivitätsgewinn des Studiums nahm der Wettbewerbsdruck zwischen der beruflichen und akademischen Bildung zu, was u. a. zur Folge hatte, dass immer mehr Bildungsangebote an der Schnittstelle zwischen beruflicher Ausbildung, Studium und Berufstätigkeit entstanden. Dies intendierte ebenfalls insbesondere den Ausbau des Angebots an berufsbegleitenden Studienangeboten (Autorengruppe Bildungsberichterstattung, 2014, S. 137).

4.3 Besonderheiten berufsbegleitender Studiengänge

Berufsbegleitende Studiengänge ermöglichen Berufstätigen und Personen mit zeitintensiven Familientätigkeiten, ein Studium aufzunehmen, das ihren speziellen Bedürfnissen gerecht wird und normalerweise keinen inhaltlichen Bezug zwischen ausgeübtem Beruf und Studienwahl erfordert (Minks et al., 2011, S. 14). Durch die Berufstätigkeit und das gleichzeitige Studium an der Hochschule sind daher flexible Studienformate nötig, die die Vereinbarkeit von Studium, Beruf und Privatleben ermöglichen (Arnold, Wetzel & Dobmann, 2014, S. 64; Zinn & Jürgens, 2010, S. 14).

Völk und Netz (2012) arbeiteten auf Basis der Erhebung von Minks et al. (2011) einen Katalog mit Kriterien heraus, die im Sinne von Gelingensbedingungen berufsbegleitender Studiengänge verstanden werden können. Zusammengefasst werden diese unter den Kategorien Transparenz, Durchlässigkeit, Studienorganisation und Beratung. Transparenz meint, dass die relevanten Informationen über das Studium für Studieninteressierte gut zugänglich sein sollten (Völk & Netz, 2012, S. 52).

Die Durchlässigkeit bezieht sich auf die Verbesserung der Aufnahmebedingungen für Berufstätige oder allgemein sogenannte nicht-traditionelle Studierende. Hierbei spielen Anrechnungsoptionen für beruflich erworbene Qualifikationen, aber auch Brückenkurse eine Rolle, da davon ausgegangen wird, dass die Studierenden vielfach nicht über eine schulische Hochschulzugangsberechtigung verfügen (Völk & Netz, 2012, S. 54). Mit Studienorganisation ist die Berücksichtigung der Belange der Zielgruppe hinsichtlich der zeitlichen und räumlichen Organisation der Lehrveranstaltungen gemeint. Außerdem fällt hierunter die vollständige oder teilweise Organisation des Studiums als Fernstudium (Völk & Netz, 2012, S. 59). Die Beratung vor und während des Studiums stellt die letzte Kategorie dar. Es wird von einem erhöhten Beratungsbedarf bei berufsbegleitend Studierenden ausgegangen (Völk & Netz, 2012, S. 61).

Insgesamt zeigt sich, dass bei berufsbegleitenden Studiengängen die Belange der Studierenden zentral sind und sich die Konzeption der Studienformate daran ausrichtet. Daher wird im Folgenden die Zielgruppe dieser Studiengänge beleuchtet.

4.4 Die Zielgruppen berufsbegleitender Studiengänge

Nachdem die berufsbegleitenden Studiengänge selbst beschrieben wurden, nimmt der folgende Abschnitt die berufsbegleitend Studierenden, also die Zielgruppe dieser Untersuchung, in den Blick. Eine begriffliche Annäherung an diese Zielgruppe erfolgt zunächst mithilfe der Begriffe der nicht-traditionellen und der beruflich qualifizierten Studierenden. Anschließend werden Forschungserkenntnisse zu dieser Zielgruppe geschildert.

4.4.1   Nicht-traditionelle Studierende

Die Bedeutung des Begriffs der nicht-traditionellen Studierenden bzw. der non-traditional students variiert international, da diese Definition von der Ausgestaltung der nationalen Hochschulsysteme abhängig ist. Dabei spielen insbesondere die Regelungen zum Hochschulzugang sowie die Beteiligungsquoten an Hochschulbildung eine Rolle (Wolter, 2010, S. 207).

Oftmals werden als nicht-traditionelle Studierende ältere Studierende bzw. Studierende im Erwachsenenalter verstanden (Teichler & Wolter, 2004, S. 71). Diese werden häufig auch als „adult students" oder „mature students" bezeichnet (OECD, 1987). Die Schwelle, ab der Studierende als ältere Studierende gelten, wird häufig auf das 25. Lebensjahr bei Studienbeginn gelegt. Allerdings werden vielfach auch biografische Merkmale zur Klassifikation eines Studierenden als nicht-traditionell herangezogen. Beispiele sind längere Pausen in der Bildungsbiografie, die für die Erfüllung familiärer Pflichten genutzt wurden, oder die Aufnahme eines Studiums im Anschluss an eine Berufsausbildung oder eine berufliche Tätigkeit (Teichler & Wolter, 2004, S. 71).

Grundsätzlich werden die nicht-traditionellen Studierenden häufig in Abgrenzung zu den normalen, traditionellen Studierenden definiert. Eine mögliche Begründung für diese Abgrenzung resultiert aus Unterschieden der Chancen hinsichtlich der Studienaufnahme, die z. B. aus der Zugehörigkeit zu einer niedrigen sozialen Schicht resultieren kann (Teichler & Wolter, 2004, S. 71). Eine weitere Argumentation für diese Abgrenzung ergibt sich aus abweichenden Lebensverläufen auf dem Weg bis zur Studienaufnahme, sofern von weitgehend standardisierten Lebensverläufen vor dem Studium ausgegangen werden kann (Teichler & Wolter, 2004, S. 72). Dementsprechend orientieren sich die Definitionsansätze für nicht-traditionelle Studierende an den Gegebenheiten des Bildungssystems und den Bildungsbiografien der Studienanfänger. Weiterhin werden in vielen Ländern auch Studierende zu dieser Gruppe gezählt, die „nicht in der üblichen Form des Vollzeit-Präsenzstudiums studieren" (Teichler & Wolter, 2004, S. 72).

Wolter (2000, 49) definiert den Begriff für den deutschsprachigen Raum und unterscheidet in sechs Gruppen, die unter die Kategorie der nicht-traditionellen Studierenden zu fassen sind:

- Erstens werden darunter Studierende gefasst, die die allgemeinbildende Schule ohne Abitur verlassen haben, anschließend eine berufliche Ausbildung absolviert haben, dann Berufserfahrungen gesammelt haben und daran anschließend über den *zweiten Bildungsweg* das Abitur an einem Abendgymnasium oder Kolleg nachgeholt haben.
- Die zweite Gruppe stellen diejenigen dar, die über den *dritten Bildungsweg* an die Hochschule gelangen, also über eine Zulassungsprüfung.
- Drittens fallen hierunter Personen, die beim Verlassen der allgemeinbildenden Schule zwar über eine schulische Hochschulzugangsberechtigung verfügen, zunächst aber eine berufliche Ausbildung absolvieren, bevor sie ein Studium aufnehmen. Diese sind die sogenannten *Doppelqualifizierer*.
- Die vierte Gruppe besteht aus Studierenden, die nicht entsprechend der klassischen Form des Vollzeit-Studiums studieren, das als Präsenzstudium organisiert ist. Sie besuchen Teilzeit- oder Fernstudiengänge.
- Als fünfte Gruppe werden Studierende beschrieben, die bereits einen akademischen Abschluss erworben haben und im Anschluss an die erste akademische Ausbildung postgraduale Bildungsangebote an Hochschulen in Anspruch nehmen, die zu einem akademischen Abschluss führen können, aber nicht müssen (*akademische Weiterbildung*).

- Die letzte Gruppe der nicht-traditionellen Studierenden stellen die Personen dar, die erst im Rentenalter studieren, die sogenannten *Senior-Studierenden*.

Die ersten beiden Gruppen stellen dabei die sogenannten *Second-chancers* dar (Wolter, 2000, S. 50). Bei beiden Gruppen handelt es sich um Personen, die zunächst die allgemeinbildende Schule ohne Hochschulzugangsberechtigung verlassen und anschließend eine berufliche Ausbildung absolviert haben. Nachträglich wurde dann ein Studium aufgenommen und entweder die Zugangsberechtigung nachgeholt oder ein alternativer Weg in das Studium eingeschlagen (Wolter, 2000, S. 50). Die vierte Gruppe zieht ein Studium vor, das flexibler organisiert ist als das klassische Vollzeit-Studium, was vermutlich durch private und berufliche Einschränkungen bedingt ist. Personen, die zur fünften Gruppe gehören, werden auch als Rückkehrer bezeichnet, da sie nach einem bereits vorhandenen Hochschulabschluss an die Hochschulen zurückkehren, um dort Bildungsangebote in Anspruch zu nehmen. Senior-Studierende unterscheiden sich von den anderen Gruppen, da sie ihr Berufsleben bereits hinter sich haben und ein Studium häufig aus persönlichem Interesse aufnehmen (Wolter, 2000, S. 50).

Eine Weiterentwicklung der Definition der nicht-traditionellen Studierenden findet sich bei Teichler und Wolter (2004). Hier ist der Begriff enger gefasst, und gemäß dieser Definition gehören zur Gruppe der nicht-traditionellen Studierenden, diejenigen, die

- „nicht auf geradem Weg bzw. in der vorherrschenden zeitlichen Sequenz und Dauer zur Hochschule gekommen sind;
- nicht die regulären schulischen Voraussetzungen für den Hochschulzugang erfüllen; und solche, die

- nicht in der üblichen Form des Vollzeit- und Präsenzstudiums studieren (sondern als Teilzeit-, Abend- und Fernstudierende)" (Teichler & Wolter, 2004, S.72).

Bei dieser Definition werden vor allem die Studierenden in den Blick genommen, die zunächst einen anderen Bildungsweg wie eine berufliche Ausbildung absolviert haben und sich im Anschluss daran für ein Studium entschieden haben. Außerdem gehören hierzu die Studierenden, die eine vom klassischen Vollzeitstudium abweichende Studienform gewählt haben (Teichler & Wolter, 2004). Im Vergleich zu der ersten, älteren Definition (Wolter, 2000) sind die letzten beiden Gruppen, die Senior-Studierenden und die Studierenden, die bereits über einen akademischen Abschluss verfügen, nun nicht mehr inkludiert. In dieser Arbeit wird die neuere Definition der nicht-traditionellen Studierenden von Teichler & Wolter (2004) zugrunde gelegt.

4.4.2   Beruflich qualifizierte Studierende

Vielfach wird der Begriff der nicht-traditionellen Studierenden synonym zum Begriff der beruflich qualifizierten Studierenden verwendet, auch wenn mit Letzterem eigentlich nur eine Untergruppe der nicht-traditionellen Studierenden beschrieben wird (Euler & Severing, 2015, S. 14). Auch bei den beruflich Qualifizierten sind verschiedene Untergruppen zu unterscheiden. Beruflich qualifizierte Studierende sind nach Kamm, Spexard und Wolter (2016, S. 167) Personen, die

- zunächst die schulische Hochschulzugangsberechtigung erworben haben, dann eine berufliche Ausbildung absolviert und anschließend ein Studium aufgenommen haben,

- nach Abschluss einer Berufsausbildung auf dem zweiten Bildungsweg die schulische Hochschulzugangsberechtigung erworben haben oder
- nach Abschluss einer Berufsausbildung durch Fort- oder Weiterbildung oder durch Berufstätigkeit die Hochschulzugangsberechtigung erworben haben, also ohne schulische Hochschulzugangsberechtigung ein Studium aufgenommen haben (Kamm et al., 2016, S.167).

Im Jahr 2009 sorgte ein Beschluss der Kultusministerkonferenz für die Öffnung der Hochschulen für beruflich Qualifizierte ohne schulische Hochschulzugangsberechtigung. Seither erhalten Personen mit bestimmten Fortbildungsabschlüssen, mit Meister- sowie Fachschulabschlüssen den allgemeinen Zugang zu Hochschulen und haben dadurch die Möglichkeit zum Studium aller Fächer (KMK, 2009, S. 1). Weiterhin erhalten Personen mit abgeschlossener beruflicher Ausbildung und einschlägiger, mindestens dreijähriger beruflicher Tätigkeit eine fachgebundene Hochschulreife, sofern sie ein Eignungsfeststellungsverfahren erfolgreich bestehen. Damit können sie in einem zu der beruflichen Ausbildung fachlich affinen Studienfach studieren (KMK, 2009, S. 1–2).

Folglich stellen die beruflich qualifizierten Studierenden eine Teilgruppe der nicht-traditionellen Studierenden dar. Die Definition der nicht-traditionellen Studierenden geht über die Definition der beruflich Qualifizierten hinaus, denn bei dieser Definition werden lediglich die Zugangswege berücksichtigt, und nicht die besuchte Studienform, wie es z. B. bei der Definition von Teichler und Wolter (2004) der Fall ist.

4.4.3   Nicht-traditionelle Studierende

Mit der Ausweitung des Hochschulzugangs über den sogenannten zweiten und dritten Bildungsweg wurde hochschulpolitisch das Ziel verfolgt, die Beteiligung der Bevölkerung an Hochschulbildung zu erhöhen (Freitag, 2012, S. 7). Dies erscheint nur eingeschränkt sinnvoll, da die Nachfrage nach Arbeitskräften mit Hochschulabschluss in den meisten Regionen Deutschlands geringer zugenommen hat als das Angebot, was zu einem Angebotsüberhang geführt hat. Dies resultierte in vielen Regionen Deutschlands in Verdrängungseffekten für die akademisch qualifizierten Personen in Berufe, die zuvor Personen mit einem geringeren Qualifikationsniveau vorbehalten waren. Es wird davon ausgegangen, dass sich diese Entwicklungen in den kommenden Jahren weiter fortsetzen werden (Zika, Maier, Helmrich, 2015a, S. 13-14). Der beschriebene Angebotsüberhang gilt insbesondere für die Berufsfelder, die schwerpunktmäßig von Personen mit einem Hochschulabschluss in einem wirtschaftswissenschaftlichen Studienfach anvisiert werden. Hier übersteigt das Angebot an akademisch qualifizierten Fachkräften sogar bundesweit das Angebot (Zika et al., 2015b, S. 9).

Nichtsdestotrotz ist mit der Förderung der Beteiligung an Hochschulbildung die Hoffnung auf die Reduktion sozialer Ungleichheit verbunden, die durch das selektive deutsche Bildungssystem entsteht, denn so wird Personen die Möglichkeit gegeben, eine Hochschulzugangsberechtigung gewissermaßen nachträglich zu erwerben (Freitag, 2012, S. 7). Der potenzielle Beitrag für die soziale Gerechtigkeit ergibt sich daraus, dass in Deutschland die Chancen zu studieren stark an die sozio-ökonomische Herkunft gebunden sind. Viele Schulabsolventinnen und -absolventen mit geringerem sozioökonomischen Status entscheiden sich daher nach der Sekundarstufe I zunächst für eine berufliche Ausbildung und nicht für den Erwerb einer Hochschulzugangsberechtigung. Diese Personen haben durch den zweiten und dritten Bildungsweg die Gelegenheit, später in ihrem Leben ein Studium aufzunehmen, auch wenn sie nicht über eine schulische Hochschulzugangsberechtigung verfügen (Teichler & Wolter, 2004, S. 66).

Weiterhin steht die Förderung der Beteiligung von nicht-traditionellen Studierenden an Hochschulbildung einen Beitrag zum Ausbau der Hochschulen als Bildungsinstitutionen des lebenslangen Lernens dar (Teichler & Wolter, 2004, S. 66). Argumente gegen eine Öffnung der Hochschulen für nicht-traditionelle Studierende unterstellen dieser Personengruppe eine mangelnde Studierfähigkeit und äußern gar die Befürchtung, dass das Niveau von akademischer Bildung leiden würde, wenn vermehrt Personen ohne schulische Hochschulzugangsberechtigung ein Studium aufnehmen würden (Teichler & Wolter, 2004, S. 69).

Ein weiteres Ressentiment, das vor allem der Öffnung der Hochschulen für beruflich Qualifizierte (KMK, 2009) gegenüber geäußert wurde, ist die Angst vor einem regelrechten Ansturm auf die Studienangebote und eine damit einhergehende Überfüllung der Hochschulen (Teichler & Wolter, 2004, S. 69). Hierfür spricht, dass durch die Öffnung der Hochschulen für beruflich Qualifizierte ohne schulische Hochschulzugangsberechtigung (KMK, 2009) der Anteil der Personen an der Gesamtbevölkerung mit Hochschulzugangsberechtigung deutlich gesteigert werden konnte (Freitag, 2012, S. 7).

Die Beteiligung von beruflich Qualifizierten ohne schulische Hochschulzugangsberechtigung fällt jedoch eher gering aus. Nur 3,5 % der Studienanfänger beginnen ein Studium ohne schulische Hochschulzugangsberechtigung. In den letzten Jahren ist dieser Anteil zwar gestiegen, befindet sich aber nach wie vor auf einem niedrigen Niveau (Autorengruppe Bildungsberichterstattung, 2016, S. 127–128).

Wolter (2010, S. 216) ist der Ansicht, dass „anders als der Weg über das Gymnasium und Abitur [...] der Hochschulzugang nicht-traditioneller Studierender weitgehend de-institutionalisiert, hochgradig individualisiert und überwiegend autodidaktisch ausgelegt" ist. Daher stellt die Aufnahme eines Studiums für Berufstätige, die bisher wenige Erfahrungen mit dem akademischen System machen konnten, eine große Hürde dar und ist mit großem individuellem Risiko verbunden (Wolter, 2010, S. 216–217). Dies könnte die geringe Beteiligung der nicht-traditionellen Studierenden an Hochschulbildung erklären. Internationale Erfahrungen zeigen, dass ein Ausbau von Teilzeitstudiengängen die Beteiligung von nicht-traditionellen Studierenden an Hochschulbildung fördern kann (Wolter, 2010, S. 217). Bei den Studieninteressierten mit beruflicher Qualifikation ist folglich anzunehmen, dass sich diese insbesondere für Studiengänge interessieren, die in Teilzeit studiert werden können. So kann ein Studium aufgenommen werden, ohne die Berufstätigkeit aufgeben zu müssen (Kamm et al., 2016, S. 187). Dennoch fällt die Inanspruchnahme flexibler Studienangebote bisher eher gering aus. Die Ergebnisse der 21. Sozialerhebung des Studentenwerks zeigen, dass lediglich 2 % der Studierenden ein berufsbegleitendes Studium absolvieren und weitere 2 % ein Teilzeitstudium gewählt haben (Middendorff et al., 2017, S. 15).

5 Nicht-traditionelle Studierende und ihr Studienerfolg

Im Folgenden wird der Stand der Forschung zu der Gruppe der nicht-traditionellen Studierenden und ihrem Studienerfolg beschrieben. Jürgens und Zinn (2015, S. 36) geben einen Überblick über den Stand der Forschung zu nicht-traditionellen Studierenden und identifizieren dabei vier wesentliche Forschungswellen: Studien aus Niedersachsen aus den 1980er und 1990er Jahren, Studien aus den 1990er Jahren, die die Neuregelung des Fachhochschulzugangs beleuchten, Studien aus den 2000er Jahren, die im Kontext der Diskussion um die Neuregelung des Hochschulzugangs sowie solche, die nach der Öffnung des Hochschulzugangs für beruflich Qualifizierte (2009) entstanden sind.

Es wird davon ausgegangen, dass für die gegenwärtige Situation vor allem neuere Studien von Bedeutung sind, da sich die gesellschaftlichen und bildungspolitischen Rahmenbedingungen in den vergangenen Jahren deutlich verändert haben. Deshalb wird auf die Erkenntnisse früherer Studien nur kurz eingegangen (Kapitel 5.1). Anschließend wird der Forschungsstand zu den nicht-traditionellen Studierenden ab dem Jahr 2000 in den Blick genommen. Dabei werden neben den Erkenntnissen zum Studienerfolg (Kapitel 5.2.3) auch Erkenntnisse zu den Merkmalen dieser Personengruppe (Kapitel 5.2.1) und zu deren Lern- und Studienverhalten (Kapitel 5.2.2) erläutert.

5.1 Forschungserkenntnisse früherer Studien (bis 2000)

Isserstedt (1994), Richter (1995) und Schulenberg et al. (1986) untersuchten den Studienerfolg von beruflich Qualifizierten in Nie-

© Springer Fachmedien Wiesbaden GmbH, ein Teil von Springer Nature 2019
L. Hillebrecht, *Studienerfolg von berufsbegleitend Studierenden*, Economics Education und Human Resource Management, https://doi.org/10.1007/978-3-658-26164-1_5

dersachsen, die mittels Zulassungsprüfung zum Hochschulstudium zugelassen wurden, und kamen zu dem Ergebnis, dass keine relevanten Unterschiede beim Studierverhalten und den Studienleistungen im Vergleich zu den übrigen Studierenden vorhanden sind. Auch ihre Studienzufriedenheit unterscheidet sich nicht von der traditioneller Studierender (Schulenberg et al., 1986, S. 173–176). Lediglich die Studiendauer fiel bei Richter (1995, S. 58–59) bei den Studierenden mit beruflicher Qualifikation etwas länger aus, was dadurch zu erklären sein könnte, dass diese Studierenden häufiger durch familiäre Verpflichtungen eingebunden waren als die übrigen Studierenden. Bei Schulenberg et al. (1986, S. 177–180) zeigte sich jedoch keine längere Studiendauer bei den nicht-traditionellen Studierenden.

Eine weitere Studie, die den Studienerfolg von beruflich qualifizierten Studierenden (N = 99) ohne schulische Hochschulzugangsberechtigung untersucht, stammt von Schroeter (1998). Es zeigte sich ein erhöhtes Abbruchrisiko unter den beruflich qualifizierten Studierenden (Schroeter, 1998, S. 224–232). Allerdings geben die Studierenden eher selten an, schwerwiegende Probleme bei der Bewältigung der inhaltlichen Studienanforderungen zu haben. Hilfreich sind hierbei auch die beruflichen Vorqualifikationen, die das Verständnis der Studieninhalte erleichtern. Mit den eigenen Studienleistungen sind die Studierenden daher auch im Wesentlichen zufrieden (Schroeter, 1998, S. 232–234). Problematisch gestaltet sich hingegen eher die Zeitplanung, denn die beruflich Qualifizierten sind häufig neben dem Studium berufstätig und haben außerdem oftmals familiäre Verpflichtungen zu bewältigen, sodass es für sie nicht einfach ist, die für das Studium nötige Zeit aufzubringen (Schroeter, 1998, S. 131–160).

5.2 Forschungserkenntnisse neuerer Studien (ab 2000)

Ob die beschriebenen empirischen Erkenntnisse der Studien aus den 1980er und den 1990er Jahren zum Studienerfolg von nicht-traditionellen Studierenden noch Gültigkeit besitzen, ist fraglich, denn einerseits hat sich das Studienangebot z. B. als Konsequenz der Bologna-Reform stark verändert, und andererseits hat sich die Zusammensetzung der nicht-traditionellen Studierenden durch Entwicklungen wie die Hochschulöffnung für beruflich Qualifizierte (KMK, 2009) sowie durch den Ausbau von Teilzeitstudiengängen sehr gewandelt.

Daher werden nun separat die neueren Forschungserkenntnisse in den Blick genommen. Einen Überblick dazu gibt Tabelle 6, in welcher quantitative Primärstudien aufgelistet sind, die nicht-traditionelle Studierende im Studium untersuchen. Berücksichtigt wurden Studien, die nach dem Jahr 2000 veröffentlicht wurden und die nicht-traditionelle Studierende beim Zugang zum Studium und während des Studiums in den Blick nehmen.

Die Studien liefern Erkenntnisse zu den nicht-traditionellen Studierenden selbst und erlauben eine Charakterisierung dieser Personengruppe hinsichtlich der Lebensbedingungen, der soziodemografischen und sozioökonomischen Merkmale sowie ihrer leistungsbezogenen und motivationalen Studienbedingungen (siehe Kapitel 5.2.1). Außerdem befassten sich einige Studien mit dem Studien- und Lernverhalten der nicht-traditionellen Studierenden (siehe Kapitel 5.2.2). Hinsichtlich des Studienerfolgs von nicht-traditionellen Studierenden verfolgten die betrachteten Studien i. W. zwei verschiedene Forschungsziele (siehe Kapitel 5.2.3). Einige Studien gingen der Frage nach, ob es Unterschiede im Studienerfolg der nicht-traditionellen Studierenden im Vergleich zu den traditionellen Studierenden gibt. Andere Studien versuchten hingegen, die Einflussfaktoren des Studienerfolgs zu identifizieren (vgl. Tabelle 6).

Tabelle 6: Neuere Studien zu nicht-traditionellen Studierenden[4]

Studien	Untersuchte Aspekte

• Berg, Grendel, Haussmann, Lübbe & Marx (2014)
• Brändle (2014)
• Brändle & Lengfeld (2015)
• Brändle, Ordemann & Lengfeld (2013)
• Dahm & Kerst (2016)
• Gaedke, Covarrubias Venegas, Recker & Janous (2011)
• Gonschior (2015)
• Grendel, Lübbe & Haußmann (2014)
• Herzog & Otto (2013)
• Jürgens (2014)
• Jürgens (2017)
• Jürgens & Zinn (2012)
• Kattmann, Schäfer & Stritmatter, (2015)
• Maretsch & Voitel (2013a)
• Maretsch & Voitel (2013b)
• Otto, Herzog & Holz (2013)
• Otto & Kamm (2016)
• Otto & Schwaniger (2013)
• Röbken & Mertens (2013)
• Schäfer & Hagemann (2015)
• Schmidtmann & Preusse (2015)
	• Merkmale der nicht-traditionellen Studierenden
	  • Soziodemografische / - ökonomische Merkmale
	  • Lebensbedingungen
	  • Leistungsbezogene Studienvoraussetzungen
	  • Motivationale Studienvoraussetzungen
	• Lern- und Studienverhalten
	  • Studienwahl und -einstieg
	  • Vereinbarkeit von Studium, Beruf und Privatleben
	  • Die Rolle der Arbeitgeber beim berufsbegleitenden Studium
	• Studienerfolg von nicht-traditionellen Studierenden
	  • Studienerfolg von traditionellen und nicht-traditionellen Studierenden im Vergleich
	  • Einflussfaktoren des Studienerfolgs

---

[4] Eine ausführliche Beschreibung der Konzeption und der Ergebnisse der Studien ist im Anhang A zu finden.

- Schlögl & Neubauer (2006)
- Scholz (2006)
- Schröder, Flatau & Emrich (2011)
- Seeber, Boerner, Keller & Beinborn (2006)
- Wolter, Dahm, Kamm, Kerst & Otto (2015)
- Wolter, Kamm, Otto, Dahm & Kerst (2017)
- Zawacki-Richter (2015)

5.2.1 Merkmale von nicht-traditionellen Studierenden

Es finden sich vor allem Studien, die als Zielgruppe beruflich qua-lifizierte Studierende ohne schulische Hochschulzugangsberechti-gung in den Blick nehmen, also die sogenannten Studierenden des dritten Bildungsweges (z. B. Dahm & Kerst, 2016; Jürgens, 2014; Otto et al., 2013).

Hinsichtlich der Geschlechterverteilung gibt es bei den nicht-traditionellen Studierenden geringfügig mehr männliche (56 %) als weibliche (44 %) Studierende (Wolter et al., 2017, S. 16). Bei den Studienanfängern insgesamt ist das Geschlechterverhältnis hinge-gen ausgeglichen (Autorengruppe Bildungsberichterstattung, 2016, S. 297). Die beruflich qualifizierten Studierenden sind im Mittel älter als ihre Kommilitoninnen und Kommilitonen, die über eine schulische Hochschulzugangsberechtigung verfügen (z. B. Jürgens, 2014; Otto & Kamm, 2016; Wolter et al., 2015). Sie haben bereits häufiger eigene Kinder (Jürgens, 2017; Scholz, 2006) und stammen öfter aus einem nicht-akademischen Elternhaus mit mittlerem oder geringem sozio-ökonomischem Status (z. B. Brändle, 2014; Ot-to & Kamm, 2016; Scholz, 2006; Wolter et al., 2015). Ungefähr die

Hälfte der Studierenden ohne schulische Hochschulzugangsberechtigung lebt mit ihren Lebenspartnern in einem gemeinsamen Haushalt. Ein weiteres Fünftel hat einen festen Lebenspartner, aber keinen gemeinsamen Haushalt (Wolter et al., 2015).

Die beruflich qualifizierten Studierenden wählen häufiger ein Fernstudium, ein berufsbegleitendes Studium oder studieren in Teilzeit (z. B. Jürgens, 2014; Otto et al., 2013; Otto & Kamm, 2016). Außerdem studieren sie häufiger an Fachhochschulen als an Universitäten (Otto & Kamm, 2016). Bei der organisatorischen Ausgestaltung des Studiums ist es für die nicht-traditionellen Studierenden insbesondere von Bedeutung, dass viele Wahlmöglichkeiten bestehen, sodass die Selbstverwirklichung gewährleistet wird. Den traditionellen Studierenden ist es hingegen wichtiger, dass das Studium stark vorstrukturiert ist und sich an späteren beruflichen Tätigkeiten ausrichtet (Brändle et al., 2013).

Während des Studiums sind die nicht-traditionellen Studierenden häufiger erwerbstätig als alle Studierenden im Mittel (Berg et al., 2014; Herzog & Otto, 2013; Scholz, 2006). Unmittelbar vor dem Studium waren nahezu alle nicht-traditionellen Studierenden berufstätig und nur ein sehr geringer Anteil war arbeitslos (Otto & Kamm, 2016). Fast alle der nicht-traditionellen Studierenden (93 %) haben, bevor sie eine berufliche Ausbildung begannen, einen mittleren Schulabschluss erworben. Neben der beruflichen Ausbildung verfügt ca. ein Drittel über weitere berufliche Abschlüsse, die z. B. im Rahmen von Fortbildungen erworben wurden (Otto & Kamm, 2016; Wolter et al., 2015). Im Durchschnitt haben die nicht-traditionellen Studierenden ca. neun Jahre Berufserfahrung gesammelt (Otto & Kamm, 2016). Vor Studienbeginn hatten zwei Drittel von ihnen eine mittlere berufliche Position z. B. als Fach-, Vorarbeitende oder als qualifizierte Sachbearbeitende. Ein Fünftel der nicht-traditionellen Studierenden hatte sogar eine höhere berufliche Position und war z. B. Beamtin oder Beamter im gehobenen Dienst (Wolter et al., 2015).

Die kognitiven Eingangsvoraussetzungen des Studiums von nicht-traditionellen Studierenden wurden bisher nur punktuell untersucht. Jürgens und Zinn (2012) setzen bei Studierenden in ingenieurwissenschaftlichen Studiengängen zwei Fachleistungstests ein. Die Studierenden ohne schulische Hochschulzugangsberechtigung erzielen signifikant schlechtere Ergebnisse im Mathematiktest, keine signifikanten Unterschiede zeigen sich jedoch im Physiktest. Berg et al. (2014) analysieren die selbst beurteilten Eingangsvoraussetzungen der nicht-traditionellen Studierenden. Lediglich ein gutes Drittel der Studierenden ohne schulische Hochschulzugangsberechtigung ist der Ansicht, dass sie mit einer schulischen HZB bessere Eingangsvoraussetzungen gehabt hätten. Ca. 40 % der Studierenden sind hingegen der Meinung, dass die beruflichen Vorerfahrungen inhaltliche Vorteile im Studium bringen.

Die nicht-traditionellen Studierenden schätzen ihren studienbezogenen Kenntnisstand schlechter ein als ihre Kommilitoninnen und Kommilitonen mit schulischer Hochschulzugangsberechtigung (Dahm & Kerst, 2016). Andere Studien kommen jedoch zu dem Ergebnis, dass sich beruflich Qualifizierte fachlich gut auf das Studium vorbereitet fühlen (Berg et al., 2014; Scholz, 2006). Fachliche Defizite erkennen die beruflich Qualifizierten vor allem hinsichtlich der Techniken des wissenschaftlichen Arbeitens (Berg et al., 2014; Scholz, 2006).

Zahlreiche Autoren interessieren sich für die Studienmotive der nicht-traditionellen Studierenden und kommen zu widersprüchlichen Erkenntnissen. Einige Autoren gelangen zu dem Schluss, dass der Wunsch nach einem höheren Einkommen zu den zentralen Studienmotiven zählt (Berg et al., 2014; Jürgens & Zinn, 2012; Wolter et al., 2015). In anderen Fällen ist es der Wunsch nach beruflicher Weiterentwicklung (Jürgens & Zinn, 2012; Otto & Schwaniger, 2013; Scholz, 2006; Wolter et al., 2015), der überwiegt. In wieder anderen Studien werden intrinsische Motive als ausschlaggebend für die Studienaufnahme identifiziert. Bei Jürgens und Zinn (2012) und Schmidtmann und Preusse (2015) sind es hingegen das fachliche Interesse an den Studieninhalten, bei Brändle (2014), Otto und Schwaniger (2013) und Scholz (2006) der Wunsch nach dem Erwerb von Fachwissen. Die persönliche Weiterentwicklung wird bei Otto und Schwaniger (2013), Schmidtmann und Preusse (2015) und Scholz (2006) als vordergründiges Studienmotiv identifiziert.

Bezüglich des Studieninteresses stellt Jürgens (2014) einen signifikanten Vorteil der nicht-traditionellen im Vergleich zu den traditionellen Studierenden fest, bei Jürgens und Zinn (2012) zeigt sich kein signifikanter Unterschied zwischen den beiden Gruppen. Röbken und Mertens (2013) untersuchen zudem die Lernmotivation von nicht-traditionellen und traditionellen Studierenden und finden signifikante Unterschiede zwischen den beiden Gruppen hinsichtlich der extrinsischen, nicht aber hinsichtlich der intrinsischen Motivation. Die nicht-traditionellen Studierenden weisen eine geringere extrinsische Motivation auf (Röbken & Mertens, 2013).

Die Eingangsvoraussetzungen der berufsbegleitend Studierenden im Vergleich zu Vollzeit-Studierenden untersuchen Jürgens (2017) und Kattmann et al. (2015) und finden dabei heraus, dass die berufsbegleitend Studierenden weniger häufig über eine schulische Hochschulzugangsberechtigung verfügen. Jürgens (2017) stellt zudem heraus, dass die berufsbegleitend Studierenden fast alle eine berufliche Ausbildung abgeschlossen (96,7 %) und nach der Ausbildung noch durchschnittlich 6,4 Jahre Berufserfahrung gesammelt haben, bevor sie das Studium aufnahmen. Schlögl und Neubauer (2006) entdecken ferner, dass die Gründe für die Aufnahme eines berufsbegleitenden statt eines Vollzeitstudiums vor allem in der Notwendigkeit zur Sicherung des Lebensunterhaltes durch Erwerbstätigkeit liegen. Außerdem geben die berufsbegleitend Studierenden an, ihren Beruf nicht aufgeben zu wollen, da dieser einen hohen Stellenwert in ihrem Leben einnimmt (Schlögl & Neubauer, 2006).

5.2.2 Lern- und Studierverhalten

Der Wunsch, ein Studium aufzunehmen, entstand bei den nicht-traditionellen Studierenden zumeist während der beruflichen Ausbildung oder der sich anschließenden Berufstätigkeit und noch nicht während der Schulzeit (Berg et al., 2014). Bei der Studienfachwahl entscheiden sich die nicht-traditionellen Studierenden zumeist für einen Studiengang, der eine fachliche Affinität zu ihrer beruflichen Ausbildung aufweist (Berg et al., 2014; Wolter et al., 2015).

Bei Studienbeginn sind für die berufsbegleitend Studierenden Beratungsangebote seitens der Hochschule bedeutsamer für einen gelungenen Studieneinstieg als für Vollzeit-Studierende. Für die Bedeutung von Brückenkursen zeigt sich jedoch kein bedeutsamer Unterschied zwischen den beiden Gruppen (Kattmann et al., 2015). Wenn die Studieneingangsphase zielgruppenadäquat gestaltet ist, hat dies einen positiven Einfluss auf die Vereinbarkeit von Studium und Beruf (Kattmann et al., 2015). Die berufsbegleitend Studierenden legen zudem größeren Wert darauf, dass die Terminplanung frühzeitig erfolgt und verbindlich ist (Kattmann et al., 2015).

Zawacki-Richter (2015) untersucht die Mediennutzung von nicht-traditionellen und traditionellen Studierenden und kommt zu dem Schluss, dass die nicht-traditionellen Studierenden häufiger digitale Lernangebote wie Online-Lernplattformen nutzen und einen höheren Bedarf an räumlich und zeitlich flexiblen Studienangeboten haben.

Viele der Studien zu den nicht-traditionellen Studierenden analysieren die Vereinbarkeit von Studium, Erwerbstätigkeit und Privatleben. Viele Studien geben auch Informationen darüber, welcher Anteil der untersuchten Studierenden einer Erwerbstätigkeit nachgeht. Beispielsweise sind die beruflich qualifizierten Studierenden, die von Berg et al. (2014) befragt wurden, zu 55,8 % im ersten Semester und zu 76,7 % im dritten Semester erwerbstätig. Die Stichprobe von Scholz (2006), der ebenfalls beruflich qualifizierte Studierende befragte, enthält 13 % Vollzeit-Erwerbstätige und 37 % in Teilzeit Beschäftigte. Vergleicht man diese Anteile mit den Ergebnissen der 21. Sozialerhebung des Studentenwerks, die Auskunft über die Studiensituation aller Studierenden in Deutschland geben, so zeigt sich, dass die beruflich qualifizierten Studierenden in etwa durchschnittlich häufig erwerbstätig sind, denn die mittlere Erwerbstätigenquote liegt bei 68 % (Middendorff et al., 2017, S. 60).

Die Ergebnisse von Maretsch und Voitel (2013a), Scholz (2006) und Schröder et al. (2011) zeigen, dass die Vereinbarkeit von Studium, Beruf und Privatleben eine der zentralen Studienherausforderungen für beruflich qualifizierte Studierende darstellt. Herzog und Otto (2013) kommen ferner zu dem Schluss, dass die Vereinbarkeit dieser drei Lebensbereiche für Studierende in Teilzeitstudiengängen eine größere Herausforderung darstellt als für Vollzeit-Studierende. Dies ist wenig überraschend, denn die Studierenden, die in Teilzeit studieren, arbeiten in der Woche ca. zehn Stunden mehr als die Vollzeit-Studierenden (Herzog & Otto, 2013). Die Sozialerhebung zeigt sogar, dass berufsbegleitend Studierende bis zu dreimal so viel Zeit in der Woche für Erwerbstätigkeit aufwenden (22 bis 30 Stunden) wie Vollzeit-Studierende (9 Stunden) (Middendorff et al., 2017, S. 60).

Außerdem gehen die Teilzeit-Studierenden auch häufiger einer Erwerbstätigkeit nach als die Vollzeit-Studierenden (Herzog & Otto, 2013; Schröder et al., 2011). Gaedke et al. (2011) und Schögl und Neubauer (2006) zeigen, dass berufsbegleitend Studierende sich insgesamt stärker durch das Studium belastet fühlen als Vollzeit-Studierende, was auch darauf zurück zu führen ist, dass sie sich im Privatleben häufiger einschränken müssen, um das Studium bewältigen zu können. Grendel et al. (2014) zeigen, dass der Studienerfolg von beruflich Qualifizierten signifikant von dem Grad der Vereinbarkeit von Studium und Beruf beeinflusst wird. Die Vereinbarkeit von Studium und Privatleben kann hingegen nicht als signifikante Determinante der Studienleistungen identifiziert werden (Grendel et al., 2014).

Zur Entwicklung der Vereinbarkeit von Studium, Beruf und Privatleben im Studienverlauf sind die Erkenntnisse nicht eindeutig. In
der Studie von Berg et al. (2014) wird die Vereinbarkeit von Studierenden höherer Semester besser beurteilt, bei Maretsch und Voitel (2013a) schlechter. Ebenfalls widersprüchliche
Ergebnisse finden sich bezüglich des Einflusses des Umfangs der
Erwerbstätigkeit auf den Studienerfolg, denn bei Brändle und Lengfeld (2015) zeigt sich für den Stundenumfang der Erwerbstätigkeit ein signifikant negativer Einfluss auf den Studienerfolg, während bei Gonschior (2015) kein signifikanter Einfluss
vorhanden ist.

Bei den berufsbegleitend Studierenden ist es ferner von Interesse,
inwiefern die Arbeitgeber der Studierenden im Studium involviert
sind, indem sie z. B. durch Unterstützung die Studierbarkeit verbessern. Die betrachteten Studien liefern Erkenntnisse zum Umfang
der Arbeitgeber-Unterstützung von berufstätigen Studierenden.
Von den von Schögl und Neubauer (2006) befragten berufsbegleitend Studierenden werden durch zeitliche Freistellung 60 % der
Studierenden an Fachhochschulen und 35 % der Studierenden an
Universitäten unterstützt, Möglichkeiten zur Flexibilisierung der
Arbeitszeit erhalten 57 % (FH) bzw. 83 % (Universität) der Studierenden. Bei der finanziellen Arbeitgeber-Unterstützung ist der Anteil der unterstützten Studierenden mit 15 % (FH) bzw. 29 % (Universität) deutlich geringer (Schögl & Neubauer, 2006). Von den
ingenieurwissenschaftlichen Studierenden in der Studie von
Jürgens (2017) erhalten 54,6 % finanzielle, 3,7 % materielle und
49,5 % zeitliche Unterstützung von ihrem Arbeitgeber. Über alle
Formen hinweg erhalten 78,7 % der berufsbegleitend Studierenden
von ihrem Arbeitgeber Unterstützung beim Studium. In der Studie

von Kattmann et al. (2015) bekommen allerdings lediglich 38,7 % der berufsbegleitend Studierenden Unterstützung. Kattmann et al. (2015) und Schögl und Neubauer (2006) finden außerdem heraus, dass eine Unterstützung durch den Arbeitgeber die Vereinbarkeit von Studium und Beruf fördert. Auch die Arbeitgeber können davon profitieren, dass ein Beschäftigter neben dem Beruf ein Studium absolviert, wenn das erlernte Wissen und die erworbenen Fähigkeiten am Arbeitsplatz eingesetzt werden können. Ob dieser Lerntransfer gelingt, hängt auch von der Unterstützung des Arbeitgebers ab (Petermandl, 2009).

5.2.3 Studienerfolg

Hinsichtlich der Unterschiede in den Studienleistungen zeigt sich bei Brändle und Lengfeld (2015), Dahm und Kerst (2016) sowie bei Grendel et al. (2014), dass die Studierenden ohne schulische Hochschulzugangsberechtigung schlechter abschneiden als die Studierenden mit schulischer Zugangsberechtigung. Allerdings gelten die von Dahm und Kerst (2016) gefundenen Unterschiede lediglich für Studierende in sozial-, kultur- und sprachwissenschaftlichen Studiengängen und nicht für Studierende in wirtschafts-, ingenieur- und naturwissenschaftlichen Studiengängen. Bei Brändle und Lengfeld (2015) zeigt sich außerdem, dass die nicht-traditionellen Studierenden zwar zu Studienbeginn schlechtere Leistungen erbringen, sich den Leistungen der traditionellen Studierenden im Studienverlauf jedoch immer weiter annähern.

Bei Berg et al. (2014), Jürgens (2017), Schäfer und Hagemann (2015) sowie Wolter et al. (2017) unterscheiden sich die Noten der nicht-traditionellen Studierenden nicht signifikant von denen der traditionellen Studierenden. In der Studie von Jürgens (2017) werden außerdem die Noten von Vollzeit- und von berufsbegleitend Studierenden in vergleichbaren Studiengängen untersucht. Auch hierbei zeigen sich keine signifikanten Leistungsunterschiede (Jürgens, 2017). Die Studie von Brändle und Lengfeld (2015) erbringt ebenfalls keine signifikanten Notenunterschiede zwischen Vollzeit- und Teilzeit-Studierenden, jedoch ein signifikant höheres Abbruchrisiko für Teilzeitstudierende.

Schmidtmann und Preusse (2015) vergleichen die Studienzufriedenheit von nicht-traditionellen Studierenden mit der von traditionellen Studierenden, ohne jedoch signifikante Unterschiede feststellen zu können. Manche Autoren gehen weiterhin der Frage nach, ob die nicht-traditionellen Studierenden das Studium ebenso schnell absolvieren wie die traditionellen Studierenden. Hinsichtlich des Studienfortschritts können Dahm und Kerst (2016), Schmidtmann und Preusse (2015) und Wolter et al. (2017) keinen Unterschied zwischen den Studierenden mit und ohne schulischen Hochschulzugangsberechtigung feststellen. Lediglich bei Schäfer und Hagemann (2015) zeigt sich ein Nachteil für die nicht-traditionellen Studierenden in Hinblick auf die für den erfolgreichen Abschluss des Studiums benötigte Zeitspanne.

Die Erkenntnisse von Brändle und Lengfeld (2015), Dahm und Kerst (2016), Schmidtmann und Preusse (2015) und Wolter et al. (2017) zeigen, dass die nicht-traditionellen Studierenden ohne schulische Hochschulzugangsberechtigung ihr Studium weniger häufiger erfolgreich beenden als die traditionellen Studierenden. Als Studienabbruchgründe können einerseits Probleme in der inhaltlichen Bewältigung der Leistungsanforderungen (Wolter et al., 2017) und andererseits Probleme in der Vereinbarkeit von Studium,

Beruf und Privatleben ermittelt werden. Letzteres resultiert häufig aus der Notwendigkeit, neben dem Studium erwerbstätig zu sein und Familienpflichten erfüllen zu müssen (Schröder et al., 2011; Wolter et al., 2017).

Die umfängliche Ermittlung der spezifischen Einflussfaktoren des Studienerfolgs von Studierenden ohne schulische Hochschulzugangsberechtigung ist auf Grundlage des gegenwärtigen Forschungsstandes nicht möglich, da die vorhandenen Studien die Einflussfaktoren des Studienerfolgs von nicht-traditionellen und traditionellen Studierenden simultan in einem Modell erklären (vgl. im Anhang A). Allerdings geben die Studien Hinweise auf den Einfluss von Einflussfaktoren, die bei nicht-traditionellen Studierenden besonders relevant sind. Ein positiver Einfluss des Umfangs der Berufserfahrung zeigt sich in den Studien von Berg et al. (2014) und Grendel et al. (2014). Grendel et al. (2014) finden zudem einen signifikanten Zusammenhang der Abschlussnote der beruflichen Ausbildung mit den Studiennoten. Die fachliche Nähe der Ausbildung zum Studienfach kann nicht als Einflussfaktor bestätigt werden (Grendel et al., 2014). Die Vereinbarkeit von Studium und Beruf erweist sich bei Berg et al. (2014) und Grendel et al. (2014) als Einflussfaktor des Studienerfolgs. Die Studie von Brändle und Lengfeld (2015) zeigt außerdem, dass bei nicht-traditionellen Studierenden das Alter einen negativen Einfluss auf den Studienerfolg hat.

Zwei Studien untersuchen den Studienerfolg von Studierenden, die nicht in Vollzeit studierten, sondern ein berufsbegleitendes Studienformat (Seeber et al., 2006) bzw. ein Fernstudium (Gonschior, 2015) gewählt haben. Da die Studien sehr unterschiedliche Merkmale hinsichtlich ihres Einflusses auf den Studienerfolg untersuchen, werden ihre Erkenntnisse im Folgenden einzeln beschrieben.

Seeber et al. (2006, S. 4–5) untersuchen den Zusammenhang der Studienwahlmotive, der eingesetzten Lernstrategien und der wahrgenommenen Lehr- und Organisationsqualität mit dem selbsteingeschätzten Studienerfolg bei berufsbegleitend Studierenden in wirtschaftswissenschaftlichen Studiengängen (Seeber et al., 2006, S. 9). Es zeige sich ein signifikanter Zusammenhang für die intrinsischen Studienwahlmotive Fachinteresse und Erweiterung des Bildungshorizonts und für das extrinsische Studienwahlmotiv Verbesserung der Aufstiegschancen. Kein signifikanter Zusammenhang kann für das extrinsische Wahlmotiv Verbesserung der Arbeitsmarktchancen aufgedeckt werden. Die Lernstrategien werden anhand des LIST (Wild & Schiefele, 1994) erfasst, wobei sich ein geringer bis mittlerer signifikanter Zusammenhang mit dem selbsteingeschätzten Lernerfolg für alle erfassten Lernstrategiearten zeigt (Seeber et al., 2006, S. 18). Die wahrgenommene Lehrqualität, die als Zufriedenheit mit der inhaltlichen und didaktischen Gestaltung der Präsenzseminare operationalisiert wird, steht ebenfalls in einem signifikanten Zusammenhang mit dem Studienerfolg. Besonders bemerkenswert ist, dass für den Zusammenhang des Studienerfolgs mit der wahrgenommenen Qualität der Studienorganisation der höchste signifikante Korrelationskoeffizient vorliegt (Seeber et al., 2006, S. 18). Die Autoren kommen daher zu dem Schluss, dass die Studienbedingungen für berufsbegleitend Studierende einen ausgesprochen hohen Stellenwert haben, da durch diese die Vereinbarkeit von Studium und Beruf ermöglicht wird, was eine zentrale Herausforderung für die Studierenden darstellt (Seeber et al., 2006, S. 12).

Gonschior (2015, S. 23–24) untersucht das Lernverhalten und den Studienerfolg von Studierenden eines Fernstudiengangs. Der Studienerfolg wird in dieser Studie anhand von Prüfungsleistungen operationalisiert. Als potenzielle Einflussfaktoren des Studienerfolgs werden die Schulnoten, Selbstwirksamkeitserwartungen, Intelligenz, Motivation, Prüfungsängstlichkeit, Bewältigungsstrategien, Perfektionismus, die generelle Lernstrategieneigung sowie die Persönlichkeitsfaktoren angenommen (Gonschior, 2015, S. 23-24). Ein positiver signifikanter Zusammenhang kann für die Verwendung von Coping-Strategien, die selbsteingeschätzte Intelligenz und die Durchschnittsnote der Hochschulzugangsberechtigung gefunden werden. Außerdem schneiden Studierende signifikant besser ab, die mehr Zeit in das Studium investierten, strukturiert bei der Klausurvorbereitung vorgehen und häufig gemeinsam mit anderen lernen (Gonschior, 2015, S. 139). Ein negativer Zusammenhang ergibt sich für Prüfungsangst. Besonders bemerkenswert ist bei diesen Ergebnissen, dass sich kein signifikanter Einfluss des Umfangs der Berufstätigkeit zeigt und auch nicht bezüglich der Unterscheidung zwischen Teilzeit- und Vollzeitstudium (Gonschior, 2015, S. 139).

5.3 Zusammenfassung und Forschungsdesiderata

Die nicht-traditionellen Studierenden sind eine heterogene Gruppe, die in den vergangenen Jahren in einigen Studien Beachtung fand. Aussagen, die über diese Gruppe getroffen werden können, geben nur allgemeine Tendenzen wieder, aber aufgrund der großen Heterogenität der Zielgruppe sind allgemeine Aussagen nicht einfach. Im Mittel sind diese Studierenden älter, als es Studierende üblicherweise sind. Daher kann davon ausgegangen werden, dass sie

häufig bereits eine eigene Familie gegründet haben, was mit um-
fangreichen familiären Pflichten einhergeht. Die nicht-
traditionellen Studierenden sind häufig neben dem Studium erwerbstätig und entscheiden sich im Gegensatz zu den traditionellen
Studierenden häufiger für ein Teilzeit- oder Fernstudium (vgl. Kapitel 5.2.1).

Die Studienaufnahme, besonders in Hinblick auf Studienmotive
und Studienziele der nicht-traditionellen Studierenden, ist bisher
vielfach der Forschungsgegenstand von Untersuchungen. Es zeigt
sich, dass die nicht-traditionellen Studierenden oft ein Studium
beginnen, um sich persönlich weiterzuentwickeln, da sie Interesse
an den Studieninhalten haben (Jürgens & Zinn, 2015, S. 49–50).
Außerdem deuten die Ergebnisse der vorliegenden Studien auf ein
höheres Studieninteresse und eine höhere intrinsische Motivation
der nicht-traditionellen Studierenden im Gegensatz zu den übrigen
Studierenden hin. Ein zentrales Problem bei der Bewältigung des
Studiums stellt die Vereinbarkeit von Studium, Beruf und Privatleben dar (vgl. Kapitel 5.2.2).

Der Studienerfolg von nicht-traditionellen Studiereden wurde bisher erst in wenigen Studien untersucht, sodass hierzu nur wenige
Erkenntnisse vorliegen (Dahm & Kerst, 2016). Die vorliegenden
Befunde zeigen keinen eindeutigen Nachteil der nicht-traditionellen
Studierenden gegenüber den traditionellen Studierenden hinsichtlich der Studienleistungen sowie der Studienzufriedenheit. Lediglich das Abbruchrisiko scheint bei dieser Studierendengruppe höher
auszufallen (vgl. Kapitel 5.2.3). Insbesondere der Studienerfolg der
Untergruppe der berufsbegleitend Studierenden wurde bisher eher
nur punktuell in den Blick genommen. Es zeigt sich, dass zum Stu-

dienerfolg von nicht-traditionellen Studierenden bisher keine eindeutigen Erkenntnisse vorliegen. Die meisten Erkenntnisse beziehen sich dabei auf Studierende des dritten Bildungsweges.

Der Studienerfolg von Studierenden in berufsbegleitenden Studiengängen wurde bisher nur in einzelnen Studien untersucht, sodass
keine gesicherten Erkenntnisse darüber vorliegen, ob diese weniger
erfolgreich sind als Vollzeit-Studierende. Dementsprechend liegen
bisher keine belastbaren Erkenntnisse zu den Einflussfaktoren des
Studienerfolgs in berufsbegleitenden Studiengängen vor.

Es kann angenommen werden, dass sich die relevanten Einflussfaktoren auch aufgrund der großen Unterschiede in der Konzeption der
Studiengänge von denen in Vollzeit-Studiengängen unterscheiden.
Erste Forschungserkenntnisse deuten auf eine große Bedeutsamkeit
der Lehr- und Studienqualität als Einflussfaktoren hin (Seeber et al., 2006). Dafür spricht auch, dass sich die Vereinbarkeit
von Studium, Beruf und Privatleben für die nicht-traditionellen
Studierenden schwieriger gestaltet und dass sie sich durch das Studium stärker im Privatleben eingeschränkt und belastet fühlen. Es
kann davon ausgegangen werden, dass daher die Passung der Studienbedingungen für diese Studierenden bedeutsamer ist, wodurch
die Bedeutung der Studienorganisation insgesamt vermutlich größer ist (vgl. Kapitel 5.2.3).

Es scheint außerdem interessant zu untersuchen, welchen Beitrag
die Eingangsvoraussetzungen der nicht-traditionellen Studierenden
für den Studienerfolg leisten können. Eine mögliche Fragestellung
könnte es hierbei z. B. sein, inwiefern beruflich Qualifizierte von
ihren Vorkenntnissen und Vorerfahrungen profitieren können.
Jürgens (2014, S. 37) ist z. B. der Ansicht, dass die Eingangsvo-

raussetzungen der nicht-traditionellen Studierenden z. T. besser ausgeprägt sind als bei den übrigen Studierenden. Wie jedoch diese Eingangsvoraussetzungen im Weiteren den Studienverlauf beeinflussen, wurde bisher nur ansatzweise untersucht. Die Ergebnisse der bisherigen Studien deuten darauf hin, dass die beruflich qualifizierten Studierenden von ihren fachlichen Vorkenntnissen und beruflichen Vorerfahrungen bei der Bewältigung der inhaltlichen Studienanforderungen profitieren können (Grendel et al., 2014).

Bei den Studien zu den nicht-traditionellen Studierenden wird häufig auf verhältnismäßig kleine Stichproben zurückgegriffen (z. B. N = 100 bei Grendel et al., 2014) oder auf Stichproben, die nur Studierende aus einem Studiengang (z. B. Brändle & Lengfeld, 2015; Gonschior 2015) oder an einer Hochschule (z. B. Brändle, 2014) einbeziehen. Wenn größere Stichproben verwendet wurden, so handelt es sich zumeist um Sekundärdaten (Dahm & Kerst, 2016; Otto & Kamm, 2016), die kaum Aufschluss über bedeutsame latente Konstrukte, wie z. B. Studieninteresse oder Motivation geben. Außerdem kommen häufig Erhebungsinstrumente zum Einsatz, die zuvor nicht statistisch erprobt wurden. Daher ist es insgesamt fraglich, inwiefern die Erkenntnisse der vorliegenden Studien zu verallgemeinern und wie belastbar die daraus gezogenen Schlüsse sind. Es lässt sich festhalten, dass der Studienerfolg von nicht-traditionellen Studierenden und insbesondere der Studienerfolg in berufsbegleitenden Studiengängen ein bisher vernachlässigtes Forschungsfeld darstellt.

6 Forschungsdesign

Im Rahmen dieser Dissertation wird auf Basis des aktuellen Forschungsstandes eine qualitative Vorstudie durchgeführt, um die
relevanten Einflussfaktoren des Studienerfolgs für den spezifischen
Untersuchungsgegenstand der berufsbegleitenden Studiengänge
aufzudecken und schließlich Hypothesen abzuleiten (Mayring,
2015, S. 22–25). Die bestehenden theoretischen Modelle des übergeordneten Kontextes *Studienerfolg in Vollzeit-Studiengängen*
werden für den spezifischen Kontext *Studienerfolg in berufsbegleitenden Studiengängen* sowohl erweitert als auch weiter ausdifferenziert. Ziel ist es, ein nomologisches Netzwerk aus Hypothesen
herzuleiten. Dieses soll den Forschungsstand zu berufsbegleitenden
Studiengängen erweitern und das Ableiten von praktischen Hand-
lungsempfehlungen für den Forschungsgegenstand ermöglichen.

Im Anschluss an die qualitative Vorstudie werden die hergeleiteten
Hypothesen im Rahmen einer quantitativen Studie überprüft (vgl.
Abbildung 11). Damit lässt sich das Forschungsdesign als
Mixed-Method-Research-Ansatz einordnen (Greene, Caracelli & Graham, 1989, S. 256), da die verschiedenen qualitativen und
quantitativen Analysen dem gleichen, übergeordneten Forschungsdesign angehören (Mayring, 2001, S. 7).

© Springer Fachmedien Wiesbaden GmbH, ein Teil von Springer Nature 2019
L. Hillebrecht, *Studienerfolg von berufsbegleitend Studierenden*, Economics Education
und Human Resource Management, https://doi.org/10.1007/978-3-658-26164-1_6

Abbildung 11: Mixed Method Forschungsdesign

| Literaturanalyse | Qualitative Vorstudie | Quantitative Hauptstudie | Ergebnisse |

| Theoretische Modelle zum Studienerfolg in Vollzeitstudiengängen

Forschungsstand zu den Determinanten des Studienerfolgs in Vollzeit-Studiengängen | Identifikation der Studienerfolgs-faktoren in berufsbegleitenden Studiengängen | Entwicklung des Forschungs-modells | Überprüfung des Forschungs-modells | Empirisch bestätigte Einflussfaktoren des Studienerfolges in berufsbegleitenden Studiengängen |

Bei dem gewählten Mixed-Method-Ansatz liegt der Schwerpunkt auf der quantitativen Hauptstudie, weshalb das Forschungsdesign als *Vorstudienmodell* konzipiert wurde (Mayring, 2001, S. 8). Trotz einiger existierender Studien lässt sich der Forschungsstand zum untersuchten Phänomen als weiterhin explorativ charakterisieren (vgl. Kapitel 5.3), weshalb für die Vorstudie ein exploratives Forschungsdesign gewählt wurde. Es eignet sich eine qualitative Vorgehensweise, um mit einer offenen, induktiven Herangehensweise detaillierte Erkenntnisse zu den Einflussfaktoren des Studienerfolgs in berufsbegleitenden Studiengängen zu erlangen (Kuckartz, 2014b, S. 81).

7 Konzeption und Ergebnisse der qualitativen Vorstudie

Dieses Kapitel erläutert zunächst Fragestellung und Ziele der qualitativen Vorstudie. Anschließend wird auf die methodischen Grundlagen eingegangen, bevor die Durchführung der Studie und die Ergebnisse der inhaltlich strukturierenden Inhaltsanalyse (Kuckartz, 2014a) vorgestellt werden. Anschließend werden die Ergebnisse der qualitativen Inhaltsanalyse geschildert. Dabei wird fallübergreifend auf jede der fünf Oberkategorien eingegangen. Den Abschluss des Kapitels bildet eine Zusammenfassung der Ergebnisse und die Vorstellung des darauf basierenden Erklärungsmodells für Studienerfolg von berufsbegleitend Studierenden.

7.1 Ziele und Fragestellung der qualitativen Vorstudie

Die Analyse bereits vorhandener theoretischer Modelle zur Erklärung des Studienerfolgs zeigte, dass einerseits institutionelle Merkmale und andererseits individuelle Merkmale als Einflussfaktoren des Studienerfolgs infrage kommen (vgl. Kapitel 2.6). Die institutionellen Einflussfaktoren betreffen die Lehr- und Studienqualität, also das Studienangebot. Die individuellen Faktoren bestehen aus den Lernvoraussetzungen und den Lebensbedingungen der Studierenden, welche hier die Gruppe der Studiennachfrager darstellen (Helmke & Schrader, 2010; Rindermann & Oubaid, 1999; Thiel et al., 2008, 2010). Es wird weiterhin davon ausgegangen, dass der Studienerfolg das Resultat der Passung von institutionellen und individuellen Merkmalen in einer konkreten Studiensituation ist (Amelang, 1997).

Die Analyse des Forschungsstandes zu den Einflussfaktoren des Studienerfolgs von Vollzeit-Studierenden zeigte, dass insbesondere zum Einfluss der Lehrqualität sowie den individuellen Einflussfaktoren bereits einige Forschungserkenntnisse vorliegen. Zum Einfluss der Studienqualität als Facette der institutionellen Merkmale bestehen hingegen bislang nur wenige Forschungsbefunde (vgl. Kapitel 3.4.3). Diese deuten aber ebenfalls auf einen Zusammenhang mit dem Studienerfolg hin (z. B. Blüthmann et al., 2011; Jaeger et al., 2014; Pohlenz et al., 2012). Im Vergleich zum Untersuchungsgegenstand Vollzeit-Studierende existieren bisher nur wenige Studien, die sich mit den Einflussgrößen des Studienerfolgs von berufsbegleitend Studierenden befassen (Gonschior, 2015; Jürgens, 2017; Seeber et al. 2006). Ziel dieser qualitativen Vorstudie ist es daher, anhand von Einzelfällen empirisch relevante Operationalisierungen der individuellen und institutionellen Einflussfaktoren des Studienerfolgs in berufsbegleitenden Studiengängen zu entwickeln (Lamnek, 2005, S. 306–307). Weiterhin findet die Rolle der Arbeitgeber Beachtung, da diese im berufsbegleitenden Studium aufgrund zu erbringender Unterstützungsleistungen involviert sind (z. B. Herzog & Otto, 2013). Auch diesbezüglich soll die Vorstudie Hinweise auf einen möglichen Zusammenhang mit dem Studienerfolg liefern.

In Anlehnung an das Rahmenmodell von Helmke und Schrader (2010) wird angenommen, dass der Studienerfolg das Ergebnis der Nutzung des Studienangebots auf Basis der individuellen Studienbedingungen und -voraussetzungen ist. Der Einfluss der individuellen und institutionellen Merkmale wird durch die Mediatoren aus dem Bereich der Nutzung vermittelt. Dies gilt auch für die Merkmale der Unterstützung seitens der Arbeitgeber, um welche das

Modell ergänzt wird. Entsprechend der bisherigen Erkenntnisse zu den Einflussfaktoren des Studienerfolgs wurde ein vorläufiges Forschungsmodell ausgearbeitet, das als Basis der qualitativen Vorstudie fungiert (vgl. Abbildung 12).

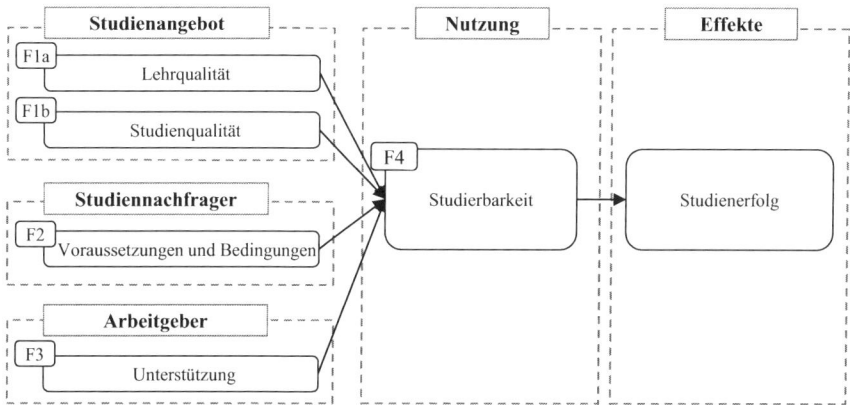

Abbildung 12: Vorläufiges Forschungsmodell

Das vorläufige Forschungsmodell bildet die theoretische Strukturierung des Forschungsgegenstandes und dient als Referenzrahmen für die qualitative Vorstudie. Ziel ist es, die spezifischen Einflussfaktoren des Studienerfolgs von berufsbegleitend Studierenden zu identifizieren und Erkenntnisse zur *ersten Forschungsfrage* zu gewinnen (vgl. Kapitel 1.2). Um die verschiedenen Bereiche der Einflussfaktoren zu untersuchen, wurden Teilfragen zu dieser Forschungsfrage formuliert. Die ersten Teilfragen (TF1a und TF1b) beziehen sich auf die institutionellen Einflussgrößen des Studienerfolgs, also auf die Lehr- und Studienqualität.

TF1: Welches sind die institutionellen Einflussfaktoren des Studienerfolgs in berufsbegleitenden Studiengängen?

TF1a: Welches sind die Einflussfaktoren des Studienerfolgs aus dem Bereich der Studienqualität?
TF1b: Welches sind die Einflussfaktoren des Studienerfolgs aus dem Bereich der Lehrqualität?

Da bezüglich des Einflusses der Studienqualität nur wenige empirische Erkenntnisse vorliegen (s. o.), wurde für diesen Teilaspekt der
institutionellen Einflussgrößen eine separate Teilfrage formuliert
(Teilfrage 1a). Neben der Studienorganisation ist bei den institutionellen Einflussfaktoren auch die Lehrqualität relevant, da die Forschungserkenntnisse zum Studienerfolg in Vollzeit-Studiengängen
zeigten, dass die Lehrqualität ein valider Prädiktor des Studienerfolgs ist (z. B. Albrecht, 2011; Blüthmann 2012; Schiefele & Jacob-Ebbinghaus, 2006; Schiefele et al., 2007). Allerdings
wird davon ausgegangen, dass all jene Operationalisierungsansätze
für Lehrqualität die Besonderheiten der berufsbegleitenden Studiengänge nicht adäquat berücksichtigen. Aus dieser Annahme ergibt
sich die *Teilfrage 1b*.

Die *zweite Teilforschungsfrage* bezieht sich auf die individuellen
Merkmale der berufsbegleitend Studierenden. Bisherige empirische
Studien zum Studienerfolg in Vollzeit-Studiengängen beschreiben
einige relevante Einflussfaktoren der kognitiven und motivationalen Studienvoraussetzungen sowie der Lebens- und Herkunftsbe-
dingungen der Studierenden (Richardson et al., 2012; Robbins et al., 2004; Trapmann et al., 2007). Die qualitative Vorstudie
analysiert daher diese individuellen Faktoren des Studienerfolgs im
Kontext von berufsbegleitenden Studiengängen, um zu untersuchen, inwiefern die im Vollzeitbereich empirisch bestätigten Einflussfaktoren auch den Studienerfolg bei berufsbegleitend Studie-

renden bedingen. Dementsprechend ergibt sich die folgende zweite Teilfrage:

TF2: Welches sind die individuellen Einflussfaktoren des Studienerfolgs in berufsbegleitenden Studiengängen?

Die dritte Teilforschungsfrage nimmt die arbeitgeberseitigen Einflussgrößen in den Blick. Erste Forschungserkenntnisse zur Rolle der Arbeitgeber im berufsbegleitenden Studium zeigen, dass diese insbesondere durch ihre Unterstützung der Studierenden involviert sind (Jürgens, 2017; Schlögl & Neubauer, 2006). Es soll herausgefunden werden, inwiefern Aspekte der Arbeitgeber-Unterstützung aus Sicht der befragten Personen als Einflussfaktoren des Studienerfolgs bei berufsbegleitend Studierenden eine Rolle spielen. Dementsprechend lautet die dritte Fragestellung:

TF3: Welches sind die Einflussfaktoren des Studienerfolgs aus dem Bereich der Arbeitgeber-Unterstützung in berufsbegleitenden Studiengängen?

Außerdem soll ermittelt werden, inwiefern die Bewältigung des Studiums auf Grundlage der individuellen Merkmale und bei eventuellem Vorhandensein von Unterstützung durch den Arbeitgeber gelingt. Daher zielt die vierte und letzte Teilforschungsfrage nicht auf die Einflussfaktoren des Studienerfolgs, sondern auf die Studierbarkeit ab. Dementsprechend wird mit dieser Teilfrage die *zweite Forschungsfrage* adressiert (vgl. Kapitel 1.2).

TF4: Welche Herausforderungen und Chancen sind im berufsbegleitenden Studium hinsichtlich der Bewältigung des Studiums vorhanden?

Bevor auf die Ergebnisse der qualitativen Vorstudie eingegangen wird, wird zunächst deren forschungsmethodische Vorgehensweise beschrieben.

7.2 Prinzipien und Gütekriterien qualitativer Forschung

Für qualitativ-empirische Forschungsvorhaben werden die Prinzipien der Offenheit und der Kommunikation zu Grunde gelegt (Lamnek, 2005, S. 21). *Offenheit* bedeutet, dass der Forschende im Forschungsprozess „[…] für unerwartete Informationen zugänglich ist" (Lamnek, 2005, S. 351), weshalb weitestgehend auf die Anwendung standardisierter Erhebungsmethoden verzichtet wird (Lamnek, 2005, S. 21). Eine offene Haltung bedeutet, „…dass die theoretische Strukturierung des Forschungsgegenstandes zurückgestellt wird, bis sich die Strukturierung des Forschungsgegenstandes herausgebildet hat" (Hoffmann-Riem, 1980, S. 343). Das Vorwissen hilft dem Forschenden folglich, den Untersuchungsgegenstand im Vorhinein zu strukturieren (Flick, 2014, S. 71). *Kommunikation,* bedeutet, „[…] dass der Forscher den Zugang zu bedeutungsstrukturierten Daten im Allgemeinen nur gewinnt, wenn er eine Kommunikationsbeziehung mit dem Forschungssubjekt eingeht" (Hoffmann-Riem, 1980, S. 346). Qualitative Forschung konstituiert sich folglich durch die Kommunikationssituation zwischen dem Forschenden und dem Forschungssubjekt (Flick, 2014, S. 490).

Mayring (2016, S. 144–148) schlägt für die qualitative Forschung sechs spezifische Gütekriterien vor, die auch der vorliegenden Arbeit zugrunde liegen. Das erste Kriterium fordert eine detaillierte *Verfahrensdokumentation* zur Gewährleistung der Nachvollziehbarkeit. Das zweite Gütekriterium zielt auf die Begründung der

bedeutungskonstituierenden Interpretationen mithilfe von Argumenten ab *(argumentative Interpretationsabsicherung)*. Der Forschungsprozess ist darüber hinaus durch eine systematische, durch
eindeutige Regeln geleitete Vorgehensweise strukturiert *(Regelgeleitetheit)*. Um die *Nähe zum Gegenstand* sicherzustellen, setzt qualitative Forschung weiterhin an der Lebenswelt der Forschungssub-
jekte an und unterzieht die gewonnenen Erkenntnisse *kommunika-
tiven Validierung* durch andere Forschende. Das letzte Kriterium
fordert eine möglichst umfassende Erfassung des untersuchten
Phänomens durch die Kombination verschiedener Methoden und
Datenquellen *(Triangulation)* (Mayring, 2016, S. 144–148).

7.3 Fallauswahl

Da die qualitativen Interviews in Form von Experteninterviews
durchgeführt wurden, steht die Generierung von Wissen zu einem
spezifischen Thema für wissenschaftliche Zwecke im Mittelpunkt.
Als Expertinnen und Experten kommen Personen infrage, die ein
fundiertes Wissen zu den Erfolgsfaktoren von berufsbegleitenden
Studiengängen besitzen (Littig, 2008, S. 9; Mieg & Näf, 2005,
S. 8). Die Auswahl der Interviewpartner erfolgte nach ihrem zu
erwartenden Beitrag an Inhalten für die Modellentwicklung (Flick,
2014, S. 161), der bei der Fallauswahl mithilfe der Strategie des
Theoretical Samplings bestimmt wurde. Um die Heterogenität der
Grundgesamtheit aller berufsbegleitenden Studiengänge abzubilden, wurden die Unterschiede zwischen den einzelnen Fällen ma-
ximiert und so möglichst viele Facetten der Grundgesamtheit abgebildet (Lamnek, 2005, S. 191). Es wurden daher Personen ausgewählt, die die unterschiedlichen Ausprägungen des
Untersuchungsgegenstandes widerspiegeln, um das Forschungsfeld

in seinem gesamten Spektrum möglichst genau abzubilden (Lamnek, 2005, S. 384–385).

Der Untersuchungsgegenstand wurde vor der Auswahl der zu untersuchenden Studiengänge eingegrenzt. Die erste Eingrenzung bezieht sich auf die Fachrichtung, da die Analyse des Forschungsstandes zeigt, dass es fachspezifische Unterschiede bei den Einflussfaktoren des Studienerfolgs gibt (z. B. Jirjahn, 2007; Trapmann et al., 2007; Sarcletti, 2015). Die Studie von Minks et al. (2011, S. 1–3) kommt zu dem Ergebnis, dass die meisten berufsbegleitenden Studiengänge in der Fachrichtung Wirtschaftswissenschaften vorhanden sind (Minks et al., 2011, S. 27–37). Daher konzentriert sich diese Arbeit auf wirtschaftswissenschaftliche Studiengänge. Außerdem werden lediglich Studienprogramme untersucht, die zu einem akademischen Abschluss führen, da die theoretischen Modelle zur Erklärung von Studienerfolg, die das Fundament dieser Studie bilden, auf die Beschreibung eines längeren Lern- und Studienprozesses, wie sie beim Absolvieren eines gesamten Studienganges vorliegen, gerichtet sind. Zertifikatskurse und andere Schulungen auf akademischem Niveau, die das Absolvieren einzelner Module über einen kürzeren Zeitraum beinhalten, werden ausgeschlossen.

Die Akquisition der Interviewpartner erfolgte über die Hochschulen, die infrage kommende Studiengänge in Deutschland anbieten. Über die Online-Suchmaschine *Hochschulkompass.de* wurden geeignete Studiengänge identifiziert. Bei der weiteren Typisierung der berufsbegleitenden Studiengänge wurden die Erkenntnisse der Studie von Minks et al. (2011, S. 23–79) zugrunde gelegt. Dementsprechend werden die Studiengänge anhand der folgenden Kriterien unterschieden[5]:

- **Abschluss:** Bachelor- oder Masterstudiengänge
- **Hochschulart und Trägerschaft:** Universitäten (Unis) oder Fachhochschulen (FHs) in privater oder staatlicher Trägerschaft
- **Studienorganisation:** Fern- oder Präsenzstudiengänge sowie Mischformen

Es wurden insgesamt zwölf Interviews geführt, wovon sieben mit Studierenden in berufsbegleitenden Studiengängen erfolgten und fünf mit Mitarbeitenden an den Hochschulen. Tabelle 7 gibt einen Überblick über die Fallauswahl und die Abdeckung der verschiedenen Arten von berufsbegleitenden Studiengängen gemäß der o. g. Kriterien.

Tabelle 7: Überblick über die Fallauswahl[6]

Zielgruppe: Studierende								
Nr.	Abschluss		Hochschulart		Träger		Organisation		
	BA	MA	Uni	FH	Staat	Privat	Fern	Präsenz	Mischform
Std 1	x			x	x			x	
Std 2	x			x	x			x	
Std 3	x		x		x			x	
Std 4		x		x		x	x		
Std 5		x		x		x			x
Std 6	x	x		x		x		x	

---

[5] Darüber hinaus differenzieren die Autoren die Studiengänge nach Fachrichtung (Minks et al., 2011, S. 27). Da die Fachrichtung bereits eingegrenzt wurde, wird dieser Punkt bei der Auswahl der zu untersuchenden Studiengänge nicht weiter beachtet.
[6] Die Interviews mit Studierenden, wurden mit „Std", die mit Hochschulmitarbeitenden mit „HS" bezeichnet. Anschließend wurden die Interviews chronologisch durchnummeriert. So wurde die Anonymität der Interviewpartner gewahrt und die Nachvollziehbarkeit sichergestellt.

Std 7		x		x		x			x
Zielgruppe: Mitarbeitende an den Hochschulen									
Nr.	**Abschluss**		**Hochschulart**		**Träger**			**Organisation**	
	BA	**MA**	**Uni**	**FH**	**Staat**	**Privat**	**Fern**	**Präsenz**	**Mischform**
HS 1	x	x	x		x				x
HS 2	x		x		x				x
HS 3	x	x	x		x				x
HS 4	x	x	x			x			
HS 5	x		x		x			x	

Die unterschiedlichen Typen berufsbegleitender Studiengänge, die sich aus den Kriterien von Minks et al. (2011) ergeben, werden bei beiden Zielgruppen abgedeckt (vgl. Tabelle 7), sodass davon ausgegangen werden kann, dass die Fallauswahl eine umfassende Erfassung des Untersuchungsgegenstandes ermöglicht. Nach der Auswahl der zu untersuchenden Studiengänge erfolgte die Wahl der geeigneten Expertinnen und Experten für die Interviews. Bei der Auswahl der Hochschulmitarbeitenden wurden Personen ausgewählt, die einerseits an der Studiengangs-Konzeption beteiligt sind und daher über Einfluss auf die Ausgestaltung der Studiengänge verfügen. Andererseits sollen diese Personen in direktem Kontakt zu den Studierenden stehen, also z. B. in der Lehre oder Studienberatung tätig sein. Auch die Akquise der Studierenden, die in den Interviews befragt wurden, erfolgte über die Hochschulen. Es wurde darauf geachtet, dass diese bereits einige Semester des Studiums absolviert hatten, damit sie über genügend Erfahrungen verfügten, um als Expertinnen und Experten gelten zu können.

7.4 Entwicklung der Leitfragen

Zu Beginn der Interviews wurden die Expertinnen und Experten gebeten, den besuchten bzw. betreuten Studiengang zu beschreiben. Im anschließenden Hauptteil der Experteninterviews standen Inhal-

te zu dem Untersuchungsgegenstand im Vordergrund. Hierzu dienen die Leitfragen (Mieg & Näf, 2005, S. 15), die die vier The-
menbereiche der Teilforschungsfragen abdecken (vgl. Kapitel 7.1).
Es wurden Fragen zu

- der Lehr- und Studienqualität (institutionelle Einflussfaktoren),
- den individuellen Studienvorrausetzungen und Lebensbedingungen der Studierenden (individuelle Einflussfaktoren),
- der Unterstützung der Arbeitgeber (arbeitgeberseitige Einflussfaktoren) sowie zur
- Bewältigung des Studiums (Studierbarkeit)

gestellt. Die ersten drei Themen beziehen sich auf die potenziellen
Erfolgsfaktoren im berufsbegleitenden Studium (vgl. Kapitel 7.1).
Um den Bezug der Einflussfaktoren zum Studienerfolg herzustel-
len, sollen die Interviewten erläutern, inwiefern die thematisierten
Merkmale einen Beitrag für die Studierbarkeit leisten. Der letzte
Themenbereich befasst sich mit der Studierbarkeit.

I. W. sind die Themen der Interviews für beide Zielgruppen iden-
tisch, leichte Variationen der Fragestellungen ermöglichen es jedoch, die spezifischen Perspektiven der beiden betrachteten Gruppen herauszuarbeiten. Zunächst wurde zu jedem Themenbereich
eine inhaltlich breit angelegte Frage gestellt, um das Prinzip der
Offenheit zu wahren (Littig, 2008, S. 9). Anschließend wurden
entsprechende Nachfragen gestellt (Gläser & Laudel., 2010,
S. 143). Zuerst wurden Fragen zur Studienorganisation gestellt, um
die für den Studienerfolg relevanten Aspekte der Studienqualität zu
erfassen (vgl. TF1a). Dabei wurden die Interviewpersonen zunächst
gebeten, den Studiengang, mit dem sie Erfahrungen gemacht ha-

ben, hinsichtlich des Beitrages des Studieneinstiegs für die spätere Bewältigung des Studiums zu beschreiben (vgl. Tabelle 8). Weiterhin waren die zeitliche Organisation und die Beratungsangebote Gegenstand der Interviews, also, inwiefern deren spezifische Ausgestaltung die Studierbarkeit fördert.

Tabelle 8: Leitfragen zur Studienqualität

Themenbereich 1: Studienqualität	
Leitfragen	**Einzelaspekte der Nachfragen**
Welchen Beitrag leistet der Studieneinstieg für die erfolgreiche Bewältigung des Studiums?	- Informations- und Beratungsangebote - Anrechnungsoptionen - Unterstützungsangebote - Ablauf
Welchen Beitrag leistet die zeitliche Organisation für die erfolgreiche Bewältigung des Studiums?	- Organisationsform (Fern- / Präsenzstudium oder Mischform) - Organisation der Präsenzveranstaltungen - Organisation der Fernlehre
Wie unterstützen Beratungsangebote die Bewältigung des Studiums?	- Ansprechpartner - Themen

Bei der Thematisierung der Lehrveranstaltungen zur Beantwortung der Teilforschungsfrage 1b (vgl. Kapitel 7.1) wurden die Interviewpartner zunächst gebeten, die im Studium eingesetzten Lehr-Lern-Formen und deren Beitrag für die Bewältigung des Studiums zu beschreiben (vgl. Tabelle 9). Eventuelle Nachfragen bezogen sich auf die übliche Veranstaltungsform. Darüber hinaus waren nicht nur die Präsenzveranstaltungen von Interesse, sondern auch Fernstudien- und Selbststudienphasen. Hierzu sollten hinsichtlich der bereitgestellten Materialien und der Betreuung Aspekte identifiziert werden, die die Studierbarkeit fördern. Weiterhin wurden die Rolle der Prüfungsformen, der Zusammenarbeit der Studierenden

untereinander und des Praxisbezugs für die erfolgreiche Bewältigung des Studiums thematisiert. Die Interviewpartner wurden außerdem gebeten einzuschätzen, ob die Studieninhalte bereits in der
aktuellen beruflichen Situation relevant sind und inwiefern dies die
Studierbarkeit fördern kann (vgl. Tabelle 9).

Tabelle 9: Leitfragen zur Lehrqualität

Themenbereich 2: Lehrqualität	
Leitfragen	**Einzelaspekte der Nachfragen**
Welche Aspekte der Gestaltung der Lehrveranstaltungen sind hilfreich für die Bewältigung des Studiums?	- Lehr-Lern-Formen - Gestaltung der Lernmaterialien - Betreuung und Unterstützung - Zusammenarbeit mit Kommilitonen - Praxisbezug - Praxisrelevanz

Zur Erfassung der individuellen Erfolgsfaktoren im berufsbegleitenden Studium (vgl. TF2) wurden die Hochschulmitarbeitenden
gebeten, die Studierendengruppe zu beschreiben und zu erläutern,
inwiefern einzelne Merkmale die erfolgreiche Bewältigung des
Studiums beeinflussen (vgl. Tabelle 10). Dabei waren die soziodemografischen Merkmale, die berufliche Situation und die motivationalen sowie die leistungsbezogenen Lernvoraussetzungen von
Interesse. Die Studierenden selbst wurden nach ihren Vorqualifikationen, nach den Anlässen der Studienaufnahme und ihrer aktuellen
Lebenssituation gefragt (vgl. Tabelle 10).

Tabelle 10: Leitfragen zu den individuellen Determinanten

Themenbereich 3: Individuelle Determinanten	
Hochschulmitarbeitende	
Leitfragen	**Einzelaspekte der Nachfragen**
Welche Merkmale der Studierenden	- Soziodemografische Merkmale

beeinflussen die Bewältigung des Studiums?	- Berufliche Situation - Leistungsbezogene Eingangsvoraussetzungen und Vorqualifikation - Motivationale Merkmale

Studierende	
Leitfragen	**Einzelaspekte der Nachfragen**
Welche Qualifikationen haben Sie vor Studienaufnahme erworben? Wer oder was gab den Anlass zur Studienaufnahme? Wie würden Sie Ihre aktuelle Lebenssituation beschreiben?	(keine)

Weiterhin wurde in den Experteninterviews die Arbeitgeber-Unterstützung thematisiert. Die Leitfragen sollen erfassen, welche unterschiedlichen Unterstützungsleistungen seitens der Arbeitgeber in finanzieller, zeitlicher oder sonstiger Hinsicht einen Beitrag für die Bewältigung des Studiums leisten (vgl. TF3).

Tabelle 11: Leitfragen zu den arbeitgeberseitigen Faktoren

Themenbereich 4: Arbeitgeberseitige Einflussfaktoren	
Leitfragen	**Einzelaspekte der Nachfragen**
Inwiefern tragen Unterstützungsleistungen der Arbeitgeber/Ihres Arbeitgebers zur erfolgreichen Bewältigung des Studiums bei?	- Finanzielle Unterstützung - Zeitliche Unterstützung - Weitere Unterstützungsformen - Anteil der unterstützten Studierenden*

* Dieser Aspekt wurde nur in den Gesprächen mit den Hochschulmitarbeitenden thematisiert.

Außerdem wurden die Hochschulmitarbeitenden gebeten einzuschätzen, wie die Unterstützungsformen anteilig unter den Studierenden verbreitet sind (vgl. Tabelle 11).

Der letzte Themenbereich des Interviewleitfadens bezieht sich auf die Studierbarkeit der berufsbegleitenden Studiengänge (vgl. TF4). Dabei war es von Interesse, inwiefern den berufsbegleitend Studierenden die Bewältigung des Studium gelingt (vgl. Tabelle 12). Die Hochschulmitarbeitenden, die einen Überblick über mehrere Kohorten haben, wurden weiterhin zum Ausmaß des Studienabbruchs im untersuchten Studiengang befragt.

Tabelle 12: Leitfragen zur Bewältigung des Studiums

Themenbereich 5: Bewältigung des Studiums	
Leitfragen	**Einzelaspekte der Nachfragen n**
Inwiefern gelingt es den Studierenden/Ihnen, das Studium zu bewältigen?	(keine)
Kommt es vor, dass Studierende das Studium abbrechen?*	- Umfang des Studienabbruchs

* Dieser Aspekt wurde nur in den Gesprächen mit den Hochschulmitarbeitenden thematisiert.

Insgesamt wurden bei den Experteninterviews mit den Hochschulmitarbeitenden und den Studierenden folglich größtenteils ähnliche Leitfragen entwickelt. Um die Erfahrungen der unterschiedlichen Zielgruppen zum untersuchten Studiengang zu berücksichtigen, wurden zielgruppenspezifische Modifikationen vorgenommen.

7.5 Durchführung und Auswertung der Interviews

Alle Interviews wurden von der Forscherin selbst durchgeführt. Die Interviews wurden mithilfe eines digitalen Aufnahmegerätes aufgezeichnet (Kuckartz, 2014a, S. 133–135). Die Transkription erfolgte unter der Prämisse, den Inhalt der Interviews möglichst präzise und fehlerfrei zu erfassen (Kuckartz, 2014a, S. 135–136). Nonverbale Äußerungen wurden nicht mit transkribiert und die Sprache durch

Glättungen an das Schriftdeutsch angepasst. Bei der Nennung von Namen und Institutionen wurde bereits während der Transkription eine Anonymisierung vorgenommen, um die Wahrung der Anonymität von Hochschulen und Personen zu gewährleisten (Kowal & O'Connell, 2015, S. 440–441). Für die Transkription wurde die Software f4transkript 3 verwendet.

Anschließend erfolgte die Auswertung des Materials mit der qualitativen Inhaltsanalyse (Kuckartz, 2014a; Mayring, 2015), die mithilfe der Software MAXQDA 11 durchgeführt wurde. Dies bedeutet eine systematische, durch explizite Regeln geleitete Analyse des Materials. Den Referenzrahmen der Analyse bilden die theoretischen Grundlagen der Arbeit (vgl. Kapitel 2.6), aus welcher die Fragestellungen abgeleitet wurden (Schmidt, 2015, S. 448). Die Interviewtranskripte wurden, geleitet durch ein Kategoriensystem, nach relevanten Informationen durchsucht, die den einzelnen Kategorien zugeordnet und anschließend analysiert wurden (Gläser & Laudel, 2010, S. 46; Schmidt, 2015, S. 451–452). Es gibt unterschiedliche Methoden der qualitativen Inhaltsanalyse, von denen für die vorliegende Studie die inhaltlich strukturierende Analyse ausgewählt wurde, bei der das Analysematerial systematisch zusammengefasst wird (Kuckartz, 2014a, S. 77). Diese Variante der qualitativen Inhaltsanalyse eignet sich für die Beantwortung der zugrundeliegenden Fragestellungen, denn einerseits kann mit ihr an vorhandene Theorien angeknüpft werden und andererseits kann mit ihrer Hilfe die Erweiterung bestehender Theorien erfolgen (Kuckartz, 2014a, S. 77–97; Schmidt, 2015, S. 448).

Die Grundlage der inhaltlich strukturierenden Analyse stellt das Analyseinstrument, also das Kategoriensystem, dar. Bei der Bildung von Kategorien sind zwei Vorgehensweisen möglich, die deduktive und die induktive Kategorienbildung (Mayring, 2015, S. 85). Bei dem hier angewendeten theoriegeleiteten Verfahren wurde das Kategoriensystem im Vorfeld der eigentlichen Analyse deduktiv entwickelt. Die fünf Oberkategorien wurden dementsprechend aus den Teilforschungsfragen abgeleitet (vgl. Kapitel 7.1). Während der Analyse wurde das Kategoriensystem induktiv am Material weiterentwickelt, um die Offenheit für unerwartete Erkenntnisse zu gewährleisten (Kuckartz, 2014a, S. 76).

Die Vorgehensweise folgte dem von Kuckartz (2014a, S. 78) vorgeschlagenen Ablaufschema in sieben Phasen. In der ersten Phase wurde das Analysematerial sorgfältig durchgearbeitet und wichtige Textstellen markiert, die einen Beitrag zur Beantwortung der Fragestellung der qualitativen Vorstudie leisten können (Kuckartz, 2014a, S. 77–79). Die nächste Phase diente der deduktiven Bildung des Kategoriensystems, das sich aus den Leitfragen ergab (Kuckartz, 2014a, S. 79–80). Die ersten beiden Oberkategorien beziehen sich auf die institutionellen Studienerfolgsfaktoren (vgl. Tabelle 13). Oberkategorie 1 adressiert Erkenntnisse zur Studienqualität (TF1a) und Oberkategorie 2 zur Lehrqualität (TF1b). Die dritte Oberkategorie bezieht sich auf die Ergebnisse zu den individuellen (TF2) und die vierte Oberkategorie die Ergebnisse zu den arbeitgeberseitigen Einflussfaktoren (TF3) des Studienerfolgs. Oberkategorie 5 werden die Ergebnisse zur Bewältigung des Studiums zugeordnet (TF4). Die Unterkategorien wurden entsprechend der Nachfragen gestaltet (vgl. Tabelle 13).

Tabelle 13: Kategoriensystem

Deduktiv gebildetes Kategoriensystem

Oberkategorie 1: Studienqualität
1.1. Studieneinstieg
1.2. Zeitliche Organisation
1.3. Beratungsangebote
Oberkategorie 2: Lehrqualität
2.1. Lehr-Lernformen
2.2. Lernmaterialien
2.3. Praxisbezug
2.4. Praxisrelevanz
2.5. Betreuung und Unterstützung
2.6. Zusammenarbeit mit Kommilitonen
Oberkategorie 3: Individuelle Determinanten
3.1. Soziodemografische Merkmale
3.2. Leistungsbezogene Eingangsvoraussetzungen und Vorqualifikation
3.3. Motivationale Merkmale
3.3. Berufliche Situation
Oberkategorie 4: Arbeitgeberseitige Determinanten
4.1. Finanzielle Unterstützung
4.2. Zeitliche Unterstützung
4.3. Weitere Unterstützungsformen
4.4. Anteil der unterstützten Studierenden
Oberkategorie 5: Bewältigung des Studiums
5.1. Bewältigung des Studiums
5.2. Studienabbruch

Die Kategorien wurden in einem ersten Analysedurchlauf auf einen Teil des Textes angewendet, um die Kategorien zu überarbeiten (Kuckartz, 2014a, S. 79–80). Als nächstes wurden die inhaltlich passenden Textstellen den zuvor entwickelten Kategorien zugeordnet, was als Codieren bezeichnet wird (Phase 3, Kuckartz, 2014a, S. 80–83). Nach Abschluss des Codierprozesses wurden die Kategorien auf Basis der zugeordneten Textstellen weiter ausdifferenziert (Phase 4) und in Subkategorien aufgegliedert (Phase 5). Für die Subkategorien wurden Definitionen formuliert und prototypische Textstellen herausgesucht (Kuckartz, 2014a, S. 83–87). Anschließend wurde das Textmaterial in Phase 6 erneut codiert, um das Kategoriensystem zu überarbeiten (Kuckartz, 2014a, S. 88). Abschließend fand in der siebten Phase die eigentliche Analyse statt, in der die Kategorien weiter verdichtet wurden, um sie in komprimierter Form darzustellen (Kuckartz, 2014a, S. 94). In dieser Phase wurde der Inhalt der den Kategorien zugeordneten Textstellen durch Paraphrasieren soweit abstrahiert, dass überschaubare Zusammenfassungen für die Kategorien entstanden (Mayring, 2015, S. 67). Das Kategoriensystem wurde so lange immer weiter verdichtet, bis es dem angestrebten Abstraktionsniveau entsprach, aber gleichzeitig aussagekräftig für das Analysematerial blieb (Mayring, 2015, S. 71).[7] Im Folgenden werden die Ergebnisse für die fünf Oberkategorien vorgestellt.

7.6 Ergebnisse zur Studienqualität

Zunächst werden die Ergebnisse zur Studienorganisation beschrieben (vgl. Teilforschungsfrage 1a). Die drei Subkategorien befassen sich mit den Ergebnissen zum Studieneinstieg, zur zeitlichen Organisation und zur Studienberatung (vgl. Tabelle 14).

Tabelle 14: Ergebnisse zur Oberkategorie 1 (Studienqualität)

Oberkategorie 1: Studienqualität	
Subkategorien	Ergebnisse
1.1. Studieneinstieg	- Transparente Außendarstellung, v. a. in Bezug auf organisatorische Ausgestaltung
	- Informations- und Beratungsangebote (Internetauftritt, Beratungsgespräche, Informationsveranstaltungen) erleichtern den Studieneinstieg
	- Hohe Inanspruchnahme, da intensive Auseinandersetzung mit

---

[7] Die Interviewtranskripte sowie auch die Ergebnistabelle der qualitativen Inhaltsanalyse sind auf dem beigefügten USB-Stick zu finden.

Oberkategorie 1: Studienqualität	
<u>Subkategorien</u>	<u>Ergebnisse</u>
	dem Studienangebot
	- Anrechnungsoptionen für bisherige Qualifikationen
	- Ermöglichen Kosten- und Zeitersparnis im Studium
	- Anerkennung für bereits erbrachte Leistungen
	- Unterstützungsangebote als Vorbereitung auf das Studium
	- Z. B. Brückenkurse, Probestudium, Teilnahme an Vorlesungen
	- Erleichtern Studienbeginn und spätere Bewältigung der Anforderungen
1.2. Zeitliche Organisation	- Ablauf des Studiums
	- Unterschiedliche Ablaufmodelle (z. B. in Quartalen oder einzelne Module nacheinander) ermöglichen Flexibilität in der Studiengestaltung.
	- Z. T. entfallen vorlesungsfreie Zeiten
	- Präsenzveranstaltungen: ermöglichen zeitliche Bewältigung des Studiums.
	- I. d. R. über die Semester hinweg zur gleichen Zeit
	- Unterschiedliche Modelle: An festen Tagen wöchentlich in den Abendstunden oder Blockveranstaltungen in gleichbleibendem Abstand von mehreren Wochen
	- Überschneidungen mit der üblichen Arbeitszeit möglich
	- I. A. so organisiert, dass die zeitliche Bewältigung des Studiums gelingt.
	- Fernstudienphasen ermöglichen flexible Zeiteinteilung
	- Bereitstellung von Lernmaterialien zumeist über E-Learning-Plattform
	- Kontakt mit Lehrenden i. d. R. auf Initiative der Studierenden über E-Mail
	- Verschiedene Formen virtueller Veranstaltungen: aufgezeichnete Vorlesungen, virtueller Klassenraum o. Ä.
	- Langfristige Terminplanung ermöglicht bessere Terminkoordination.
	- Individuelle Abweichungen von der Planung möglich: Rücksichtnahme auf private und berufliche Einschränkungen ermöglicht Flexibilität

Oberkategorie 1: Studienqualität	
Subkategorien	Ergebnisse
1.3. Beratung	- Verfügbarkeit der Ansprechpartner bei Bedarf der Studierenden
	- Ansprechbarkeit und Reaktionszeiten: Rücksichtnahme auf die zeitlichen Restriktionen der Studierenden
	- Anlässe: Detailfragen zur Studienorganisation oder zum Ablauf des Studiums sowie Änderungen der beruflichen oder privaten Situation der Studierenden, die Änderungen des Studienablaufes erfordern
	- Inanspruchnahme von Beratung während des Studiums eher selten

Vor Studienbeginn erfolgt die Suche nach einem geeigneten Studienangebot durch die Berufstätigen zumeist im Internet (Subkategorie 1.1.). Eine zentrale Rolle spielen hierbei die Homepages der Hochschulen: „[...] man guckt heutzutage, auch wenn man etwas älter ist, erstmal im Netz und macht sich dort schlau. Was steht denn da auf der Seite, was bieten die an, welche Studiengänge gibt es [...]" (Std 2, 20)[8].

Nachdem sich die Studieninteressierten im Internet über die verschiedenen Studienmöglichkeiten informiert haben, nehmen sie i. d. R. Kontakt zur Hochschule auf. Die sich daraus ergebenden Beratungsgespräche beziehen sich vordergründig auf die organisatorische Gestaltung des Studiums: „Dann besprechen wir den Ablauf der Module, damit sie ein Gefühl dafür bekommen, wie ist das bei uns aufgebaut,

---

[8] Die Quellenangaben für die im Text aufgenommen Ankerzitate verweisen auf das jeweilige Interview und die entsprechende Absatznummer, in der das Zitat wiederzufinden ist. Die Interviews mit den Mitarbeitenden der Hochschulen wurden mit „HS" und die Interviews mit den Studierenden wurden mit „Std" abgekürzt. Zur Gewährleistung der Anonymität der Interviewpartner wird nur das Maskulinum verwendet, um die Personen zu bezeichnen. Die Zitate wurden zur besseren Lesbarkeit von Satz- und Wortabbrüchen, Wiederholungen, Füllwörtern, Versprechern u. Ä. bereinigt.

was kommt dort auf sie zu [...]" (HS 2, 22). Doch auch inhaltliche Aspekte wie z. B. das Anforderungsniveau der Lehrveranstaltungen sind für die Studierenden von Bedeutung. Es zeigt sich in fast allen Interviews, dass die Interessierten vor Studienbeginn häufig Beratung in Anspruch nehmen. Dies wird an der Aussage von HS 2 deutlich:

> *„Also von denjenigen, die wirklich das Studium aufnehmen, nehmen 90 Prozent Beratung in Anspruch [...]. Das ist extrem selten, dass jemand das Studium aufnimmt, ohne, ich sag mal es muss ja auch keine Studienberatung direkt vor Ort sein, aber man hat zumindest über einen längeren Zeitraum per E-Mail, per Telefon, Kontakt gehabt [...]" (HS 2, 26).*

Neben Einzelgesprächen bieten einige Hochschulen Informationsveranstaltungen an, die sich an Gruppen von Studieninteressierten richten. Ein weiterer Aspekt, der den Studieneinstieg unterstützt, sind Anrechnungsoptionen für zuvor erbrachte Qualifikationen: *„[...] im berufsbegleitenden Bachelor spielt das mittlerweile tatsächlich eine wichtige Rolle" (HS 3, 46).* Dies geht mit mehreren positiven Effekten für die Studierenden, wie der Verkürzung der Studiendauer, einher. Zudem wird dadurch Anerkennung für bereits erbrachte Leistungen zum Ausdruck gebracht: *„[...] dass nicht gesagt wird, was außerhalb der Hochschule gemacht wurde, das sind alles Kinkerlitzchen. Sondern, dass man wirklich sagt, du hast da auch Kompetenzen erworben, die sind auch was wert [...]" (HS 3, 48).* Nicht alle Studierenden möchten jedoch Anrechnungsoptionen in Anspruch nehmen, wie z. B. Std 3: *„[...] ich bin von der Ausbildung doch schon ein paar Jahre raus und ich wollte es wirklich von Anfang an mitnehmen" (Std 3, 122).*

Einige Hochschulen bieten zu Studienbeginn Brückenkurse an, mit denen die Studierenden ihre Vorkenntnisse verbessern und sich so auf die Leistungsanforderungen des Studiums vorbereiten können. HS 2 beschreibt das Angebot solcher Kurse z. B. wie folgt: *„[...] Da geht es eben beispielsweise um Mathematik für Wirtschaftswissenschaftler, es* *geht um wissenschaftliches Arbeiten, um juristische Grundlagen. Also um die Grundlagen, die man für die schwierigen Module braucht"* (HS 2, 28). Weiterhin wird z. T. die Möglichkeit gegeben, ein Probestudium zu absolvieren, um sich ein Bild von der inhaltlichen und organisatorischen Ausgestaltung des Studienganges zu machen. HS 3 beschreibt, wie ein Probestudium aussehen kann: *„Das ist vom Setting ähnlich, wie es nachher im Studium läuft. Das heißt eine Mischung aus Präsenz und Online-, Selbststudienphase, und das Thema ist wissenschaftliches Arbeiten [...]"* (HS 3, 34). Bei manchen Studiengängen wird den interessierten Studierenden außerdem die Gelegenheit geboten, vorab an einer regulären Vorlesung teilzunehmen. In anderen Fällen sind keine konkreten Unterstützungsangebote vorhanden, sodass die Studierenden nicht systematisch auf die Anforderungen des Studiums vorbereitet werden: *„[...] auf das eigentliche Studium wird man nicht vorbereitet [...]. Das muss man sich schon selber aneignen. Das hängt davon ab, wie viele Vorkenntnisse man hat. Wer sehr wenige Vorkenntnisse hat, der muss in relativ kurzer Zeit viel lernen"* (Std 2, 26).

Bei der zeitlichen Organisation gibt es hinsichtlich des Studienablaufs unterschiedliche Modelle. Teilweise ist das Studium in Semester unterteilt, in anderen Fällen gibt es abweichende Ablaufmodelle. Bei HS 4 ist das Studium z. B. in Quartalen organisiert: *„Das heißt, wir haben vier Quartale, was für die Studierenden mehr Flexibilität bedeutet. Wenn sie mal ein Quartal keinen Kurs machen, können sie im nächsten Quartal den Kurs machen oder zwei später"* (HS 4, 30). Folglich versuchen die Hochschulen z. T. durch den Studienablauf mehr Gestaltungsfreiheit in der Zeitplanung zu gewähren, um die Studierbarkeit zu verbessern. Es kann auch sein, dass die Module einzeln hintereinander belegt werden, ohne dass es eine übergeordnete Jahresaufteilung gibt: *„[...] Und dass wir ein Modul nach dem anderen machen. Also das heißt, es laufen nicht fünf Module parallel, sondern die Module laufen se-*

quenziell [...]" *(HS 3, 58)*. Bei vom Semesterrhythmus abweichenden Ablaufmodellen entfallen häufig die vorlesungsfreien Zeiten oder werden gekürzt. Dadurch gelingt es den Hochschulen, die Arbeitsbelastung während der Vorlesungszeiten geringer zu halten. Daher ist in solchen Fällen die zeitliche Belastung durch das Studium auf einem gleichbleibenden Niveau, was von den Studierenden als hilfreich für die Bewältigung des Studiums gewertet wird.

Die Präsenzveranstaltungen finden i. d. R. über die Semester hinweg zur gleichen Zeit und am gleichen Ort statt. Es gibt Studiengänge, in denen die Präsenzveranstaltungen wöchentlich an bestimmten Tagen in den Abendstunden stattfinden, wie z. B. bei dem von Std 3 besuchten Studiengang: *„Es finden in den Semestern regelmäßige Vorlesungen statt, zweimal die Woche, montags und mittwochs, abends von 18:15 bis 21:30 Uhr"* *(Std 3, 30)*. Bei einer solchen zeitlichen Organisation sind keine Überschneidungen mit den üblichen Arbeitszeiten eines Vollzeit-Beschäftigten vorhanden, was in anderen Studiengängen durchaus vorkommt: *„Die Präsenztermine sind im Schnitt alle drei Wochen. [...] Mit Präsenztermin meine ich immer eine Kombination aus einem Freitag, 14:00 bis 20:00 Uhr, und Samstag, 9:00 bis 18:00"* *(HS 1, 68)*. Dementsprechend sind in einigen Studiengängen flexible Arbeitszeiten oder zeitliche Freistellung erforderlich, um an den Präsenzveranstaltungen teilnehmen zu können. Die Studierenden bewerten die zeitliche Organisation der Präsenzveranstaltungen im Allgemeinen dennoch als für sie passend. Std 7 empfindet die organisatorische Bewältigung des Studiums in dem von ihm belegten Blended-Learning-Format wie folgt: *„[...] im Schnitt alle drei Wochen ist das auf jeden Fall locker vereinbar. Da ist es auch nicht so schlimm, dass die Hochschule nicht gerade um die Ecke ist"* *(Std 7, 71)*. Insbesondere bei Studiengängen mit einem Blended-Learning-Design ist über das ge-

samte Studium hinweg ein gleichbleibender Wechsel von Präsenzveranstaltungen, Selbststudien- und Fernstudienphasen vorgesehen

In Fernstudienphasen können die Studierenden zumeist selbstständig entscheiden, wann sie die Studienaufgaben bearbeiten. Das von
Std 6 gewählte Fernstudium kommt bspw., abgesehen von den
quartalsweise stattfindenden Klausuren, ohne Präsenzveranstaltungen aus: *„Pro Quartal ein Termin, das ist ganz einfach gemacht und das wurde
da transparent dargelegt, wann die Prüfungen sind und das fand ich gut" (Std 6,
31).* Dies wird von dem befragten Studierenden positiv für die Bewältigung des Studiums bewertet: *„Man kann sich die Arbeitspakete
relativ gut einteilen" (Std 6, 134).*

Weiterhin unterscheiden sich die Fernstudienphasen hinsichtlich
des Grads der flexiblen Zeiteinteilung. Oftmals können die Studierenden diese Phasen vollkommen zeit- und ortsunabhängig bewältigen. Dies erläutert z. B. HS 2: *„[...] Die internetgestützten Phasen sind
auch so gestaltet, dass man zu jeder Tages- oder Nachtzeit studieren kann. Es
gibt keine Online-Vorlesungen, wo es heißt ‚Sie müssen morgen um 17 Uhr online sein', sondern das kann man wirklich sehr flexibel gestalten" (HS 2, 49).*

In anderen Fällen finden auch während der Fernstudienphasen virtuelle Veranstaltungen in Echtzeit statt. Beim von HS 1 betreuten
Studiengang kommt bspw. ein sogenannter virtueller Klassenraum
zum Einsatz, der über die E-Learning-Plattform erreicht werden
kann: *„Das ist dann folglich wie so eine Art Sprechstunde, eine Gruppen-
sprechstunde würde ich mal sagen [...]" (HS 1, 78).* Es existieren jedoch
verschiedene Formen virtueller Veranstaltungen, denn diese können auch aus aufgezeichneten Vorlesungen bestehen, die ein hohes
Maß an zeitlicher Flexibilität ermöglichen, da sie jederzeit abge-
spielt werden können. Die Bereitstellung von Lernmaterialien er-

folgt während der Fernstudienphasen zumeist über E-Learning-Plattformen oder per Post.

Ein wesentliches Merkmal der zeitlichen Organisation von berufsbegleitenden Studiengängen ist die frühzeitige Terminplanung, denn die Termine werden in allen untersuchten Studiengängen einige Zeit im Voraus bekannt gegeben, wie HS 5 z. B. erläutert: *„[...] wir haben das gesamte Studium durchgeplant und händigen den Studierenden diese Zweijahresplanung zu Beginn des Studiums aus, um ihnen eine terminliche Sicherheit zu geben" (HS 5, 44).* Die Studierenden schätzen dies sehr, da sie so auch ihre beruflichen und privaten Termine besser planen und das Studium dementsprechend gut bewältigen können. Stellvertretend hierfür steht das folgende Zitat von Std 5: *„Man bekommt ein Jahr vorher einen Plan mit den Präsenzveranstaltungen und kann seine Zeit relativ gut durchplanen. Es sind nicht nur drei Monate im Voraus geplant, sondern man weiß wirklich, die und die Daten muss man blocken [...]" (Std 5, 86).* Die studienbezogenen Termine stellen folglich die Eckpunkte der Zeitplanung dar, um die die restlichen Termine herumgelegt werden. Alle Befragten betonten weiterhin, dass es zwar einen vorgegebenen Ablauf des Studiums gibt, Abweichungen hiervon jedoch ermöglicht werden. Möglichkeiten zur flexiblen Studiengestaltung sind sowohl auf Ebene einzelner Veranstaltungen als auch auf Ebene des gesamten Studienverlaufs gegeben. HS 1 beschreibt z. B. Möglichkeiten der Anpassung des Studienverlaufs:

„Also wir haben unheimlich häufig auch Fälle gehabt, wo es dann Nachwuchs gibt. Oder, wo sich dann beruflich was verändert, neuer Arbeitgeber, befördert. Dadurch zusätzlich weniger Zeit, dass man eben gemeinsam guckt: Wie kann man das Studium vor dem Hintergrund dieser neuen Rahmenbedingung so organisieren, dass es doch noch passt [...]" (HS 1, 60).

Im Folgenden wird auf den Beitrag von Beratung für die Bewältigung des Studiums aus Sicht der Befragten eingegangen. Hierunter
fallen Beratungsangebote, die sich auf die Studienorganisation beziehen, nicht jedoch die inhaltliche Betreuung in den Lehrveranstaltungen. Laut der Aussagen der Studierenden gelingt es den
Hochschulen, transparent zu machen, welche Ansprechpartner zur
Verfügung stehen. Vielfach wurden zudem die gute Ansprechbarkeit und die schnelle Reaktionszeit der beratenden Personen ange-
sprochen: „*[...] wenn man irgendwie Schwierigkeiten, Probleme hatte, Informationen brauchte, konnte man sich da melden. Es gab an der HS X immer die
Zusage, eine Antwort binnen 48 Stunden zu bekommen, was meistens auch ge-
klappt hat*" *(Std 4, 20).* Stellenweise wurde allerdings auch Kritik an
der zeitlichen Verfügbarkeit der Beratungsangebote geäußert: „*Frau
X, der hatte ich mal eine E-Mail geschrieben. Die Antwort war, solche Fragen
[...] könnte man auch telefonisch klären. Ich sage zu ihr, telefonisch klären,
heißt, in Ihrer Hauptarbeitszeit von 9-16 Uhr. Das ist auch meine Hauptarbeitszeit*" *(Std 2, 28).*

Bei HS 1 gehört es hingegen zum Beratungskonzept, dass die zeitlichen Restriktionen der Studierenden zu berücksichtigen sind:
„*Und da gehört es zu unserer Philosophie, [...] dass wir flexibel erreichbar
sind, so wie es die Berufstätigkeit dieser Studierenden notwendig macht*" *(HS 1,
54).* Beratungsbedarf ergibt sich oftmals durch Anpassungen des
Studienverlaufs, die aufgrund von Änderungen der beruflichen oder
privaten Situation der Studierenden für die Bewältigung des Studiums notwendig sind: „*Die HS X bietet auch Beratungsangebote an, wenn
jemand den Workload des Studiums nicht schafft, weil er in der Arbeit zu stark
eingebunden ist, dass es die Möglichkeit gibt, zum Beispiel einzelne Module
einfach um ein Jahr zu verschieben*" *(Std 5, 48).* Über das gesamte Studium
hinweg nehmen die Studierenden i. d. R. nur selten Beratung in
Anspruch. Std 6 nutzt z. B. gar keine Beratungsangebote: „*Also,*

während des Studiums habe ich eigentlich nur inhaltliche Fragen zu Prüfungen"
(Std 6, 36).

Vor Studienbeginn bieten viele Hochschulen Informations-, Beratungs- und Unterstützungsangebote für die Studieninteressierten an. Zum einen können die Hochschulen so dem hohen Bedarf nach Beratung bei der Zielgruppe gerecht werden, zum anderen findet dadurch bereits eine Vorbereitung auf die Bewältigung des späteren Studiums statt. Die zeitliche Organisation ist zumeist so gestaltet, dass es nicht zu Überschneidungen mit den beruflichen und privaten Verpflichtungen der Studierenden kommt. Flexible Lösungen ermöglichen in Einzelfällen darüber hinaus die Vereinbarkeit von Studium, Beruf und Privatleben, die entscheidend für die Bewältigung des Studiums ist. Beratungsangebote können weiterhin die Bewältigung des Studiums fördern, da mit ihrer Hilfe Anpassungen des Studienverlaufs an veränderte individuelle Studienbedingungen möglich werden. Allerdings bewerten die Studierenden die Bedeutsamkeit von Beratungsangeboten eher gering.

7.7 Ergebnisse zur Lehrqualität

In diesem Unterkapitel werden die Ergebnisse zu den institutionellen Einflussfaktoren des Studienerfolgs aus dem Bereich der Lehrqualität beschrieben (vgl. Tabelle 15).

Tabelle 15: Ergebnisse zur Oberkategorie 2 (Lehrqualität)

Oberkategorie 2: Lehrqualität	
Subkategorien	Ergebnisse
2.1. Lehr-Lernformen	- Starke Abhängigkeit der Lehr-Lernformen mit dem Studienmodell
	- Fernstudium: Selbständige Erarbeitung der Inhalte, Be-

	reitstellung von Lernmaterialien durch die Hochschulen
	- Präsenzstudium: Darbietung der Inhalte in den Veran-staltungen (vorwiegend Vorlesungscharakter)
	- Blended Learning: Abwechselnd Selbststudium und Vertiefung / Diskussion in den Präsenzveranstaltungen
	- Z. T. Angebot an zusätzlichen Übungen begleitend zu den Vorlesungen
	- Unterschiedliche Formen virtueller Veranstaltungsformate
2.2. Lernmateria-lien	- Speziell entwickelte Lernmaterialien vielfach vorhanden (untersch. Qualität)
	- Z. T. Bereitstellung von Video- oder Tonaufzeichnungen von Vorlesungen
	- Große Unterschiede zwischen den Studiengängen bzw. Leh-renden
2.3. Praxisbezug	- Oftmals Anreicherung der Lehre durch Praxisbeispiele
	- In manchen Studiengängen konkrete Aufforderungen an Stu-dierende, eigene Praxisbeispiele einzubringen (z. B. in Diskus-sionen oder Hausarbeiten)
2.4. Praxisrelevanz	- Systematische Herstellung von Praxisrelevanz in einigen Studiengängen
	- Anwendungsmöglichkeiten am Arbeitsplatz z. T. vorhanden
	- Z. T. wegen geringer fachlicher Nähe keine Möglichkeit für direkten Bezug
2.5. Betreuung und Unterstützung	- Schwerpunkt der Betreuung in den Präsenzveranstaltungen
	- Zusammenhang mit der Größe der Lerngruppen
	- Betreuung in Fernstudienphasen zumeist auf Initiative der Studierenden
	- Systematische Betreuung während des Selbststudiums
2.6. Zusammenar-beit mit Kommili-tonen	- Anlässe: Systematische Förderung von Zusammenarbeit, Studierende bilden selbstständig Lerngruppen
	- Studierende in Fernstudiengängen arbeiten vorwiegend allein.
	- Zusammenarbeit wird zumeist als lernförderlich angesehen.

Hinsichtlich der Lehr-Lernformen zeigen sich starke Abhängigkeiten mit dem Studienmodell, also ob es sich um ein Präsenz-, um ein Fernstudium oder eine Mischform daraus handelt. In Fernstudiengängen erarbeiten sich die Studierenden die Inhalte vorrangig selbstständig, und nur bei Bedarf wird Kontakt zu den Lehrenden aufgenommen. Bei dem von Std 4 belegten Fernstudiengang werden die Lernmaterialien bspw. zu Beginn des Quartals zur Verfügung gestellt. Auf die Frage, ob diese dann im Selbststudium bearbeitet werden, gab der Befragte folgende Antwort: *„Genau. Und es gab immer wieder das Angebot, wenn eine Frage da ist, den Dozenten direkt anzuschreiben [...]" (Std 4, 42)*. Ergänzend zu diesen Phasen werden in manchen Studiengängen außerdem virtuelle Veranstaltungen oder Präsenzveranstaltungen angeboten: *„[...] ebenso quartalsweise haben Präsenzveranstaltungen stattgefunden bzw. Onlinerepetitorien, zu denen man sich anmelden konnte" (Std 4, 26)*. Allerdings werden nicht in allen Fernstudiengängen zusätzliche Veranstaltungen angeboten, manche Studiengänge kommen auch ohne Präsenzveranstaltungen aus.

In den untersuchten Präsenzstudiengängen kommen häufig klassische Vorlesungen zum Einsatz, in denen die Inhalte vorwiegend lehrenden-zentriert dargeboten werden. In Studiengängen im Blended-Learning-Format, die Fernstudienphasen und Präsenzphasen miteinander kombinieren, ist die Verknüpfung der Phasen untereinander entscheidend. Die Studierenden erarbeiten die Inhalte in den Fernstudienphasen weitestgehend eigenständig, haben dann jedoch in den Präsenzveranstaltungen die Gelegenheit für Fragen und Diskussionen:

„Es gibt meistens vorab Materialen, die man aufarbeiten soll und kann. Die Sachen werden dann meistens nochmal kurz vorgestellt, wenn wir freitags hierherkommen, und dann geht es relativ schnell auch wieder in den Austausch. Da gibt es dann Anwendungsfälle oder auch Diskussionen. [...] Und im Nachgang gibt es dann meistens noch fortführende Informationen [...]" (Std 7, 78).

Auch in Blended-Learning-Studiengängen kann es jedoch vorkommen, dass Präsenzveranstaltungen nicht interaktiv, sondern in

Form von klassischen Vorlesungen ablaufen. In manchen Studiengängen gibt es außerdem zusätzliche Veranstaltungen, die sich spe-
ziell an leistungsschwächere Studierende richten.

In Fernstudienphasen sind die bereitgestellten Lernmaterialien von
großer Bedeutung für den Lernprozess. Als für die Bewältigung der
Leistungen hilfreich bewerten die Studierenden Materialien, die
inhaltlich umfassend gestaltet sind, wie Std 4 erläutert: *"[...] es waren
die Inhalte aufbereitet wie ein Buch, [...] wo auch verschiedene Sichtweisen
zusammengetragen werden, Vor- und Nachteile dargestellt und alles theoretisch
sehr detailliert erläutert wird"* (Std 4, 44). Z. T. werden jedoch lediglich
Präsentationsfolien zur Verfügung gestellt.

Hinsichtlich der Herstellung von Bezügen zur Praxis in den Lehrveranstaltungen gibt es unterschiedliche Varianten. Im Studiengang
von HS 3 besteht für die Studierenden an vielen Stellen die Möglichkeit, eigene Praxiserfahrungen in das Studium einzubringen:

> *„Das heißt, das Ziel ist es, wissenschaftlich fundiert die Prozesse, The-
> men, was auch immer, an Praxis zu reflektieren, einzuordnen, und Lö-
> sungsmöglichkeiten zu entwickeln. Und das heißt, eine zentrale Ressource
> sind deren beruflichen Herausforderungen und berufliche Themen. Das
> heißt beispielsweise, wenn es eine Hausarbeit als Leistungsnachweis gibt,
> dann kann der oder die Studierende das Thema für die Hausarbeit mit
> dem betreuenden Professor frei gestalten"* (HS 3, 90).

In anderen Studiengängen kommt der Praxisbezug lediglich darin
zum Ausdruck, dass die Lehrenden die Inhalte an Praxisbeispielen
erläutern. Die Studierenden bewerten das Vorhandensein von Praxisbezug als hilfreich für die Bewältigung der Leistungsanforderungen. Da die Studierenden in den meisten Fällen berufstätig sind,
besteht in den hier betrachteten Studiengängen weiterhin auch die
Chance, dass das im Studium erworbene Wissen direkt am Arbeitsplatz und nicht erst nach Abschluss des Studiums eingesetzt wer-

den kann. Dies wird von den Hochschulen in manchen Fällen auch systematisch gefördert, indem z. B. in Hausarbeiten Lösungsvorschläge für reale Praxisprobleme entwickelt werden: *„[...] dass sie durch die Projektarbeit die Möglichkeit haben, konkrete Fragestellungen aus dem eigenen Unternehmen mit ins Studium zu bringen und die Ergebnisse wieder mit in die Firma zu nehmen, ist auch ausschlaggebend für den Erfolg der Studierenden"* *(HS 2, 49)*. Die erarbeiteten Lösungsvorschläge können im Idealfall in die Praxis übertragen werden, was die Befragten als lernförderlich bewerten. Manche Studierende haben jedoch eine berufliche Position ohne direkten Bezug zu den Inhalten des Studiums, sodass der Praxistransfer während des Studiums nicht möglich ist. Dies ist z. B. bei Std 6 der Fall: *„Bei meinen konkreten Aufgaben kann ich die Inhalte zurzeit eher wenig einsetzten [...] Aber es eröffnet mir die Möglichkeit, mich in bestimmte Richtungen am Arbeitsplatz zu entwickeln"* *(Std 6, 170)*.

Die Betreuung und Unterstützung der Studierenden durch die Lehrpersonen erfolgt vorwiegend in den Präsenzveranstaltungen, die sich hinsichtlich der Größe der Lerngruppen stark voneinander unterscheiden. In manchen Studiengängen können es mehrere hundert Studierende sein, was von den Befragten als hinderlich für den Lernerfolg bewertet wird, da die Betreuungsintensität in solchen Veranstaltungen gering ist. In anderen Studiengängen sind die Gruppengrößen deutlich geringer, was von den Studierenden als lernförderlich bewertet wird, da so eine intensivere Betreuung durch die Lehrpersonen erfolgen kann. Dies wird z. B. an dem folgenden Zitat deutlich *„Das ist wie in der Schule früher, das ist eigentlich optimal. Das hätte ich vorher gar nicht gedacht, dass es so ist. Man hat direkten Kontakt zum Professor [...]"* *(Std 3, 84)*.

Während der Fernstudienphasen erfolgt die Betreuung zumeist auf Initiative der Studierenden. Hierzu erläutert bspw. Std 7: *„Ja und* *dass man sich eigentlich problemlos an die Dozenten wenden kann, sei es telefonisch oder per Mail" (Std 7, 47).* Die Kommunikation mit den Lehrenden außerhalb der Lehrveranstaltungen ist für die meisten Studierenden zufriedenstellend. Manche Studierende würden sich jedoch auch mehr Betreuung wünschen, um das Studium leichter bewältigen zu können. Z. T. gibt es auch eine systematische Betreuung während dieser Fernstudienphasen, die z. B. darin besteht, dass die Studierenden Übungsaufgaben bearbeiten und hierzu Feedback erhalten. Diese Betreuungsleistungen können laut HS 2 lernförderlich sein,

> *„[...] weil die auch eine ganz gute Vorbereitung auf die Klausur sind. Man bekommt auch ein individuelles Feedback von den Lehrenden und kann so auch besser einschätzen, wo man genau steht, wo kennt man sich gut aus, wo muss man da vielleicht was nachholen" (HS 2, 36).*

Der Austausch der Studierenden miteinander findet vorwiegend während der Lehrveranstaltungen statt: *„Die Präsenzphasen wären eigentlich so die Hauptveranstaltungen, wenn es darum geht, sich untereinander auch auszutauschen. [...] die Projektarbeitsgruppen treffen sich auch außerhalb von dem regulären Ablauf der Module" (HS 2, 42).* Das Zitat zeigt auch, dass die Zusammenarbeit in manchen Studiengängen systematisch gefördert wird, da bestimmte Prüfungsleistungen als Gruppenarbeit zu erstellen sind. Dies wird von den Studierenden als hilfreich für die Bewältigung der Anforderungen bewertet: *„Man profitiert von dem Wissen und den Erfahrungen der Anderen" (Std 5, 103).* In anderen Studiengängen wird die Zusammenarbeit nicht systematisch gefördert, einige Studierende schließend sich jedoch selbstständig zu Lerngruppen zusammen. Std 2 bewertet diese Art der Zusammenarbeit als hilfreich für die Prüfungsvorbereitung: *„Klar, sicherlich braucht es auch Lerngruppen und man muss sich auch mit anderen Studierenden austauschen, auch das ist ganz wichtig" (Std 2, 30).*

Die Lehrveranstaltungen können sehr unterschiedlich aussehen und als klassische Vorlesungen oder als Seminare konzipiert sein. Je nachdem, wie viele Studierende gemeinsam daran teilnehmen und in welcher Lehr-Lern-Form sie gestaltet sind, sind diese mehr oder weniger interaktiv konzipiert. In den Fernstudienphasen lernen die Studierenden vorwiegend über das selbstständige Durcharbeiten von bereitgestellten Lernmaterialien. Die Betreuung der Studierenden durch die Lehrenden erfolgt überwiegend in den Lehrveranstaltungen, aber auch in Fernstudienphasen gibt es Formen systematischer Betreuung. Eine wesentliche Rolle spielen Praxisbezug und Praxisrelevanz der Inhalte, die in einigen Studiengängen systematisch gefördert werden.

7.8 Ergebnisse zu den individuellen Merkmalen

Dieses Unterkapitel befasst sich mit den Ergebnissen zu den berufsbegleitenden Studierenden selbst (vgl. Teilforschungsfrage 2; Tabelle 16).

Tabelle 16: Ergebnisse zur Oberkategorie 3 (Individuelle Determinanten)

Oberkategorie 3: Individuelle Determinanten	
Subkategorien	**Ergebnisse**
3.1. Soziodemografische Merkmale	- Große Heterogenität hinsichtlich Alter, familiärer Situation und Lebenserfahrung
	- Z. T. lange Anreisezeiten zur Hochschule
	- Studierende zeitlich und örtlich stark eingeschränkt
3.2. Finanzielle Situation	- Studienfinanzierung vielfach aus eignen Mitteln, z. T. hohe finanzielle Belastung durch das Studium
	- Finanzielle Unterstützung von externen Institutionen z. T. vorhanden
3.3. Leistungsbezogene Eingangsvoraussetzungen und Vorqualifikation	- Heterogenität bei den leistungsbezogenen Eingangsvoraussetzungen
	- Vorqualifikationen: Schulische/berufliche HZB, (fachlich einschlägige) Berufsausbildung und z. T. eine

Oberkategorie 3: Individuelle Determinanten	
Subkategorien	**Ergebnisse**
	mehrjährige Berufserfahrung
3.4. Motivationale Merkmale	- Studienmotive
	- Studienaufnahme i. d. R. aus eigenem Antrieb
	- Häufige Studienmotive: Wunsch nach persönlicher Weiterbildung oder nach beruflicher Weiterentwicklung
	- Studienmotivation: hoch motivierte und zielstrebige Studierende
3.5. Beratungsbedarf	- Hoher Beratungsbedarf, vor allem vor Aufnahme des Studiums
	- Inhaltlicher Schwerpunkt: Studienorganisation
	- Anspruchsvoll und bedacht bei der Auswahl eines Studienganges
3.6. Berufliche Situation	- Berufstätigkeit in Vollzeit der Regelfall, starke zeitliche Restriktionen
	- Beruf: zentrale Rolle für die Studierenden
	- Insbesondere Masterstudierende häufig in verantwortungsvollen Positionen
	- Berufliche Verpflichtungen schränken die Studierenden stark ein.

Bei den soziodemografischen Merkmalen ist hinsichtlich des Alters eine große Heterogenität innerhalb der Studierendengruppen zu verzeichnen, was mit großen Unterschieden hinsichtlich der privaten Situation und der Lebenserfahrung einhergeht. HS 1 beschreibt die Lebenssituation der berufsbegleitend Studierenden folgendermaßen:

„Das liegt vor allem am Alter. Die sind älter da sie, wenn wir im Bachelor gucken, alle eine Ausbildung gemacht haben. Und nach der Ausbildung kommen sie zu uns, teilweise auch mit Berufserfahrung. Da sind manche dabei, die sind über 30 und machen nochmal einen Bachelor. Die haben eine ganz andere Berufserfahrung, aber auch Lebenserfahrung" (HS 1, 42).

Einige Studierende haben bereits eine eigene Familie gegründet, was häufig die zeitlichen Ressourcen, die für das Studium zur Verfügung stehen, stark einschränkt und die Bewältigung des Studiums erschwert. Einige Studierende erbringen daher in den einzelnen Semestern weniger als die vorgesehenen Leistungen, um die Arbeitsbelastung zu reduzieren: *„Ich hatte damals auch erst überlegt, ob ich das Studium für mich persönlich entzerre aufgrund dessen, dass ich Nachwuchs bekommen habe" (Std 5, 59).* Hinzu kommt, dass einige Studierende mehrere Stunden für die Anreise zur Hochschule benötigen, was ebenfalls zu einer Einschränkung der zeitlichen Ressourcen führt.

Viele Studierende müssen die Kosten des Studiums anteilig selbst tragen. HS 1 gibt hierzu z. B. an: *„[...] die zahlen da auch Geld für. Das ist in der Regel auch mindestens auch teilweise ihr eigenes Geld" (HS 1, 34).* Einige Studierende erhalten beim Studium finanzielle Unterstützung von externen Institutionen wie Stiftungen oder Gewerkschaften. Folglich wird die finanzielle Bewältigung des Studiums beeinflusst durch das eventuelle Vorhandensein von externen Finanzierungsquellen. Hinsichtlich der leistungsbezogenen Eingangsvoraussetzungen bestehen große Unterschiede zwischen den berufsbegleitend Studierenden, die die Bewältigung der Leistungsanforderungen bedingen. Eine Ursache hierfür sind Unterschiede in der schulischen Vorbildung:

„Dadurch, dass jetzt eben viele auch über die Drei-plus-zwei-Regelung mit der Berufsausbildung, mit der Berufserfahrung zugelassen werden können. Da sehen wir schon Unterschiede im Gegensatz zu Personen, die das Abitur absolviert haben. Wenn es jetzt zum Beispiel um Module wie Mikroökonomik, Makroökonomik geht, bei diesen mathematik-lastigen Modulen, sieht man relativ stark die Unterschiede. Da gibt es Personen, die in dem Bereich sehr gut sind. Viele anderen tun sich sehr schwer, weil das auch ein Thema ist, mit dem man ohne Vorerfahrungen nicht unbedingt etwas anfangen kann " (HS 2, 28).

Ein großer Teil der Studierenden hat vor Studienbeginn zudem eine berufliche Ausbildung absolviert, die in vielen Fällen auch fachlich verwandt mit dem Studium ist. Einige haben zusätzlich zur Ausbildung Fortbildungen absolviert, wie HS 2 erläutert: *„Dadurch, dass unsere Studierenden alle berufstätig sind, häufig auch zumindest eine Ausbildung erbracht haben, Fort- und Weiterbildung absolviert haben [...]" (HS 2, 22).* Viele Studierende verfügen außerdem über eine mehrjährige Berufserfahrung, die häufig ebenfalls fachlich relevant und oft hilfreich bei der Bewältigung der Leistungsanforderungen ist: *„[...] alle Studierenden haben eine gewisse Berufserfahrung, einige ich sag mal fünf Jahre, einige vielleicht auch 15 bis 20 Jahre, und da müssen wir letztendlich wirklich drauf aufbauen [...]" (HS 2, 16).* Für andere Studierende stellt das Studium eine fachliche Neuorientierung dar, sodass ein Anknüpfen an Vorerfahrungen nicht möglich ist.

Je nachdem, über welche Eingangsvoraussetzungen die Studierenden verfügen, fällt es ihnen mehr oder weniger leicht, die im Studium gestellten Leistungsanforderungen zu bewältigen. Die Studierenden haben das Studium i. d. R. aus eigenem Antrieb aufgenommen. Es sind vor allem Motive, die auf die persönliche und berufliche Weiterentwicklung zielen, von Bedeutung und vielfach wird eine höhere berufliche Position im eigenen oder in einem anderen Unternehmen angestrebt. Std 6 beschreibt seine Studienmotive wie folgt: *„Das war vollkommen Eigeninitiative und eben aus dem Antrieb heraus, mich weiterzuentwickeln und für andere Aufgaben zu qualifizieren" (St. 6, 178).*

Die berufsbegleitend Studierenden werden während des Studiums als hoch motiviert beschrieben. HS 1 gibt bspw. an: *„[...] alle Dozenten bestätigen, dass die Studierenden überdurchschnittlich motiviert sind [...]" (HS 1, 34).* HS 5 beschreibt die berufsbegleitend Studierenden zudem als außerordentlich zielstrebig: *„Letztendlich lassen sie sich auch als sehr* *zielstrebig charakterisieren. Also zielstrebig im Rahmen des Studiums, aber auch belastbar, dadurch, dass sie es in Kauf nehmen, neben einer sehr verantwortungsvollen Vollzeittätigkeit über zwei Jahre in das Studium zu gehen" (HS 5, 10).* In den Augen der Befragten verfügen die berufsbegleitend Studierenden folglich über für die Bewältigung der Leistungsanforderungen günstige motivationale Eingangsvoraussetzungen.

Die berufsbegleitend Studierenden zeichnen sich weiterhin durch einen hohen Beratungsbedarf aus, der sich vor allem vor Beginn des Studiums zeigt (vgl. Kapitel 7.6). Bedingt durch ihre vergleichsweise hohe Lebenserfahrung sind die berufsbegleitend Studierenden anspruchsvoll hinsichtlich der Auswahl eines für sie passenden Studienganges. HS 1 beschreibt dies folgendermaßen: *„Wir können schon feststellen, dass die Studierenden sich gerade, wenn es um die Anbahnung geht, wesentlich intensiver beschäftigen mit dem Studienangebot und auch mit der Institution selber" (HS 1, 34).* Diese intensive Auseinandersetzung mit den Gegebenheiten im Vorfeld des Studiums ermöglicht es den berufsbegleitend Studierenden, einen Studiengang auszuwählen, den sie nach eigenem Ermessen auch bewältigen können.

Die Studierenden sind i. d. R. in Vollzeit berufstätig. Nur wenige haben ihre wöchentliche Arbeitszeit reduziert: *„[...] die sind alle berufstätig, also die Allermeisten sind auch in Vollzeit berufstätig. Das heißt, die sind, was die zeitlichen Kapazitäten oder zum Teil auch die örtlichen Angelegenheiten sage ich mal, das ist eingeschränkt" (HS 2, 16).* Ihrer beruflichen Tätigkeit messen die Studierenden eine zentrale Rolle im Vergleich zu den anderen Lebensbereichen bei. Insbesondere die Masterstudierenden befinden sich oft in verantwortungsvollen Positionen und sind daher noch stärker durch ihre beruflichen Verpflichtungen eingeschränkt als die Bachelorstudierenden: *„Die zeitliche Belastung ist im Master pro Woche geringer [...] als im Bachelor. Da ist das Studium ein*

bisschen gestreckt, weil die mit ihren Positionen zum Teil mehr Arbeit haben"
(HS 3, 58).

Dementsprechend sind die Studierenden zeitlich und örtlich stark durch die Berufstätigkeit eingeschränkt, sodass die Bewältigung des Studiums neben dem Beruf eine große Herausforderung darstellt. Insgesamt zeigt sich, dass die berufsbegleitend Studierenden keine einheitliche Gruppe darstellen und es Unterschiede hinsichtlich der Eingangsvoraussetzungen und der privaten Lebensbedingungen gibt. Gemeinsam ist den Studierenden die Berufstätigkeit, die in vielen Fällen mit Berufserfahrung einhergeht, die sich im Studium inhaltlich positiv bemerkbar macht.

7.9 Ergebnisse zur Unterstützung durch den Arbeitgeber

Im Folgenden wird auf die verschiedenen Arten der Unterstützung durch die Arbeitgeber und deren Beitrag zur Bewältigung des Studiums eingegangen (vgl. Teilforschungsfrage 3; Tabelle 17).

Tabelle 17: Ergebnisse zur Oberkategorie 4 (Unterstützung durch den Arbeitgeber)

Oberkategorie 4: Unterstützung durch den Arbeitgeber	
Subkategorien	**Ergebnisse**
4.1. Finanzielle Unterstützung	- Große Unterschiede zwischen den Studierenden hinsichtlich des Umfangs
	- Studienfinanzierung wird in unterschiedlichem Ausmaß unterstützt
4.2. Zeitliche Unterstützung	- Durch zeitliche Unterstützung kann die Vereinbarkeit von Studium und Beruf besser gelingen
	- Zeitliche Unterstützungsformen z. T. vorhanden: Freistellung, Flexibilisierung/Reduzierung der Arbeitszeit oder Arbeit an Studienaufgaben am Arbeitsplatz
4.3. Weitere Unterstützungsformen	- Mittler bei der Informationsweitergabe kann Studienaufnahme unterstützen
	- Informationen über berufsbegleitende Studienmög-

Oberkategorie 4: Unterstützung durch den Arbeitgeber	
Subkategorien	**Ergebnisse**
	lichkeiten - Kontakt mit Hochschulen (Informationsveranstaltungen) - Inhaltliche Unterstützung kann Bewältigung der Leistungsanforderungen erleichtern - Formen inhaltlicher Unterstützung: z. B. Bereitstellung von Daten
4.4. Anteil der unterstützten Studierenden	- Großteil erhält Unterstützung - Entweder zeitlich oder finanziell, selten vollständige Unterstützung - Für die Bewältigung des Studiums nicht Art, sondern Intensität entscheidend

Der Umfang der finanziellen Unterstützung seitens der Arbeitgeber variiert sehr stark zwischen den Studierenden, wie HS 2 erläutert: *„Also es gibt Arbeitgeber, die das Studium komplett finanzieren, die das Studium anteilig finanzieren, es gibt welche, die eigentlich von der finanziellen Unterstützung eigentlich gar nichts übernehmen können. Das ist relativ unterschiedlich"* *(HS 2, 55)*. Die finanzielle Unterstützung erleichtert den Studierenden die organisatorische Bewältigung des Studiums, wie z. B. Std 6 angibt: *„Die 12 000 bis 13 000 Euro, die das ganze Studium hier kostet, wären für mich jetzt nicht tragbar gewesen. Deswegen habe ich mir dann Unterstützung durch den Arbeitgeber gesucht"* *(Std 6, 10)*.

Weiterhin gibt es zeitliche Unterstützungsformen wie die Flexibilisierung der Arbeitszeit. Dadurch können sich die Studierenden ihre Arbeitszeit flexibel einteilen, sodass Freiräume für das Studium entstehen. Std 5 hat hierzu eine Vereinbarung mit seinem Arbeitgeber getroffen: *„Wir haben abgesprochen, dass ich mir das genauso legen konnte, wie ich es brauchte. Also ich konnte Freitag kommen und gehen wann ich wollte, um hierher zu kommen"* *(Std 5, 137)*. Eine weitere arbeitszeitliche Unterstützungsform ist es, wenn während weniger arbeitsintensiven Phasen am Arbeitsplatz an den Studienaufgaben gearbeitet werden kann. Std 6 hat bspw. die Möglichkeit dazu: *„Wenn ich im Büro sitze und gerade ein bisschen Leerlauf habe, [...] dann sagt auch keiner was, wenn ich meine Lernunterlagen auspacke" (Std 6, 128).* Manche Studierenden reduzieren außerdem ihre wöchentliche Arbeitszeit während des Studiums. Diejenigen, die zeitliche Unterstützung erhalten, bewerten diese als förderlich für die organisatorische Bewältigung des Studiums.

Einige Arbeitgeber leisten auch inhaltliche Unterstützung beim Studium. Diese kann so aussehen, dass ein Vorgesetzter den Studierenden inhaltlich berät oder aber, dass Hausarbeiten mit Praxisbezug über reale Phänomene im eigenen Unternehmen erstellt werden können. Hierzu erläutert HS 1: *„Die Hausarbeiten, die die Studenten schreiben, sind keine Theoriearbeiten, sondern die sollen immer eine praktische Problemstellung zu einer Lösung führen. Insofern brauchen die eine Pro-Fraktion des Unternehmens, damit sie dort mal ein Interview führen können [...] und dergleichen" (HS 1, 100).*

Das beinhaltet, dass auf unternehmensinterne Daten zurückgegriffen werden kann. Dadurch werden die Studierenden bei der Erstellung von z. B. Projektarbeiten inhaltlich bei der Bewältigung des Studiums unterstützt, wie sich an dem folgenden Zitat von HS 2 erkennen lässt: *„Das macht es einfacher, was die Projektarbeiten angeht, um im Unternehmen gezielt schauen zu können, welche Fragestellungen, welche Herausforderungen gibt es dort, die ich im Rahmen von einem Modul bearbeiten kann" (HS 2, 57).*

Es gibt auch Fälle, in denen die Unternehmen in direktem Kontakt mit der Hochschule stehen. Bspw. werden in manchen Unternehmen Vertreterinnen oder Vertreter der Hochschulen für Informationsveranstaltungen eingeladen, um über Studienmöglichkeiten zu informieren. Selten kommt es vor, dass die Arbeitgeber den Anstoß zur Studienaufnahme geben, indem sie z. B. ein Stipendium vergeben. HS 5 beschreibt dies wie folgt:

> *„Es gibt Arbeitgeber, die schicken ihre Beschäftigten. Das sind meistens die Familienunternehmen, die ihre eigenen Söhne und Töchter schicken. Es gibt aber auch Unternehmen, die sagen, ich habe hier diese qualifizierte Fachkraft und ich möchte dies als Personalentwicklungsmaßnahme einsetzen, sodass sie in die Geschäftsführung aufsteigt"* (HS 5, 72).

Solche Unterstützungsleistungen haben keinen direkten Bezug zum Studienerfolg, sondern förderten vielmehr die Studienaufnahme. Für einige der befragten Studierenden war es sogar eine Voraussetzung für die Studienaufnahme, Unterstützung von ihrem Arbeitgeber zu erhalten. Im Allgemeinen wird die Unterstützung seitens des Arbeitgebers als hilfreich für die Bewältigung des Studiums bewertet, wie HS 1 erläutert: *„[...] mit einer Unterstützung, wie auch immer die aussieht, auch finanziell, zeitlich oder bei Themen für Hausarbeiten oder so, lebt es sich dann leichter"* (HS 1, 102).

Ein Großteil der Studierenden erhält Unterstützung durch den Arbeitgeber. HS 3 ist der Ansicht, dass ungefähr die Hälfte der Studierenden unterstützt wird: *„[...] bestimmt 50 Prozent der Berufsbegleitenden haben irgendeine Art von Unterstützung"* (HS 3, 102). I. d. R. wird das Studium nicht vollständig gefördert, sondern lediglich eine der verschiedenen Unterstützungsformen gewährt: *„Es gibt entweder eine zeitliche Freistellung oder einen finanziellen Zuschuss. Dass komplett alles übernommen wird, ist eher die Seltenheit"* (HS 5, 74). Die Befragten brachten außerdem zum Ausdruck, dass es für die Bewältigung des Studiums nicht entscheidend ist, welche Unterstützungsformen bereitgestellt werden. Es ist vielmehr von Bedeutung, dass durch die Unterstützung Rahmenbedingungen geschaffen werden, die die

Vereinbarkeit von Studium und Beruf und damit die Bewältigung des Studiums ermöglichen.

Die Befragten sind der Ansicht, dass die Bewältigung des Studiums durch Unterstützung des Arbeitgebers positiv beeinflusst werden kann. Die häufigsten Unterstützungsformen sind finanzieller oder zeitlicher Art, es gibt jedoch auch andere Unterstützungsformen, die darin bestehen können, dass unternehmensinterne Informationen in das Studium eingebracht werden können, oder dass die Studienaufnahme gefördert wird.

7.10 Ergebnisse zur Bewältigung des Studiums

Die letzte Oberkategorie befasst sich mit der Bewältigung des Studiums. Weiterhin wurde im Rahmen dieses Themenfeldes auch der Studienabbruch thematisiert (vgl. Tabelle 18).

Tabelle 18: Ergebnisse zur Oberkategorie 5 (Bewältigung des Studiums)

Oberkategorie 5: Bewältigung des Studiums	
Subkategorien	**Ergebnisse**
5.1. Inhaltliche Bewältigung	- Leistungsunterschiede aufgrund unterschiedlicher Vorkenntnisse
	- Z. T. Belegung zusätzlicher Module oder Studienverkürzung
	- Weniger Probleme als bei der organisatorischen Bewältigung
5.2. Organisatorische Bewältigung	- Mehrfachbelastung: anstrengend und belastend
	- Viel Selbstorganisation und Selbstdisziplin erforderlich
	- Einschränkungen erfolgen vor allem im Privaten
	- Im Zweifelsfall Priorität bei beruflichen Aufgaben und Terminen
5.3. Studienabbruch	- Umfang des Studienabbruchs:
	- Studienabbruch kein häufiges Phänomen
	- Studienunterbrechungen häufiger
	- Gründe des Studienabbruchs:
	- Zumeist gesundheitliche Probleme, Unterschätzung der Anforderungen

- Vereinbarkeit von Studium und Beruf selten Abbruchgrund
- Studienabbruch tendenziell eher zu Beginn des Studiums

Die Studierenden differenzieren zwischen der Bewältigung der Leistungsanforderungen und der organisatorischen Bewältigung. Die inhaltliche Bewältigung der Leistungsanforderungen ist zumeist unproblematisch, auch wenn aufgrund heterogener Vorkenntnisse Leistungsunterschiede erkennbar sind:

> *„[...] bei diesen mathematik-lastigen Modulen sieht man relativ stark die Unterschiede. Da gibt es Personen, die in dem Bereich sehr gut sind. Viele andere tun sich sehr schwer, weil das auch ein Thema ist, mit dem man ohne Vorerfahrungen nicht unbedingt etwas anfangen kann"* (HS 2, 28).

Den meisten Studierenden gelingt folglich die inhaltliche Bewältigung des Studiums, auch wenn dies einzelnen Personen schwerer fällt als anderen. Manche Studierende schaffen es sogar, mehr als die eigentlich geforderten Leistungen zu erbringen, da sie zusätzliche Kurse belegen oder das Studium verkürzen: *„Ich habe den Master angefangen mit sechs Semestern Regelstudienzeit [...] und ich habe dann nach dem zweiten Semester entschieden zu verkürzen auf vier Semester"* (Std 4, 24).

Die inhaltliche Bewältigung des Studiums bereitet den Studierenden vergleichsweise weniger Probleme als die organisatorische Bewältigung. Std 5 gibt hierzu an *„Also die Arbeit selbst fand ich nicht so schlimm, aber dass einfach zu wenig Zeit ist für soziale Kontakte neben Studium und Beruf"* (Std 5, 85). Um das Studium organisatorisch bewältigen zu können, müssen sich die Studierenden vor allem im privaten Bereich einschränken. Im Wesentlichen ist das Studium für die Studierenden zwar organisatorisch zu bewältigen, allerdings wird die Studiensituation vielfach als sehr belastend empfunden:

„Das Problem ist einfach diese Belastung auf Dauer. Man kommt nach Hause, legt sich mal ganz kurz ab, ein Stündchen oder zwei und dann nochmal an die Unterlagen ran. Allein dieser Moment, man kommt zur Türe rein und sieht auf diesem Schreibtisch diesen Berg Bücher, der auf einen wartet, da möchte man am liebsten wieder zurück ins Büro fahren. Da war es eigentlich ganz nett den ganzen Tag über [...] Das ist schon schwierig" (Std 6, 128).

Im Zweifelsfall werden die beruflichen Aufgaben priorisiert, weshalb die Hochschulmitarbeitenden den Studierenden Flexibilität einräumen, um die Vereinbarkeit von Studium und Beruf zu ermöglichen:

„Es kann auch vorkommen, dass jemand beruflich bedingt nicht teilnehmen kann. [...] im Zweifelsfall geht der Beruf dann vor. Die Studierenden werden nicht ausgeschlossen vom Studium, sondern man versucht immer zu schauen, welche Möglichkeiten es gibt, damit diese Person die verpasste Prüfungsleistung nachholen kann, um das Modul erfolgreich abzuschließen" (HS 2, 51).

Die Hochschulmitarbeitenden wurden weiterhin nach der Rolle des Studienabbruchs in dem betrachteten Studiengang gefragt. Sie gaben durchweg an, dass es sich dabei lediglich um Einzelfälle handelt. Bspw. äußert sich HS 2 wie folgt zu den Studienabbruchquoten: *„Die sind sehr gering. Dadurch, dass man eben auch dieses sehr gute Betreuungssystem hat, daher liegen die Abbruchquoten, die liegen vielleicht so bei einer Person im Jahr"* (HS 2, 53).

Es gibt jedoch einige Fälle, in denen die Studierenden das Studium für eine gewisse Zeit unterbrechen, da sie es aufgrund beruflicher oder privater Ereignisse für einen gewissen Zeitraum nicht mit den anderen Lebensbereichen vereinbaren können:

„Sie können auch jederzeit sagen, ich lasse das aufgrund beruflicher Tätigkeit kurz ruhen. [...] Wir haben auch wirklich immer wieder Leute, die zwei Jahre aussetzten und dann ihr Studium doch noch irgendwie zu Ende

bringen, weil es gerade beruflich nicht passt. Das erlebt man aber auch, dass die das dann noch hinkriegen" (HS 4, 52).

Falls doch einmal ein Studierender das Studium abbricht, sind es häufig gesundheitliche Probleme, die dafür ausschlaggebend sind. Außerdem kann es laut HS 1 auch vorkommen, dass die organisatorischen Studienanforderungen unterschätzt wurden und das Studium daher nicht weitergeführt wird: *„[...] in der Regel ist der Grund, dass die Leute feststellen, dass so ein berufsbegleitendes Studium doch nicht mal eben nebenbei passiert, sondern ein gehöriges Maß an zeitlicher Organisation und Disziplin erfordert" (HS 1, 64).* Weiterhin gibt es Studienabbrecher, die bereits zu Beginn feststellen, dass ein berufsbegleitendes Studium nicht ihren Neigungen entspricht: *„Die Abbrecher [...] kristallisieren sich nach einem Semester schon raus. Sie haben sich entweder etwas Anderes darunter vorgestellt oder es passt beruflich gerade gar nicht" (HS 5, 62).* Die inhaltliche Bewältigung der Studienanforderungen stellt nach Erfahrung der Hochschulmitarbeitenden i. d. R. keinen Abbruchgrund dar: *„Also dass jemand rausgeprüft wurde, das hatten wir bislang noch nicht" (HS 5, 64).*

Die Studierenden erleben die Bewältigung des Studiums hinsichtlich der organisatorischen und der inhaltlichen Anforderungen als unterschiedlich stark belastend. Die inhaltliche Bewältigung der Leistungsanforderungen gestaltet sich weitgehend unproblematisch, die organisatorische Bewältigung hingegen bereitet den Studierenden mehr Probleme. Studienabbruch stellt sich in den untersuchten Studiengängen nicht als umfangreiches Problem dar, da lediglich einzelne Personen das Studium ohne Abschluss beenden.

7.11   Zusammenfassung der Ergebnisse

Bei der Beantwortung der *Teilforschungsfrage 1a* zeigen sich viele Hinweise für potenzielle Einflussfaktoren des Studienerfolgs aus dem Bereich Studienorganisation. Untersucht wurden hierbei die drei Bereiche Studieneinstieg, zeitliche Organisation und Beratung. Die Hochschulen bieten beim Studieneinstieg unterschiedliche Beratungs-, Informations- und Unterstützungsangebote an, die häufig in Anspruch genommen werden. Sie erleichtern nicht nur den Einstieg, sondern leisten auch einen Beitrag für die Bewältigung des anschließenden Studiums (vgl. Kapitel 7.6).

Bei der zeitlichen Studienorganisation gibt es verschiedene Modelle, die sich erheblich voneinander unterscheiden. Dies gilt für den Ablauf des Studiums insgesamt und für die zeitliche Organisation der einzelnen Veranstaltungen. Für die Bewältigung des Studiums ist es von Bedeutung, dass sich die Studienzeiten nicht mit den beruflichen und privaten Verpflichtungen überschneiden und Flexibilität bei der zeitlichen Gestaltung bleibt. Für die Vereinbarkeit der Termine aus den Bereichen Studium, Beruf und Privatleben und damit für die organisatorische Bewältigung des Studiums ist eine verlässliche, vorab bekannt gegebene Terminplanung entscheidend. Weiterhin kann die Schaffung flexibler Einzelfalllösungen die zeitliche Bewältigung des Studiums fördern. Bezüglich der Beratung während des Studiums zeigt sich, dass es sich hierbei in den meisten Fällen um persönliche Beratung handelt, die auf Initiative der Studierenden in Anspruch genommen wird (vgl. Kapitel 7.6). Falls es Beratungsbedarf gibt, dann handelt es sich i. d. R. um Detailfragen. Eine gute Ansprechbarkeit und kurze Reaktionszeiten der Ansprechpartner sind hierbei von Bedeutung, der Einfluss von Beratung auf die Studienbewältigung wird von den Studierenden jedoch als gering angesehen.

Die *Teilforschungsfrage 1b* zielt auf die auf die Besonderheiten der Lehrveranstaltungsorganisation in berufsbegleitenden Studiengängen ab (vgl. Kapitel 7.7). Es zeigt sich, dass die Gestaltung der Lehrveranstaltungen in starkem Maß davon abhängt, ob es sich um einen Fern-, Präsenz- oder um einen Blended-Learning-Studiengang handelt. In Hinblick auf den Einfluss einzelner Merkmale der Lehrveranstaltungen auf die Bewältigung der Lehrveranstaltungen scheint es insbesondere von Vorteil zu sein, wenn die Studierenden sich gut betreut fühlen. Bezüglich der Studieninhalte wird es als hilfreich für die Bewältigung der Leistungsanforderungen bewertet, wenn einen hohe Praxisorientierung und -relevanz vorliegt (vgl. Kapitel 7.7).

Bezüglich der individuellen Merkmale wurden zunächst die soziodemografischen Merkmale in den Blick genommen (*Teilforschungsfrage 2*, vgl. Kapitel 7.8). Es zeigt sich, dass die Studierenden unterschiedlich stark durch private Verpflichtungen eingebunden sind und die finanzielle Belastung für einzelne Studierende sehr hoch sein kann. Auch hinsichtlich der bildungsbiografischen Eingangsmerkmale stellt sich die Zielgruppe als heterogen dar, sodass die Bewältigung der Leistungsfanforderungen unterschiedlich gut gelingt. Die Studierenden werden von den Hochschulmitarbeitenden als hoch motivierte Personen beschrieben, sodass von lernförderlichen motivationalen Lernvoraussetzungen ausgegangen werden kann. Sie sind zumeist in Vollzeit berufstätig und messen den beruflichen Verpflichtungen einen hohen Stellenwert bei. Daher sind diese Studierenden durch ihre berufliche und z. T. auch durch ihre private Situation stark eingeschränkt, was die Bewältigung des Studiums stark beeinflusst.

Hinsichtlich der arbeitgeberseitigen Unterstützung *(Teilforschungsfrage 3)* zeigt es sich, dass diese auf individuellen Absprachen zwischen den Studierenden und ihren Arbeitgebern beruht und dementsprechend im Einzelfall sehr unterschiedlich ausgestaltet ist. Das
Vorhandensein von Unterstützung ist jedoch keine notwendige
Bedingung für die erfolgreiche Bewältigung des Studiums. Wenn
jedoch Unterstützung vorliegt, so unterstützt diese die Bewältigung
des Studiums durch das Schaffen förderlicher Rahmenbedingungen. Dabei ist es weniger von Beudeutung, welche Art von Unterstützung vorhanden ist (vgl. Kapitel 7.9).

Bezüglich der Bewältigung des Studiums *(Teilforschungsfrage 4)*
zeigt es sich, dass die Befragten zwischen der organisatorischen
und der inhaltlichen Bewältigung des Studiums differenzieren, wobei Erstere den Befragten weniger Probleme bereitet als die organisatorische Bewältigung des Studiums (vgl. Kapitel 7.10). Die inhaltliche Facette der Studierbarkeit bezieht sich auf die Leistungsanforderungen und steht vor allem in Zusammenhang mit den
individuellen Lernvoraussetzungen sowie der Lehrqualität. Die
organisatorische Studierbarkeit besteht darin, das Studium zeitlich,
örtlich und finanziell zu bewältigen. Dies wird vor allem von den
individuellen Studienbedingungen, der Studienqualität sowie ggf.
der Arbeitgeberunterstützung beeinflusst. Studienabbruch kommt
in den untersuchten Studiengängen eher selten vor.

7.12   Entwicklung des Erklärungsmodells

Auf Grundlage der bisherigen Ausführungen wurde ein Modell zur Erklärung des Studienerfolgs von berufsbegleitend Studierenden ausgearbeitet (vgl. Abbildung 13). Damit wird die *zweite* in der Einleitung gestellte *Forschungsfrage* adressiert (vgl. Kapitel 1.2). Die Analyse der theoretischen Grundlagen zeigte zum einen, dass Studienerfolg ein mehrdimensionales Konstrukt ist, das nicht an einem einzigen Kriterium festgemacht werden kann (vgl. Kapitel 2.2). Als Kriterien für den individuellen Studienerfolg werden daher die Studienleistungen, die Studienzufriedenheit und die Studienabbruchintentionen zugrunde gelegt.

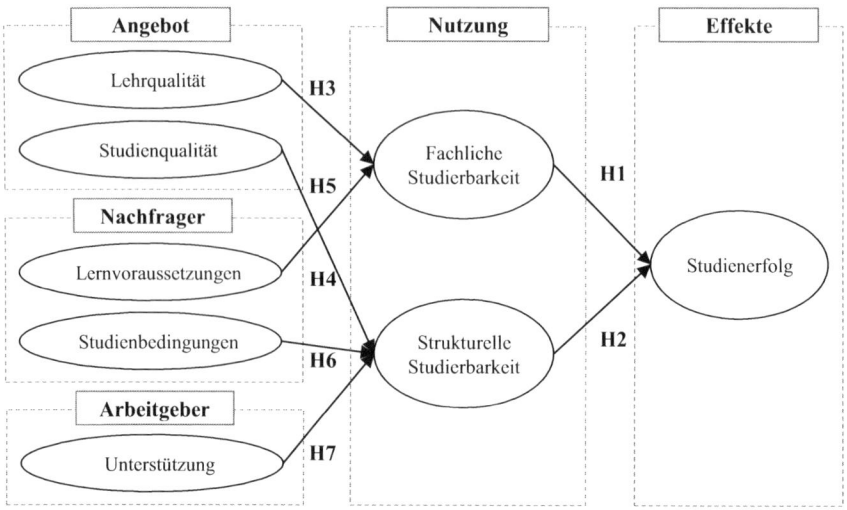

Abbildung 13: Forschungsmodell

Die in Kapitel 2.4 und Kapitel 2.5 vorgestellten Studienerfolgs- und Studienabbruchmodelle liefern potenzielle Einflussfaktoren des Studienerfolgs, die vor allem im Bereich der individuellen Lernvoraussetzungen und Studienbedingungen sowie der institutionellen Lehr- und Studienqualität zu suchen sind. Die qualitative Vorstudie zeigte zudem, dass im berufsbegleitenden Studium die Arbeitgeber das Gelingen des Studiums durch Unterstützungsleistungen beeinflussen können. Daher wurde die Arbeitgeber-Unterstützung als dritter Bereich für Einflussfaktoren des Studienerfolgs in das Modell integriert (vgl. Abbildung 13).

Es wird weiterhin davon ausgegangen, dass die Einflussfaktoren nicht in einer direkten, sondern in einer indirekten Beziehung zum Studienerfolg stehen (vgl. Kapitel 2.6). Vermittelt werden diese Zusammenhänge durch Mediationsprozesse, die bei den Studierenden durch die Lern- und Studienangebote ausgelöst werden. Diese Mediatoren wurden im Modell als Studierbarkeit integriert. Diese bringt zum Ausdruck, inwiefern die Studierenden das Studium unter Berücksichtigung ihrer individuellen Voraussetzungen und Bedingungen bewältigen können. Die Ergebnisse der qualitativen Vorstudie zeigen, dass hierbei in die inhaltliche und die organisatorische Studienbewältigung zu unterscheiden ist (vgl. Kapitel 7.10). Es wird weiterhin angenommen, dass diese beiden Facetten der Studierbarkeit einen Einfluss auf den Studienerfolg haben. Aus diesen Überlegungen ergeben sich das Forschungsmodell und die Forschungshypothesen (vgl. Abbildung 13):

H1: Eine hohe fachliche Studierbarkeit beeinflusst den Studienerfolg positiv.

H2: Eine hohe strukturelle Studierbarkeit beeinflusst den Studienerfolg positiv.

Für das Zustandekommen beider Facetten der Studierbarkeit wird angenommen, dass hierfür individuelle und institutionelle Einflussfaktoren vorhanden sind und dass die Arbeitgeber die strukturelle Studierbarkeit durch Unterstützungsleistungen beeinflussen.

Für die fachliche Studierbarkeit wird angenommen, dass die Studierenden das Studium umso besser inhaltlich bewältigen können, je günstiger ihre Lernvoraussetzungen ausgeprägt sind und je besser die Lehrqualität ausfällt. Dementsprechend lauten die dritte und vierte Forschungshypothese:

> **H3:** Je höher die Qualität des Lehrangebots ist, desto höher ist die fachliche Studierbarkeit.

> **H4:** Je günstiger die individuellen Lernvoraussetzungen ausgeprägt sind, desto höher ist die fachliche Studierbarkeit.

Bei den individuellen Lernvoraussetzungen werden sowohl die leistungsbezogenen Ressourcen als auch die motivationalen Voraussetzungen als Determinanten des Studienerfolgs angesehen.

Die strukturelle Studierbarkeit ist das Resultat der Passung aus Studienqualität, individuellen Studienbedingungen und der durch den Arbeitgeber bereitgestellten Unterstützung. Es wird davon ausgegangen, dass die organisatorische Bewältigung des Studiums umso besser gelingt, je besser die Studienbedingungen bewertet werden und je günstiger die Studienbedingungen gestaltet sind. Daraus ergeben sich die folgenden Hypothesen:

> **H5:** Je höher die Studienqualität ist, desto höher ist die strukturelle Studierbarkeit.

H6: Je günstiger die individuellen Studienbedingungen ausgeprägt sind, desto höher ist die strukturelle Studierbarkeit.

Bei der Bestimmung der für den Studienerfolg relevanten Facetten der Studienqualität wird v. a. auf den Erkenntnissen der qualitativen Vorstudie aufgebaut (vgl. Kapitel 7.6), da hierzu bisher nur wenige belastbare Forschungsbefunde vorliegen (vgl. Kapitel 3.4.3). Es wird angenommen, dass insbesondere die Qualität des Studieneinstiegs, die zeitliche Organisation und die Beratungsangebote die Bewältigung des Studiums und damit indirekt auch den Studienerfolg beeinflussen. Die erfolgsrelevanten individuellen Studienbedingungen werden vor allem in dem Grad der persönlichen Eingebundenheit gesehen, die aus verschiedenen privaten Verpflichtungen wie der Betreuung von Kindern resultiert.

Für die Arbeitgeber-Unterstützung wird angenommen, dass eine hohe Intensität dieser Unterstützung unabhängig von der Art der Unterstützung die strukturelle Studierbarkeit positiv beeinflusst. Daraus ergibt sich die siebte und letzte Forschungshypothese.

H7: Eine hohe Intensität bei der Arbeitgeber-Unterstützung hat einen positiven Einfluss auf die strukturelle Studierbarkeit.

Diese sieben Forschungshypothesen bilden die Grundlage der im Folgenden beschriebenen quantitativen Hauptstudie.

8 Grundlagen der quantitativen Hauptstudie

Nachdem aufbauend auf den Erkenntnissen der Analyse des Forschungsstandes und der qualitativen Vorstudie ein Erklärungsmodell für den Studienerfolg von berufsbegleitend Studierenden entwickelt wurde, verfolgt die quantitative Hauptstudie das Ziel, dieses Erklärungsmodell empirisch zu überprüfen. Um dieses Ziel zu
erreichen, wird eine quantitative Fragebogenstudie bei berufsbegleitend Studierenden durchgeführt. Dabei wird untersucht, inwiefern sich der Studienerfolg der berufsbegleitend Studierenden mit
den identifizierten Einflussfaktoren erklären lässt. Weiterhin soll
geklärt werden, inwiefern die fachliche und die strukturelle Studierbarkeit den Einfluss der institutionellen, individuellen und arbeitgeberseitigen Einflussfaktoren auf den Studienerfolg mediieren.
Anschließend wird geklärt, welchen Beitrag die überinstitutionellen
Einflussfaktoren zur Erklärung des Studienerfolgs von berufsbegleitend Studierenden haben *(Forschungsfrage 3;* vgl. Kapitel 1.2.).

Als erstes wird der Einfluss der im Forschungsmodell spezifizierten
Einflussfaktoren untersucht und die Forschungshypothesen werden
überprüft. Hierfür wird zunächst ein Testinstrument entwickelt,
dass die Einflussfaktoren des Studienerfolgs, die Mediatoren und
die Studienerfolgskriterien erfasst (vgl. Kapitel 9). Es erfolgt eine
Überprüfung der Testinstrumente im Rahmen eine Pilotierungsstu-
die (vgl. Kapitel 9.6). Anschließend wird das überarbeitete Testinstrument in der Hauptstudie eingesetzt, sodass die Überprüfung des
Forschungsmodells erfolgen kann (vgl. Kapitel 10). Die Skalen
werden hinsichtlich ihrer Reliabilität und Validität evaluiert (vgl.
Kapitel 10.4), bevor die die Zusammenhänge zwischen den Ein-

© Springer Fachmedien Wiesbaden GmbH, ein Teil von Springer Nature 2019
L. Hillebrecht, *Studienerfolg von berufsbegleitend Studierenden*, Economics Education
und Human Resource Management, https://doi.org/10.1007/978-3-658-26164-1_8

flussfaktoren, den Mediatoren und den Studienerfolgskriterien mit
Strukturgleichungsanalysen untersucht werden. So wird der Frage
nachgegangen, inwiefern sich der Studienerfolg der berufsbegleitend Studierenden mit dem Forschungsmodell erklären lässt (vgl.
Kapitel 10.5).

Es schließt sich eine Untersuchung der vermittelnden Rolle der
fachlichen und der strukturellen Studierbarkeit mithilfe einer Mediatoranalyse an. Hierbei soll herausgefunden werden, ob die gewählten Konstrukte geeignet sind, den Einfluss der individuellen, institutionellen und arbeitgeberseitigen Determinanten zu vermitteln
(vgl. Kapitel 10.7). Da Studierende in Studiengängen gruppiert
sind, wird weiterhin der Einfluss dieser Gruppenzugehörigkeit analysiert. Hierbei wird im Rahmen von Mehrebenenanalysen untersucht, welchen Einfluss überinstitutionelle Einflussfaktoren auf den
Studienerfolg haben (vgl. Kapitel 10.8). Bevor die Ergebnisse der
quantitativen Hauptstudie beschrieben werden, werden die eingesetzten Analysemethoden der quantitativen Hauptstudie vorgestellt.

8.1 Strukturgleichungsanalysen

Zur Überprüfung des Forschungsmodells kommen Strukturgleichungsanalysen zum Einsatz, die es ermöglichen, Zusammenhänge
zwischen latenten Variablen zu überprüfen (Geiser, 2010, S. 41).
Ein weiterer Vorteil gegenüber anderen Verfahren ist die Möglichkeit, gleichzeitig mehrere abhängige Variablen im Modell aufzunehmen (Arzheimer, 2016, S. 29). Dies ist auch in der vorliegenden
Studie notwendig, da der Studienerfolg anhand von drei Kriterien
operationalisiert ist (vgl. Kapitel 7.12). Innerhalb eines Struk-
turgleichungsmodells wird in Mess- und Strukturmodell unterschieden. Das Messmodell beinhaltet die Beziehungen zwischen

den latenten Variablen (η_1 und η_2) und ihren manifesten Indikatoren (Y_1-Y_5), die durch die Faktorladungen (λ_{11}-λ_{42}) beschrieben werden. Mit $\varepsilon_1-\varepsilon_5$ sind die Fehlerterme der latenten Variablen bezeichnet. Das Strukturmodell besteht aus der regressionsanalytischen Beziehung (β_{21}) der latenten Variablen untereinander sowie der latenten Residualvariablen ζ (Byrne, 2010, S. 13; Geiser, 2010, S. 42).

Auch im Strukturmodell können manifeste Variablen, die nicht zu einem Messmodell gehören, in Beziehung zu latenten oder anderen manifesten Variablen gesetzt werden (Arzheimer, 2016, S. 47). Strukturgleichungsmodelle ermöglichen es nicht nur, die Beziehungen der Variablen untereinander zu untersuchen, sondern auch, die Messfehler zu berücksichtigen (Geiser, 2010, S. 42).

Es existieren verschiedene Ansätze für die Berechnung von Strukturgleichungsmodellen (Hair et al., 2017, S. 13–19). Kovarianzanalytische Verfahren basieren auf einem faktoranalytischen Ansatz mit dem Ziel, die empirische Kovarianzmatrix möglichst gut zu reproduzieren. Die Schätzung der Messmodelle erfolgt mithilfe konfirmatorischer Faktorenanalysen (CFA) (Reineke, 2014, S. 13-14). Es stehen hierbei globale Gütemaße zur Verfügung, die den Vergleich verschiedener Modelle miteinander ermöglichen (Weiber & Mühlhaus, 2010, S. 47-56).

Tabelle 19: Kovarianzanalytische und varianzanalytische Verfahren der Strukturgleichungsanalyse

Kriterium	Kovarianzanalytischer Ansatz	Varianzanalytischer Ansatz
Ziel	Minimierung der Differenz zwischen empirischer und theoretischer Kovarianzmatrix	Minimierung der Höhe der ungeklärten Varianz bzw. Maximierung von R^2
Methode	Faktoranalytischer Ansatz	Regressionsanalytischer Ansatz
Voraussetzung	Normalverteilung	keine Verteilungsannahmen
Erforderliche Stichprobe	Groß (N ≥ 200)	Kleine Stichproben sind ausreichend
Bewertung des Gesamtmodells	Zahlreiche globale Fitmaße vorhanden	Keine etablierten globalen Gütekriterien
Modellvergleiche	Möglich	Nur eingeschränkt möglich

In Anlehnung an Hair et al. (2017, S. 13–17) und Weiber & Mühlhaus, (2010, S. 66)

Die andere Gruppe der strukturgleichungsanalytischen Verfahren folgt einem varianzanalytischen Ansatz (vgl. Tabelle 19), der auf die bestmögliche Vorhersage der Datenmatrix der Zielvariablen abzielt. Die Schätzung der Parameter auf Basis einer regressions-analytischen Vorgehensweise erfolgt zweistufig für das Mess- und das Strukturmodell (vgl. Tabelle 19). Zunächst werden die Werte der latenten Konstrukte geschätzt und dann die finalen Schätzer für die Faktorladungen und Pfadkoeffizienten berechnet (Hair et al., 2017, S. 70–73). Dementsprechend werden diese Verfahren auch als Partial Least Squares Structural Equation Modelling (PLS-SEM) bezeichnet (Hair et al., 2017, S. 4). Eine wesentliche Stärke von varianzanalytischen Verfahren liegt in der Prognose der Ziel-variablen. Darüber hinaus eignet sich die PLS-SEM besonders, wenn das zu untersuchende Modell noch nicht etabliert ist (Hair et al., 2017, S. 13). Die Schwächen der PLS-SEM liegen zum einen darin, dass die Zusammenhänge zwischen den latenten und manifesten Variablen im Messmodell tendenziell überschätzt werden. Zum anderen stehen keine globalen Gütekriterien zur Verfügung, anhand derer die Modellpassung umfassend evaluiert werden könnte (Hair et al., 2017, S. 13).

Die Vorzüge kovarianzanalytischer Verfahren liegen folglich in der Überprüfung von Messmodellen im Rahmen von konfirmatorischen Faktorenanalysen, wohingegen die Vorzüge varianzanalytischer Verfahren in der Schätzung des Strukturmodells in Hinblick auf die Erklärung von Zielvariablen bestehen (vgl. Tabelle 19; Weiber & Mühlhaus, 2010, S. 47–69). Um von den Vorzügen beider Ansätze profitieren zu können, erfolgt in der vorliegenden Arbeit zunächst eine Evaluation des Messmodells im Rahmen von kovarianzanalytischen (vgl. Kapitel 8.2) und die Schätzung des Strukturmodells im Rahmen von varianzanalytischen Strukturgleichungsanalysen (vgl. Kapitel 8.3). So soll das Vorhandensein von Reliabilität und Validität sichergestellt werden. Die Reliabilität bezieht sich auf die Zuverlässigkeit und Messgenauigkeit eines Tests (Döring & Bortz, 2016a, S. 442). Validität beschreibt die Gültigkeit eines Tests, beantwortet also die Frage, ob dieser tatsächlich das intendierte Zielkonstrukt misst (Döring & Bortz, 2016a, S. 445). Bei der im Folgenden beschriebenen empirischen Prüfung des Messmodells mithilfe von konfirmatorischen Faktorenanalysen steht die Überprüfung der Reliabilität und Konstruktvalidität im Vordergrund. Die anschließend erläuterte Evaluation des Strukturmodells hingegen zielt auf eine Überprüfung der Kriteriumsvalidität ab. Die Überprüfung der nomologischen Validität findet sowohl durch die Evaluation des Messmodells als auch durch die Evaluation des Strukturmodells statt. Im Folgenden werden die methodischen Grundlagen erläutert, die für die Evaluation des Mess- und des Strukturmodells maßgeblich sind.

8.2 Evaluation des Messmodells

Bei kovarianzanalytischen Verfahren der Strukturgleichungsmodellierung sollten die Ursprungsdaten normalverteilt sein. Dies kann mithilfe der Verteilungsmaße Schiefe (v) und Kurtosis (w) überprüft werden (Hair et al., 2017, S. 52). Ab einer Schiefe von $|v| \leq 2$ und einer Kurtosis von $|w| \leq 7$ wird von einer substanziellen Verletzung der Normalverteilungsannahme ausgegangen (West, Finch & Curran, 1994, S. 74).[9] Weiterhin sollten die Ursprungsdaten möglichst vollständig sein. Die konfirmatorische Faktorenanalyse erlaubt einen Anteil von bis zu 10 % fehlender Werte in den Originaldaten (Kline, 1998, S. 75).

Die Überprüfung von Messmodellen mithilfe von konfirmatorischen Faktorenanalysen ermöglicht eine Evaluation auf drei Ebenen: auf Ebene der Indikatoren, auf Ebene der Konstrukte und auf Ebene des Gesamtmodells (Weiber & Mühlhaus, 2010, S. 116–119). Bei der Beurteilung der Modellgüte auf Indikatorebene sollten drei Anforderungen erfüllt sein (vgl. Tabelle 20).

---

[9] Konservativere Quellen besagen, dass eine Verletzung der Normalverteilungsannahme bereits ab einer Schiefe von $|v| \leq 1$ und einer Kurtosis von $|w| \leq 1$ vorliegt (Weiber & Mühlhaus, 2010, S. 146).

Tabelle 20: Kriterien für die Beurteilung des Messmodells auf Indikatorebene

Kriterium	Anforderung
Vorzeichen der Faktorladungen	plausible Richtung
Signifikanz der Faktorladungen	gegeben auf einem Signifikanzniveau von 0,05
Indikatorreliabilität (SMC)	SMC $\geq 0,4$

Bei den Faktoraldungen werden Vorzeichen und Signifikanz beurteilt (Geiser, 2010, S. 52). Weiterhin wird geprüft, ob die Indikatorreliabilität die Anforderung SMC $\geq 0,4$ erfüllt. Die Kennzahl Squared Multiple Correlation (SMC) gibt für jeden Indikator an, welcher Varianzanteil durch das Konstrukt erklärt wird (Weiber & Mühlhaus, 2010, S. 122)[10].

Bei der Evaluation des Messmodells auf Konstruktebene steht die Beurteilung der Reliabilität, der Konvergenz- und der Diskriminanzvalidität im Vordergrund. Für die Beurteilung der Reliabilität wird die interne Konsistenz der Konstrukte mithilfe des Cronbachs Alpha[11] (α) betrachtet (Schermelleh-Engel & Werner, 2012, S. 132). Das Vorliegen guter interner Konsistenz wird ab einem Wert von $\alpha \geq 0,7$ angenommen (vgl. Tabelle 21). Zusätzlich zum Cronbachs Alpha wird für die Beurteilung der Reliabilität auf die

---

[10] Die SMC entspricht im Fall des standardisierten Modells den quadrierten Faktorladungen. Dies hat zur Folge, dass die Anforderung SMC $\geq 0,4$ der Anforderung entspricht, dass die Faktorladungen $\lambda \geq 0,632$ sind (Weiber & Mühlhaus, 2010, S. 122). Dementsprechend wird an dieser Stelle keine weitere Anforderung für die Höhe der Faktorladungen formuliert.

[11] Das Cronbachs Alpha ergibt sich nicht aus den Ergebnissen der konfirmatorischen Faktorenanalyse und wird daher separat im Rahmen einer Reliabilitätsanalyse berechnet (Weiber & Mühlhaus, 2010, S. 115–119).

Faktorreliabilität (CR) zurückgegriffen, wobei CR $\geq$ 0,6 für eine gute Reliabilität steht (Weiber & Mühlhaus, 2010, S. 122)[12]. Die Konvergenzvalidität wird anhand der durchschnittlich durch das Konstrukt erfassten Varianz bzw. Average Variance Extracted (AVE) beurteilt, die größer oder gleich 0,5 sein sollte (vgl. Tabelle 21, Fornell & Larcker, 1981, S. 46). Zur Beurteilung der Diskriminanzvalidität wird das Fornell-Larcker-Kriterium verwendet, das fordert, dass die durchschnittlich extrahierte Varianz eines Konstruktes größer als die quadrierte Korrelation des Konstruktes mit allen anderen Konstrukten ist (Fornell & Larcker, 1981, S. 46). Ergänzend hierzu wird ein χ^2-Differenzentest durchgeführt. Sofern die χ^2-Differenz signifikant verschieden von 0 ist, kann davon ausgegangen werden, dass Diskriminanzvalidität vorhanden ist (Weiber & Mühlhaus, 2010, S. 135).

Die Überprüfung der nomologischen Validität erfolgt durch die Beurteilung der Güte des Gesamtmodells, da sich diese Facette der Konstruktvalidität auf die Beziehungen der Variablen im Modell bezieht. Wenn das geschätzte Modell die theoretisch angenommenen Beziehungen widerspiegelt, wird auf das Vorhandensein von nomologischer Validität geschlossen. Dies ist bei einem Modell mit einer hohen Anpassungsgüte gegeben, denn diese beurteilt, inwiefern die modelltheoretische Kovarianzmatrix die empirische Kovarianzmatrix reproduzieren kann (Weiber & Mühlhaus, 2010, S. 131–132).

---

[12] Die interne Konsistenz wird durch die Faktorreliabilität über- und durch das Cronbachs Alpha unterschätzt, sodass es sinnvoll erscheint, zugleich das Cronbachs Alpha und die Composite Reliability zu berücksichtigen, da der tatsächliche Wert der internen Konsistenz zwischen diesen beiden Werten liegt (Hair et al., 2017, S. 97).

Tabelle 21: Kriterien für die Beurteilung des Messmodells auf Konstrukt-ebene

Kriterium	Anforderung
Reliabilität	
Interne Konsistenz/Cronbachs Alpha (α)	$\alpha \geq 0{,}7$
Faktorreliabilität/Composite Reliability (CR)	$CR \geq 0{,}6$
Konvergenzvalidität	
Durchschnittlich extrahierte Varianz/Average Variance Extraced (AVE)	$AVE \geq 0{,}5$
Diskriminanzvalidität	
Fornell-Larcker-Kriterium	$AVE > Cor^2$
χ^2-Differenzentest	$\chi^2(M_r) - \chi^2(M_u) \geq 3{,}841$ ($P \leq 0{,}05$)

Auf Modellebene werden die Schätzergebnisse mithilfe von Fit-Indizes beurteilt, die verschiedene Facetten der Modellanpassung (Model-Fit) evaluieren (Arzheimer, 2016, S. 62). Ein Kriterium stellt dabei der χ^2-Test dar (vgl. Tabelle 22), der überprüft, ob das Modell korrekt spezifiziert ist. Ziel ist es, ein nicht-signifikantes Ergebnis zu erzielen. (Geiser, 2010, S. 60; Werner, Schermelleh-Engel, Gerhard & Cäde, 2016, S. 967). Allerdings ist ein nicht-signifikanter Ausgang des Hypothesentests bei komplexen Modellen und großen Stichprobengrößen äußerst selten, weshalb der Quotient aus dem χ^2-Wert und den Freiheitsgraden (χ^2/df) betrachtet wird. Hierbei werden Werte, die kleiner oder gleich 2 sind, als Indiz für einen guten, und Werte, die kleiner oder gleich 3 sind, als Indiz für einen akzeptablen Model-Fit angesehen (Weiber & Mühlhaus, 2010, S. 160–161).

Tabelle 22: Kriterien für die Beurteilung des Messmodells auf Modellebene

Kriterium	Anforderung
χ^2-Quotient (χ^2/df)	$\chi2/df \leq 2 \Rightarrow$ gute Modellpassung
	$\chi2/df \leq 3 \Rightarrow$ akzeptable Modellpassung
Root Mean Square Error of Approximation (RMSEA)	RMSEA $\leq 0,05 \Rightarrow$ gute Modellpassung
	RMSEA $\leq 0,08 \Rightarrow$ akzeptable Modellpassung
Comparative Fit Index (CFI)	CFI $\geq 0,95 \Rightarrow$ gute Modellpassung
	CFI $\geq 0,90 \Rightarrow$ akzeptable Modellpassung
Tucker Lewis Index (TLI)	TLI $\geq 0,95 \Rightarrow$ gute Modellpassung
	TLI $\geq 0,90 \Rightarrow$ akzeptable Modellpassung

Ein weiterer Fit-Index ist der der Root Mean Square-Error of Approximation (RMSEA, vgl. Tabelle 22). Dieser Index bringt zum Ausdruck, wie gut das Modell die empirische Realität approximieren kann (Weiber & Mühlhaus, 2010, S. 161). Die RMSEA-Werte werden wie folgt interpretiert: RMSEA $\leq 0,05$ spricht für eine gute, RMSEA $\leq 0,08$ für eine akzeptable und RMSEA $\leq 0,10$ für eine mäßige Modellpassung (Geiser, 2010, S. 61; Schermelleh-Engel, Moosbrugger & Müller, 2003, S. 36). Der RMSEA ist im Vergleich zu den anderen Fit-Indizes relativ unempfindlich für große Stichprobengrößen, reagiert allerdings sensibel auf eine hohe Modellkomplexität (Schermelleh-Engel, et al., 2003, S. 37).

Darüber hinaus werden die deskriptiven Maße Comparative Fit Index (CFI) und der Tucker-Lewis-Index (TLI) verwendet (Moosbrugger & Schermelleh-Engel, 2012, S. 337). Der CFI und der TLI geben an, um wieviel besser das geschätzte Modell zu den Daten passt als das Unabhängigkeitsmodell. Im Gegensatz zum CFI reagiert der TLI stärker auf große Stichproben. Beide Indizes fallen umso schlechter aus, je komplexer das zu beurteilende Modell ist (Schermelleh-Engel, et al., 2003, S. 41–42). Bei der Interpretation der Werte der Indizes wird bei Werten größer oder gleich 0,95 von einem guten und bei Werten von größer oder gleich 0,90 von einem akzeptablen Model-Fit ausgegangen (Geiser, 2010, S. 60–61; Weiber & Mühlhaus, 2010, S. 170).

8.3 Evaluation des Strukturmodells

Nach der Beschreibung der Vorgehensweise bei der Evaluation des Messmodells wird im Folgenden erläutert, wie die Evaluation des Strukturmodells im Rahmen der PLS-SEM erfolgt. Für die Durchführung der PLS-SEM sollte eine ausreichend große Stichprobe vorhanden sein.[13] Für den Umgang mit fehlenden Werten steht die Möglichkeit der Mittelwertersetzung zu Verfügung[14] (Hair et al., 2017, S. 23). Hair et al. (2017) schlagen für die Evaluation des Strukturmodells die folgenden Kriterien vor (vgl. Tabelle 23).

Bei der Prüfung der Pfadkoeffizienten werden die standardisierten Schätzer (B) analysiert, da diese nicht durch die Metrik der Originalvariablen beeinflusst werden (Hair et al., 2017, S. 168). Die Pfadkoeffizienten werden mithilfe des Bootstrapping-Verfahrens auf das Vorhandensein von Signifikanz geprüft (Hair et al., 2017, S. 182–183). Pfadkoeffizienten mit einem P-Wert $P \leq 0,1$ werden als signifikant verschieden von 0 angesehen (Weiber & Mühlhaus,

---

[13] Die 10-fach-Regel besagt, dass die Stichprobengröße mindestens zehn Mal so hoch sein sollte wie das Maximum der Pfade, die auf ein Konstrukt gerichtet sind (Hair et al., 2017, S. 70–73).
[14] Die Imputation fehlender Werte sollte nur angewendet werden sollte, wenn weniger als 5 % der Werte fehlen (Hair et al., 2017, S. 23).

2010, S. 180-181). Laut Lohmöller (1989, S. 60) werden standardisierte Pfadkoeffizienten mit einem Wert von B ≥ 0,10 als relevant interpretiert.

Tabelle 23: Kriterien für die Beurteilung des Strukturmodells (Hair et al., 2017, S. 179; Weiber & Mühlhaus, 2010, S. 259)

Kriterium	Anforderung
Pfadkoeffizienten (B)	erwartungskonforme Vorzeichen
	Signifikanz ($P \leq 0,1$)
	Relevanz der signifikanten Pfade (B ≥ 0,1)
Varianzinflationsfaktor (VIF)	VIF ≤ 5
Bestimmtheitsmaß (R^2)	ausreichend hoch ($R^2 \geq 0,19$)
Prognoserelevanz der unabhängigen Variablen (Q^2)	$Q^2 \geq 0$

Ein weiteres Kriterium bei der Evaluation ist die Kollinearitätsdiagnose, die prüft, inwiefern die unabhängigen Variablen voneinander abhängen (Janssen & Laatz, 2013, S. 413). Als Kennzahl wird der Varianzinflationsfaktor (VIF) verwendet, der das Ausmaß anzeigt, in dem sich der Standardfehler eines Schätzers durch die Kollinearität erhöht. Ein VIF-Wert größer als 5 deutet auf ein eventuelles Kollinearitätsproblem hin (Hair et al., 2017, S. 125–126). Die Vorhersagegüte des Modells wird anhand des Bestimmtheitsmaßes (R^2) beurteilt, das den Anteil der durch das Modell erklärten Varianz an der Gesamtvarianz der abhängigen Variablen zum Ausdruck bringt (Janssen & Laatz, 2013, S. 396–398; Reineke, 2014, S. 42). Je nach Fachdisziplin, Studiendesign und Komplexität des Gesamtmodells sind unterschiedliche Grenzwerte anzulegen

(Hair et al., 2017, S. 170)[15]. Auf die Beurteilung der Prognoserelevanz der unabhängigen Variablen für eine abhängige Variable zielt das Stone-Geisser-Kriterium (Q^2) ab, das mithilfe der Blindfolding-Prozedur ermittelt wird (Hair et al., 2017, S. 174).[16] Für eine ausreichend hohe Prognosekraft sollte $Q^2 \geq 0$ sein (Fornell & Bookstein, 1982, S. 449).

8.4 Weiterführende Analysen

Da in dem zugrundeliegenden Forschungsmodell nicht nur direkte, sondern auch indirekte Einflüsse enthalten sind, kommt eine Mediatoranalyse zum Einsatz (Baron & Kenny, 1986, S. 1176). Die Mediatoren M vermitteln den Einfluss der unabhängigen Variablen X auf die abhängigen Variablen Y. Es gibt einen direkten Effekt c' und einen indirekten Effekt $a*b$ von X auf Y. Wird der Mediator M außer Acht gelassen, so beschreibt c den direkten Effekt (Baron & Kenny, 1986, S. 1176; Preacher & Hayes, 2008, S. 881).

Laut Baron und Kenny (1986, S. 1175–1176) müssen für eine Mediation der direkte Effekt (c) sowie die Pfade a und b signifikant verschieden von 0 sein. Für eine vollständige Mediation sollte weiterhin der direkte Pfad von der unabhängigen zur abhängigen Variablen c' unter Kontrolle für a und b nicht mehr signifikant sein, ansonsten liegt eine partielle Mediation vor (Baron & Kenny, 1986,

---

[15] Chin (1998, S. 325) geht ab einem $R^2 \geq 0{,}19$ von einem ausreichend hohen erklärten Varianzanteil aus.

[16] Beim Blindfolding werden einzelne Datensätze der Indikatoren weggelassen und auf Basis des verbleibenden Datensatzes die Schätzung der Pfadkoeffizienten vorgenommen (Weiber & Mühlhaus, 2010, S. 258).[16] Der ausgelassene Anteil der Datensätze wird mithilfe der Auslassungsdistanz (D) festgelegt, die im Intervall $5 \leq D \leq 10$ liegen sollte (Hair et al., 2017, S. 175).

S. 1175–1176). Weiterhin wird mittels Bootstrapping-Resampling[17] die Signifikanz der indirekten Effekte geprüft (Preacher & Hayes, 2004, S. 720).

Die hier beschriebene Studie verwendet Daten, die eine hierarchische Struktur aufweisen. Auf der ersten Ebene (Level 1), der Individualebene, befinden sich die einzelnen Beobachtungen der Studierenden. Auf der zweiten Ebene (Level 2) werden die Cluster, also die Studiengänge betrachtet (Marsh et al., 2009, S. 766). Es kommen Mehrebenenanalysen zum Einsatz, da angenommen wird, dass die Daten aufgrund ihrer Zugehörigkeit zu Clustern nicht unabhängig voneinander sind (Field, 2012, S. 818). Zunächst wird ein Nullmodell geschätzt, das erkennen lässt, wie hoch die Varianzen der abhängigen Variablen auf den beiden Ebenen sind. Außerdem wird die Interklassenkorrelation (ICC) ermittelt, die angibt, in welchem Verhältnis die Varianz zwischen den Clustern zur Gesamtvarianz steht (Geiser, 2010, S. 203–208). Ab einer $ICC \geq 0{,}05$ kann davon ausgegangen werden, dass der Varianzanteil, der sich aus der Gruppenzugehörigkeit ergibt, relevant ist (Hedges & Hedberg, 2007, S. 62). In Mehrebenenmodellen können auf beiden Ebenen separate Erklärungsmodelle mit unterschiedlichen erklärenden Variablen formuliert werden. Weiterhin betseht die Möglichkeit, sowohl den Intercept als auch die Pfadkoeffizienten des auf Level 1 geschätzten Regressionsmodells zwischen den Clustern zu variieren (Raudenbush & Bryk, 2002, S. 26-27). Darüber hinaus können auf Level 2 unabhängige Variablen eingeführt werden, um die clus-

---

[17] Bei dem Bootstrapping-Verfahren wird k-mal mit Zurücklegen eine Stichprobe aus der Originalstichprobe gezogen, um die indirekten Effekte wiederholt zu schätzen. Preacher und Hayes (2008, S. 883) empfehlen, dass $k \geq 1000$ sein sollte.

terabhängigen Unterschiede im Intercept und in den Pfadkoeffizienten zu erklären (Geiser, 2010, S. 227-229).

9 Skalenentwicklung

Um die im Forschungsmodell angenommenen Zusammenhänge empirisch überprüfen zu können, wurde ein Messinstrument entwickelt. Ein besonderes Augenmerk liegt hierbei auf der Entwicklung von Skalen zur Messung der latenten Konstrukte. Um diese zu erfassen, kommen psychometrische Skalen bestehend aus mehreren Items zum Einsatz (Döring & Bortz, 2016b, S. 267; Weiber & Mühlhaus, 2010, S. 87–88). Die Items sind manifeste Variablen, die direkt beobachtbar sind, da die Antworten der Befragten auf die Items ein direkt beobachtbares Verhalten sind. Es wird angenommen, dass die zugrundliegenden latenten Konstrukte das Testverhalten beeinflussen und dementsprechend im Umkehrschluss von dem Testverhalten auf die latenten Konstrukte geschlossen werden kann. Unterschiede im Testverhalten werden folglich durch Unterschiede in den latenten Variablen verursacht (Bühner, 2011, S. 31–33).

Die Analyse des Forschungsstandes in Vollzeit-Studiengängen hat gezeigt, dass es eine Reihe von Skalen gibt, mit denen die individuellen Lernvoraussetzungen der Studierenden und die wahrgenommene Lehrqualität als Determinanten des Studienerfolgs erfasst werden können. Die Betrachtung des Forschungsstandes zum Studienerfolg in berufsbegleitenden Studiengängen zeigte jedoch, dass in diesen Studiengängen die Qualität der Studienorganisation von besonderer Bedeutung zu sein scheint. Hierfür liegen bisher noch keine empirisch geprüften Skalen vor (vgl. Kapitel 3.4.3). In den Fällen, in denen dies möglich war, wurden bereits empirisch erprobte Skalen verwendet und gegebenenfalls für die Anwendung im speziellen Untersuchungskontext modifiziert (Döring & Bortz,

© Springer Fachmedien Wiesbaden GmbH, ein Teil von Springer Nature 2019
L. Hillebrecht, *Studienerfolg von berufsbegleitend Studierenden*, Economics Education und Human Resource Management, https://doi.org/10.1007/978-3-658-26164-1_9

2016a, S. 410). Bevor die einzelnen Skalen beschrieben werden, gibt Tabelle 24 einen Überblick über die eingesetzten Skalen.

Tabelle 24: Überblick über die eingesetzten Skalen

Skala	Items	Quelle
Institutionelle Determinanten		
Wahrgenommene Lehrqualität	26	Erweiterung von Schiefele et al. (2002)
Wahrgenommene Studienqualität	18	Eigenentwicklung
Individuelle Determinanten		
Studienmotivation	9	Wild, Krapp, Schiefele, Lewalter & Schreyer (1995)
Studieninteresse	9	Schiefele et al. (1993)
Akademisches Selbstkonzept		Marsh und O'Neill (1984), Übersetzung von Hußtegge (2011)
Selbstwirksamkeitserwartungen	5	Ditton (1998)
Persönliche Eingebundenheit	3	Eigenentwicklung
Arbeitgeberseitige Determinanten		
Intensität der Arbeitgeber-Unterstützung	3	Eigenentwicklung
Studierbarkeit		
Fachliche Studierbarkeit	6	Eigenentwicklung
Strukturelle Studierbarkeit	11	Eigenentwicklung
Studienerfolgsdeterminanten		
Studienzufriedenheit	4	Adaption von Westermann et al. (1996)
Studienabbruchintention	4	Adaption von Ditton (1998)
Studienleistungen	2	Schmidt & Bargel (2014)

Als Antwortskalen kommen vierstufige Likert-Skalen zum Einsatz mit der Ausprägung von *1 = trifft gar nicht zu* bis *4 = trifft voll zu*. Jedes latente Konstrukt wurde mit mindestens drei Items erfasst.

9.1 Skalen zu den institutionellen Einflussfaktoren

Die institutionellen Determinanten bestehen sowohl aus Aspekten, die die Lehrqualität betreffen, als auch aus Aspekten zur Studienqualität. Für die wahrgenommene *Lehrqualität* konnte auf eine vorhandene, bereits empirisch erprobte Skala zurückgegriffen werden. Es wurde die Skala von Schiefele et al. (2002) ausgewählt, da diese zur Beurteilung der globalen Lehrqualität eines Studienganges durch Studierende geeignet ist und der Zusammenhang mit dem Studienerfolg bereits untersucht wurde (Schiefele & Jacob-Ebbinghaus, 2006, S. 204–205). Die Skala besteht aus den drei Subskalen Kompetenz der Lehrperson, Relevanz der Studieninhalte und Leistungsdruck (Schiefele et al., 2002, S. 190, vgl. Kapitel 3.4.2). Die Items der Subskalen Kompetenz der Lehrperson (11 Items) und Leistungsdruck (4 Items) wurden vollständig übernommen[18]. Die Subskala Relevanz der Studieninhalte wurde um ein Item erweitert (REL02, vgl. Tabelle 43 im Anhang B). Dies war notwendig, da die Experteninterviews zeigten, dass es für die berufsbegleitend Studierenden nicht nur von Bedeutung ist, dass die Lehrenden den Praxisbezug der Inhalte verdeutlichen, sondern auch, dass sie selbst die Gelegenheit erhalten, Praxiserfahrungen im Studium einzubringen (vgl. Kapitel 7.7). Weiterhin zeigte es sich in den Interviews, dass in berufsbegleitenden Studiengängen die Betreuung durch die Lehrenden von besonderer Bedeutung ist, da in diesen Studiengängen vielfach Fern- und Selbststudienphasen zum

---

[18] Es erfolgte eine Anpassung der Antwortoptionen an die anderen im Fragebogen aufgenommen Skalen. Außerdem wurde die in der Originalversion verwendete Bezeichnung der Lehrpersonen als *DozentInnen* in *Lehrende* geändert, um die einheitliche Bezeichnung der Lehrpersonen im gesamten Fragebogen sicherzustellen und Irritationen zu vermeiden.

Einsatz kommen (vgl. Kapitel 7.7). Daher wurde für die Betreuung durch die Lehrenden eine weitere Subskala, bestehend aus vier Items (BET01–BET04), entwickelt. Insgesamt setzt sich die Skala zur Erfassung der wahrgenommenen Lehrqualität in dieser Studie aus 26 Items zusammen, die sich auf vier Subskalen aufteilen (vgl. Tabelle 43 im Anhang B).

Für die wahrgenommene *Studienqualität* konnte in der einschlägigen Forschungsliteratur keine ausreichend empirisch erprobte Skala gefunden werden (vgl. Kapitel 3.4.3), weshalb in der vorliegenden Studie auf Basis der Vorstudienergebnisse eine Eigenentwicklung erfolgte. Differenziert wird hinsichtlich der wahrgenommenen Qualität der Studienorganisation in zeitliche Organisation, Studieneinstieg und Beratung (vgl. Kapitel 7.6). Für jeden dieser drei Bereiche wurde eine Subskala mit je sechs Items entwickelt (vgl. Tabelle 43 im Anhang B).

Für die Entwicklung der Skala zur *zeitlichen Organisation* konnten Hinweise in den Ergebnissen der qualitativen Vorstudie gewonnen werden (vgl. Kapitel 7.6). Die Qualität der zeitlichen Organisation wird durch die frühzeitig bekannt gegebene, langfristige Terminpalnung bestimmt (ZOR01 und ZOR04). Weiterhin sollte die Terminplanung verbindlich sein, sodass Planungssicherheit besteht (ZOR02, ZOR03 und ZOR05). Außerdem sollte die Terminplanung den Studierenden die Möglichkeit geben, die Zeitplanung in einem gewissen Umfang flexibel zu gestalten (ZOR06, vgl. Tabelle 43 im Anhang B).

Die Qualität des *Studieneinstiegs* wird dadurch bestimmt, dass die Studieninteressierten vor Studienbeginn umfassende Informationen sowohl zu den inhaltlichen als auch zu den organisatorischen Anforderungen erhalten (BSE04–BSE06). Weiterhin ist die Bereitstellung von ausreichend vielen Informations- und Beratungsangeboten (BSE01–BSE03) ein Merkmal der Qualität des Studieneinstiegs (vgl. Kapitel 7.6). Die Qualität der *Beratungsangebote* bestimmt sich dadurch, dass kompetente Ansprechpartner zur Verfügung stehen (BER01), die in kurzer Zeit (BER04) unkomplizierte (BER02) und individuelle (BER03) Lösungen für eventuell auftretende Probleme schaffen. Außerdem sollten sowohl zur Planung des Studienverlaufs und zur Karriereplanung Beratungsangebote zur Verfügung stehen (BER05–BER06, vgl. Tabelle 43 im Anhang B). Neben den Skalen zur Lehr-und Studienqualität wurden im Fragebogen auch die Rahmenbedingungen der Lehrveranstaltungen, der Studienorganisation sowie des Studieneinstieges erfasst.

9.2 Skalen zu den individuellen Einflussfaktoren

Bei der Berücksichtigung der individuellen Lernvoraussetzungen konnte auf bereits vorhandene Skalen zurückgegriffen werden, über die bereits Erkenntnisse hinsichtlich ihrer Erklärungskraft für den Studienerfolg vorliegen. Da die Analyse des Forschungsstandes zeigt, dass insbesondere die motivationalen Einflussfaktoren prognostische Validität für den Studienerfolg besitzen (vgl. Kapitel 3.2), wurden im Fragenbogen die Studienmotivation (9 Items; Wild et al., 1995), das Studieninteresse (9 Items; Schiefele et al., 1993), das akademische Selbstkonzept (9 Items; Marsh & O'Neill, 1984 zt. nach Hußtegge, 2011) und die Selbstwirksamkeitserwartungen (5 Items; Ditton, 1998) erfasst. Die Skala zur Studienmotivation besteht wiederum aus drei Subskalen zur Leistungs-, zur

Wettbewerbs- und zur Berufsmotivation mit je drei Items (vgl. Tabelle 32).

In den bereits vorliegenden Studien wurde die Eingebundenheit der Studierenden durch private Verpflichtungen bisher nicht als latente Variable erfasst. Da allerdings davon ausgegangen wird, dass die berufsbegleitend Studierenden stark privat eingebunden sind (vgl. Kapitel 7.8), wurde hierfür eine aus drei Items bestehende Skala entwickelt (PEG01–PEG03, vgl. Tabelle 44 Anhang B).

Im Fragebogen ist außerdem ein Abschnitt zu demografischen Merkmalen enthalten, der das Geschlecht, das Alter sowie die Anzahl und Betreuung der eigenen Kinder erfasst. Außerdem wurde der Bildungsstand der Eltern anhand der erworbenen Bildungsabschlüsse erfragt, um den sozioökonomischen Status der Studierenden zu ermitteln. Darüber hinaus enthält das Testinstrument Items zu den bildungsbiografischen Studienvoraussetzungen.

9.3 Skalen zur Arbeitgeber-Unterstützung

Bei der Berücksichtigung der arbeitgeberseitigen Unterstützung als Determinante des Studienerfolgs besteht die Herausforderung, dass hierbei nicht auf etablierte Skalen zurückgegriffen werden kann. Daher wurde eine Skala entwickelt, die die wahrgenommene Intensität der Arbeitgeber-Unterstützung aus Sicht der Studierenden erfassen soll. Diese Skala besteht aus drei Items, von denen zwei positiv und eines negativ formuliert sind (vgl. Tabelle 45 im Anhang B).

Die Items zielen bewusst nicht auf einzelne Unterstützungsformen ab, da die Ergebnisse der qualitativen Vorstudie zeigen, dass es für den Studienerfolg nicht entscheidend ist, welche Unterstützungsform bereitgestellt wird, sondern dass durch Unterstützung individuelle Rahmenbedingungen geschaffen werden, die die Vereinbarkeit von Studium und Beruf und damit auch die Bewältigung des Studiums ermöglichen (vgl. Kapitel 7.9).

9.4 Skalen zur Studierbarkeit

Für die Erfassung der Studierbarkeit konnte ebenfalls nicht auf vorhandene Instrumente zurückgegriffen werden. Es wurde daher für die *fachliche* und die *strukturelle Studierbarkeit* je eine Skala entwickelt (vgl. Tabelle 46 im Anhang B). Übergeordnetes Ziel der Skalen zur Studierbarkeit ist es, den Grad der Passung von individuellen Studienbedingungen und Lernvoraussetzungen mit den Gegebenheiten des besuchten Studienganges zu ermitteln. Dies bedeutet im Fall der *fachlichen Studierbarkeit* einerseits, inwiefern es den Studierenden gelingt, dem Anforderungsniveau im Studium auf Grundlage ihrer individuellen Lernvoraussetzungen gerecht zu werden (Subskala zum Anforderungsniveau, Items FSB01–FSB03). Andererseits besteht die fachliche Studierbarkeit darin, inwiefern die berufsbegleitend Studierenden die Fülle der gestellten Leistungsanforderungen bewältigen können (Subskala zum Umfang der Leistungsanforderungen, Items FSB04–FSB06). Für beide Subskalen der fachlichen Studierbarkeit wurden drei Items entwickelt, sodass die Gesamtskala aus sechs Items besteht (vgl. Tabelle 46 im Anhang B).

Bei der *strukturellen Studierbarkeit* wurde in drei Subskalen differenziert, die auf die zeitliche, die finanzielle und die räumliche Bewältigung des Studiums abzielen. Die Skalen erfassen, inwiefern es den Studierenden unter Berücksichtigung ihrer privaten und beruflichen Verpflichtungen gelingt, das Studium in organisatorischer

Hinsicht zu bewältigen. Bei der zeitlichen Bewältigung wird in eine kurzfristige und eine langfristige Facette unterschieden, weshalb zu beiden Facetten Items formuliert wurden (kurzfristig: SSB01, SSB02 und SSB04; langfristig: SSB03, SSB05). Dementsprechend wurden für diese Subskala fünf Items entwickelt. Die beiden anderen Facetten der strukturellen Studierbarkeit zur finanziellen (SSB06–SSB08) und zur räumlichen (SSB09–SSB11) Bewältigung des Studiums, bestehen wiederum aus je drei Items (vgl. Tabelle 46 im Anhang B).

9.5 Skalen zum Studienerfolg

Da eine mehrdimensionale Erfassung des Studienerfolgs erfolgt, werden für die Studienerfolgskriterien *Studienzufriedenheit, Studienleistungen* und *Studienabbruchintention* Skalen im Fragebogen aufgenommen. Die Studienzufriedenheit wurde als globale Zufriedenheit Studium operationalisiert (Westermann et al., 1996, S. 6–7). Bei der Skalenentwicklung konnten Anhaltspunkte in der Skala von Westermann et al. (1996, S. 21-22) gefunden werden. Die von den Autoren vorgelegte Subskala zur globalen Studienzufriedenheit besteht im Original aus 14 Items, wovon drei Items (ZUF01–ZUF03) mit kleineren Änderungen an der Formulierung im Fragebogen aufgenommen wurden (vgl. Tabelle 47 im Anhang B).[19]

---

[19] In der Skala von Westermann et al. (1996) sind darüber hinaus sieben Items enthalten, die auf die Erfassung einer emotionalen Facette der Studienzufriedenheit abzielen, was nicht konform mit dem hier vertretenen Verständnis von Studienzufriedenheit als kognitiv geprägte Einstellung vereinbar ist. Außerdem zielen drei Items auf das Interesse ab, das bereits mit einer separaten Skala erfasst wird. Die übrigen Items zielen auf die Intentionen ab, das Studium abzubrechen. Da die Studienabbruchintention ebenfalls mit einer separaten Skala erfasst wird, wurden auch diese Items nicht verwendet.

Außerdem wurde für die Erfassung der Studienzufriedenheit ein Item selbst hinzugefügt, dass die Weiterempfehlungsabsicht der Studierenden im Hinblick auf den von ihnen gewählten Studiengang zum Ausdruck bringt (ZUF04, vgl. Tabelle 47 im Anhang B). Hierbei erfolgte eine Orientierung an Skalen zu der Erfassung von Kundenzufriedenheit (Stauss, 1999, S. 17).

Ebenso wie bei der Studienzufriedenheit wurde für die Erfassung der Studienabbruchintention eine Skala bestehend aus vier Items verwendet. Das erste sowie das dritte Item (STA01 und STA03) wurden der Skala von Ditton (1998, S. 61) entnommen. Das vierte Item (STA04) stellt eine Adaption eines Items aus der Skala von Westermann et al. (1996, S. 21) dar und zielt auf die Erfassung der Absicht zum Fachwechsel ab (vgl. Tabelle 47 im Anhang B). Zur Erfassung der Studienleistungen werden die Studierenden gebeten, ihre aktuelle Durchschnittsnote und die Anzahl der bisher erbrachten Leistungspunkte anzugeben (Schmidt & Bargel, 2014, S. 20–21).

9.6 Pilotierung der Messinstrumente

Die entwickelten Messinstrumente wurden im Vorfeld der Haupterhebung pilotiert, um ihre Güte zu überprüfen. Außerdem soll herausgefunden werden, ob die angenommenen Zusammenhänge im Forschungsmodell (vgl. Kapitel 7.12) bestätigt werden können (Jonkisz et al., 2012, S. 70). Wie die Haupterhebung, erfolgte die Pilotierung mittels Online-Fragebogen und bei berufsbegleitend

Studierenden in wirtschaftswissenschaftlichen Studiengängen, jedoch mit einem geringeren Stichprobenumfang.[20]

Die Pilotierungsstichprobe besteht aus N = 111 berufsbegleitend Studierenden, von denen 60,7 % männlichen und 39,3 % weiblichen Geschlechts sind (vgl. Tabelle 25). Betriebswirtschaftslehre ist das am häufigsten gewählte Studienfach (57,7 %) und mehr als zwei Drittel der Studierenden streben einen Bachelorabschluss an. Die besuchten Studiengänge sind zu 26,1 % an Universitäten und zu 73,9 % an Fachhochschulen angesiedelt.

Die Auswertung des Datenmaterials erfolgte mit IBM SPSS Statistics 24 und SmartPLS 3. Zunächst werden die verwendeten Skalen[21] auf ihre Güte überprüft[22] (vgl. Tabelle 26 und Tabelle 48 im Anhang C).

---

[20] Die Ergbnisse der Pilotierung wurden bereits in Hillebrecht (2016) veröffentlicht und werden an dieser Stelle nur zusammengefasst erläutert.

[21] Im Gegensatz zur Haupterhebung kamen für die fachliche und strukturelle Studierbarkeit Skalen mit je drei Items zum Einsatz. Die Skalen zur persönlichen Eingebundenheit und zu den Studienabbruchintentionen waren nicht im Fragebogen enthalten. Bei der Studienabbruchintention wurde lediglich mit einer binär codierten Variablen erfasst, ob schon einmal ernsthaft in Erwägung gezogen wurde, das Studium abzubrechen (Antwortoptionen: 1 = ja, 0 = nein).

[22] Im Rahmen der Pilotierung erfolgt lediglich eine Überprüfung des Messmodells auf Indikator- und Konstruktebene. Außerdem ist die Durchführung des χ^2-Differenzentests nicht möglich. Eine Evaluation des Messmodells mithilfe konfirmatorischer Faktorenanalysen ist nicht möglich, da die Stichprobengröße hierfür zu gering ist (Hair et al., 2017, S. 17; Weiber & Mühlhaus, 2010, S. 66).

Tabelle 25: Zusammensetzung der Stichprobe der Pilotierung (N = 111)[23]

Soziodemografische Merkmale	
Geschlecht	männlich: 65 (60,7 %), weiblich: 42 (39,3 %)
Alter	Ø 27,93 Jahre, min.: 21, max.: 55
Studiengang	
Angestrebter Abschluss	Bachelor: 75 (67,6 %), Master: 27 (24,3 %), MBA: 9 (8,1 %)
Studienfach	BWL: 64 (57,7 %), Wirtschaftsinformatik: 36 (32,4 %), Wirtschaftswissenschaften: 10 (9,0 %), Wirtschaftsingenieurwesen: 1 (1,0 %)
Institution	Universität: 29 (26,1 %), Fachhochschule: 82 (73,9 %)

Die Vorzeichen der Faktorladungen entsprechen den theoretischen Annahmen und sind bei allen Konstrukten bis auf die Intensität der Arbeitgeberunterstützung (BEF) signifikant. Die Kennwerte zur Beurteilung der Indikatorreliabilität, der internen Konsitenz und der Konvergenzvalidität verfehlen lediglich in Einzelfällen die geforderten Grenzwerte. Weiterhin ist Diskriminanzvalidität gegeben, da das Fornell-Larcker-Kriterium in allen Fällen erfüllt ist (vgl. Tabelle 48 im Anhang C). Dementsprechend erfüllt das Messmodell mit kleineren Einschränkungen die Qualitätskriterien.

---

[23]Wenn die Summe der Häufigkeiten nicht der Gesamtanzahl der Beobachtungen entspricht, so ergibt sich diese Abweichung durch fehlende Werte.

Tabelle 26: Kennwerte zur Evaluation des Messmodells (Pilotierung)

Konstrukt	MW	SD	α	CR	AVE	AVE >Cor²
Lehrkompetenz (LEK)	3,052	0,449	0,885	0,902	**0,482**	gegeben
Relevanz (REL)	2,933	0,540	0,849	0,883	0,522	gegeben
Leistungsdruck (LEI)	2,679	0,554	**0,692**	0,830	0,621	gegeben
Betreuung (BET)	2,964	0,593	0,813	0,875	0,637	gegeben
Zeitliche Organisation (ZOR)	3,186	0,548	0,721	0,824	0,542	gegeben
Studieneinstieg (BSE)	3,047	0,621	0,825	0,884	0,656	gegeben
Beratung (BER)	3,020	0,584	0,809	0,865	0,564	gegeben
Leistungsmotivation (LEM)	3,113	0,638	0,757	0,891	0,804	gegeben
Wettbewerbsmotivation (WEM)	2,476	0,771	0,809	0,874	0,700	gegeben
Berufsbezogene Motivation (BEM)	3,523	0,625	0,791	0,903	0,823	gegeben
Studieninteresse (SIN)	2,645	0,648	0,795	0,849	**0,485**	gegeben
Akadem. Selbstkonzept (ASK)	2,764	0,494	0,871	0,897	**0,495**	gegeben
Selbstwirksamkeitserw. (SWE)	2,814	0,533	0,700	0,831	0,623	gegeben
Intensität AG-Unterstützung (BEF)	2,457	3,597	0,840	**0,470**	0,740	gegeben
Fachliche Studierbarkeit (FSB)	3,036	0,607	0,726	0,846	0,647	gegeben
Strukturelle Studierbarkeit (SSB)	3,112	0,570	0,706	0,835	0,628	gegeben
Zufriedenheit (ZUF)	3,241	0,646	0,862	0,906	0,707	gegeben

Als nächstes gilt das Augenmerk der vorläufigen Überprüfung der Forschungshypothesen (vgl. Kapitel 7.12). Hinsichtlich der Beziehungen zwischen der Studierbarkeit und den Erfolgskriterien erweisen sich lediglich die Pfadkoeffizienten der fachlichen und strukturellen Studierbarkeit auf die Zufriedenheit als signifikant. Daher können die ersten beiden Forschungshypothesen *(H1 und*

H2) nur partiell für die *Zufriedenheit* bestätigt werden. Lediglich die Pfadkoeffizienten der institutionellen Einflussfaktoren LEK, REL, ZOR, BSE und BER sind signifikant verschieden von 0. Daher können die dritte *(H3)* und fünfte Hypothese *(H5)* nur zum Teil bestätigt werden. Der in *H4* formulierte Zusammenhang zwischen den *Lernvoraussetzungen* und der *fachlichen Studierbarkeit* zeigt sich nur für das akademische Selbstkonzept sowie für das Vorhandensein einer schulischen Hochschulzugangsberechtigung. Für die sechste Hypothese *(H6)* ist festzuhalten: Von den *Lebensbedingungen* hat lediglich die Anzahl der Kinder einen Einfluss auf die *strukturelle Studierbarkeit*. Weiterhin besitzt die *Intensität der Arbeitgeber-Unterstützung* keinen signifikanten Einfluss auf die *strukturelle Studierbarkeit*, sodass die siebte Forschungshypothese *(H7)* nicht bestätigt wird (vgl. Tabelle 27).

Nur im Falle der Zufriedenheit kann mit dem Strukturgleichungsmodell ein relevanter Varianzanteil erklärt werden. Die individuellen Variablen können im Vergleich zu den institutionellen Variablen nur einen sehr geringen Beitrag zur Aufklärung der Varianz der Studierbarkeit leisten (Weiber & Mühlhaus, 2010, S. 257).

Tabelle 27: Pfadkoeffizienten im PLS-Strukturmodell

Variablen	B	P	SE	t	VIF
Institutionellen Einflussfaktoren					
Lehrkompetenz (LEK)	0,242 **		0,094	2,569	2,239
Relevanz (REL)	0,181 *		0,109	1,660	2,387
Leistungsdruck (LEI)	-0,100		0,088	1,132	1,064
Betreuung (BET)	-0,036		0,081	0,438	1,721
Zeitliche Organisation (ZOR)	0,313 ***		0,095	3,300	1,559
Studieneinstieg (BSE)	0,196 *		0,109	1,796	1,838
Beratung (BER)	0,345 ***		0,108	3,206	2,095
Kosten	0,077		0,068	1,137	1,121
Individuelle Einflussfaktoren					
Leistungsmotivation (LEM)	-0,072		0,088	0,823	1,776
Wettbewerbsmotivation (WEM)	0,066		0,096	0,683	1,911
Berufsbez. Mot. (BEM)	-0,143		0,103	1,393	1,286
Studieninteresse (SIN)	0,026		0,080	0,330	1,411
Akademisches Selbstkonzept (ASK)	0,484 ***		0,094	5,129	1,839
Selbstwirksamkeitserwartungen (SWE)	0,000		0,083	0,002	1,812
Entfernung Hochschule Wohnort	-0,047		0,065	0,733	1,038
Kinder	0,120 ***		0,066	1,825	1,085
Mathematik-Note	-0,041		0,067	0,611	1,076
Schulische HZB	0,184 **		0,074	2,490	1,194
Intensität der AG-Unterstützung (BEF)	-0,093		0,102	0,908	1,259
Studierbarkeit/Mediatoren					
Fachliche Studierbarkeit (FSB) → Zufriedenheit (ZUF)	0,448 ***		0,093	4,811	1,319
Fachliche Studierbarkeit (FSB) → Abbruchintention (STA)	-0,133		0,119	1,114	1,319
Fachliche Studierbarkeit (FSB) → Studienleistungen (STL)	-0,005		0,120	0,043	1,319
Strukturelle Studierbarkeit (SSB) → Zufriedenheit (ZUF)	0,349 ***		0,100	3,492	1,386
Strukturelle Studierbarkeit (SSB) → Abbruchintention (STA)	-0,090		0,124	0,730	1,386
Strukturelle Studierbarkeit (SSB) → Studienleistungen (STL)	-0,030		0,120	0,247	1,386

Signifikanzniveaus (zweiseitig): * p < ,10; ** p < ,05; *** p < ,01

Die Ergebnisse der Pilotierung der Messinstrumente zeigen, dass die eingesetzten Skalen für die latenten Konstrukte den Anforderungen an ihre Güte i. W. genügen. Für die Beziehungen zwischen der Lehr- und Studienqualität mit der fachlichen und der strukturellen Studierbarkeit kann in etwas mehr als der Hälfte der Fälle ein Zusammenhang gezeigt werden. Die Zusammenhänge zwischen den individuellen Merkmalen und der Studierbarkeit erweisen sich deutlich weniger häufig als signifikant. Es kann nicht angenommen werden, dass die individuellen Merkmale die Studierbarkeit in einem relevanten Umfang beeinflussen. Von den drei gewählten Studienerfolgskriterien lässt sich lediglich die Studienzufriedenheit mithilfe der fachlichen und der strukturellen Studierbarkeit erklären.

Im Hinblick auf die Haupterhebung ergibt sich das Erfordernis der Überarbeitung der Skalen der fachlichen und strukturellen Studierbarkeit. Beide Skalen werden noch einmal stärker an der Definition der Konstrukte ausgerichtet. Außerdem wird eine Skala neu entwickelt, die die Eingebundenheit der Studierenden in private Belange zum Ausdruck bringt, um hierbei mehrere Quellen für private Verpflichtungen in einem Konstrukt zu aggregieren. Weiterhin wird zusätzlich eine Skala zu den Studienabbruchintentionen aufgenommen. So können auch graduelle Unterschiede zwischen den Abbruchintentionen der Studierenden ermittelt und das Merkmal dementsprechend detaillierter erfasst werden.

10 Ergebnisse der Haupterhebung

Nach Überarbeitung der Skalen auf Basis der Ergebnisse der Pilotierung wurde die Haupterhebung durchgeführt. Die Daten der Haupterhebung wurden im Zeitraum Februar–Mai 2016 erhoben. Im Folgenden werden zunächst die Zusammensetzung der Stichprobe und anschließend deskriptive Befunde zum Studienerfolg erläutert. Die zugehörigen Analysen wurden mithilfe von IBM SPSS Statistics 24 durchgeführt.

10.1 Durchführung der Haupterhebung

Bei der Auswahl der infrage kommenden wirtschaftswissenschaftlichen Studienfächer wurde der Fächersystematik des Statistischen Bundesamtes (2015, S. 1–2) gefolgt. Maßgeblich für die Bestimmung wirtschaftswissenschaftlicher Studiengänge war v. a. der Studienbereich *30: Wirtschaftswissenschaften* der Fächergruppe *03: Rechts-, Wirtschafts- und Sozialwissenschaften.* Darüber hinaus wurden Studiengänge der Studienbereiche *29: Verwaltungswissenschaften* und *31: Wirtschaftsingenieurwesen mit wirtschaftswiss. Schwerpunkt* (Statistisches Bundesamt, 2015, S. 2) einbezogen, wenn ein wirtschaftswissenschaftlicher Studienschwerpunkt klar erkennbar war.

Im Zeitraum August bis September 2015 wurde mithilfe der Suchmaschine *Hochschulkompass.de* eine Datenbank erstellt, die alle infrage kommenden Studiengänge enthält. Es wurden Studiengänge ausgewählt, die den o. g. Fächergruppen angehören, die als berufsbegleitendes Studium im Sinne der Definition des Wissenschaftsrates (2013) konzipiert sind und die zu einem akademischen Abschluss führen. Dementsprechend wurden die gleichen Auswahlkri-

© Springer Fachmedien Wiesbaden GmbH, ein Teil von Springer Nature 2019
L. Hillebrecht, *Studienerfolg von berufsbegleitend Studierenden*, Economics Education und Human Resource Management, https://doi.org/10.1007/978-3-658-26164-1_10

terien wie bei der Fallauswahl der qualitativen Vorstudie zugrunde gelegt (vgl. Kapitel 7.3).

Nachdem die Datenbank mit den infrage kommenden Studiengängen erstellt wurde, erfolgte die Kontaktaufnahme mit Ansprechpartnern aus allen gefundenen Studiengängen. Hierbei wurde, wenn möglich, telefonisch Kontakt aufgenommen. Wenn dies nicht möglich war, geschah dies per E-Mail. Die Kontaktaufnahme erfolgte mit dem Ziel, dass der Weblink zu dem Online-Fragebogen der Pilotierung bzw. der Haupterhebung an die Studierenden der berufsbegleitenden Studiengänge weitergeleitet wird. Durch den persönlichen Kontakt mit den Hochschulmitarbeitenden wurde außerdem sichergestellt, dass nur Studierende aus Studiengängen als Untersuchungspersonen infrage kommen, die zur Zielgruppe der Studie gehören.

Um eine möglichst große Stichprobe zu erhalten, wurden alle Studiengänge, die zuvor identifiziert werden konnten, kontaktiert. Die Erhebung fand aus testökonomischen Gründen computergestützt statt (Jonkisz et al., 2012, S. 35–36). Dazu wurde mithilfe der Umfrage-Software Unipark ein Online-Fragebogen erstellt, der die zuvor konstruierten Messinstrumente enthält. Die durchschnittliche Testzeit betrug ca. 30 Minuten. Die Erhebung der Daten der Pilotierung erfolgte im Zeitraum Oktober bis November 2015.

10.2 Zusammensetzung der Stichprobe

Die Stichprobe der Haupterhebung setzt sich aus N = 612 berufsbegleitend Studierenden zusammen (vgl. Tabelle 28). Innerhalb der Stichprobe sind die Geschlechterverhältnisse in etwa ausgeglichen: 47,4 % der befragten Studierenden sind männlich und 52,6 % sind weiblich. Im Durchschnitt sind die Befragten rund 30 Jahre alt. Hervorzuheben ist die Tatsache, dass die Bachelorstudierenden im Durchschnitt etwas älter sind (Ø 29,66 Jahre) als die Masterstudierenden (Ø 29,38 Jahre). Das höchste Durchschnittsalter zeigt sich bei den MBA-Studierenden (Ø 32,60 Jahre). Fast ein Viertel der berufsbegleitend Studierenden hat bereits eigene Kinder und ca. zwei Drittel (66,8 %) stammen aus einem nicht-akademischen Elternhaus (vgl. Tabelle 28).

Ungefähr drei Viertel der Studierenden verfügen über eine schulische Hochschulzugangsberechtigung. Die meisten Studierenden (60,3 %) besitzen die allgemeine Hochschulreife und 15,8 % die Fachhochschulreife. Lediglich bei 14,2 % der berufsbegleitend Studierenden erfolgte der Studienzugang über eine berufliche Qualifikation (vgl. Tabelle 28). Vor Studienaufnahme absolvierten die meisten der Studierenden eine berufliche Ausbildung (78,6 %). Unter den Bachelor-Studierenden liegt dieser Anteil sogar bei 92,4 %. Im Mittel verfügten die Befragten bei Studienbeginn über 6,84 Jahre Berufserfahrung. Für 63,1 % der Befragten ist das aktuelle Studium ein Erststudium, bei den Bachelorstudierenden sind dies 92,0 %.

Tabelle 28: Zusammensetzung der Stichprobe der Haupterhebung (N = 612) [24]

Soziodemografische Merkmale		
Geschlecht	Männlich	290 (47,4 %)
	Weiblich	322 (52,6 %)
Alter	Ø	29,84 Jahre (Min.: 19, Max.: 53)

---

[24] Z. T. weicht die Summe der Häufigkeiten wegen fehlender Werte von der Gesamtanzahl der Beobachtungen ab.

Eigene Kinder		21,5 %
Bildungsherkunft	Nicht-akademisches Elternhaus	66,8 %[25]
Hochschulzugang und Vorbildung		
HZB	Allgemeine HSR (schulisch erworben)	369 (60,3 %)
	Fachhochschulreife	97 (15,8 %)
		33 (5,4 %)
	Fachgebundene HSR (schulisch	87 (14,2 %)
	erworben) HSR aufgrund BQ	369 (60,3 %)
	Allgemeine HSR (schulisch erworben)	7 (1,1 %)
	Zulassungsprüfung	
BQ	Abgeschlossene berufliche Ausbildung	78,6 % (BA-Studierende 92,4 %)
Berufserfahrung	Bei Studienbeginn	Ø 6,84 Jahre
Erststudium	Erststudium	63,1 % (BA-Studierende 92,0 %)
Studiengang		
Institution	Universität	121 (19,7 %)
	Fachhochschule	491 (80,2 %)
Angestrebter	Bachelor	410 (67,0 %)
Abschluss	Master	150 (24,5 %)
	MBA	52 (8,5 %)
	Bachelor (FH)	373 (76,0 %)
	Master (FH)	96 (19,6 %)
	MBA (FH)	22 (4,5 %)
	Bachelor (Uni)	37 (30,6 %)
	Master (Uni)	54 (44,6 %)
	MBA (Uni)	30 (24,8 %)
Studienfach	Betriebswirtschaftslehre	409 (66,8 %)
	Wirtschaftsinformatik	46 (7,5 %)
	Wirtschaftswissenschaften	34 (5,6 %)
	Wirtschaftsingenieurwesen	78 (12,5 %)
	Verwaltungswissenschaften	34 (5,6 %)
	Volkswirtschaftslehre	4 (0,7 %)
	Sonstiges	7 (4,9 %)

---

[25] Das Vorhandensein eines nicht-akademischen Elternhauses bedeutet, dass keines der Elternteile über einen akademischen Abschluss verfügt. N = 591 Personen haben Angaben zum Bildungsstand ihrer Eltern gemacht.

Berufliche Situation		
Art der	Abhängig berufstätig	582 (95,1 %)
Beschäftigung	Selbstständig berufstätig	16 (2,6 %)
	Vollzeitbeschäftigung	467 (78,1 %)
	Teilzeitbeschäftigung	131 (21,9 %)
Sektor	Öffentlicher Dienst	152 (25,6%)
	Handel	32 (5,3 %)
	Industrie	167 (27,4 %)
	Dienstleistungen	171 (29,2 %)
	Handwerk	15 (2,5%)
	Sonstiges	61 (10,0 %)
Unternehmensgröße	KMU[26]	278 (46,5 %)
	Großunternehmen	320 (53,5 %)

Über zwei Drittel der befragten Studierenden studieren in einem Bachelor-Studiengang (67,0 %). Das restliche Drittel besteht zu 24,5 % aus Master-Studierenden und zu 8,5 % aus MBA-Studierenden. Hierbei gibt es deutliche Unterschiede zwischen den Fachhochschulen mit einem hohen Anteil (76,0 %) an Bachelorstudierenden und den Universitäten mit einem deutlich geringeren Anteil (30,6 %). Bei den Studienfächern dominiert Betriebswirtschaftslehre mit fast zwei Drittel der Beobachtungen (62,9 %). Fast alle Studierenden sind berufstätig (97,7 %). Über drei Viertel (78,1 %) der berufstätigen Studierenden üben ihren Beruf in Vollzeit aus. Die am häufigsten vorkommenden Sektoren sind Dienstleistungen (29,2 %), Industrie (27,4 %) und öffentlicher Dienst (25,6 %). Die Studierenden sind etwas häufiger bei Großunternehmen beschäftigt (53,5 %) als bei KMU (46,5 %).

---

[26] KMU wurden gemäß der Definition des IfM Bonn bestimmt, d. h. Unternehmen mit weniger als 500 Beschäftigten werden zu den KMU gezählt (Welter, Levering & May-Strobl, 2016).

10.3   Deskriptive Befunde zum Studienerfolg

Zunächst werden einige deskriptive Befunde zum Studienerfolg
von berufsbegleitend Studierenden beschrieben. Als erstes werden
die Studienleistungen (STL) in den Blick genommen, die anhand
der aktuellen Durchschnittsnoten und der bisher erreichten Leistungspunkte operationalisiert wurden (vgl. 9.5). Die Studiennoten
haben einen Mittelwert von MW = 2,150 mit einer Standardabweichung von SD = 0,523 (vgl. Tabelle 29).

Tabelle 29: Deskriptive Befunde zu den Erfolgskriterien

Erfolgskriterium	N	MW	SD
Studiennoten	612	2,150	0,523
Leistungspunkte	430	80,370	53,785
Studienfortschritt	430	51,84 %	0,338
Studienzufriedenheit	606	3,360	0,619
Studienabbruchintention	603	1,316	0,505

N = Anzahl der Beobachtungen, MW = Mittelwert, SD = Standardabweichung

Im Mittel haben die Studierenden bisher ca. 80 Leistungspunkte
erworben, die Standardabweichung beträgt hier SD = 53,785. Der
Studienfortschritt, also der Anteil der bisher erworbenen Leistungspunkte an den insgesamt zu erwerbenden Leistungspunkten,
liegt bei 51,84 %. (vgl. Tabelle 29).

Die Studienzufriedenheit (ZUF) und die Studienabbruchintention
(STA) wurden mithilfe von je vier Items erhoben, die für die de-
skriptiven Analysen in einer Variablen zusammengefasst wurden.
Bei der Studienabbruchintention wurde zuvor das negativ formu-
lierte Item recodiert. Die mittlere Studienzufriedenheit beträgt
MW = 3,360   (SD = 0,619)   und   die   Studienabbruchintention

MW = 1,316 (SD = 0,505). Da die zugrundeliegenden Skalen Werte zwischen 1 und 4 zulassen, bedeuten diese Mittelwerte, dass die Studiereden in der Tendenz eine hohe Studienzufriedenheit aufweisen und Studienabbruchintentionen eher gering ausgeprägt sind. Dementsprechend liegt u. U. das in Kapitel 2.2.3 geschilderte Problem vor, dass die Befragten eine überwiegend hohe Zufriedenheit angeben, auch wenn dies nicht die tatsächliche Zufriedenheit wiederspiegelt. Dies wird im Rahmen der Diskussion der Ergebnisse wieder aufgegriffen (vgl. Kapitel 11).

Die bisher erreichten Leistungspunkte wurden von lediglich N = 430 Studierenden angegeben, sodass hier ca. 29,7 % der Werte fehlen. Daher kann dieses Erfolgskriterium nicht im Rahmen der Strukturgleichungsanalysen verwendet werden, da hierfür ein maximaler Anteil fehlender Werte von 10 % maßgeblich ist (Kline, 1998, S. 75). Bei den übrigen Erfolgskriterien sind ausreichend viele Beobachtungen vorhanden.

Da die Erkenntnisse der Studie von Grözinger (2017, S. 109–111) zeigten, dass sich die Noten hinsichtlich bestimmter überinstitutioneller Kriterien unterscheiden, werden die Studienleistungen im Folgenden grafisch hinsichtlich dieser Unterschiede beschrieben.

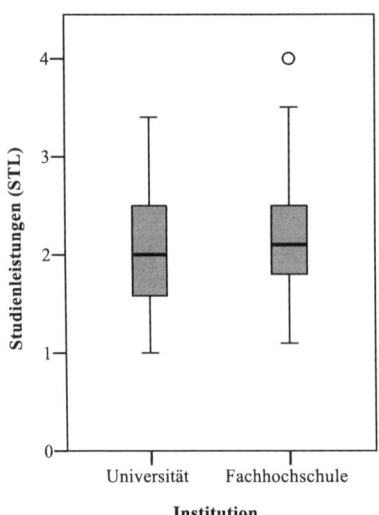

Abbildung 14: Studienleistungen nach Institution

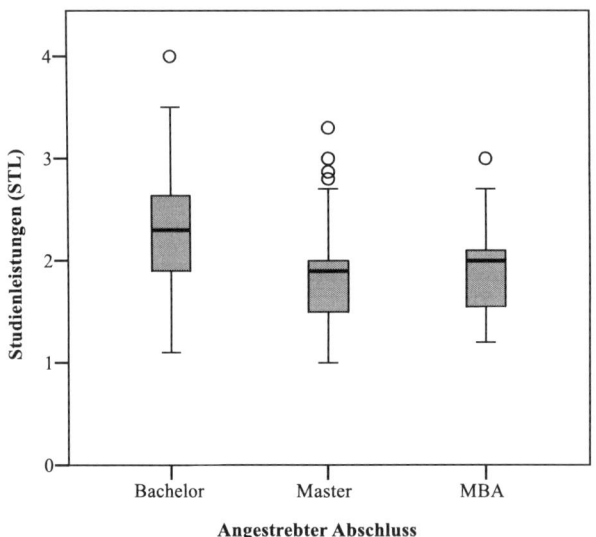

Abbildung 15: Studienleistungen nach Abschluss

Als erstes werden die Studienleistungen von Studierenden an Fachhochschulen und an Universitäten miteinander verglichen. Es zeigt sich, dass die Spannweite der Noten in beiden Fällen etwa gleich groß ist und dass die Noten bei den Studierenden an Fachhochschulen tendenziell etwas schlechter ausfallen als die der Studierenden an Universitäten (vgl. Abbildung 14). Der visuelle Vergleich der Studienleistungen zwischen Bachelor-, Master- und MBA-Studierenden zeigt, dass die Spannweite der Noten bei den Bachelorstudierenden am größten ist. Außerdem fallen die Noten der Bachelorstudierenden im Mittel schlechter aus. Vergleicht man die Noten der Masterstudierenden mit denen in einem MBA-Studiengang, so haben die Masterstudierenden im Mittel etwas bessere Noten (vgl. Abbildung 15). Der Effekt, dass die Noten an Fachschulen im Mittel besser ausfallen, lässt sich auf eine ungleiche Verteilung des angestrebten Abschlusses zurückführen. Der Anteil der angestrebten Bachelorabschlüsse ist in der Gruppe der Studierenden an Fachhochschulen deutlich höher (vgl. Kapitel 12.2). Dieser Effekt wird in der Mehrebenenanalyse noch einmal aufgegriffen (vgl. Kapitel 10.8).

Als nächstes werden die Noten zwischen den Studienfächern verglichen. Dabei wurden nur diejenigen Studienfächer berücksichtigt, für die mehr als 10 Beobachtungen vorliegen (vgl. Abbildung 16).

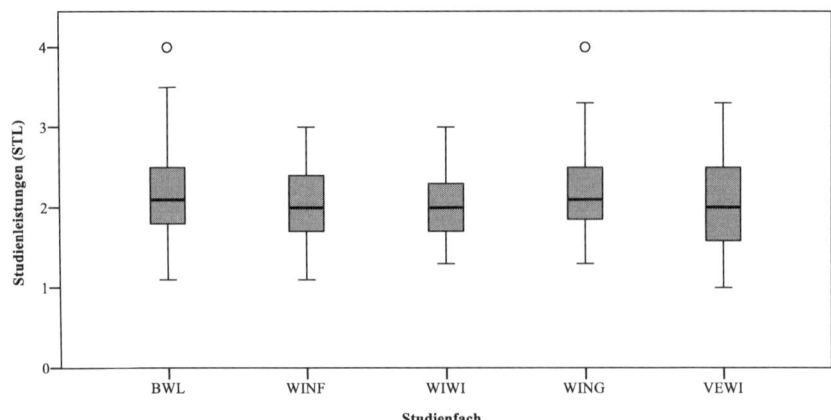

Abbildung 16: Studienleistungen nach Studienfach

BWL = Betriebswirtschaftslehre,   WINF = Wirtschaftsinformatik,   WI-
WI = Wirtschaftswissenschaften,   WING = Wirtschaftsingenieurwesen,
VEWI = Verwaltungswissenschaften

Die Spannweite der Noten ist in den Studienfächern Betriebswirtschaftslehre und Verwaltungswissenschaften am größten. Die mittleren Noten unterscheiden sich kaum zwischen den Studienfächern,
da der Median in allen Fächern in etwa bei der Note 2 liegt (vgl.
Abbildung 16). Alles in allem zeigen sich folglich vor allem im
Hinblick auf den zu erreichenden Abschluss deutliche Notenunterschiede.

10.4   Evaluation des Messmodells

Die Überprüfung der Güte des Messmodells erfolgte mithilfe konfirmatorischer Faktorenanalysen, die mit der Software IBM SPSS
AMOS 24 durchgeführt wurden. Es werden die in Kapitel 8.2 be-

schriebenen Kriterien zugrunde gelegt.[27] Einige Skalen enthalten invers formulierte Items, welche zur besseren Interpretation der Konstrukte recodiert wurden.

10.4.1 Studienqualität

Die wahrgenommene Studienqualität wird mithilfe von drei verschiedenen Skalen erhoben, die die wahrgenommene Qualität der zeitlichen Organisation (ZOR), des Studieneinstiegs (BSE) und der Beratungsangebote (BER) erfassen und jeweils aus sechs Items bestehen (vgl. Tabelle 30).

Tabelle 30: Messmodell der Studienqualität

Studienqualität: TLI = 0,973, CFI = 0,981, RMSEA = 0,045, χ^2/df = 2,215	
Zeitliche Organisation (ZOR)	α = 0,910, CR = 0,844, AVE = 0,576 ZOR01, ZOR02, ZOR03, ZOR04, ZOR05*, ZOR06*
Studieneinstieg (BSE)	α = 0,830, CR = 0,834, AVE = 0,506 BSE01, BSE02, BSE03, BSE04, BSE05*, BSE06
Beratung (BER)	α = 0,803, CR = 0,811, AVE = 0,522 BER01, BER02, BER03, BER04, BER05*, BER06*
Korrelationen: Cor(ZOR, BSE) = 0,456; Cor(ZOR, BER) = 0,577; Cor(BSE, BER) = 0,703	
* Item wurde entfernt. ** Item wurde recodiert.	

Bei allen drei Konstrukten mussten zunächst Items selektiert werden, die nicht die Anforderungen an die Messgüte erfüllen. Bei der Skala ZOR mussten die Items ZOR05 und ZOR06 eliminiert werden, da ihre Indikatorreliabilität (SMC) nicht den geforderten Grenzwert von SMC = 0,4 erreicht (vgl. Tabelle 50 im Anhang D).

---

[27] Ausführliche Informationen zur Evaluation des Messmodells finden sich im Anhang D (Tabelle 50 bis Tabelle 56). Im Text des Kapitels wurden die Tabellen lediglich in gekürzter Version eingefügt, um die Lesbarkeit sicherzustellen.

Das Messmodell für die Bewertung des Studieneinstiegs (BSE) musste auf fünf Indikatoren reduziert werden, da die Indikatorreliabilität des Items BSE05 nicht ausreichend hoch war. Beim Messmodell für das Konstrukt BER mussten die Items BER05 und BER06 aufgrund zu geringer Indikatorreliabilitäten eliminiert werden (vgl. Abbildung 17).

Das Konstrukt ZOR setzt sich anschließend aus den vier verbleibenden Indikatoren (ZOR01–ZOR04) zusammen, deren Faktorladungen alle ein erwartungskonformes Vorzeichen haben und hochsignifikant sind. Außerdem weisen alle verbleibenden Items eine hohe Indikatorreliabilität (SMC zwischen 0,626 und 0,863) auf. Auch bei BSE, das noch aus fünf, und bei BER, das noch aus vier Indikatoren besteht, sind die Faktorladungen hinsichtlich ihrer Richtung erwartungskonform und signifikant. Die Indikatorreliabilitäten liegen zwischen SMC = 0,361 und SMC = 0,674 (BSE) bzw. SMC = 0,314 und SMC = 0,638 (BER). Dementsprechend wird bei einzelnen Items der Grenzwert von SMC = 0,4 nicht erreicht (vgl. Tabelle 30). Die betroffenen Items wurden aber dennoch im Konstrukt belassen, um eine ausreichende Aussagekraft zu gewährleisten (vgl. Abbildung 17).

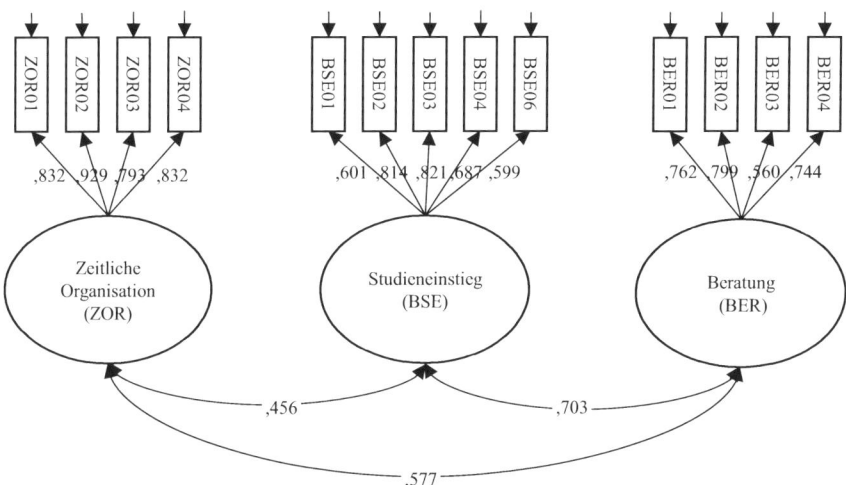

Abbildung 17: Messmodell der Studienqualität

Auf Konstruktebene ist die Reliabilität von ZOR als sehr gut zu bewerten, da die Faktorreliabilitäten und die Cronbachs-Alpha-Werte deutlich über den Grenzwerten liegen ($\alpha = 0{,}867$; CR $= 0{,}880$;). Dies gilt ebenso für die Konstrukte BSE ($\alpha = 0{,}830$; CR $= 0{,}834$) und BER ($\alpha = 0{,}803$, CR $= 0{,}811$). Die Reliabilitäten der drei Konstrukte ZOR, BSE und BER sind daher als gut bis sehr gut zu beurteilen (vgl. Tabelle 30). Da die durchschnittlich extrahierten Varianzanteile für die einzelnen Konstrukte AVE $= 0{,}608$ (ZOR), AVE $= 0{,}506$ (BSE) und AVE $= 0{,}522$ (BER) betragen, ist davon auszugehen, dass Konvergenzvalidität bei allen drei Konstrukten gegeben ist. Hinsichtlich der diskriminanten Validität zeigt sich, dass in allen drei Fällen die quadrierte Korrelation der Konstrukte miteinander geringer ist als die AVE, sodass gemäß des Fornell-Larcker-Kriteriums (Fornell & Larcker, 1981) vom Vorhandensein dieser Facette der Konstruktvalidität auszugehen ist.

Dafür spricht auch das Ergebnis des χ^2-Differenzentests (vgl. Tabelle 50 im Anhang D).

Auf Modellebene erfüllen die Fitwerte des Messmodelles der Studienqualität mit TLI = 0,973, CFI = 0,981, RMSEA = 0,045, χ^2/df = 2,215 bis auf das Kriterium des χ^2-Quotienten die Anforderungen für eine gute Modellpassung. Nach dem Wert des χ^2-Quotienten ist die Modellgüte als akzeptabel zu beurteilen.

10.4.2 Lehrqualität

Die Skalen zur wahrgenommenen Lehrqualität erfassen die Lehrkompetenz der Dozierenden (LEK), die Relevanz der Inhalte (REL), den Leistungsdruck (LEI) und die Betreuung der Studierenden durch die Lehrenden (BET). LEK bestand ursprünglich aus elf, REL aus sechs und LEI sowie BET aus jeweils vier Indikatoren. Bei den ersten drei Konstrukten war eine Selektion eines oder mehrerer Items notwendig, um eine ausreichende Messgüte sicherzustellen. Bei LEK betrifft dies drei Items (LEK01, LEK06, LEK09), bei REL zwei Items (REL01, REL03) und bei LEI ein Item (LEI02, vgl. Tabelle 51 im Anhang D).

Tabelle 31: Messmodell der Lehrqualität

Lehrqualität: TLI = 0,942, CFI = 0,956, RMSEA = 0,050, χ^2/df = 2,526	
Lehrkompetenz (LEK)	α = 0,883, CR = 0,883, AVE = 0,486
	LEK01*, LEK02, LEK03, LEK04, LEK05, LEK06*,
	LEK07, LEK08, LEK09*, LEK10, LEK11,
Relevanz (REL)	α = 0,808, CR = 0,823, AVE = 0,543
	REL01*, REL02, REL03*, REL04, REL05, REL06
Leistungsdruck (LEI)	α = 0,697, CR = 0,699, AVE = 0,438
	LEI01, LEI02*, LEI03, LEI04
Betreuung (BET)	α = 0,834, CR = 0,807, AVE = 0,517
	BET01, BET02, BET03, BET04
Korrelationen:	
Cor(LEK, REL) = 0,717; Cor(LEK, LEI) = 0,174; Cor(LEK, BET) = 0,642; Cor(REL, LEI) = 0,060; Cor(REL, BET) = 0,529; Cor(LEI, BET) = -0,023	
* Item wurde entfernt. ** Item wurde recodiert.	

Anschließend besitzen die Indikatoren aller vier Konstrukte hoch-signifikante, theoretisch sinnvoll gerichtete Faktorladungen. Die Indikatorreliabilitäten sind in den meisten Fällen ausreichend hoch (Ausnahmen: REL02: SMC = 0,287; LEI04: SMC = 0,343; BET04: SMC = 0,302). Aufgrund des hohen Beitrages dieser Items für die inhaltliche Aussagekraft der Konstrukte REL, LEI und BET wurden die Indikatoren trotz geringer SMC dennoch in den Konstrukten belassen (vgl. Abbildung 18).

Die Reliabilitäten der Konstrukte LEK, REL, BET sind durchweg als gut bis sehr gut zu beurteilen, da sowohl die internen Konsistenzen als auch die Faktorreliabilitäten ausreichend hoch sind. Lediglich bei LEI verfehlt das Cronbachs Alpha (α = 0,697) den geforderten Wert von $\alpha \geq 0,7$. Da die Abweichung jedoch minimal ist und die Faktorreliabilität mit CR = 0,699 ausreichend hoch ist, kann auch bei dem Konstrukt LEI noch vom Vorhandensein einer akzeptablen Reliabilität ausgegangen werden. Die durchschnittlich

extrahierte Varianz der Konstrukte ist bei REL (AVE = 0,543) und
BET (AVE = 0,517) ausreichend hoch, bei LEK (AVE = 0,486)
und bei LEI (AVE = 0,438) wird der vorgegebene Anteil von
AVE = 0,5 knapp nicht erfüllt.

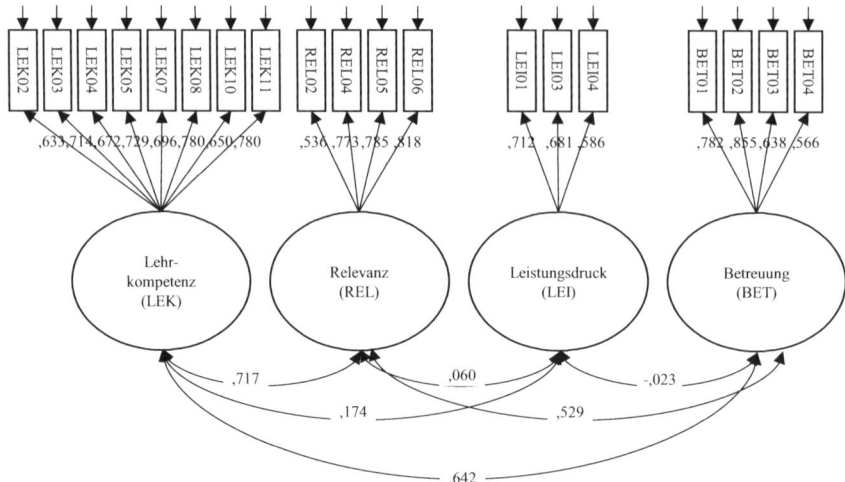

Abbildung 18: Messmodell der Lehrqualität

Hinsichtlich der Diskriminanzvalidität zeigt sich, dass die
durchschnittlich extrahierte Varianz in fast allen Fällen höher ist als
die quadrierte Korrelation der Konstrukte miteinander. Lediglich
im Fall von LEK und REL ist die quadrierte Korrelation
(Cor^2(LEK, REL) = 0,514) etwas geringer als die AVE von LEK
(AVE = 0,486). Der χ^2-Differenzentest führt sogar ausnahmslos zu
der Schlussfolgerung, dass Diskriminanzvalidität vorliegt (vgl.
Tabelle 51 im Anhang D). Dementsprechend wird die
diskriminante Validität als vorhanden angenommen. Wird die
Modellgüte des gesamten Messmodells der Lehrqualität betrachtet,
sprechen die Fitmaße für eine gute (CFI = 0,956, RMSEA = 0,050)

bzw. akzeptable (TLI = 0,942, χ^2/df = 2,526) Modellpassung (vgl. Tabelle 31).

10.4.3 Individuelle Merkmale

Bei den individuellen Merkmalen wurden Skalen für die Leistungsmotivation (LEM), die Wettbewerbsmotivation (WEM), die berufsbezogene Motivation (BEM), das Studieninteresse (SIN), das akademische Selbstkonzept (ASK), die Selbstwirksamkeitserwartungen (SWE) und für den Grad der persönlichen Eingebundenheit (PEG) verwendet (vgl. Tabelle 32).

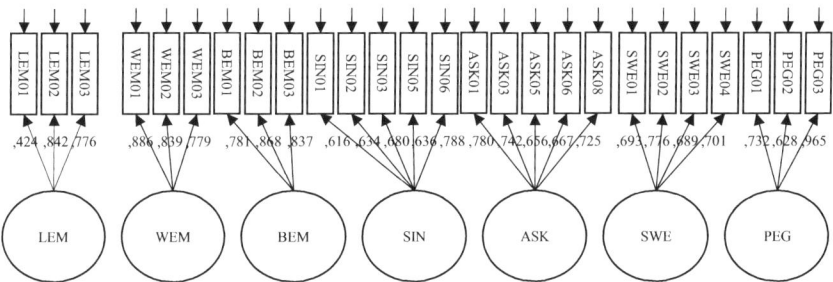

Abbildung 19: Messmodell der individuellen Merkmale[28]

Die Konstrukte LEM, WEM, BEM und PEG bestehen je aus drei Items, SIN und ASK aus neun und SWE aus fünf Items. Bei den Skalen, die lediglich aus drei Items bestehen, wurde davon abgesehen, einzelne Items auszuschließen, da die einzelnen Indikatoren jeweils eine essenzielle inhaltliche Relevanz für ihr Konstrukt besitzen (vgl. Abbildung 19). Dies führt jedoch dazu, dass in zwei Fällen (LEM01, PEG02) die Indikatorreliabilität von je einem Item pro Konstrukt nicht den Grenzwert von SMC = 0,4 erreicht (vgl.

---

[28] Aus Gründen der Übersichtlichkeit sind die Korrelationen der Konstrukte nicht grafisch dargestellt.

Tabelle 52 im Anhang D). Bei dem Konstrukt SIN mussten vier Items selektiert werden. Trotzdem verfehlt die Indikatorreliabilität von SIN01 (SMC = 0,379) knapp den Grenzwert. Bei dem Konstrukt ASK wurden außerdem vier und bei SWE ein Item ausgeschlossen, wodurch erreicht werden konnte, dass alle Items eine ausreichend hohe Indikatorreliabiltät besitzen. Für alle sieben Konstrukte gilt, dass die Faktorladungen die erwartete Richtung besitzen und signifikant verschieden von 0 sind (vgl. Tabelle 52 im Anhang D).

Die Reliabilität der Konstrukte im Bereich der individuellen Merkmale ist durchweg als gut bis sehr gut zu beurteilen, da sowohl die interne Konsistenz als auch die Faktorreliabilität in allen Fällen ausreichend hoch sind. Die durchschnittlich extrahierte Varianz ist bei fünf der sieben Konstrukte ausreichend hoch (WEM, BEM, ASK, SWE, PEG). Bei LEM (AVE = 0,497) und bei SIN (AVE = 0,454) liegt der Kennwert AVE geringfügig unter dem geforderten Wert, sodass trotz der Abweichungen von einer noch akzeptablen Konvergenzvalidität ausgegangen werden kann (vgl. Tabelle 32). Die Diskriminanzvalidität ist i. W. gegeben. Der χ^2-Differenzentest spricht in allen Fällen dafür, und lediglich in zwei Fällen liegt die quadrierte Korrelation zweier Konstrukte über der bei den Konstrukten durchschnittlich extrahierten Varianz (Cor(LEM, WEM)^2 > AVE; Cor(ASK, SWE)^2 > AVE; vgl. Tabelle 52 im Anhang D).

Tabelle 32: Messmodell der individuellen Merkmale

Individuelle Determinanten: TLI = 0,930, CFI = 0,944, RMSEA = 0,048, χ^2/df = 2,404	
Leistungsmotivation (LEM)	α = 0,708, CR = 0,734, AVE = 0,497 LEM01, LEM02, LEM03

Wettbewerbsmotivation (WEM)	$\alpha = 0,872$, CR = 0,874, AVE = 0,699 WEM01, WEM02, WEM03
Berufsbezogene Motivation (BEM)	$\alpha = 0,865$, CR = 0,868, AVE = 0,688 BEM01, BEM02, BEM03
Studieninteresse (SIN)	$\alpha = 0,800$, CR = 0,805, AVE = 0,454 3 Items: SIN01, SIN02, SIN03, SIN04* **, SIN05, SIN06, SIN07*, SIN08* **, SIN09* **
Akademisches Selbstkonzept (ASK)	$\alpha = 0,842$, CR = 0,839, AVE = 0,512 ASK01, ASK02*, ASK03, ASK04*, ASK05, ASK06, ASK07*, ASK08, ASK09*
Selbstwirksamkeitserwartungen (SWE)	$\alpha = 0,806$, CR = 0,807, AVE = 0,512 SWE01, SWE02, SWE03, SWE04, SWE05*
Persönliche Eingebundenheit (PEG)	$\alpha = 0,812$, CR = 0,826, AVE = 0,620 PEG01, PEG02, PEG03
Korrelationen:	

Cor(LEM, WEM) = 0,869; Cor(LEM, BEM) = 0,467; Cor(LEM, SIN) = 0,128; Cor(LEM, ASK) = 0,204; Cor(LEM, SWE) = 0,359; Cor(LEM, PEG) = -0,067; Cor(WEM, BEM) = 0,404; Cor(WEM, SIN) = 0,192; Cor(WEM, ASK) = 0,297; Cor(WEM, SWE) = 0,453; Cor(WEM, PEG) = -0,115; Cor(BEM, SIN) = -0,063; Cor(BEM, ASK) = -0,033; Cor(BEM, SWE) = 0,053; Cor(BEM, PEG) = -0,044; Cor(SIN, ASK) = 0,296; Cor(SIN, SWE) = 0,344; Cor(SIN, PEG) = -0,015; Cor(ASK, SWE) = 0,731; Cor(ASK, PEG) = -0,109; Cor(SWE, PEG) = -0,183

* Item wurde entfernt. ** Item wurde recodiert.

Auf Ebene des Gesamtmodells sprechen die globalen Fitmaße für eine akzeptable (TLI = 0,930; CFI = 0,944; $\chi^2/df = 2,404$) bis gute (RMSEA = 0,048) Passung des empirischen Modells mit dem theoretischen Modell.

10.4.4 Intensität der arbeitgeberseitigen Unterstützung

Die Intensität der arbeitgeberseitigen Unterstützung (BEF) wurde mithilfe einer Skala bestehend aus drei Items gemessen (vgl. Abbildung 20). Die Berechnung der globalen Fitwerte ist bei diesem Messmodell nicht möglich, da es die Mindestanzahl von dafür erforderlichen Indikatoren nicht erreicht. Weiterhin ist keine Beurtei-

lung der Diskriminanzvalidität möglich, da bei diesem Messmodell
lediglich ein Konstrukt vorliegt.

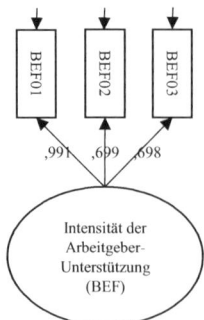

Abbildung 20: Messmodell zur Arbeitgeber-Unterstützung

Alle drei Indikatoren haben eine ausreichend hohe Indikatorreliabi-
lität (SMC liegt zwischen 0,487 bis 0,982) und eine signifikante
Faktorladung, deren Richtung den theoretischen Vorannahmen
entspricht (vgl. Tabelle 53 im Anhang D). Es ist von einer guten
Reliabilität des Konstruktes auszugehen, da für beide geforderten
Kriterien ausreichend hohe Werte erreicht werden ($\alpha = 0{,}833$ und
$CR = 0{,}845$).

Tabelle 33: Messmodell zur Intensität der Arbeitgeber-Unterstützung

Intensität der Arbeitgeber-Unterstützung: $\alpha = 0{,}833$, $CR = 0{,}845$, $AVE = 0{,}653$
BEF01, BEF02**, BEF03
* Item wurde entfernt. ** Item wurde recodiert.

Auf Ebene des Konstruktes ist die Konvergenzvalidität gegeben, da
die durchschnittlich erfasste Varianz $AVE = 0{,}653$ beträgt (vgl.
Tabelle 33). Dementsprechend deutet die Evaluation des Konstruktes BEF darauf hin, dass das Messmodell geeignet ist.

10.4.5 Studierbarkeit

Die beiden Facetten der Studierbarkeit, die fachliche und die strukturelle Studierbarkeit, wurden jeweils als Konstrukte höherer Ordnung operationalisiert (Reinecke, 2014, S. 180). Das latente Konstrukt erster Ordnung *fachliche Studierbarkeit* (FSB) besteht aus
den beiden Konstrukten zweiter Ordnung *Bewältigung des Anfor-
derungsniveaus* (Items FSB01–FSB03) und *Bewältigung des Umfangs der Leistungsanforderungen* (Items FSB04–FSB06). Das
Konstrukt *strukturelle Studierbarkeit* (SSB) besteht auf der zweiten
Ebene wiederum aus den Konstrukten *zeitliche* (Items SSB01–
SSB05), *finanzielle* (Items SSB06–SSB08) *und räumliche Bewältigung des Studiums* (Items SSB09–SSB11, vgl. Abbildung 21).

Zunächst wurden die beiden Konstrukte sowohl als eindimensionales als auch als zweidimensionales Messmodell modelliert, um zu
prüfen, ob die zweidimensionale Version des Messmodells tatsächlich besser geeignet ist. Der Vergleich der beiden Modelle zeigt,
dass beim eindimensionalen Modell die Faktorladungen und die
SMC niedriger ausfallen. Dies führt zu einer geringeren CR und
AVE. Insbesondere die strukturelle Studierbarkeit fällt hierbei negativ auf (vgl. Tabelle 55 im Anhang D). Das zweidimensionale
Messmodell ist daher sowohl auf Indikator- als auch auf Konstruktebene besser zu beurteilen als das eindimensionale Modell.
Beim eindimensionalen Modell entsprechen die Fitwerte mit
$TLI = 0,563$, $CFI = 0,676$, $RMSEA = 0,167$ und $\chi^2/df = 18,027$
(vgl. Tabelle 55 im Anhang D) nicht den Grenzwerten, sodass die
globale Modellgüte als nicht akzeptabel zu beurteilen ist. Das
zweidimensionale Modell entspricht hier mit $TLI = 0,959$,
$CFI = 0,971$ $RMSEA = 0,051$, $\chi^2/df = 2,596$ den Konventionen

eines akzeptablen bis guten Messmodells (vgl. Tabelle 34). Dementsprechend ist das zweidimensionale Modell vorzuziehen (Weiber & Mühlhaus, 2010, S. 197).

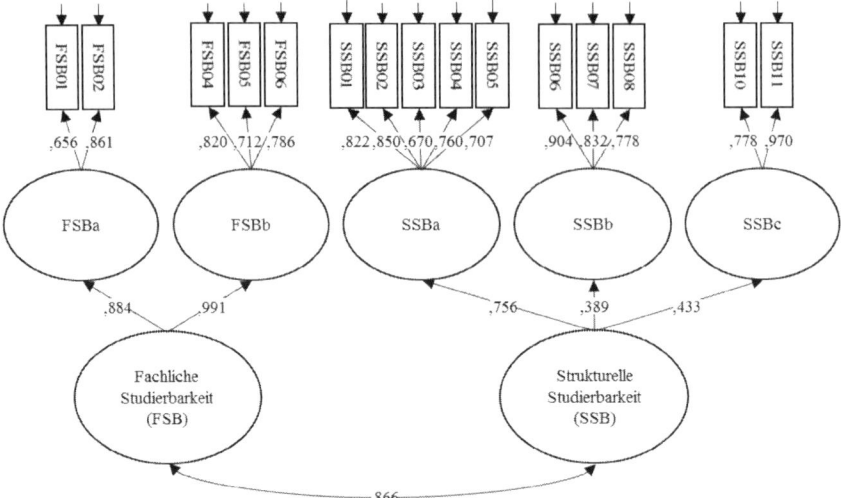

Abbildung 21: Messmodell der Studierbarkeit

Da es sich bei den hier miteinander verglichenen Modellen um ver-
schachtelte Modelle handelt, das eindimensionale Modell also gewissermaßen ein Spezialfall des zweidimensionalen Modells darstellt, besteht weiterhin die Möglichkeit, einen χ^2-Differenzentest
durchzuführen, um die Modelle miteinander zu vergleichen (Werner et al., 2016, S. 966). Die Differenz der χ^2-Werte beträgt
1386,380 und ist wiederum $\chi^2(5)$-verteilt. Die Irrtumswahrschein-
lichkeit liegt hier bei $< 0{,}001$, sodass davon ausgegangen werden
kann, dass sich die Modellgüte signifikant verschlechtert, wenn
statt des zweidimensionalen das eindimensionale Messmodell verwendet wird (Reinecke, 2014, S. 123). Dementsprechend wird im

Folgenden das zweidimensionale Modell verwendet (vgl. Tabelle 34).

Beim Messmodell der Studierbarkeit wurden zwei Items eliminiert, da die Indikatorreliabilität nicht ausreichend hoch war. Dies betrifft zum einen FSB03 beim Konstrukt FSBa und zum anderen SSB09 bei SSBc. Abschließend sind alle Konstrukte auf Indikatorebene als gut zu beurteilen, da die Indikatorreliabilitäten ausreichend hoch sind (SMC-Werte zwischen 0,430 und 0,941) und die Faktorladungen erwartungskonforme Vorzeichen aufweisen sowie signifikant verschieden von 0 sind (vgl. Tabelle 54 im Anhang D).

Tabelle 34: Zweidimensionales Messmodell der Studierbarkeit

Studierbarkeit: TLI = 0,959, CFI = 0,971 RMSEA = 0,051, χ^2/df = 2,596	
Fachliche Studierbarkeit (FSB)	
Bewältigung des Anforderungsniveaus (FSBa)	α = 0,723, CR = 0,735, AVE = 0,586 FSB01, FSB02, FSB03*
Bewältigung des Umfangs der Leistungsanforderungen (FSBb)	α = 0,815, CR = 0,817, AVE = 0,599 FSB04, FSB05, FSB06
Strukturelle Studierbarkeit (SSB)	
Zeitliche Bewältigung des Studiums (SSBa)	α = 0,874, CR = 0,875, AVE = 0,585 SSB01, SSB02, SSB03, SSB04, SSB05
Finanzielle Bewältigung des Studiums (SSBb)	α = 0,873, CR = 0,877, AVE = 0,705 SSB06, SSB07, SSB08
Räumliche Bewältigung des Studiums (SSBc)	α = 0,859, CR = 0,871, AVE = 0,773 SSB09*, SSB10, SSB11
Korrelation: Cor(FSB, SSB) = 0,866	
* Item wurde entfernt. ** Item wurde recodiert.	

Auf Ebene der Konstrukte zeigen sich durchweg gute Reliabilitäten, da in allen fünf Fällen das Cronbachs Alpha sowie die Konstruktreliabilität ausreichend hoch sind. Bezüglich der Konstruktvalidität deuten hohe Werte bei der durchschnittlich erfassten Varianz (AVE-Werte zwischen 0,585 und 0,773) auf das Vorhandensein von Konvergenzvalidität hin. Bezüglich der Diskriminanzvalidität zeigt sich ein geteiltes Bild, denn die quadrierte Korrelation von FSB und SSB Cor(FSB, SSB)^2 = 0,750 übersteigt AVE in vier von fünf Fällen. Lediglich bei SSBc ist die durchschnittlich erfasste Varianz höher (AVE = 0,773). Der χ^2-Differenzentest spricht jedoch dafür, dass diskriminante Validität vorliegt (vgl. Tabelle 54 im Anhang D).

Es lässt sich zum Messmodell der Studierbarkeit festhalten, dass ein zweidimensionales Messmodell geeigneter dafür zu sein scheint, die empirischen Daten zu reproduzieren, als ein eindimensionales Modell. Beim zweidimensionalen Messmodell deuten die statistischen Kennwerte auf eine hohe interne Konsistenz und Konvergenzvalidität hin. Lediglich die Diskriminanzvalidität der fachlichen und strukturellen Studierbarkeit ist nicht gegeben. Dies ist jedoch aufgrund der hohen inhaltlichen Nähe der Konstrukte zu erwarten. Die globalen Fitwerte und das Ergebnis des χ^2-Differenzentests sprechen ebenfalls für die Verwendung des zweidimensionalen Messmodells der Studierbarkeit.

10.4.6 Studienerfolg

Die Skalen für die Studienerfolgskriterien Zufriedenheit (ZUF) und Studienabbruchintention (STA) bestehen jeweils aus vier Items (vgl. Tabelle 35). Auch wenn die Indikatorreliabilität von STA01 (SMC = 0,152) und STA04 (SMC = 0,166) nicht den geforderten Wert erreicht (vgl. Tabelle 56 im Anhang D), wurden die beiden Indikatoren dennoch im Messmodell belassen, um den Informationsgehalt des Konstruktes nicht zu sehr zu schmälern. Bei ZUF weist der Indikator ZUF01 einen minimal zu geringen SMC-Wert auf (SMC = 0,396) und wurde mit der gleichen Begründung nicht eliminiert (vgl. Abbildung 22).

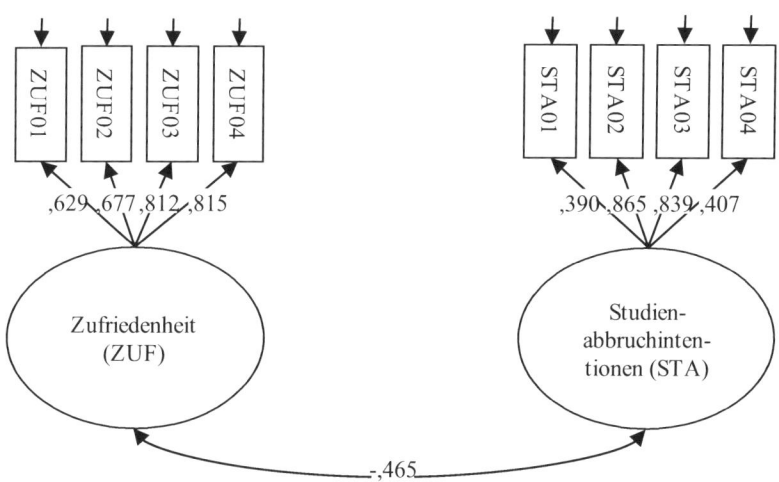

Abbildung 22: Messmodell des Studienerfolgs

Abgesehen von den genannten Ausnahmen haben alle Indikatoren der Konstrukte ZUF uns STA eine ausreichende Reliabilität, da die SMC-Werte den Grenzwert überschreiten. Die Vorzeichen der Faktorladungen der insgesamt acht Indikatoren der beiden Konstrukte weisen ausnahmslos die korrekte Richtung auf und sind signifikant von 0 verschieden (vgl. Tabelle 56 im Anhang D).

Die Reliabilität der Konstrukte ZUF und STA ist aufgrund hoher CR- und α-Werte bei beiden Kriterien als gut zu beurteilen (vgl. Tabelle 35). Hinsichtlich der Konvergenzvalidität verpasst die durchschnittlich erfasste Varianz bei STA mit AVE = 0,442 knapp den geforderten Grenzwert von 0,5. Die Ursache ist die geringe Indikatorreliabilität der beiden Items STA01 und STA04, wodurch der mit dem Konstrukt STA geklärte Varianzanteil für diese beiden Items gering ausfällt (Weiber & Mühlhaus, 2010, S. 122). Bei dem

Konstrukt ZUF wird mit AVE = 0,544 jedoch der geforderte Grenzwert überschritten, sodass bei diesem Konstrukt Konvergenzvalidität gegeben ist. Die Korrelation der Konstrukte miteinander beträgt Cor(ZUF, STA) = -0,465, woraus das Vorhandensein von diskriminanter Validität zu folgern ist, da die quadrierte Korrelation geringer als die beiden AVE-Werte ist. Hierfür spricht auch das Ergebnis des χ^2-Differenzentests. Für eine akzeptable bis gute Modellpassung sprechen die Indizies TLI = 0,917, CFI = 0,956, RMSEA = 0,079. Lediglich der χ^2-Quotient liegt mit χ^2/df = 4,821 über dem geforderten Grenzwert (vgl. Tabelle 35).

Tabelle 35: Messmodell des Studienerfolgs

Studienerfolg: TLI = 0,917, CFI = 0,956, RMSEA = 0,079, χ^2/df = 4,821	
Zufriedenheit (ZUF)	α = 0,821, CR = 0,825, AVE = 0,544
	ZUF01, ZUF02, ZUF03, ZUF04
Studienabbruchintention (STA)	α = 0,721, CR = 0,737, AVE = 0,442
	STA01**, STA02, STA03, STA04
Korrelation:	
Cor(ZUF, STA) = -0,465	
* Item wurde entfernt. ** Item wurde recodiert.	

Folglich ist das Messmodell für den Studienerfolg mit kleineren Einschränkungen als akzeptabel bis gut zu beurteilen. Die nicht erfüllten Kriterien sind darauf zurückzuführen, dass Items nicht eliminiert wurden, auch wenn die statistischen Kennwerte z. T. darauf hindeuteten. Es scheint jedoch sinnvoll, die Items im Messmodell zu belassen, um die Aussagekraft der Konstrukte nicht einzuschränken.

10.4.7 Zwischenfazit zur Evaluation des Messmodells

Die Evaluation des Messmodells führt in einigen Fällen dazu, dass einzelne Indikatoren aus den Konstrukten entfernt wurden, da diese nicht die Anforderungen erfüllten. In Ausnahmefällen wurden Indikatoren trotzdem beibehalten, da sie einen relevanten theoretischen Beitrag für das Konstrukt leisten, auch wenn die Indikatorreliabilität nicht ausreichend hoch war. Die CFA des vollständigen Messmodells ergibt die folgenden Fitwerte: TLI = 0,902, CFI = 0,911, RMSEA = 0,034, χ^2/df = 1,712, sodass die Modellpassung insgesamt als akzeptabel bist gut zu beurteilen ist. Da alle diese Fitwerte anfällig für komplexe Modellstrukturen sind, ist auch eine akzeptable Modellpassung ausreichend (Arzheimer, 2016, S. 63–64).

Die angenommenen Zusammenhänge zwischen den Indikatoren und Konstrukten konnten folglich i. W. bestätigt werden. Dementsprechend wird vom Vorhandensein von nomologischer Validität im Hinblick auf das Messmodell ausgegangen. Das Messmodell wird daher für die weiteren Analysen verwendet. Tabelle 36 gibt einen Überblick über deskriptive Statistiken der latenten Konstrukte.

Tabelle 36: Deskriptive Statistik der latenten Konstrukte

Konstrukt	MW	SD	Kurtosis	Schiefe
Zeitliche Organisation (ZOR)	3,021	0,713	-0,195	-0,884
Studieneinstieg (BSE)	2,506	0,458	-0,047	-0,532
Beratung (BER)	2,886	0,535	0,087	-0,566
Lehrkompetenz (LEK)	2,794	*0,391*	0,544	-0,498
Relevanz (REL)	2,396	0,435	-0,005	-0,339
Leistungsdruck (LEI)	3,965	0,856	-0,064	0,007
Betreuung (BET)	3,211	0,619	-0,238	-0,236
Leistungsmotivation (LEM)	3,321	0,602	-0,009	-0,646

Wettbewerbsmotivation (WEM)	3,267	0,857	-0,847	-0,150
Berufsbezogene Motivation (BEM)	2,716	0,482	**2,837**	**-1,738**
Studieninteresse (SIN)	2,133	0,449	-0,222	-0,004
Akademisches Selbstkonzept (ASK)	2,901	0,559	-0,047	0,104
Selbstwirksamkeitserwartungen (SWE)	3,385	0,534	**4,375**	**1,121**
Persönliche Eingebundenheit (PEG)	1,838	0,647	-0,776	0,011
Intensität AG-Unterstützung (BEF)	2,404	*1,048*	-1,245	0,115
Fachliche Studierbarkeit (FSB)	**5,829**	0,943	-0,233	-0,098
Bewältigung des Anforderungsniveaus (FSBa)	2,307	0,370	-0,171	-0,173
Bewältigung des Umfangs der Anforderungen (FSBb)	3,433	0,558	-0,242	-0,092
Strukturelle Studierbarkeit (SSB)	**4,629**	0,940	0,042	-0,292
Zeitliche Bewältigung des Studiums (SSBa)	2,735	0,612	-0,256	-0,098
Finanzielle Bewältigung des Studiums (SSBb)	3,252	0,700	-0,300	-0,671
Räumliche Bewältigung des Studiums (SSBc)	2,616	0,644	0,284	-0,895
Zufriedenheit (ZUF)	2,404	0,423	0,234	-0,863
Studienabbruchintentionen (STA)	**1,112**	0,657	**1,855**	**1,647**

Der höchste Mittelwert der latenten Konstrukte zeigt sich für die beiden Facetten der Studierbarkeit (MW(FSB) = 5,829; MW(SSB) = 4,626) und der geringste Mittelwert ist bei der Studienabbruchintention zu verzeichnen (MW(STA) = 1,112). Die Standardabweichungen schwanken zwischen SD(LEK) = 0,391 und SD(BEF) = 1,048 (vgl. Tabelle 36).

Die Betrachtung der Maße für die Schiefe und Kurtosis zeigen, dass die Verteilung der Daten nicht substanziell von der Normalverteilung abweicht (vgl. Tabelle 36). Den höchsten Kurtosiswert hat das Konstrukt SWE; dieser beträgt $w = 4,375$ und liegt damit unter der geforderten Grenze von $|w| \leq 7$. Die meisten Konstrukte erfüllen sogar den strengeren Grenzwert von $|w| \leq 1$, denn dieser wird lediglich in drei weiteren Fällen überschritten (BEM, BEF, STA; vgl. Tabelle 36). Ähnliches zeigt sich für die Schiefe, denn hier beträgt der höchste Wert $v = -1,738$ (BEM), der ebenfalls unter dem Grenzwert von $|v| \leq 2$ liegt. Auch bei der Schiefe wird sogar die strenge Anforderung an Maßzahl ($|v| \leq 1$) nur in wenigen Fällen nicht erfüllt (BEM, SWE, STA; vgl. Tabelle 36). Die Korrelationen der latenten Konstrukte untereinander sind in Tabelle 58 (Anhang E) dargestellt. Ebenfalls im Anhang (Tabelle 57 im Anhang E) findet sich eine Übersicht zu den fehlenden Werten der Indikatorvariablen. Es zeigt sich, dass in keinem Fall mehr als 10 % der Werte fehlen, sodass alle Indikatoren unter Verwendung des Imputationsmechanismus für fehlende Werte berücksichtigt werden können (vgl. Kapitel 8.2).

10.5 Evaluation des Strukturmodells

Nachdem das Messmodell evaluiert wurde, wurde es zur Überprüfung des Strukturmodells in das Programm Smart PLS 3 überführt. Neben den latenten Variablen, die bereits im Rahmen der Evaluation des Messmodells vorgestellt wurden (vgl. Kapitel 10.4), wurden manifeste Einflussfaktoren in das Modell aufgenommen, um das Forschungsmodell vollständig abzubilden (vgl. Tabelle 37).

Die Größe der Stichprobe ist ausreichend groß, um das spezifizierte Strukturgleichungsmodell zu schätzen. Dies lässt sich daran erkennen, dass die Stichprobengröße das Zehnfache der Anzahl von Pfeilen übersteigt, die auf das Konstrukt mit den meisten eingehenden Regressionspfeilen gerichtet ist (vgl. Kapitel 8.3). In zwei Fällen liegen mehr als 5 % fehlende Werte vor (vgl. Kapitel 8.3). Dies betrifft die Indikatoren BEF01 (5,4 % fehlende Werte) und BEF03 (7,2 % fehlende Werte), die zum Konstrukt Intensität der Arbeitgeber-Unterstützung gehören (vgl. Tabelle 57 im Anhang E). Da die Überschreitung der Maximalgrenze für fehlende Werte relativ gering ist und bei allen anderen Indikatoren ausreichend viele Daten zur Verfügung stehen, werden die Indikatoren im Strukturmodell belassen.

Im Folgenden wird das Strukturmodell, wie es von Hair et al. (2017, S. 164–165) empfohlen wird, evaluiert. Ein Aspekt ist hierbei die Kollinearitätsdiagnose (vgl. Kapitel 8.3). Die Prüfung der Kollinearität deutet nicht auf ein kritisches Niveau an Kollinearität hin, da die VIF-Werte der unabhängigen Variablen alle unter dem kritischen Wert von 5 liegen (vgl. Tabelle 37).

Tabelle 37: Pfadkoeffizienten im PLS-Strukturmodell

Variablen	B	P	SE	t	VIF
Institutionellen Einflussfaktoren					
Lehrkompetenz (LEK)	0,142 ***		0,041	3,446	2,128
Relevanz (REL)	0,060		0,039	1,559	1,705
Leistungsdruck (LEI)	-0,203 ***		0,029	6,949	1,081
Betreuung (BET)	0,072 *		0,038	1,930	1,578
Zeitliche Organisation (ZOR)	0,271 ***		0,042	6,502	1,392
Studieneinstieg (BSE)	0,143 ***		0,044	3,277	1,599
Beratung (BER)	0,072 *		0,042	1,727	1,770
Kosten	0,016		0,044	0,366	1,011
Individuelle Einflussfaktoren					
Leistungsmotivation (LEM)	0,120 ***		0,040	3,016	2,133
Wettbewerbsmotivation (WEM)	-0,052		0,039	1,334	1,948
Berufsbezogene Motivation (BEM)	-0,021		0,037	0,575	1,371
Studieninteresse (SIN)	0,081 ***		0,029	2,790	1,170
Akademisches Selbstkonzept (ASK)	0,133 ***		0,035	3,788	1,713
Selbstwirksamkeitserwartungen (SWE)	0,424 ***		0,036	11,702	1,898
Persönliche Eingebundenheit (PEG)	-0,203 ***		0,033	6,135	1,024
Entfernung Hochschule– Wohnort	-0,166 ***		0,042	3,978	1,009
Mathematik-Note	-0,017		0,028	0,624	1,084
Schulische HZB	0,029		0,025	1,144	1,020
Intensität AG-Unterstützung (BEF)	0,152 ***		0,036	4,287	1,048
Studierbarkeit/Mediatoren					
Fachliche Studierbarkeit (FSB) → Zufriedenheit (ZUF)	0,300 ***		0,042	7,120	1,625
Fachliche Studierbarkeit (FSB) → Abbruchintention (STA)	-0,236 ***		0,049	4,862	1,625
Fachliche Studierbarkeit (FSB) → Studienleistungen (STL)	-0,308 ***		0,046	6,699	1,625
Strukturelle Studierbarkeit (SSB) → Zufriedenheit (ZUF)	0,335 ***		0,042	7,981	1,574
Strukturelle Studierbarkeit (SSB) → Abbruchintention (STA)	-0,146 ***		0,051	2,832	1,574
Strukturelle Studierbarkeit (SSB) → Studienleistungen (STL)	0,036		0,047	0,766	1,574

Signifikanzniveaus (zweiseitig): * p < ,10; ** p < ,05; *** p < ,01

In Hinblick auf die Erklärung der fachlichen Studierbarkeit zeigen sich signifikante Pfadkoeffizienten für LEK (B = 0,142), LEI (B = -0,203), BET (B = 0,072), LEM (B = 0,120), SIN (B = 0,081), ASK (B = 0,133) und SWE (B = 0,424, vgl. Tabelle 37). Dementsprechend gibt es sowohl institutionelle als auch individuelle Einflussfaktoren bei der fachlichen Studierbarkeit. Die Höhe der Pfadkoeffizienten lässt außer bei BET und SIN auf einen relevanten Einfluss schließen. Das Bestimmtheitsmaß beträgt bei der fachlichen Studierbarkeit $R^2 = 0,521$, sodass ein erheblicher Anteil der Varianz durch die Prädiktoren geklärt werden kann (vgl. Abbildung 23).

Einen signifikanten Einfluss auf die strukturelle Studierbarkeit haben ZOR (B = 0,271), BSE (B = 0,143), BER (B = 0,072), PEG(B = -0,203), die Entfernung der Hochschule vom Wohnort (B = -0,166) und BEF (B = 0,152). Die Höhe der Pfadkoeffizienten spricht außer bei BER für relevante Einflüsse (vgl. Tabelle 37). Die Varianz in der strukturellen Studierbarkeit kann mithilfe von institutionellen, individuellen und arbeitgeberseitigen Determinanten zu einem relevanten Anteil von $R^2 = 0,301$ geklärt werden (vgl. Abbildung 23).

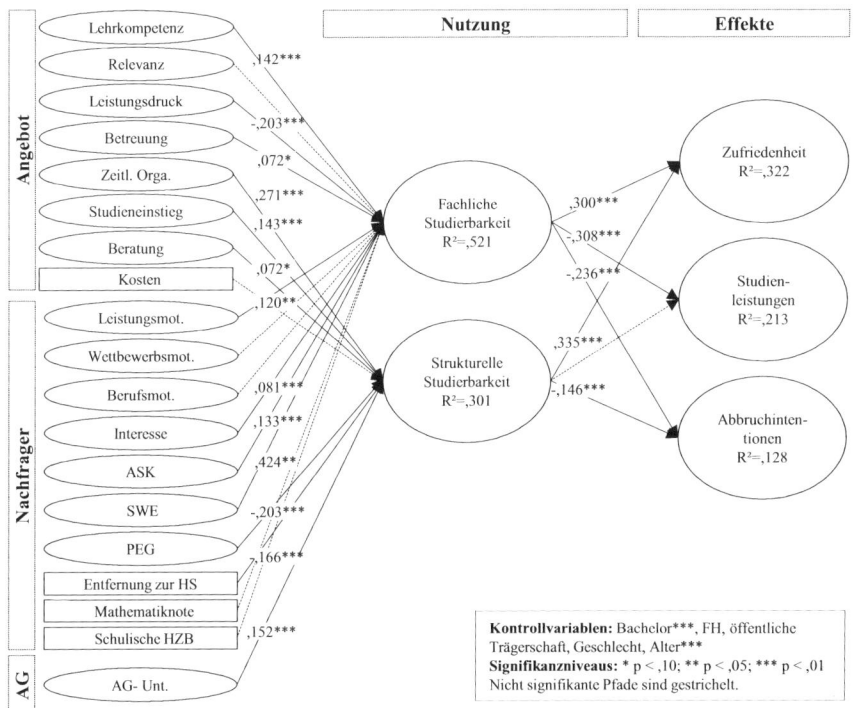

Abbildung 23: Strukturmodell

Die fachliche Studierbarkeit hat einen signifikanten Einfluss auf die Studienzufriedenheit (B = 0,300), die Studienleistungen (B = -0,308) und die Studienabbruchintention (B = -0,236). Die strukturelle Studierbarkeit beeinflusst hingegen nur die Studienzufriedenheit (B = 0,335) und die Studienabbruchintention (B = -0,146), die Studienleistungen werden nicht signifikant von der strukturellen Studierbarkeit beeinflusst (vgl. Tabelle 37). Die Höhe der Regressionskoeffizienten spricht in allen fünf signifikanten Fällen für einen substanziellen Einfluss der Prädiktoren auf die abhängigen Variablen (vgl. Kapitel 8.3).

Es zeigt sich außerdem, dass die Zufriedenheit zu $R^2 = 0{,}322$, die Studienabbruchintention zu $R^2 = 0{,}128$ und die Studienleistungen zu $R^2 = 0{,}213$ mithilfe der fachlichen und der strukturellen Studierbarkeit erklärt werden können. Dementsprechend wird sowohl von der Zufriedenheit als auch von den Studienleistungen ein relevanter Varianzanteil erklärt. Lediglich der erklärte Varianzanteil der Studienabbruchintention fällt geringer aus als der gewünschte Anteil von $R^2 = 0{,}19$ (vgl. Kapitel 8.3).

Die Vorzeichen der signifikanten Pfadkoeffizienten entsprechen im gesamten Strukturmodell den theoretischen Annahmen über die untersuchten Zusammenhänge (vgl. Kapitel 7.12). Prognoserelevanz liegt bei allen abhängigen Variablen vor, da die Q^2-Werte[29] durchweg positiv sind (FSB: $Q^2 = 0{,}308$; SSB: $Q^2 = 0{,}112$; ZUF: $Q^2 = 0{,}189$; STA: $Q^2 = 0{,}052$; STL: $Q^2 = 0{,}193$). Bei den Kontrollvariablen zeigen sich lediglich signifikante Unterschiede in den Studienleistungen. Mit zunehmenden Alter erzielen die Studierenden schlechtere Studienleistungen. Außerdem zeigen Bachelorstudierende signifikant schlechtere Studienleistungen als Studierende im weiterführenden Studium (vgl. Abbildung 23).

10.6   Prüfung der Forschungshypothesen

Hinsichtlich der *ersten Forschungshypothese (H1)* zeigt sich, dass diese bestätigt werden kann, da die fachliche Studierbarkeit einen signifikanten Einfluss auf alle drei Studienerfolgskriterien hat. Die *zweite Forschungshypothese (H2)* kann partiell bestätigt werden, denn die strukturelle Studierbarkeit hat zwar einen signifikanten

---

[29] Gemäß den Empfehlungen von Hair et al. (2017, S. 175) wurde für die Berechnung der Q^2- und der q^2-Werte eine Auslassungsdistanz von $D = 7$ gewählt.

Einfluss auf die Zufriedenheit sowie auf die Studienabbruchintention, nicht aber auf die Studienleistungen.

Die *dritte Forschungshypothese (H3)* kann vollumfänglich bestätigt
werden, denn die vier Facetten der Lehrqualität, die Lehrkompetenz, die Relevanz der Inhalte, die inhaltliche Betreuung und der
Leistungsdruck, haben einen signifikanten Einfluss auf die fachliche Studierbarkeit. Hinsichtlich des Einflusses der individuellen
Studienvoraussetzungen auf die fachliche Studierbarkeit zeigt sich
ein geteiltes Bild: Während das Studieninteresse, die Selbstwirksamkeitserwartungen, das akademische Selbstkonzept und die leistungsbezogene extrinsische Motivation die fachliche Studierbarkeit
signifikant positiv beeinflussen, ergibt sich kein signifikanter Einfluss für die Mathematiknote, das Vorhandensein einer schulischen
Hochschulzugangsberechtigung, die wettbewerbsorientierte und die
berufsbezogene extrinsische Motivation. Dementsprechend kann
die *Forschungshypothese 4 (H4)* nur partiell bestätigt werden.
Auch die *fünfte Forschungshypothese (H5)* kann nur z. T. bestätigt
werden, denn die zeitliche Organisation, der Studieneinstieg und
die Beratungsqualität beeinflussen die strukturelle Studierbarkeit
zwar signifikant, die Höhe der Kosten des Studiums jedoch nicht.

Ein eindeutigeres Bild zeigt sich für die individuellen Lebensbedingungen, denn die Entfernung zur Hochschule und der Grad der
persönlichen Eingebundenheit haben einen signifikanten Einfluss
auf die strukturelle Studierbarkeit, weshalb die *sechste Forschungshypothese (H6)* bestätigt wird. Die Arbeitgeber-
Unterstützung hat einen signifikanten positiven Einfluss auf die
strukturelle Studierbarkeit, sodass auch die *siebte Forschungshypothese (H7)* bestätigt werden kann.

Resümierend lässt sich festhalten, dass die getroffenen Annahmen des Forschungsmodells grundsätzlich bestätigt werden können, da die Hypothesen zumindest partiell bestätigt wurden. Die bisherigen Analysen unterstützen auch die Relevanz der Rolle der fachlichen und der strukturellen Studierbarkeit als Mediatoren. Die signifikanten Pfade sind ein Indiz dafür, dass ein Teil der geteilten Varianz der individuellen, institutionellen und arbeitgeberseitigen Determinanten auf den Studienerfolg durch die Mediatoren vermittelt wird. Dies wird im folgenden Kapitel im Detail analysiert.

Die angenommenen Zusammenhänge zwischen den Prädiktoren, Mediatoren und den abhängigen Variablen konnten folglich i. W. bestätigt werden. Dementsprechend wird vom Vorhandensein von nomologischer Validität im Hinblick auf das Strukturmodell ausgegangen.

10.7   Mediatoranalyse für die Studierbarkeit

Wie bereits erläutert, wird angenommen, dass die individuellen, institutionellen und arbeitgeberseitigen Determinanten den Studienerfolg nicht direkt, sondern indirekt über die Lern- und Studienaktivitäten beeinflussen. Diese wurden in Form von Mediationsvariablen als *fachliche* und *strukturelle Studierbarkeit* in das Erklärungsmodell für Studienerfolg aufgenommen. Mit der Mediatoranalyse soll herausgefunden werden, ob die fachliche und die strukturelle Studierbarkeit als Mediatoren geeignet sind. Dafür werden die in Kapitel 8.4 vorgestellten Kriterien von Baron und Kenny (1986, S. 1175–1176) zugrunde gelegt. Außerdem erfolgte eine Prüfung der Signifikanz der indirekten Effekte mithilfe des Bootstrappings anhand von $k = 1000$ Resamples (Preacher & Hayes, 2004, S. 720; 2008, S. 883).

So wurden die direkten und indirekten Zusammenhänge zwischen den unabhängigen Variablen, den Mediatoren *fachliche* und *strukturelle Studierbarkeit* sowie den abhängigen Variablen *Studienzufriedenheit, Studienleistungen* und *Studienabbruchintention* mit einer Mediatoranalyse untersucht (vgl. Tabelle 38).

Tabelle 38: Ergebnisse der Mediatoranalyse[30]

Mediator: Fachliche Studierbarkeit (FSB)			
UV	AV: ZUF	AV: STL	AV: STA
Lehrkompetenz (LEK)	Partiell	Vollständig	Vollständig
Relevanz (REL)	-	-	-
Leistungsdruck (LEI)	Vollständig	Vollständig	Vollständig
Betreuung (BET)	Partiell	Vollständig	Vollständig
Leistungsmotivation (LEM)	Partiell	Partiell	Partiell
Wettbewerbsmotivation (WEM)	-	-	-
Berufsbezogene Motivation (BEM)	-	-	-
Studieninteresse (SIN)	Partiell	-	-
Akademisches Selbstkonzept (ASK)	Vollständig	Partiell	Vollständig
Selbstwirksamkeitserwartungen (SWE)	Partiell	Partiell	Partiell
Mathematik-Note	-	-	-
Schulische HZB	-	-	-
Mediator: Strukturelle Studierbarkeit (SSB)			
UV	AV: ZUF	AV: STL	AV: STA
Zeitliche Organisation (ZOR)	Partiell	-	Vollständig
Studieneinstieg (BSE)	Partiell	-	Vollständig
Beratung (BER)	Partiell	-	-
Kosten	-	-	-

---

[30] Die vollständigen Ergebnisse der Mediatoranalyse sind in Anhang E vorhanden.

Persönliche Eingebundenheit (PEG)	Vollständig	-	Vollständig
Entfernung Hochschule–Wohnort	-	-	
Intensität Arbeitgeber-Unterstützung (BEF)	-	-	-

UV = Unabhängige Variable, AV = Abhängige Variable, Partiell = Partielle Mediation, Vollständig = Vollständige Mediation

Die Ergebnisse der Mediatoranalyse zeigen, dass in einigen Fällen von einer vollständigen Mediation gesprochen werden kann, da alle vier geforderten Bedingungen von Baron und Kenny (1986, S. 1176) erfüllt sind und überdies auch die Signifikanz des indirekten Effektes gegeben ist (Hair et al., 2017, S. 200, vgl. Tabelle 59 im Anhang E). In anderen Fällen ist wiederum eine partielle Mediation vorhanden, da alle Bedingungen bis auf die Annahme, dass der direkte Pfad von der unabhängigen zur abhängigen Variablen nicht mehr signifikant ist, wenn für die übrigen Pfade kontrolliert wird, erfüllt sind (Baron & Kenny, 1986, S. 1176).

Die Mediatoranalyse ergibt für den Mediator *fachliche Studierbarkeit* und die abhängige Variable Studienzufriedenheit eine vollständige Mediation für die unabhängigen Variablen akademisches Selbstkonzept und Leistungsdruck. Eine partielle Mediation liegt für Leistungsmotivation, Studieninteresse, Selbstwirksamkeitserwartungen, Lehrkompetenz und Betreuung vor. Für die Erfolgsvariable Studienleistungen mediiert die fachliche Studierbarkeit die Effekte der unabhängigen Variablen Leistungsmotivation, akademisches Selbstkonzept und Selbstwirksamkeitserwartungen partiell. Die Effekte der Lehrkompetenz, des Leistungsdrucks und der Betreuung werden vollständig mediiert. Hinsichtlich der Einflüsse der Leistungsmotivation sowie der Selbstwirksamkeitserwartungen auf die Studienabbruchintention erfolgt eine partielle Mediation, und hinsichtlich der Einflüsse des akademischen Selbstkonzeptes, der Lehrkompetenz, des Leistungsdrucks und der Betreuung eine vollständige Mediation durch die fachliche Studierbarkeit. Die Beziehungen der unabhängigen Variablen Leistungsmotivation, akademisches Selbstkonzept, Selbstwirksamkeitserwartungen, Lehrkompetenz, Leistungsdruck und Betreuung mit allen drei abhängigen Variablen werden folglich durch die fachliche Studierbarkeit vermittelt (vgl. Tabelle 38).

Für den Mediator *strukturelle Studierbarkeit* kann in einem Fall (persönliche Eingebundenheit) eine volle und in drei Fällen (zeitliche Organisation, Studieneinstieg, Beratung) eine partielle Vermittlung des Einflusses auf die abhängige Variable Studienzufriedenheit festgestellt werden. Bezüglich des indirekten Zusammenhangs zwischen den unabhängigen Variablen und den Studienleistungen liefert die Mediatoranalyse für die strukturelle Studierbarkeit keine verwertbaren Ergebnisse, da der Mediator selbst keinen signifikanten Einfluss auf die Studienleistungen hat, wodurch in allen Fällen mindestens eine der von Baron und Kenny (1986, S. 1176) geforderten Bedingungen verletzt ist. Die Beziehungen der persönlichen Eingebundenheit, der zeitlichen Organisation und des Studieneinstiegs mit der Studienabbruchintention mediiert die strukturelle Studierbarkeit vollständig (vgl. Tabelle 38). Folglich wird die Beziehung der persönlichen Eingebundenheit, der zeitlichen Organisation und des Studieneinstiegs mit den durch die strukturelle Studierbarkeit beeinflussten Erfolgsvariablen in allen Fällen teilweise oder vollständig durch den Mediator vermittelt.

In den übrigen Fällen kann weder eine partielle noch eine vollständige Mediation durch die fachliche oder die strukturelle Studierbarkeit bestätigt werden. Die Mediatoranalyse zeigt, dass es sinnvoll ist, die fachliche und strukturelle Studierbarkeit als Mediatoren zu verwenden (vgl. Tabelle 38), da sie sowohl den Einfluss von individuellen als auch von institutionellen Einflussfaktoren auf den Studienerfolg vermitteln. Allerdings legt die Analyse auch nahe, dass es direkte oder anderweitig vermittelte Effekte gibt (Baron & Kenny, 1986, S. 1176).

10.8   Mehrebenenanalyse

Um die hierarchische Struktur der Daten zu berücksichtigen und gleichzeitig den Einfluss von Einflussfaktoren auf der individuellen Ebene (Level 1) und Einflussfaktoren auf der Studiengangs-Ebene (Level 2) zu berücksichtigen, wurden mit der Software MPLUS 7 Mehrebenenanalysen durchgeführt. Die Clustervariable *Studiengang* ermöglicht die Berücksichtigung der Gruppierung der Studierenden in Studiengängen. Bevor die Einflüsse der Faktoren auf Level 1 und Level 2 untersucht wurden, wurde ein Nullmodell ohne Prädiktoren geschätzt, um die Varianzen auf den beiden Ebenen und die Interklassenkorrelation zu ermitteln. Dies wurde für die drei Studienerfolgskriterien Zufriedenheit (ZUF), Abbruchintention (STA) und Studienleistungen (STL) durchgeführt (vgl. Tabelle 39).

Tabelle 39: Ergebnisse des Nullmodells bei der Mehrebenenanalyse

	Zufriedenheit (ZUF)	Abbruchintention (STA)	Studienleistungen (STL)
ICC	0,042	0,024	0,150
Varianz Level 1	0,960 ***	0,977 ***	0,849 ***
Varianz Level 2	0,041 *	0,022	0,149 ***

Signifikanzniveaus (zweiseitig): * p < ,10; ** p < ,05; *** p < ,01

Sowohl bei der Zufriedenheit, als auch bei den Studienleistungen sind die Level 2-Varianzen signifikant verschieden von 0. Die ICC

der Zufriedenheit und der Abbruchintentionen fallen mit
ICC = 0,042 und ICC = 0,024 deutlich geringer aus als die ICC der
Studienleistungen (ICC = 0,150, vgl. Tabelle 39). Lediglich für die
Studienleistungen liegt demzufolge ein substanzieller Varianzanteil
auf Level 2 vor, der weiterführende Mehrebenenanalysen erforderlich macht (Hedges & Hedberg, 2007, S. 62). Weiterhin gibt die
Berechnung des Nullmodells Aufschluss darüber, wie viele Cluster
vorhanden sind. Die N = 610 Beobachtungen[31] stammen aus insgesamt 103 verschiedenen Studiengängen, was einer durchschnittlichen Clustergröße von 5,93 Individuen entspricht.

Im Folgenden wurden die Unterschiede in den Studienleistungen
(STL) zwischen den Studiengängen grafisch untersucht[32]. Abbildung 24 zeigt die OLS-Regressionsgeraden für den Zusammenhang
zwischen der fachlichen Studierbarkeit (FSB) und den Studienleistungen (STL) für die 30 Cluster mit den meisten Beobachtungen.
Die Grafik lässt erkennen, dass sich die Intercepts zwischen den
Studiengängen z. T. stark unterscheiden, die Steigung fällt jedoch
i. W. sehr ähnlich aus.

---

[31] Aufgrund fehlender Werte in der Clustervariable in zwei Datensätzen konnte
diese Analyse nur für einen reduzierten Datensatz (N=610) durchgeführt werden.

32 Es wurde lediglich der Zusammenhang zwischen den Studienleistungen
(STL) und der fachlichen Studierbarkeit (FSB) grafisch dargestellt, da die
Evaluation des Strukturmodells zeigte, dass die strukturelle Studierbarkeit
(SSB) keinen signifikanten Zusammenhang mit STL aufweist (vgl. Kapi-
tel 10.5).

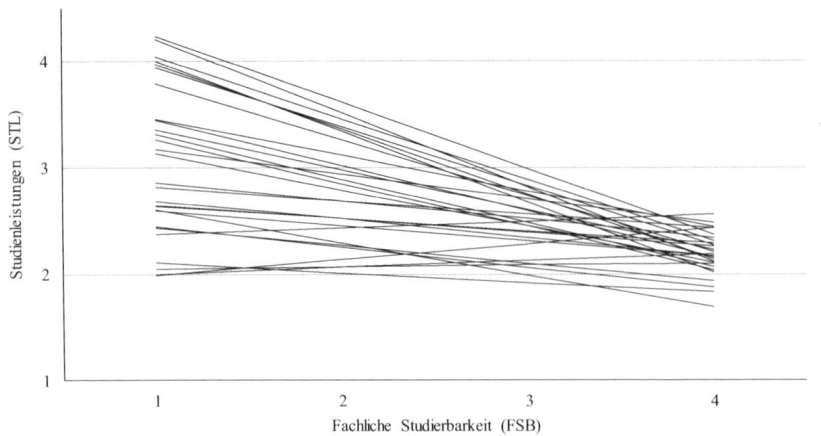

Abbildung 24: OLS-Regression von STL auf FSB

Anschließend wurden unterschiedliche Modelle berechnet, um die
Mehrebenenstruktur im Detail zu untersuchen. Die latenten Variab-
len wurden dafür aus dem bereits vorgestellten Strukturmodell in
MPLUS 7 importiert. Das erste Modell *(M1)* enthält lediglich auf
Level 1, also auf der Individualebene, Prädiktoren. Es zeigt sich
eine Interklassenkorrelation von ICC = 0,037. Die von MPLUS
geschätzten Koeffizienten entsprechen den bereits diskutierten (vgl.
Kapitel 10.5). Die Studienleistungen können in diesem Modell auf
Level 1 zu $R^2 = 0,104$ und auf Level 2 zu $R^2 = 0,180$ erklärt werden
(vgl. Tabelle 40).

Bei den folgenden berechneten Modellen handelt es sich in allen
Fällen um *Intercepts-as-Outcomes*-Modelle. Dies bedeutet, dass
der Intercept der Studienleistungen zwischen den Clustern variiert
und diese Variation mithilfe von Prädiktorvariablen auf Level 2
erklärt werden soll (Geiser, 2010, S. 227-229). Die Level 2-
Prädiktoren wurden hierbei schrittweise hinzugefügt (vgl. Tabelle 40).

Tabelle 40: Ergebnisse der Mehrebenenanalyse für die Studienleistungen[33]

UV/Effekte	M 1	M 2	M 3	M 4	M 5
Level 1: Studierende (N = 610)					
LEK	0,142 ***	0,142 ***	0,142 ***	0,142 ***	0,142 ***
REL	0,060 *	0,060 *	0,060 *	0,060 *	0,060 *
LEI	-0,203 ***	-0,203 ***	-0,203 ***	-0,203 ***	-0,203 ***
BET	0,072 **	0,072 **	0,072 **	0,072 **	0,072 **
ZOR	0,272 ***	0,272 ***	0,272 ***	0,272 ***	0,272 ***
BSE	0,144 ***	0,144 ***	0,144 ***	0,144 ***	0,144 ***
BER	0,071	0,071	0,071	0,071	0,071
Kosten	0,016	0,016	0,016	0,016	0,016
LEM	0,118 ***	0,118 ***	0,118 ***	0,118 ***	0,118 ***
WEM	-0,051	-0,051	-0,051	-0,051	-0,051
BEM	-0,022	-0,022	-0,022	-0,022	-0,022
SIN	0,081 ***	0,081 ***	0,081 ***	0,081 ***	0,081 ***
ASK	0,133 ***	0,133 ***	0,133 ***	0,133 ***	0,133 ***
SWE	0,427 ***	0,427 ***	0,427 ***	0,427 ***	0,427 ***
PEG	-0,204 ***	-0,204 ***	-0,204 ***	-0,204 ***	-0,204 ***
Entfernung	-0,166 ***	-0,166 ***	-0,166 ***	-0,166 ***	-0,166 ***
Mathe-Note	-0,017	-0,017	-0,017	-0,017	-0,017
Schul. HZB	0,028	0,028	0,028	0,028	0,028
BEF	0,153 ***	0,153 ***	0,153 ***	0,153 ***	0,153 ***
FSB → STL	-0,302 ***	-0,299 ***	-0,284 ***	-0,301 ***	-0,281 ***
SSB → STL	0,019	0,016	0,021	0,017	0,017
Level 2: Studiengang (N = 103)					
FH		0,312 ***			0,063
Bachelor			0,638 ***		0,653 ***
WIWI				-0,178	-0,077
VEWI				-0,215	0,225
Sonstige				-0,222	-0,229
WING				0,126	-0,040
WINF				-0,008	-0,112
Intercept (STL)		-0,339 ***	-0,450 ***	-0,081	-0,485 ***
R² Level 1 (STL)[34]	0,104	0,118	0,193	0,110	0,196
R² Level 2 (STL)	0,182	0,229	0,445	0,196	0,456
ICC (STL)	0,037	0,038	0,066	0,041	0,096
Varianz Level 1	0,788 ***	0,788 ***	0,775 ***	0,786 ***	0,774 ***
Varianz Level 2	0,107 ***	0,093 ***	0,032 **	0,103 ***	0,029 *
BIC	4611	4612	4578	4640	4613

---

[33] Signifikanzniveaus (zweiseitig): * $p < ,10$; ** $p < ,05$; *** $p < ,01$

[34] Die Berechnung der R²-Werte erfolgte mithilfe der Formeln von Snijders und Bosker (1994, S. 352-353).

AIC	4488	4484	4450	4495	4459

Das zweite Modell *(M2)* untersucht, inwiefern es Unterschiede in der Höhe der Studienleistungen (STL) zwischen Fachhochschulen (FH) und Universitäten gibt. Es zeigt sich, dass die Studiennoten an Fachhochschulen signifikant schlechter ausfallen als an Universitäten. Durch das Hinzufügen von FH als Level 2-Prädiktor steigt der erklärte Varianzanteil auf Level 1 auf $R^2 = 0,118$ und auf Level 2 auf $R^2 = 0,229$ (vgl. Tabelle 40).

Das nächste Intercepts-as-Outcomes-Modell *(M3)* untersucht den Unterschied in den Noten zwischen Bachelor-Studiengängen und weiterführenden Studiengängen mit dem Ergebnis, dass die Studienleistungen in Bachelorstudiengängen signifikant schlechter ausfallen. Die erklärten Varianzanteile fallen dabei deutlich höher aus als bei M2, den sie betragen $R^2 = 0,193$ auf Level 1 und $R^2 = 0,445$ auf Level 2, sodass beide Bestimmtheitsmaße einen substanziellen erklärten Varianzanteil anzeigen (vgl. Tabelle 40).

M4 nimmt die Notenunterschiede zwischen den verschiedenen Studienfächern in den Blick. Referenzkategorie bildet hierbei das Studienfach *Betriebswirtschaftslehre*, auf das die meisten Beobachtungen entfallen (N = 409). Die Studienfächer, für die weniger als zehn Beobachtungen vorliegen, wurden unter der Kategorie *sonstige Studienfächer* zusammengefasst. Es zeigen sich keine signifikanten Notenunterschiede zwischen den Studienfächern. Dementsprechend fällt der Anteil der erklärten Varianz geringer als bei M3 aus, denn das Level 1-R^2 beträgt $R^2 = 0,110$ und das Level 2-R^2 ist $R^2 = 0,196$.

Das letzte Modell *(M5)* enthält alle zuvor einzeln betrachteten Level 2-Prädiktoren und zeigt, dass sich in diesem Modell die Studienleistungen nur noch zwischen Bachelorstudiengängen und weiterführenden Studiengängen signifikant unterscheiden. Der signifikante Unterschied zwischen Fachhochschulen und Universitäten ist dagegen nicht mehr vorhanden. Dementsprechend kommt der in *M2* entdeckte Notenunterschied nicht durch die Unterscheidung zwischen Studiengängen an Fachhochschulen und Universitäten zustande, sondern dadurch, dass in der Stichprobe der Anteil der Bachelorstudierenden bei den Fachhochschulen deutlich größer ist (76,0 %) als bei den Universitäten (30,6 %, vgl. Kapitel 10.2). Im letzten Modell, *M5,* kann die Varianz in den Studienleistungen sowohl auf Level 1 ($R^2 = 0{,}196$) als auch auf Level 2 ($R^2 = 0{,}456$) zu einem relevanten Anteil erklärt werden. Allerdings sind diese Anteile nur marginal höher als bei M3, das lediglich den Prädiktor Bachelor auf Level 2 besitzt. Dementsprechend liegt die Vermutung nahe, dass die anderen Level 2-Prädiktoren nicht zur Klärung der Varianz in den Studiennoten beitragen können (vgl. Tabelle 40). Daher ist das M3 den anderen Modellen vorzuziehen, da es den zentralen Notenunterschied zum Ausdruck bringt und dabei vergleichsweise wenige Parameter aufweist. Für die Verwendung von M3 spricht auch das Baysian Information Criterion (BIC), denn bei diesem Modell ist der geringste Wert für das Informationskriterium vorhanden (Geiser, 2010, S. 269).

11 Diskussion

Basierend auf dem aus mehreren Teilstudien bestehenden Forschungsdesign wurden die Ergebnisse bisher separat für die einzelnen Studien erläutert. Nun erfolgt in Kapitel 11.1 eine übergreifende Zusammenfassung der Ergebnisse. Anschließend werden Limitationen der durchgeführten Studien aufgezeigt, um daraus noch
bestehende Forschungsdesiderata abzuleiten (Kapitel 11.2). Abschließend wird ein Fazit gezogen und ein Ausblick auf weitere
wünschenswerte Forschungsbemühungen gegeben. Außerdem
werden Implikationen für verschiedene Zielgruppen aus den Ereg-
bnissen abgeleitet (Kapitel 11.3).

11.1   Zusammenfassung der Ergebnisse

Als erstes wurde der Studienerfolg an sich analysiert. Hierbei zeigte sich, dass Studienerfolg ein mehrdimensionales Konstrukt ist,
das sich nicht an einem einzigen Kriterium festmachen lässt (Amelang, 1997, S. 94–95; Trost & Bickel, 1979, S. 19). Die Auswahl
der zu berücksichtigenden Kriterien richtet sich nach der Perspektive, aus der der Studienerfolg beurteilt werden soll (Konegen-
Greiner, 2001, S. 29). Da in der vorliegenden Studie der individuelle Studienerfolg der Studierenden untersucht wird, bieten sich die
Erfolgskriterien Studienleistungen, Studienzufriedenheit und Studienabbruchintention an (vgl. Kapitel 2.2). Anschließend wurden die
bestehenden *Erklärungsmodelle für Studienerfolg und Studienabbruch* analysiert, um einerseits Hinweise auf das Zustandekommen
des Studienerfolgs zu erlangen und andererseits potenzielle Einflussfaktoren zu identifizieren. Es zeigt sich, dass der individuelle
Studienerfolg das Ergebnis von Mediationsprozessen ist, welche

© Springer Fachmedien Wiesbaden GmbH, ein Teil von Springer Nature 2019
L. Hillebrecht, *Studienerfolg von berufsbegleitend Studierenden*, Economics Education
und Human Resource Management, https://doi.org/10.1007/978-3-658-26164-1_11

sich aus der subjektiven Nutzung der Lern- und Studienangebote durch die Studierenden ergeben (Helmke, 2015, S. 71; Klieme, 2006, S. 765). Als Einflussfaktoren, die den Studienerfolg indirekt über die Mediationsprozesse beeinflussen, lassen sich sowohl individuelle als auch institutionelle und überinstitutionelle Faktoren identifizieren (vgl. Kapitel 2.6, vgl. *Forschungsfragen 1 und 2*).

An die Analyse der theoretisch-konzeptionellen Zugänge zum Studienerfolg schloss sich eine *Analyse des Forschungsstandes zu den Einflussfaktoren des Studienerfolgs in Vollzeit-Studiengängen* an. Bei den individuellen Einflussfaktoren können insbesondere die leistungsbezogenen und die motivationalen Studienvoraussetzungen als empirisch bestätigte Einflussfaktoren identifiziert werden (vgl. Kapitel 3.2). Der Forschungsstand wurde auch im Hinblick auf die Erkenntnisse zu den Einflussfaktoren der Lern- und Studienaktivitäten analysiert. Hierbei zeigt sich, dass die wenigen Forschungsbefunde keine eindeutigen Erkenntnisse zur Relevanz der Prozessmerkmale für die Erklärung von Studienerfolg liefern (vgl. Kapitel 3.3). Die institutionellen Einflussfaktoren bestehen aus Merkmalen der Lehr- und Studienqualität. Der Einfluss der Lehrqualität auf den Studienerfolg kann auf Basis bisheriger Erkenntnisse als bestätigt angesehen werden. Der Einfluss der Studienqualität wurde hingegen bisher nur in wenigen Studien untersucht und kann auf der Grundlage bisheriger Erkenntnisse nicht eindeutig bestätigt werden. Ein potenzieller Einfluss der Studienqualität zeichnet sich jedoch ab. Weiterhin kommen auch überinstitutionelle Faktoren als Einflussgrößen des Studienerfolgs in Frage (vgl. Kapitel 3.4, vgl. *Forschungsfrage 1*).

Die Analyse des Forschungsstandes zu nicht-traditionellen Studierenden zeigte, dass sich diese Studierendengruppe von den Vollzeit-Studierenden hinsichtlich der Lernvoraussetzungen und Lebensbedingungen unterscheidet (vgl. Kapitel 5.2.1). Weiterhin
wurde offenbar, dass die Arbeitgeber der berufsbegleitenden Studierenden im Studium durch das Bereitstellen von Unterstützung
involviert sein können (vgl. Kapitel5.2.2). Zu den Einflussfaktoren
des Studienerfolgs von berufsbegleitendend Studierenden liegen
bisher nur wenige und kaum belastbare Erkenntnisse vor (vgl. Kapitel 5.2.3).

Aus der Analyse des Forschungsstandes konnten bereits viele Hinweise für die Beantwortung der *ersten Forschungsfrage* gewonnen
werden. Um die gefundenen Einflussfaktoren auf den Untersuchungsgegenstand Studienerfolg in berufsbegleitenden Studiengängen zu übertragen, wurde eine qualitative Studie, bestehend aus
Experteninterviews mit Studierenden und Mitarbeitenden berufsbegleitender Studiengänge, durchgeführt (vgl. Kapitel 7). Hinsichtlich der Merkmale der Studienqualität, die für die Bewältigung des
Studiums von Bedeutung sind, lieferte die qualitative Vorstudie vor
allem Hinweise zum Studieneinstieg, zur zeitlichen Organisation
und zu den Beratungsangeboten (vgl. *Forschungsfrage 1*). Bei der
Lehrqualität zeigt sich, dass es für berufsbegleitend Studierende
von besonderer Bedeutung ist, wie die Betreuung durch die Lehrenden erfolgt. Außerdem zeigte sich eine hohe Bedeutung von
Praxisbezug und -relevanz der Studieninhalte (vgl. *Forschungsfrage 1*).

In Bezug auf die für die Bewältigung des Studiums relevanten individuellen Merkmale liefert die qualitative Vorstudie zwei wesent-

liche Erkenntnisse (vgl. *Forschungsfrage 1*). Zum einen spiegeln sich darin die zum Studienerfolg in Vollzeitstudiengängen gewonnenen Erkenntnisse wieder, denn die leistungsbezogenen und motivationalen Lernvoraussetzungen bedingen auch bei einem berufsbegleitenden Studium dessen Bewältigung. Zum anderen zeigte es sich, dass die berufsbegleitend Studierenden häufig privat stark eingebunden sind, was die Bewältigung des Studiums ebenfalls beeinflusst (vgl. Kapitel 7.8).

Wenn Arbeitgeber-Unterstützung beim Studium vorhanden ist, kann sich dies positiv auf die Bewältigung des Studiums auswirken. Die positive Wirkung hängt weniger von der Art der Unterstützung ab, sondern vielmehr davon, inwiefern die Unterstützung Bedingungen schafft, die im individuellen Fall förderliche Rahmenbedingungen sind (vgl. Kapitel 7.9, vgl. *Forschungsfrage 1*). Die Ergebnisse der qualitativen Vorstudie im Hinblick auf die Bewältigung des Studiums liefern für die Entwicklung des Erklärungsmodells die Erkenntnis, dass bei den vermittelnden Prozessen der Lern- und Studienaktivitäten zwischen der fachlichen und der strukturellen Bewältigung des Studiums zu unterscheiden ist (vgl. *Forschungsfrage 2*).

Auf Basis der Erkenntnisse der Analyse des Forschungsstandes und der qualitativen Vorstudie wird angenommen, dass die Einflussfaktoren des Studienerfolgs aus den individuellen Merkmalen der Studierenden, den Merkmalen der Lehr-und Studienqualität und aus der Intensität der Arbeitgeber-Unterstützung bestehen. Weiterhin sind Unterschiede im Studienerfolg zwischen überinstitutionellen Kategorien anzunehmen *(vgl. Forschungsfrage 1)*.

Anknüpfend an die Erkenntnisse der qualitativen Vorstudie und aufbauend auf den theoretisch-konzeptionellen Grundlagen und den vorliegenden Forschungsbefunden zu den Einflussfaktoren des Studienerfolgs in Vollzeitstudiengängen wurde ein *Erklärungsmodell für Studienerfolg in berufsbegleitenden Studiengängen* ausgearbeitet. Dies dient vor allem der Beantwortung der *zweiten Forschungsfrage*. Bei diesem Modell wird in Anknüpfung an die bereits vorliegenden Modelle für Studienerfolg davon ausgegangen, dass die Einflussfaktoren des Studienerfolgs zum einen in den individuellen Lernvoraussetzungen und Lebensbedingungen liegen und zum anderen in den institutionellen Studienbedingungen, also in den Merkmalen der Lern-und Studienqualität. Weiterhin wird angenommen, dass der Studienerfolg durch die Intensität der Arbeitgeber-Unterstützung beeinflusst wird. Dementsprechend wird auch diese als potenzieller Einflussfaktor des Studienerfolgs im Erklärungsmodell aufgenommen (vgl. Kapitel 7.12).

Der Einfluss der individuellen, institutionellen und der arbeitgeberseitigen Faktoren auf den Studienerfolg wird im Erklärungsmodell durch die Nutzung des Lehr- und Studienangebotes vermittelt, sodass nicht von direkten, sondern von indirekten Wirkungsbeziehungen ausgegangen wird (vgl. *Forschungsfrage 2*). Die Nutzung des individuellen Lehr-und Studienangebotes wurde als fachliche bzw. strukturelle Studierbarkeit operationalisiert. Die Studierbarkeit bringt zum Ausdruck, inwiefern es den berufsbegleitend Studierenden möglich ist, das Studium im Zusammenspiel der verschiedenen Einflussfaktoren zu bewältigen (vgl. Kapitel 7.12).

Zur quantitativen Überprüfung des Forschungsmodells und dementsprechend zur Beantwortung der *dritten Forschungsfrage* wurde

zunächst ein Fragebogen entwickelt. Hierbei konnte bei den individuellen Einflussfaktoren und den Studienerfolgskriterien auf bereits
empirisch erprobte Skalen zurückgegriffen werden. Weiterhin wurde eine bereits vorhandene Skala zur Erfassung der Lehrqualität für
den Kontext der berufsbegleitenden Studiengänge adaptiert. Für die
Studienqualität, den Grad der persönlichen Eingebundenheit, die
Intensität der Arbeitgeber-Unterstützung und die Studierbarkeit
wurden Skalen neu entwickelt, da hier nicht auf vorhandene Instrumente zurückgegriffen werden konnte (vgl. Kapitel 9).

Dieses Messinstrument wurde anschließend zur Überprüfung des
Forschungsmodells im Rahmen einer *quantitativen Fragebogenstudie* eingesetzt. Als Analysemethode wurden hierbei Strukturgleichungsmodelle gewählt. Bevor die eigentliche Haupterhebung stattfand, wurden die Messinstrumente zunächst anhand einer
kleineren Stichprobe von berufsbegleitend Studierenden pilotiert
(vgl. Kapitel 9.6). Die *Ergebnisse der Pilotierung* lieferten einerseits Erkenntnisse hinsichtlich der Güte der Messinstrumente und
andererseits in Hinblick auf die Frage, ob sich die im Forschungsmodell zum Ausdruck gebrachten Annahmen (vgl. Kapitel 7.12)
mithilfe der Erhebungsinstrumente bestätigen lassen. Bei der Güte-
beurteilung der Messinstrumente zeigte sich, dass die Anforderungen v. a. im Hinblick auf die Reliabilität und die Validität erfüllt
sind und sich die Messinstrumente somit für den weiteren Einsatz
eignen (vgl. Kapitel 9.6).

Die Evaluation des Strukturmodells zeigte, dass die meisten Forschungshypothesen nicht bestätigt werden konnten. Weiterhin erwies sich der Anteil der erklärten Varianz der Erfolgskriterien als
problematisch, da nur bei dem Konstrukt Studienzufriedenheit ein

relevanter Varianzanteil erklärt werden konnte. Als mögliche Fehlerquellen wurden hierbei die zuvor entwickelten Skalen für die fachliche und die strukturelle Studierbarkeit identifiziert, da diese in der ersten Version das Zusammenwirken von Einflussfaktoren aus verschiedenen Bereichen u. U. nicht adäquat abbilden (vgl. Kapitel 9.6). Daher wurden diese Skalen im Anschluss an die Pilotierung überarbeitet, indem sie stärker an ihrer Rolle als Mediatoren ausgerichtet wurden (vgl. Kapitel 9.6).

Anschließend erfolgte die *Haupterhebung* mit einer größeren Stichprobe. Bei der Analyse der erhobenen Daten stand wie bei der Pilotierung zunächst die Güte der Messinstrumente im Vordergrund, die mithilfe konfirmatorischer Faktorenanalysen erfolgte. Es zeigte sich, dass das Messmodell die Güteanforderungen i. W. erfüllt und daher zur Evaluation der Strukturzusammenhänge eingesetzt werden kann (vgl. Kapitel 10.4). Anschließend wurde zur Beantwortung der *dritten Forschungsfrage* das Forschungsmodell mithilfe von Strukturgleichungsanalysen überprüft. Die im Forschungsmodell spezifizierten Hypothesen konnten alle zumindest partiell bestätigt werden, auch wenn sich nicht alle Facetten der individuellen und institutionellen Merkmale als empirisch zu bestätigende Einflussfaktoren des Studienerfolgs von berufsbegleitend Studierenden erwiesen (vgl. Kapitel 10.6). Es konnte folglich empirisch gezeigt werden, dass der Studienerfolg, vermittelt durch die fachliche und strukturelle Studierbarkeit, von individuellen, institutionellen und arbeitgeberseitigen Faktoren beeinflusst wird (Hypothesen H3 bis H7; vgl. Kapitel 7.12).

Von den vier Facetten der Lehrqualität konnten die Lehrkompetenz, der Leistungsdruck und die Betreuung einen Beitrag zur Er-

klärung der fachlichen Studierbarkeit leisten, die Relevanz der Studieninhalte jedoch nicht (vgl. H3). Dies steht in Widerspruch zu
den Erkenntnissen aus den Experteninterviews, denn die Interviewpartner maßen diesem Aspekt durchaus eine hohe Bedeutung
bei (vgl. Kapitel 7.7). Bezüglich des Einflusses der individuellen
Lernvoraussetzungen zeigt sich kein Einfluss der leistungsbezogenen Voraussetzungen auf die fachliche Studierbarkeit. Dementsprechend kann hiermit nicht an den Forschungsstand zum Studienerfolg angeknüpft werden (vgl. Kapitel 3.2.1). Außerdem können damit nicht die Erkenntnisse aus den Experteninterviews
bestätigt werden (vgl. Kapitel 7.8). Eine mögliche Erklärung dafür
könnte sein, dass die letzte schulische Mathematiknote und die Art
der Hochschulzugangsberechtigung keine adäquaten Operationalisierungen der kognitiven Lernvoraussetzungen der berufsbegleitend Studierenden darstellen und andere Operationalisierungen wie
z. B. Vorwissens- oder Intelligenztest verwendet werden sollten.
Von den motivationalen Lernvoraussetzungen erwiesen sich die
Wettbewerbsmotivation und die berufsbezogene extrinsische Motivation nicht als Einflussfaktoren der fachlichen Studierbarkeit (vgl.
H4).

Alle drei identifizierten Facetten der Studienqualität bedingen die
strukturelle Bewältigung des Studiums (vgl. H5). Allerdings
scheint die Relevanz der zeitlichen Organisation und des Studieneinstiegs im Vergleich zu den Beratungsangeboten geringer zu sein
(vgl. Kapitel 10.5). Dies ist konform zu den Befunden der qualitativen Vorstudie, denn hier schilderten die befragten Studierenden,
dass Beratungsangebote nur in Einzelfällen in Anspruch genommen werden und dementsprechend eine gute Beratung nicht für die
tagtägliche Bewältigung des Studiums von Bedeutung ist (vgl. Ka-

pitel 7.6). Es konnte mithilfe des Strukturmodells gezeigt werden, dass die individuellen Studienbedingungen die strukturelle Studierbarkeit beeinflussen (vgl. H6). Der Einfluss der Intensität der Arbeitgeber-Unterstützung, der aus den Ergebnissen der qualitativen Vorstudie abgeleitet wurde, konnte bestätigt werden (vgl. H7).

Auch wenn nicht alle potenziellen Prädiktoren einen Beitrag für die Erklärung der Studierbarkeit leisten konnten, ist es dennoch gelungen, einen substanziellen Varianzanteil dieser Konstrukte zu erklären (vgl. Kapitel 10.5). Die beiden Facetten der Studierbarkeit beeinflussen ihrerseits den Studienerfolg, allerdings gilt dies im Fall der strukturellen Studierbarkeit lediglich für die Kriterien Studienzufriedenheit und Studienabbruchintention (H1 und H2). Folglich beeinflusst die strukturelle Studierbarkeit zwar die Wahrscheinlichkeit, dass das Studium bis zum Erreichen des Abschlusses weitergeführt wird, aber nicht die Studiennoten.

Die *Mediatoranalyse* zeigt, dass die Verwendung der fachlichen und strukturellen Studierbarkeit als Mediatoren sinnvoll ist. Die Mediatoren vermitteln die Einflüsse vieler Einflussfaktoren auf den Studienerfolg. In Bezug zur *dritten Forschungsfrage* bedeutet dies, dass die Verwendung der Mediatoren zur Erklärung des Studienerfolgs der berufsbegleitend Studierenden beitragen kann. Allerdings können nicht alle Einflüsse durch die Mediatoren vermittelt werden, sodass zum Teil von anderweitig mediierten oder direkten Einflüssen auszugehen ist (vgl. Kapitel 10.7).

Die *Mehrebenenanalysen* zeigen, dass ein substanzieller Varianzanteil der Studienleistungen auf Ebene des Studienganges vorliegt. Bei der Studienzufriedenheit und der Studienabbruchintention fällt dieser Anteil deutlich geringer aus. Daher wurde der Einfluss überinstitutioneller Merkmale auf die Studienleistungen analysiert. Es zeigen sich deutliche Unterschiede in den Noten hinsichtlich des zu erreichenden Abschlusses. Die Noten von Bachelorstudierenden fallen deutlich schlechter aus als die der Studierenden in weiterführenden Studiengängen (vgl. *Forschungsfrage 3*). Keinen Beitrag für die Erklärung der Studiennoten leisten die Unterscheidungen zwischen Studierenden an Fachhochschulen und Universitäten und zwischen verschiedenen Studienfächern. Damit können die von Grözinger (2017, S. 109–111) gefundenen Notenunterschiede in dieser Studie nur für den zu erreichenden Abschluss bestätigt werden. Dies kann allerdings auch auf die Zusammensetzung der Stichprobe, die durch einen deutlichen Überhang des Studienfaches BWL charakterisiert ist, und eine ungleiche Verteilung hinsichtlich des zu erreichenden Abschlusses bei Studierenden an Fachhochschulen und an Universitäten zurückzuführen sein (vgl. Kapitel 10.8).

Die *vierte Forschungsfrage* zielte darauf ab, Weiterentwicklungsmöglichkeiten für die bestehenden berufsbegleitenden Studiengänge aufzuzeigen. In Hinblick auf die Merkmale der Lehrqualität zeigt sich, dass i. W. die gleichen Aspekte die Bewältigung des Studiums beeinflussen wie bei Vollzeit-Studiengängen. Darüber hinaus konnte ein positiver Einfluss der Betreuung der Studierenden durch die Lernenden bestätigt werden.

Die Studienqualität sollte vor allem die Anforderungen der Studierenden im Hinblick auf die zeitliche Organisation und den Studieneinstieg erfüllen. Bei der zeitlichen Organisation ist es für die Bewältigung von Bedeutung, dass es eine langfristige und verlässliche Terminplanung gibt. Der Studieneinstieg sollte so gestaltet sein, dass sich die Studieninteressierten bereits vor Beginn des Studiums über die fachlichen und organisatorischen Anforderungen des Studiums informieren können. Die Relevanz der Qualität der Beratungsangebote ist im Vergleich zu den anderen beiden Facetten der Studienqualität hingegen eher als nachrangig anzusehen. Dennoch sollten zielgruppenadäquate Angebote den Studierenden bei Bedarf zur Verfügung stehen.

11.2 Limitationen und Desiderata

Mit dem forschungsmethodischen Zugang der Arbeit gehen einige Limitationen einher, die im Folgenden diskutiert werden. Die Ergebnisse dieser *qualitativen Studie* erheben nicht den Anspruch, repräsentativ im Hinblick auf die Grundgesamtheit zu sein, vielmehr wird angenommen, dass durch die Auswahl von repräsentativen Fällen (vgl. Kapitel 7.3) idealtypische Erkenntnisse gewonnen werden konnten (Lamnek, 2005, S. 183–185). So ergaben sich Hinweise darauf, welche Faktoren typische Einflussgrößen des Studienerfolgs in berufsbegleitenden Studiengängen sind. Die Ergebnisse lassen jedoch keinen Rückschluss darüber zu, wie die beobachteten Ausprägungen der untersuchten Merkmale zahlenmäßig innerhalb der Grundgesamtheit verteilt sind (Lamnek, 2005, S. 183). Weiterhin kann eine Verzerrung der Ergebnisse durch die Fallauswahl mithilfe des Theoretical Samplings nicht vollständig ausgeschlossen werden. Dementsprechend können auf Basis der gewonnenen Erkenntnisse keine Aussagen über die Häufigkeit und die Verteilung bestimmter Merkmale getroffen werden, die Generierung von Hypothesen ist jedoch dennoch möglich (Lamnek, 2005, S. 266). Auch wenn die qualitative Vorstudie nicht nach klar vorgegebenen Prozessen und mit routinierten Verfahren durchge-

führt wurde, so wurde dennoch auf eine systematische Vorgehensweise geachtet, um die intersubjektive Nachvollziehbarkeit der
Ergebnisse zu gewährleisten (Lamnek, 2005, S. 183–184).

Möglich wäre es auch, dass die Ergebnisse durch die Art der Rekrutierung der Interviewpartner positiv beeinflusst wurden, da die
Teilnahme an den Interviews bei beiden Zielgruppen freiwillig erfolgte. Dementsprechend könnte es sein, dass sich unter den kon-
taktierten Hochschulmitarbeitenden vor allem jene zu einem Interview bereit erklärt haben, die die Ausgestaltung des von ihnen betreuten Studiengangs selbst als gelungen ansehen. Dies gilt auch für
die studentischen Interviewpartner, denn auch hier könnte es sein,
dass sich insbesondere die Studierenden freiwillig für ein Interview
zur Verfügung stellten, die mit ihrer Studiensituation im Wesentlichen zufrieden sind. Dementsprechend könnte unterstellt werden,
dass die befragten Personen auch erfolgreiche Studierende sind und
die weniger erfolgreichen Studierenden bei dieser Studie keine Beachtung gefunden haben. Allerdings war es das Ziel dieser qualitativen Untersuchung, für den Studienerfolg relevante Einflussfaktoren zu identifizieren, und nicht, diesen vollständig aufzuklären.
Daher kann die eventuelle Verzerrung der Ergebnisse, die möglicherweise durch die Rekrutierung der Interviewpartner entstanden ist,
vernachlässigt werden.

Die Wahrung der in Kapitel 7.2 vorgestellten Prinzipien qualitativer Sozialforschung wurde bei der Durchführung der qualitativen
Vorstudie stets im Blick behalten. Dem Prinzip der Offenheit wurde Rechnung getragen, indem die Interviewten offen und unvorein-
genommen nach ihren Erfahrungen mit dem besuchten bzw. betreuten Studiengang befragt wurden und erst im Nachgang durch

eventuelle Nachfragen gezielte Informationen im Gespräch thematisiert wurden (vgl. Kapitel 7.4). So konnte gewährleistet werden, dass die theoretische Strukturierung des Forschungsgegenstandes zunächst zurückgestellt und die Offenheit für unerwartete Erkenntnisse gewahrt wurde (Lamnek, 2005, S. 348). Das Prinzip der Kommunikation fand dadurch Beachtung, dass für diese Studie die Erhebungsmethode des qualitativen Interviews gewählt wurden (Lamnek, 2005, S. 22–23).

Auch die Beachtung der von Mayring (2016, S. 144–148) vorgeschlagenen Gütekriterien erfolgte während des gesamten Forschungsprozesses. Die Dokumentation des Verfahrens erfolgte zunächst durch die Aufzeichnung und anschließende Transkription der Interviews. Die Transkripte bildeten anschließend das Datenmaterial, welches bei der qualitativen Inhaltsanalyse verwendet wurde. Die Zuordnung einzelner Textstellen zu den Kategorien wurde ebenfalls dokumentiert, ebenso wie die Ergebnisse. Das Zustandekommen der Ergebnisse wurde erläutert und mit Argumenten gestützt, um die Nachvollziehbarkeit der Interpretationen sicherzustellen. Hierbei wurden zudem stellvertretende Zitate aus den Interviews angeführt. Es wurde eine dem Untersuchungsgegenstand angemessene Vorgehensweise gewählt und dokumentiert, um die Regelgeleitetheit zu gewährleisten. Die Nähe zum Gegenstand wurde dadurch berücksichtigt, dass die Interviews an den Hochschulen stattfanden, um der Lebenswirklichkeit der Interviewten möglichst nahe zu kommen. Außerdem wurden den Interviewten die Ziele der Studie erläutert und die Leitfragen im Vorfeld der Interviews zur Verfügung gestellt (vgl. Kapitel 7.5).

Die kommunikative Validierung erfolgte einerseits im Rahmen von einschlägigen wissenschaftlichen Tagungen, auf denen die Ergebnisse der qualitativen Studie vorgestellt und diskutiert wurden. Außerdem wurde der auf Basis der Erkenntnisse dieser Studie erstellte Fragebogen zur Rücküberprüfung der Angemessenheit verschiedenen berufsbegleitend Studierenden vorgelegt. Die Triangulation wurde zum einen im Rahmen von Datentriangulation berücksichtigt, da unterschiedliche Zielgruppen zur gleichen Thematik befragt wurden. Eine Variation der Methode erfolgt in der Hinsicht, als dass die vorliegende Arbeit aus einer qualitativen und einer quantitativen Studie besteht und die Ergebnisse der qualitativen Vorstudie im Rahmen der sich anschließenden Hauptstudie überprüft wurden. Im Hinblick auf die Zielsetzung der qualitativen Studie kann festgehalten werden, dass diese Studie wertvolle Erkenntnisse zu den Einflussfaktoren des Studienerfolgs und zum Studienerfolg selbst liefert, die für die Entwicklung des Forschungsmodells verwendet werden konnten.

Auch bei der *quantitativen Studie* sind Limitationen zu nennen, die sich aus dem Forschungsdesign ergeben. Hierbei ist die Erfassung des Studienerfolgs und seiner Einflussfaktoren durch Selbsteinschätzungen der Studierenden zu nennen. Auch wenn die Angaben der Studierenden einen tiefen Einblick in deren Perspektive auf die Bewältigung des Studiums und das Zustandekommen von Studienerfolg geben können, sind mit dieser Erhebungsmethode zwei Probleme verbunden: Zum einen kann nicht ausgeschlossen werden, dass die Studierenden sozial erwünscht geantwortet haben. Um diesem entgegenzuwirken, wurden die Befragten explizit darum gebeten, wahrheitsgemäß zu antworten. Weiterhin wurde verdeutlicht, dass die Befragung anonym ist und die Ergebnisse keinerlei Rückschlüsse auf einzelne Personen zulassen (Döring & Bortz, 2016a, S. 437-442). Zum anderen muss davon ausgegangen werden, dass v. a. die Bewertung der Lehr- und Studienqualität durch die individuellen Sichtweisen und Erfahrungen der Studierenden geprägt ist. Alternative Erhebungsmethoden, die vermeintlich objektiver sind, wären die Beurteilung der Lehr- und Studienqualität durch die Lehrenden oder externe Experten. Dennoch stellt die Beurteilung dieser Aspekte durch die Lernenden eine valide Erhebungsmethode dar, die auch in vielen anderen Studien der Lehr-Lern-Forschung zum Einsatz kommt (Baethge-Kinsky, Baethge & Lischewski, 2016 S. 268; Hertel, Hochweber, Steinert & Klieme, 2010, S. 130-134).

Bei der Lehr- und Studienqualität handelt es sich Prozessmerkmale (Schmidt, 2008, S. 157-161), die in der voliegenden Studie im Rahmen einer summativen Evaluation erhoben wurden. Durch eine Erhebung dieser Merkmale mit größerer Nähe zum tatsächlichen Lern- und Studienprozess, also z. B. durch Beobachtung von konkreten Lehr- Lernsituationen, wäre eine detailliertere Erfassung und ein besserer Vergleich der Prozessmerkmale zwischen den verschiedenen Studiengängen möglich (Klieme & Rakoczy, 2008, S. 225-228).

Bezüglich der Größe der Stichprobe ist anzumerken, dass diese im Vergleich zu groß angelegten Studien wie z. B. Blüthmann (2012) oder Sarcletti (2015) verhältnismäßig gering ausfällt. Allerdings ist dies bei Primärstudien nicht ungewöhnlich, da hierbei aufgrund forschungsökonomischer Erwägungen i. d. R. nur kleine Stichproben erhoben werden können (Döring & Bortz, 2016c, S. 191). Nichtsdestotrotz erscheint die Konzeption der Untersuchung als

Primärstudie dennoch unumgänglich, da es sich bei der Thematik Studienerfolg in berufsbegleitenden Studiengängen um ein bisher wenig erforschtes Phänomen handelt und es dementsprechend keine geeignete Datenbasis gab, auf die im Rahmen einer Sekundäranalyse hätte zurückgegriffen werden können (Döring & Bortz, 2016c, S. 191).

Weiterhin gehen mit der Konzeption der Studie als Querschnittstudie einige Einschränkungen hinsichtlich der Interpretationsmöglichkeiten der Ergebnisse einher. Die Ergebnisse sind lediglich eine Momentaufnahme und lassen nur Rückschlüsse auf die Erhebungssituation zu. Dementsprechend können im Rahmen dieser Studie keine Informationen über Entwicklungen und Veränderungen gewonnen werden. Bei den latenten Persönlichkeitsmerkmalen und der Studienzufriedenheit wird zwar angenommen, dass diese zeitlich relativ stabil sind (vgl. Kapitel 2.2.3 und Kapitel 3), Veränderungen der individuellen und institutionellen Studienbedingungen könnten aber auch zu Veränderungen in diesen Merkmalen führen.

Möglich sind allerdings mit der vorliegenden Datenbasis Vergleiche zwischen verschiedenen Subgruppen innerhalb der Stichprobe (Döring & Bortz, 2016c, S. 210). Um die Kausalität nachzuweisen, muss neben dem korrelativen Zusammenhang auch ein zeitlicher Zusammenhang nachgewiesen und Störfaktoren müssen kontrolliert werden. Dementsprechend könnte eine Längsschnittstudie vertiefende Einblicke in das Zustandekommen von Studienerfolg in berufsbegleitenden Studiengängen liefern. Weiterhin könnten so auch Veränderungen in den Einflussfaktoren des Studienerfolgs gezeigt werden. Da kein experimentelles Forschungsdesign durchgeführt wurde, besteht die Möglichkeit, dass es weitere Einfluss-

faktoren gibt, die hier keine Beachtung fanden. Es sind experimen-
telle Forschungsvorhaben notwendig, um die angenommene Kausalität der Zusammenhänge zu bestätigen (Weiber & Mühlhaus,
2010, S. 7–8).

Die deskriptiven Befunde zum Studienerfolg zeigen, dass die Studienzufriedenheit im Mittel sehr hoch ausfällt (vgl. Kapitel 10.3).
Dementsprechend könnte hier u. U. das in Kapitel 2.2.3 geschilderte Phänomen der Neubewertung von Bedürfnissen vorliegen. Ob
die befragten berufsbegleitend Studierenden tatsächlich im Mittel
sehr zufrieden mit ihrem Studium sind, kann mithilfe der vorliegenden Informationslage nicht geklärt werden. Hierfür sind weitere
Forschungsbemühungen nötig, die bspw. in einer qualitativen Ver-
tiefungstudie bestehen könnten (Mayring, 2001, S. 8-9).

In dem Strukturmodell zur Erklärung des Studienerfolgs bleiben
einige Wirkungsbeziehungen zwischen den Variablen unberück-
sichtigt, die ebenfalls denkbar sind. Ein Beispiel hierfür ist der Einfluss der leistungsbezogenen Studienvoraussetzungen auf die strukturelle Studierbarkeit. Die Begründung dafür liegt in der Tatsache,
dass lediglich die Zusammenhänge untersucht wurden, die sich aus
dem Forschungsstand oder den Ergebnissen der qualitativen Vorstudie ergeben, da die quantitative Hauptstudie einen konfirmatorischen Charakter hat (Hillebrecht, 2016, S. 168; Weiber & Mühlhaus, 2010, S. 7-8). Außerdem wäre eine abweichende
Aufgliederung der Einflussfaktoren des Studienerfolgs denkbar.
Hierbei sind z. B. die individuellen Studienbedingungen und die
Arbeitgeber-Unterstützung zu nennen. Diese Faktoren könnten
auch als individuelle und berufliche Rahmenbedingungen des Studienerfolgs aufgefasst werden.

Die vorliegende Studie untersucht den Studienerfolg von berufsbegleitend Studierenden, die ein wirtschaftswissenschaftliches Studium absolvieren. Ob die Ergebnisse auch für Studiengänge anderer
Fachrichtungen gelten, kann nicht abschließend geklärt werden.
Aber auch wenn die Ergebnisse und Schlussfolgerungen nicht fach-
richtungsübergreifend gelten, so gelten sie dennoch für die Mehrheit von ihnen, denn der Großteil der vorhandenen berufsbegleitenden Studiengänge ist der Fachrichtung der Wirtschaftswissenschaften zuzuordnen (Minks et al., 2011).

Da im Rahmen der quantitativen Studie immatrikulierte Studierende befragt wurden, konnten lediglich vorläufige Studienerfolgskriterien ermittelt werden, da endgültige und nachgelagerte Kriterien
erst nach Abschluss bzw. Abbruch des Studiums erfasst werden
können (vgl. Kapitel 2.2). Dementsprechend bleibt offen, inwiefern
das Erklärungsmodell auch zur Vorhersage von weiteren Studienerfolgskriterien geeignet ist, auch wenn die vorläufigen Erfolgskriterien vermutlich Prognosen über den endgültigen Studienerfolg zulassen.

11.3   Fazit und Ausblick

Mit dieser Arbeit ist es gelungen, ein Erklärungsmodell für den
Studienerfolg von berufsbegleitend Studierenden zu entwickeln.
Damit ist ein Beitrag hinsichtlich der Übertragung von theoretischen Modellen zur Vorsage des Studienerfolgs auf den spezifischen Untersuchungsgegenstand des berufsbegleitenden Studiums
geleistet worden. Als Einflussfaktoren erwiesen sich die individuellen Lernvoraussetzungen und Lebensbedingungen, die Lehr- und
Studienqualität sowie die Intensität der Arbeitgeber-Unterstützung.
Außerdem konnten überinstitutionelle Unterschiede in den Studien-

leistungen gezeigt werden. Weiterhin gelingt es, den Studienerfolg der berufsbegleitend Studierenden mithilfe des Vorhersagmodells zu einem substanziellen Anteil zu erklären. Aus den Erkenntnissen können Hinweise für die Weiterentwicklung von berufsbegleitenden Studiengängen gewonnen werden. Diese Hinweise können die bessere Ausrichtung der Studiengänge auf die Zielgruppe der berufsbegleitend Studierenden ermöglichen.

Aus den Ergebnissen ergeben sich einige *Implikationen für die Forschung* zur Erklärung von Studienerfolg. Es zeigt sich, dass für die Erklärung von Studienerfolg in berufsbegleitenden Studiengängen die Einflussfaktoren um die Arbeitgeber-Unterstützung erweitert werden sollten. Außerdem konnte der Einfluss von Merkmalen der Studienqualität auf die Bewältigung des Studiums für berufsbegleitende Studiengänge gezeigt werden. Es ist durchaus denkbar, dass dies mit weiteren Studien auch für Vollzeit-Studiengänge bestätigt werden kann. Weiterhin erscheint es lohnenswert, die mediierende Rolle der Lern- und Studienaktivitäten in Erklärungsmodelle für Studienerfolg zu berücksichtigen, um die Modelle theoriekonform zu gestalten.

Im Rahmen der Überprüfung des Forschungsmodells wurden Skalen entwickelt, die es erlauben, die Studienqualität, die Beratung von Studierenden durch die Lehrenden, den Grad der persönlichen Eingebundenheit und die Intensität der arbeitgeberseitigen Unterstützung zu erfassen. Diese können in weiteren Studien eingesetzt werden, um die zugrundeliegenden Konstrukte zu ermitteln. Z. B. wäre es denkbar, die Skalen zur Lehr- und Studienqualität zu verwenden, um die Qualität von deren Konzeption in einem bestimmten Studiengang oder in mehreren Studiengängen zu evaluieren.

Weiterhin wurden die Konstrukte fachliche und strukturelle Studierbarkeit als Mediatoren der Einflussfaktoren des Studienerfolgs
entdeckt. Auch hierfür liegen nun empirisch geprüfte Skalen vor.

Darüber hinaus ergeben sich auch *Implikationen* für die im berufsbegleitenden Studium involvierten *Interessengruppen*. Die Hochschulen, die berufsbegleitende Studiengänge anbieten, sollten bei
der organisatorischen Ausgestaltung die Belange der Studierenden
berücksichtigen. Hierbei scheinen vor allem die zeitliche Organisation und der Studieneinstieg von Bedeutung zu sein.

Außerdem scheint es lohnenswert für die berufstätigen Studierenden, ihre Arbeitgeber über das Studium in Kenntnis zu setzten und
Unterstützung zu erfragen, denn diese kann die Bewältigung des
Studiums fördern. Weiterhin deuten die Ergebnisse darauf hin, dass
die motivationalen Studienvoraussetzungen, insbesondere die leistungsbezogenen und die intrinsischen Facetten der Motivation, eine
vergleichsweise hohe Relevanz für die Bewältigung des Studiums
zu haben scheinen. Dementsprechend ist ein berufsbegleitendes
Studium vermutlich vor allem für Personen empfehlenswert, die
dieses aus fachlichem Interesse oder aus leistungsbezogenen Motiven aufnehmen möchten.

Es scheint außerdem ratsam für Arbeitgeber, deren Beschäftigte ein
berufsbegleitendes Studium absolvieren, Unterstützung während
des Studiums zu leisten. Dabei ist es weniger entscheidend, dass
die Unterstützung eine spezielle Unterstützungsform, wie z. B. finanzielle Unterstützung, beinhaltet. Für den Beitrag der Unterstützung zur Bewältigung des Studiums ist es eher von Bedeutung,
dass geeignete Rahmenbedingungen geschaffen werden, die die
Vereinbarkeit von Studium und Beruf fördern.

Allerdings bleiben bei der Erklärung des Studienerfolgs auch Varianzanteile ungeklärt, sodass davon auszugehen ist, dass noch weitere Einflussfaktoren vorhanden sind, die in der vorliegenden Studie keine Beachtung fanden. Weiterhin konnte die mediierende Rolle der Studierbarkeit nicht vollumfänglich bestätigt werden. Es sollten daher weitere Studien folgen, die hierüber Aufschluss geben.

Literaturverzeichnis

Ajzen, I. (1985). From Intentions to Actions: A Theory of Planned Behavior. In J. Kuhl & J. Beckmann (Eds.), *Action Control. SSSP Springer Series in Social Psychology* (pp. 11-39). Berlin, Heidelberg: Springer.

Albrecht, A. (2011). *Längsschnittstudie Identifikation von Risikofaktoren für einen erfolgreichen Studieneinstieg in das Fach Physik* (Dissertation). Berlin, Deutschland: Freie Universität Berlin. Abgerufen am 23.05.18 von http://www.diss.fu-berlin.de/diss/receive/FUDISS_thesis_000000035073

Amelang, M. (1997). Differenzielle Aspekte der Hochschulzulassung: Probleme, Befunde, Lösungen. In T. Hermann (Hrsg.), *Hochschulentwicklung-Aufgaben und Chancen* (S. 88-105). Heidelberg: Asanger.

Apenburg, E. (1980). *Untersuchungen zur Studienzufriedenheit in der heutigen Massenuniversität.* Frankfurt a. M.: Lang.

Arnold, M., Wetzel, K. & Dobmann, B. (2014). Erwartungen an die Qualität berufsbegleitender Studiengänge aus Hochschul- und Unternehmensperspektive: Eine vergleichende Untersuchung. *Beiträge zur Hochschulforschung,* 36 (4), 64-91.

Arzheimer, K. (2016). *Strukturgleichungsmodelle. Eine anwendungsorientierte Einführung.* Wiesbaden: Springer VS.

Aschinger, F., Epstein, H., Müller, S., Schaeper, H., Vöttiner, A. & Weiß, T. (2011). Higher education and the transition to work. *Zeitschrift für Erziehungswissenschaft,* 14 (2), 267-282.

Autorengruppe Bildungsberichterstattung (2014). *Bildung in Deutschland 2014. Ein indikatorengestützter Bericht mit einer Analyse zur Bildung von Menschen mit Behinderungen.* Bielefeld: Bertelsmann. Abgerufen am 23.05.18 von

© Springer Fachmedien Wiesbaden GmbH, ein Teil von Springer Nature 2019
L. Hillebrecht, *Studienerfolg von berufsbegleitend Studierenden,* Economics Education und Human Resource Management, https://doi.org/10.1007/978-3-658-26164-1

https://www.bildungsbericht.de/de/bildungsberichte-seit-2006/bildungsbericht-2014/pdf-bildungsbericht-2014/bb-2014.pdf

Autorengruppe Bildungsberichterstattung (2016). *Bildung in Deutschland 2016. Ein indikatorengestützter Bericht mit einer Analyse zu Bildung und Migration.* Bielefeld: Bertelsmann. Abgerufen am 23.05.18 von https://www.bildungsbericht.de/de/bildungsberichte-seit-2006/bildungsbericht-2016/pdf-bildungsbericht-2016/bildungsbericht-2016

Baethge-Kinsky, V., Baethge, M. & Lischewski, J. (2016). Bedingungen beruflicher Kompetenzentwicklung: institutionelle und individuelle Kontextfaktoren. In: K. Beck, M. Landenberger, & F. Oser. (Hrsg.), *Technologiebasierte Kompetenzmessung in der beruflichen Bildung. Ergebnisse aus der BMBF-Förderinitiative ASCOT.* Bielefeld: Bertelsmann.

Bandura, A. (1977). *Self-efficacy: The exercise of control.* New York: Freeman.

Banscherus, U., Kamm, C. & Otto, A. (2016). Gestaltung von Zu- und Übergängen zum Hochschulstudium für nicht-traditionelle Studierende. In A. Wolter, U. Banscherus & C. Kamm (Hrsg.), *Zielgruppen Lebenslangen Lernens an Hochschulen. Ergebnisse der wissenschaftlichen Begleitung des Bund-Länder-Wettbewerbs Aufstieg durch Bildung: offene Hochschulen* (Bd. 1, S. 295-319). Münster u. a.: Waxmann.

Bargel, T. (1993). *Studienqualität und Hochschulentwicklung. Fünfte Erhebung zur Studiensituation an Universitäten und Fachhochschulen.* Bonn: Bundesministerium für Bildung und Wissenschaft.

Bargel, H. & Bargel, T. (2010). *Ungleichheiten und Benachteiligungen im Hochschulstudium aufgrund der sozialen Herkunft der Studierenden*. Düsseldorf: Hans-Böckler-Stiftung. Abgerufen am 23.05.18 von https://www.boeckler.de/pdf/p_arbp_202.pdf

Bargel, T. & Bargel, H. (2014). *Studieren in Teilzeit und Teilzeitstudium. Definitionen, Daten, Erfahrungen, Positionen und Prognosen*. Bielefeld: UVW, Webler.

Bargel, T. & El Hage, N. (2000). Evaluation der Hochschullehre. Modelle, Probleme und Perspektiven. In A. Helmke, W. Hornstein & E. Terhart (Hrsg.), *Qualität und Qualitätssicherung im Bildungsbereich; Schule, Sozialpädagogik, Hochschule* (S. 207-224). Weinheim: Beltz.

Bargel, T., Heine, C., Multrus, F. & Willige, J. (2014). *Das Bachelor- und Masterstudium im Spiegel des Studienqualitätsmonitors. Entwicklungen der Studienbedingungen und Studienqualität 2009 bis 2012*. Hannover: DZHW. Abgerufen am 23.05.18 von http://www.dzhw.eu/pdf/pub_fh/fh-201402.pdf

Baron-Boldt, J., Funke, U. & Schuler, H. (1989). Prognostische Validität von Schulnoten: Eine Metaanalyse der Prognose des Studien- und Ausbildungserfolgs. In R. S. Jäger, R. Horn & K. Ingenkamp (Hrsg.), *Test und Trends. Jahrbuch der pädagogischen Diagnostik* (Bd. 7, S. 11-39). Weinheim: Beltz.

Baron, R. M. & Kenny, D. A. (1986). The moderator-mediator variable distinction in social psychological research: Conceptual, strategic and statistical considerations. *Journal of Personality and Social Psychology*, 51, 1173-1182.

Baumgartner, C. & Udris, I. (2006). Das Zürcher Modell der Arbeitszufriedenheit-30 Jahre „still going strong". In L. Fischer (Hrsg.), *Arbeitszufriedenheit: Konzepte und empirische Befunde* (2. Aufl., S. 111-135). Göttingen u. a.: Hogrefe.

Bean, J. P. (1983). The Application of a Model of Turnover in Organizations to the Student Attrition Process. *The Review of Higher Education*, 6 (2), 129-148.

Berg, H., Grendel, T., Haussmann, I., Lübbe, H. & Marx, A. (2014). Der Übergang beruflich Qualifizierter in die Hochschule. Ergebnisse eines Modellprojekts in Rheinland-Pfalz. *Mainzer Beiträge zur Hochschulforschung* (Bd. 20). Mainz: Zentrum für Qualitätssicherung und –entwicklung.

Berthold, C., Jorzik, B. & Meyer-Guckel, V. (Hrsg.) (2015). *Handbuch Studienerfolg: Strategien und Maßnahmen wie Hochschulen Studierende erfolgreich zum Abschluss führen*. Essen: Stifterverband.

Biermann, A., Karbach, J., Spinath, F. M. & Brünken, R. (2018). Gut im Studium-gut in der Schule? Zur Vorhersage der Unterrichtsqualität im Schulpraktikum durch Noten im bildungswissenschaftlichen Studium. *Unterrichtswissenschaft*, 46, 123-139.

Blömeke, S. (2009). Ausbildungs- und Berufserfolg im Lehramtsstudium im Vergleich zum Diplomstudium. Zur prognostischen Validität kognitiver und psycho-motivationaler Auswahlkriterien. *Zeitschrift für Erziehungswissenschaft*, 12 (1), 82-110.

Blömeke, S., Gustafsson, J. E. & Shavelson, R. J. (2015). Beyond dichotomies: Competence viewed as a continuum. *Zeitschrift für Psychologie*, 223 (1), 3-13.

Blüthmann, I. (2012). Individuelle und studienbezogene Einflussfaktoren auf die Studienzufriedenheit von Bachelorstudierenden. *Zeitschrift für Erziehungswissenschaft*, 15 (2), 273-303.

Blüthmann, I., Lepa, S. & Thiel, F. (2008). Studienabbruch und -wechsel in den neuen Bachelorstudiengängen. Untersuchung und Analyse von Abbruchgründen. *Zeitschrift für Erziehungswissenschaft*, 11 (3), 406-429.

Blüthmann, I., Thiel, F. & Wolfgram, C. (2011). Abbruchtendenzen in den Bachelorstudiengängen. Individuelle Schwierigkeiten oder mangelhafte Studienbedingungen? *Die Hochschule*, 20 (1), 110-116.

Brändle, T. (2014). Studienmotive und Lebensziele. Ein Vergleich der Intentionen nicht-traditioneller und traditioneller Studierender. *Beiträge zur Hochschulforschung, 36* (4), 92–119.

Brändle, T. & Lengfeld, H. (2015). *Führt Studium ohne Abitur zu geringerem Studienerfolg? Befunde einer quantitativen Fallstudie. Arbeitsbericht des Instituts für Soziologie der Universität Leipzig Nr. 66.* Leipzig: Universität Leipzig. Abgerufen am 23.05.18 von http://www.qucosa.de/fileadmin/data/qucosa/documents/16132/66.pdf

Brändle, T., Ordemann, J. & Lengfeld, H. (2013). *Nicht-traditionelle Studierende und traditionelle Studierende im Blickfeld. Erste Ergebnisse einer Befragung von Studienanfängerinnen und -anfängern des Projekts „Passagen aus Erwerbstätigkeit in das Studium (PETS)"* (Teilprojekt 29). Hamburg: Universität Hamburg.

Brandstätter, H. & Farthofer, A. (2003a). Einfluss von Erwerbstätigkeit auf den Studienerfolg. *Zeitschrift für Arbeits- und Organisationspsychologie*, 47, 134-145.

Brandstätter, H. & Farthofer, A. (2003b). Erste Prüfungen-weiterer Studienerfolg. *Psychologie in Erziehung und Unterricht*, 50, 58-70.

Brandstätter, H., Grillich, L. & Farthofer, A. (2006). Prognose des Studienabbruchs. *Zeitschrift für Entwicklungspsychologie und Pädagogische Psychologie*, 38 (3), 121-131.

Brandstätter, H., Schneewind, K. A., Schröder, G. & Cattell, R. B. (1983). *Der 16-Persönlichkeits-Faktoren- Test. 16PF.* Bern: Huber.

Brunner, M., Kunter, M., Krauss, S., Baumert, J., Blum, W., Dubberke, T. … (2006). Welche Zusammenhänge bestehen zwischen dem fachspezifischen Professionswissen von Mathematiklehrkräften und ihrer Ausbildung sowie beruflichen Fortbildung. *Zeitschrift für Erziehungswissenschaft*, 9, 521-544.

Boudon, R. (1974). *Education, Opportunity, and Social Inequality. Changing Prospects in Western Society.* New York: John Wiley & Sons.

Bourdieu, P. (1982). *Die feinen Unterschiede. Kritik der gesellschaftlichen Urteilskraft.* Frankfurt a. M: Suhrkamp.

Bourdieu, P. (1983). Ökonomisches Kapital, kulturelles Kapital, soziales Kapital. In R. Kreckel (Hrsg.), *Soziale Ungerechtigkeit, Soziale Welt* (S. 183-198). Göttingen: Schwartz.

Bühner, M. (2011). *Einführung in die Test- und Fragebogenkonstruktion* (3. Aufl.). München: Pearson Studium.

Busato, V., Prins, F., Elshout, J. & Hamaker, C. (2000). The relation between styles, the Big Five personality traits and achievement motivation in higher education. *Personality and Individual Differences*, 26, 129–140.

Byrne (2010). *Structural Equation Modeling with AMOS. Basic Concepts, Applications, and Programming.* New York, London: Routledge.

Camara, W. J. (2005). Broadening criteria of college success and the impact of cognitive predictors. In W. J. Camara & E. W. Kimmel (Eds.), *Choosing students: higher education admissions tools for the 21st century* (pp. 53-79). Mahwah, NJ: Lawrence Erlbaum Associates.

Carroll, J. B. (1993). *Human cognitive abilities: A survey of factor analytic studies.* Cambridge: Cambridge University Press.

Cattell, R. B. (1943). The description of personality: basic traits resolved into clusters. *The Journal Of Abnormal And Social Psychology, 38* (4), 476-506.

Cattell, R. B. (1987). *Intelligence: its structure, growth, and action.* Amsterdam: Elsevier.

Chin, W. W. (1998). The Partial Least Squares Approach for Structural Equation Modeling. In G. A. Marcoulides (Ed.), *Modern Methods for Business Research* (pp. 295-336). Hillsdale: Erlbaum.

Choi, N. (2005). Self-efficacy and self-concept as predictors of college students' academic performance. *Psychology in the Schools, 42,* 197-205.

Dahm, G. & Kerst, C. (2016). Erfolgreich studieren ohne Abi? Ein mehrdimensionaler Vergleich des Studienerfolgs von nicht-traditionellen und traditionellen Studierenden. In A. Wolter, U. Banscherus & C. Kamm (Hrsg.), *Zielgruppen Lebenslangen Lernens an Hochschulen. Ergebnisse der wissenschaftlichen Begleitung des Bund-Länder-Wettbewerbs Aufstieg durch Bildung: offene Hochschulen* (Bd. 1, S. 252-268). Münster u. a.: Waxmann.

Deidesheimer Kreis (Hrsg.). (1997). *Hochschulzulassung und Studieneignungstests: Studienfeldbezogene Verfahren zur Fest-*

stellung der Eignung für Numerus-clausus- und andere Studiengänge. Göttingen u. a.: Vandenhoeck & Ruprecht.

Deci, E. L. & Ryan, R. M. (1993). Die Selbstbestimmungstheorie der Motivation und ihre Bedeutung für die Pädagogik. *Zeitschrift für Pädagogik*, 39 (2), 223-238.

Dette, D. E., Abele, A. E. & Renner, O. (2004). Zur Definition und Messung von Berufserfolg. *Zeitschrift für Personalpsychologie*, 3 (4), 170-183.

Diener, E. (2000). Subjective well-being: The science of happiness and a proposal for a national index. *American Psychologist, 55*, 34-43.

Diener, E., Suh, E. M., Lucas, R. E. & Smith, H. L (1999). Subjective well-being: Three Decades of Progress. *Psychological Bulletin,* 125 (2), 276-302.

Ditton, H. (1998). Studieninteresse, kognitive Fähigkeiten und Studienerfolg. In J. Abel & C. Tarnai (Hrsg.), *Pädagogisch-psychologische Interessenforschung in Studium und Beruf* (S. 45-61). Münster u. a.: Waxmann.

Ditton, H. (2000). Qualitätskontrolle und Qualitätssicherung in Schule und Unterricht. Ein Überblick zum Stand der empirischen Forschung. *Zeitschrift für Pädagogik*, 41. Beiheft, 73-92.

Döring, N. & Bortz, J. (2016a). Datenerhebung. In N. Döring & J. Bortz (Hrsg.), *Forschungsmethoden und Evaluation in den Sozial- und Humanwissenschaften* (5. Aufl., S. 321-578). Berlin, Heidelberg: Springer.

Döring, N. & Bortz, J. (2016b). Stichprobenziehung. In N. Döring & J. Bortz (Hrsg.), *Forschungsmethoden und Evaluation in den Sozial- und Humanwissenschaften* (5. Aufl., S. 291-320). Berlin, Heidelberg: Springer.

Döring, N. & Bortz, J. (2016c). Untersuchungsdesign. In N. Döring & J. Bortz (Hrsg.), *Forschungsmethoden und Evaluation in den Sozial- und Humanwissenschaften* (5. Aufl., S. 181-220). Berlin, Heidelberg: Springer.

Donk, A. & Leszczensky, M. (2012). Teilzeitstudium – Angebot und Bedarf. In H.-U. Erichsen, H. Staschen, J. Zöllner & D. Schäferbarthold (Hrsg.), *Lebensraum Hochschule. Grundfragen einer sozial definierten Bildungspolitik* (S. 455-474). Siegburg: Reckinger.

Dresing, T. & Pehl, T. (2015). *Praxisbuch Interview, Transkription & Analyse. Anleitungen und Regelsysteme für qualitativ Forschende* (6. Aufl.). Marburg: Eigenverlag.

Durkheim, E. (1961). *Suicide.* Glencoe: The Free Press.

Ebner, H. G. (2003). Ausbildungspersonal – Lernkultur – Ausbildungszufriedenheit. *berufsbildung. Zeitschrift für Praxis und Theorie in Betrieb und Schule, 57,* 8-10.

Erdel, B. (2010). *Welche Determinanten beeinflussen den Studienerfolg? Eine empirische Analyse zum Studienerfolg der ersten Kohorte der Bachelorstudenten in der Assessmentphase am Fachbereich Wirtschaftswissenschaften der Friedrich-Alexander-Universität Erlangen-Nürnberg.* Nürnberg: Universität Erlangen-Nürnberg, Lehrstuhl für Soziologie und empirische Sozialforschung. Abgerufen am 23.05.18 von https://www.ssoar.info/ssoar/bitstream/ handle/document/22022/ssoar-2010-erdel-welche_determinanten_beeinflussen_den_studienerfolg.pdf?sequence=1

Europäische Bildungsminister (1999). *Gemeinsame Erklärung der Europäischen Bildungsminister. Der Europäische Hochschul-*

raum. Abgerufen am 23.05.18 von
https://www.bmbf.de/files/bologna_deu.pdf

Euler, D. & Severing, E. (2015). *Durchlässigkeit zwischen berufli-*
cher und akademischer Bildung. Daten, Fakten, offene Fragen.
Gütersloh: Bertelsmann Stiftung. Abgerufen am 23.05.18 von
http://www.bertelsmann-
stif-
tung.de/fileadmin/files/BSt/Publikationen/GrauePublikationen/
LL_GP_HP_Durchlaessigkeit_150121.pdf

Fellenberg, F. & Hannover, B. (2006). Kaum begonnen, schon zer-
ronnen? Psychologische Ursachenfaktoren für die Neigung von
Studienanfängern, das Studium abzubrechen oder das Fach zu
wechseln. *Empirische Pädagogik*, 20 (4), 381-399.

Field, A. (2012). *Discovering statistics using IBM SPSS statistics*
(4th Ed.). London: Sage.

Fischer, F., Schult, J. & Hell, B. (2014). Unterschätzung der Studienleistungen von Frauen durch Studierfähigkeitstests: Er-
klärbar durch Persönlichkeitseigenschaften? *Diagnostica*, 61
(1), 34-46.

Fishbein, M. & Ajzen, O. (1975). *Belief, attitude, intention and*
behavior. An introduction to theory and research. Reading:
Addison-Wesley.

Flick, U. (2014). *Qualitative Sozialforschung. Eine Einführung* (6.
Aufl.). Reinbek bei Hamburg: Rowohlt.

Förster, M., Brückner, S., Beck, K., Zlatkin-Troitschanskaia, O. &
Happ, R. (2016). Individuelle und kontextuelle Prädiktoren des
Fachwissenserwerbs zum Internen Rechnungswesen im Hochschulstudium. *Zeitschrift für Erziehungswissenschaft*, 19 (2),
375-393.

Förster, M., Happ, R. & Zlatkin-Troitschanskaia, O. (2012). Valide Erfassung des volkswirtschaftlichen Fachwissens von Studierenden der Wirtschaftswissenschaften und der Wirtschaftspädagogik – eine Untersuchung der diagnostischen Eignung des Wirtschaftskundlichen Bildungstests (WBT). *Berufs- und Wirtschaftspädagogik- Online* (bwp@). Abgerufen am 23.05.18 von http://www.bwpat.de/content/ausgabe/22/foerster-etal/

Fornell, C. & Bookstein, F. L. (1982). Two structural equation models: LISREL and PLS applied to consumer exit-voice-theory. *Journal of Marketing Research*, 19, 440-452.

Fornell, C. & Larcker, D. F. (1981). Evaluating Structural Equation Models with Unobservable Variables and Measurement Error. *Journal of Marketing Research*, 18, 39-50.

Freitag, W. K. (2012). Zweiter und Dritter Bildungsweg in die Hochschule. *Reihe Bildung und Qualifizierung* (Arbeitspapier 253). Düsseldorf: Hans-Böckler-Stiftung. Abgerufen am 23.05.18 von https://www.boeckler.de/pdf/p_arbp_253.pdf

Frey, A. (2004). Die Kompetenzstruktur von Studierenden des Lehrerberufs. Eine internationale Studie. *Zeitschrift für Pädagogik,* 50 (6), 903-925.

Freyer, K. (2013). *Zum Einfluss von Studieneingangsvoraussetzungen auf den Studienerfolg Erstsemesterstudierender im Fach Chemie.* Berlin: Logos.

Freyer, K., Epple, M., Brand, M., Schiebener, J. & Sumfleth, E. (2014). Studienerfolgsprognose bei Erstsemesterstudierenden in Chemie. *Zeitschrift für Didaktik der Naturwissenschaften*, 22, 129-142.

Gaedke, G., Covarrubias Venegas, B., Recker, S. & Janous, G. (2011). Vereinbarkeit von Arbeiten und Studieren bei berufsbegleitend Studierenden. *Zeitschrift für Hochschulentwicklung,* 6 (2), 198-213.

Gaens, T. & Müller-Benedict, V. (2017). Die langfristige Entwicklung des Notenniveaus und ihre Erklärung. In V. Müller-Benedict & G. Grözinger (Hrsg.), *Noten an Deutschlands Hochschulen. Analysen zur Vergleichbarkeit von Examensnoten 1960 bis 2013* (S. 17-78). Wiesbaden: Springer VS.

Geiser, C. (2010). *Datenanalyse mit Mplus. Eine anwendungsorientierte Einführung.* Wiesbaden: Springer VS.

Georg, W. (2008). Individuelle und institutionelle Faktoren der Bereitschaft zum Studienabbruch-eine Mehrebenenanalyse mit Daten des Konstanzer Studierendensurveys. *Zeitschrift für Soziologie der Erziehung und Sozialisation.* 28 (2), 191-206.

Gieseke, L. (1988). Die Bedeutung der Studienzeiten in der Bildungspolitik der Bundesregierung-Gründe für kürzere Studienzeiten und jüngere Hochschulabsolventen. In Hochschul-Informations-System (HIS; Hrsg.), *Studienzeiten auf dem Prüfstand. Dokumentation des HIS-Kolloqiums am 18. und 19.Mai 1988 im Wissenschaftszentrum Bonn-Bad Godesberg* (HIS-Hochschulplanung; 70). Hannover, S. 17-30.

Giesen, H., Gold, A., Hummer, A. & Jansen, R. (1986). *Prognose des Studienerfolgs.* Frankfurt a. M.: Goethe-Universität Frankfurt, Institut für Pädagogische Psychologie.

Gläser, J. & Laudel, G. (2010). *Experteninterviews und qualitative Inhaltsanalyse als Instrumente rekonstruierender Untersuchungen* (4. Aufl.). Wiesbaden: Springer VS.

Gold, A. (1999). Studienabbruch und Studienerfolg. Ergebnisse aus den Längsschnittuntersuchungen der Frankfurter Arbeitsgruppe Bildungslebensläufe. In M. Schröder-Gronostay & H.-D.

Daniel (Hrsg.), *Studienerfolg und Studienabbruch* (S. 51-66). Neuwied: Luchterhand.

Gold, A. & Giesen, H. (1993). Leistungsvoraussetzungen und Studienbedingungen bei Studierenden verschiedener Lehrämter. *Psychologie in Erziehung und Unterricht*, 40, 111–124.

Gold, A. & Kloft, C. (1991). Der Studienabbruch: Eine Analyse von Bedingungen und Begründungen. *Zeitschrift für Entwicklungspsychologie und Pädagogische Psychologie*, 23, 265-279.

Gold, A. & Souvignier, E. (2005). Prognose der Studierfähigkeit. Ergebnisse aus Längs-schnittanalysen. *Zeitschrift für Entwicklungspsychologie und Pädagogische Psychologie*, 37 (4), 214-222.

Goldberg, L. R. (1981). Language and individual differences: The search for universals in personality lexicons. In L. Wheeler (Ed.), *Review of personality and social psychology* (Vol. 2, pp. 141-165). Beverly Hills: Sage.

Goldberg, L. R. (1982). From ace to zombie: Some explorations in the language of personality. In C. D. Spielberger & J. N. Butcher (Eds.), *Advances in personality assessment* (Vol. 1, pp. 203-234). Hillsdale: Erlbaum.

Goldberg, L. R. (1990). An alternative 'description of personality'. The Big-Five factor structure. *Journal Of Personality And Social Psychology*, 59 (6), 1216-1229.

Gonschior, B. (2015). *Lernverhalten und Studienerfolgsprädiktion bei Fernstudierenden* (Dissertation). Hagen: FernUniversität Hagen. Abgerufen am 23.05.18 von http://nbn-resolving.de/urn:nbn:de:hbz:708-30355

Greene, J. C., Caracelli, V. J. & Graham, W. F. (1989). Toward a conceptual framework for mixed-method evaluation design. *Educational Evaluation and Policy Analysis*, 11, 255-274.

Grendel, T., Lübbe, H. & Haußmann, I. (2014). Effekte der Dauer und der Qualität berufspraktischer Vorerfahrungen auf den Studienerfolg beruflich Qualifizierter. *Beiträge zur Hochschulforschung, 36* (4), 40-63.

Grözinger, G. (2017). Einflüsse auf die Notengebung: eine Analyse ausgewählter Fächer auf Basis der Prüfungsstatistik. In V. Müller-Benedict & G. Grözinger (Hrsg.), *Noten an Deutschlands Hochschulen. Analysen zur Vergleichbarkeit von Examensnoten 1960 bis 2013* (S. 79-116). Wiesbaden: Springer VS.

Groffmann, K. J. (1964). Die Entwicklung der Intelligenzmessung. In R. Heiß (Hrsg.), *Handbuch der Psychologie* (Bd. 6, S. 148-199). Göttingen u. a.: Hogrefe.

Grotheer, M., Kerst, C. & Wolter, A. (2011). Studienqualität als Prozessindikator in der nationalen Bildungsberichterstattung. System- und hochschulbezogene Auswertungen von Studierendenbefragungen. In Bundesministerium für Bildung und Forschung (Hrsg.), *Vertiefende Studien zu ausgewählten Aspekten der Indikatorenentwicklung für den nationalen Bildungsbericht* (Bd. 35). Abgerufen am 24.05.18 von https://www.dji.de/fileadmin/user_upload/bibs/bildungsforschung_band_35.pdf

Hair, J. F., Hult, G. T., Ringle, C. M., Sarstedt, M., Richter, N. F. & Hauff, S. (2017). *Partial Least Squares Strukturgleichungsmodellierung (PLS-SEM). Eine anwendungsorientierte Einführung.* München: Vahlen.

Hamrick, F. A. & Stage, F. K. (2004). College predisposition at high-minority enrollment, low-income schools. *Review of Higher Education, 27* (2), 151-168.

Hanft, A. (2015). Heterogene Studierende – homogene Studienstrukturen. In A. Hanft, O. Zawacki-Richter & W. B. Gierke

(Hrsg.), *Herausforderung Heterogenität beim Übergang in die Hochschule*. Münster, u. a.: Waxmann.

Hartig, J., Frey, A. & Jude, N. (2012). Validität. In H. Moosbrugger & A. Kelava (Hrsg.), *Testtheorie und Fragebogenkonstruktion* (2. Aufl., S. 143-171). Berlin: Springer.

Hartmann-Bischof, M. & Brunner, S. (2013). Studieren mit beruflicher Qualifikation-Beratung, Vorbereitung und Begleitung. In A. Hanft & K. Brinkmann (Hrsg.), *Offene Hochschulen. Die Neuausrichtung der Hochschulen auf Lebenslanges Lernen* (S. 120-135). Münster u. a.: Waxmann.

Hedges, L. V. & Hedberg, E. C. (2007). Intraclass correlation values for planning group-randomized trials in education. *Educational Evaluation and Policy Analysis*, 29 (1), 60-87.

Heise, E., Westermann, R., Speis, K. & Schiffler, A. (1997). Studieninteresse und berufliche Orientierung als Determinanten der Studienzufriedenheit. *Zeitschrift für Pädagogische Psychologie*, 11, 123-132.

Hell, B., Linsner M. & Kurz, G. (2008). Prognose des Studienerfolgs. In M. Rentschler (Hrsg.), *Studieneignung und Studierendenauswahl–Untersuchungen und Erfahrungsberichte* (S. 132-177). Aachen: Shaker.

Hell, B., Trapmann, S. & Schuler, H. (2007). Eine Metaanalyse der Validität von fachspezifischen Studierfähigkeitstests im deutschsprachigen Raum. *Empirische Pädagogik*, 21 (3), 251-270.

Helmke, A. & Schrader, F.-W. (2010). Hochschuldidaktik. In D. H. Rost (Hrsg.), *Handwörterbuch Pädagogische Psychologie* (4. überarb. u. erw. Aufl., S. 273-279). Weinheim: Beltz.

Helmke, A. (2015). *Unterrichtsqualität und Lehrerprofessionalität. Diagnose, Evaluation und Verbesserung des Unterrichts* (6. überarb. Aufl.). Seelze: Klett-Kallmeyer.

Hericks, N. (2018). Einleitung. In N. Hericks (Hrsg.), *Hochschulen im Spannungsfeld der Bologna-Reform Erfolge und ungewollte Nebenfolgen aus interdisziplinärer Perspektive* (S. 9-12). Wiesbaden: Springer.

Hertel, S., Hochweber, J., Steinert, B. & Klieme. E. (2010). Schulische Rahmenbedingungen und Lerngelegenheiten im Deutschunterricht. In E. Klieme, C. Artelt, J. Hartig, N. Jude, O. Köller, M. Prenzel, W. Schneider & P. Stanat (Hrsg.), *PISA 2009. Bilanz nach einem Jahrzehnt* (S. 113-151). Münster u. a.: Waxmann.

Herzog, M. & Otto, C. (2013). Beruflich qualifiziert Studieren: Alles eine Frage der Work-Study-Life-Balance? In Agentur für Erwachsenen-und Weiterbildung (Hrsg.), *Beruflich qualifiziert studieren –Herausforderung für Hochschulen. Ergebnisse des Modellprojekts Offene Hochschule Niedersachsen* (S. 99-107). Bielefeld: wbv.

Heublein, U., Ebert, J., Hutzsch, C., Isleib, S., König, R., Richter, J. & Woisch, A. (2017). *Zwischen Studienerwartungen und Studienwirklichkeit. Ursachen des Studienabbruchs, beruflicher Verbleib der Studienabbrecherinnen und Studienabbrecher und Entwicklung der Studienabbruchquote an deutschen Hochschulen.* Deutsches Zentrum für Hochschul- und Wissenschaftsforschung (DZHW). Abgerufen am 23.05.18 von http://www.dzhw.eu/pdf/pub_fh/fh-201701.pdf

Heublein, U., Hutzsch, C., Schreiber, J., Sommer, D. & Besuch, G. (2010). *Ursachen des Studienabbruchs in Bachelor- und in herkömmlichen Studiengängen: Ergebnisse einer bundesweiten Befragung von Exmatrikulierten des Studienjahres 2007/08.*

Hannover: Hochschul- Informations-System (HIS). Abgerufen am 23.05.18 von http://www.dzhw.eu/pdf/pub_fh/fh-201002.pdf

Heublein, U., Schmelzer R., Sommer, D. & Spangenberg, H. (2002). *Studienabbruchstudie 2002*. Hannover: Hochschul- Informations-System (HIS). Abgerufen am 23.05.18 von http://www.dzhw.eu/pdf/pub_kia/kia200205.pdf

Heublein, U. & Wolter, A. (2011). Studienabbruch in Deutschland: Definition, Häufigkeit, Ursachen, Maßnahmen. *Zeitschrift für Pädagogik*, 57 (2), 214-236.

Hetmeier, H., Bihler, W., Brugger, P., Scharfe, S. & Willand, I. (2008). *Weiterentwicklung von Indikatoren im Rahmen der nationalen Bildungsberichterstattung*. Wiesbaden: Statistisches Bundesamt.

Hill, L. (1990). Effort and reward in college: A replication of some puzzling findings. *Journal of Social Behavior and Personality*, 5, 151-161.

Hillebrecht, L. (2016). Entwicklung eines Modells zur Beurteilung der Qualität von berufsbegleitenden Studiengängen. In J. Seifried, S. Seeber & B. Ziegler (Hrsg.), *Jahrbuch der berufs- und wirtschaftspädagogischen Forschung 2016. Schriftenreihe der Sektion Berufs- und Wirtschaftspädagogik* (S. 155-170). Opladen: Budrich.

Hiemisch, A., Westermann, R. & Michael, A. (2005). Die Abhängigkeit der Zufriedenheit mit dem Medizinstudium von Studierenden und ihrer Realisierbarkeit. *Zeitschrift für Psychologie*, 213, 97-108.

Hoffmann-Riem, C. (1980). Die Sozialforschung einer interpretativen Soziologie. Der Datengewinn. *Kölner Zeitschrift für Soziologie und Sozialpsychologie*, 1980, 32, 339-372.

Holzkamp, K. (1995). *Lernen. Subjektwissenschaftliche Grundlegung.* Frankfurt a. M.: Campus.

Homburg, C. & Stock-Homburg, R. (2016). Theoretische Perspektiven zur Kundenzufriedenheit. In C. Homburg (Hrsg.), *Kundenzufriedenheit. Konzepte, Methoden, Erfahrungen* (9. Aufl., S. 17-52). Wiesbaden: Springer.

Hußtegge, R. (2011). *Selbstreguliertes Wollen als Bedingung für Studienerfolg an der Universität.* (Dissertation). Oldenburg: Carl von Ossietzky Universität Oldenburg. Abgerufen am 23.05.18 von http://d-nb.info/1019362634/34

Isserstedt, W. (1994). *Studieren ohne schulische Hochschulzugangsberechtigung.* Hannover: Hochschul- Informations-System (HIS).

Jaeger, M., Woisch, A., Hauschildt, K. & Ortenburger, A. (2014). *Studentenwerksleistungen und Studienerfolg. Untersuchung zur Relevanz von Dienstleistungen der Studentenwerke für den Studienverlauf und den Studienerfolg von Studierenden.* Hannover: Deutsches Zentrum für Hochschul- und Wissenschaftsforschung (DZHW). Abgerufen am 23.05.18 von https://www.studentenwerke.de/sites/default/files/bericht_stw-leistungen_studienerfolg_20140310.pdf

Jäger, A. O. (1982). Mehrmodale Klassifikation von Intelligenzleistungen. Experimentell kontrollierte Weiterentwicklung eines deskriptiven Intelligenzstrukturmodells. *Diagnostica, 28,* 195-226.

Jäger, A. O. (1984). Intelligenzstrukturforschung: Konkurrierende Modelle, neue Entwicklungen, Perspektiven. *Psychologische Rundschau, 35* (1), 21-35.

Jäger, A. O., Süß, H.-M. & Beauducel, A. (1997). *Berliner Intelligenzstrukturtest.* Göttingen u. a.: Hogrefe.

Jähnig, C. C. (2014). *Die Messung betriebswirtschaftlichen Wissens von Studierenden. Eine quantitativ-empirische Untersuchung situativer Testaufgaben.* Bielefeld: Bertelsmann.

Janssen, J. & Laatz, W. (2013). *Statistische Datenanalyse mit SPSS. Eine anwendungsorientierte Einführung in das Basissystem und das Modul Exakte Tests* (8. Aufl.). Berlin, Heidelberg: Springer.

Jirjahn, U. (2007). Welche Faktoren beeinflussen den Erfolg im wirtschaftswissenschaftlichen Studium? *Schmalenbachs Zeitschrift für betriebswirtschaftliche Forschung*, 59 (3), 286-313.

Jonkisz, E., Moosbrugger, H. & Brandt, H. (2012). Planung und Entwicklung von Tests und Fragebogen. In H. Moosbrugger & A. Kelava (Hrsg.), *Testtheorie und Fragebogenkonstruktion* (2. Aufl., S. 27-74). Berlin: Springer.

Jürgens, A. (2014). Studieninteresse – Welche Unterschiede bestehen zwischen traditionell und nicht-traditionellen Studierenden? *Journal of Technical Education (JOTED)* 2 (1), 28-50.

Jürgens, A. (2017). *Determinanten des Studienerfolgs. Nichttraditionell Studierende in ingenieurwissenschaftlichen Studiengängen.* Bielefeld: Bertelsmann.

Jürgens, A. & Zinn, B. (2012). Nichttraditionell Studierende in ingenieurwissenschaftlichen Studiengängen – Zugangswege, Motive, kognitive Voraussetzungen. *Beiträge zur Hochschulforschung*, 34 (4), 34-53.

Jürgens, A. & Zinn, B. (2015). Nicht-traditionelle Studierende in Deutschland – Stand der empirischen Forschung und Desiderate. In Elsholz U. (Hrsg.), *Beruflich Qualifizierte im Studium – Analysen und Konzepte zum Dritten Bildungsweg* (S. 35-56). Bielefeld: Bertelsmann.

Kamm, C., Spexard, A. & Wolter, A. (2016). Beruflich Qualifizierte als spezifische Zielgruppe an Hochschulen. Ergebnisse einer HISBUS-Befragung. In A. Wolter, U. Banscherus & C. Kamm (Hrsg.), *Zielgruppen Lebenslangen Lernens an Hochschulen. Ergebnisse der wissenschaftlichen Begleitung des Bund-Länder-Wettbewerbs Aufstieg durch Bildung: offene Hochschulen* (Bd. 1, S. 165-196). Münster u. a.: Waxmann.

Kattmann, M., Schäfer, M. & Strittmatter, V. (2015). Studieneinstieg erleichtern. Empfehlungen für Hochschulen mit berufsbegleitenden Studierenden. In M. Schäfer, M. Kriegel & T. Hagemann (Hrsg.), *Neue Wege zur akademischen Qualifizierung im Sozial- und Gesundheitssystem. Berufsbegleitend studieren an Offenen Hochschulen* (S. 155-170). Münster u. a.: Waxmann.

Kerres, M., Hanft, A. & Wilkesmann, U. (2012). Implikationen einer konsequenten Öffnung der Hochschulen für lebenslanges Lernen – eine Schlussbetrachtung. In M. Kerres, A. Hanft, U. Wilkesmann & K. Wolff-Bendik (Hrsg.), *Studium 2020. Positionen und Perspektiven zum lebenslangen Lernen an Hochschulen* (S. 285-290). Münster u. a.: Waxmann.

Klieme, E. (2006). Empirische Unterrichtsforschung: aktuelle Entwicklungen, theoretische Grundlagen und fachspezifische Befunde. *Zeitschrift für Pädagogik*, 52 (6), 765-773.

Klieme, E. & Rakoczy, K. (2008). Empirische Unterrichtsforschung und Fachdidaktik. Outcome-orientierte Messung und Prozessqualität des Unterrichts: aktuelle Entwicklungen, theoretische Grundlagen und fachspezifische Befunde. *Zeitschrift für Pädagogik*, 54 (2), 222-237.

Kline, R. B. (1998). *Principles and practice of structural equation modelling.* New York: Guilford.

Koepernick, C. & Wolter, A. (2012). Studium und Beruf. In Hans-Böckler-Stiftung (Hrsg.), *Expertisen für die Hochschule der Zukunft* (S. 273-340). Bad Heilbrunn: Klinkhardt.

Konegen-Greiner, C. (2001). Studierfähigkeit und Hochschulzugang. *Kölner Texte & Thesen* (Nr. 61). Köln: Deutscher Instituts-Verlag.

Kowal, S. & O'Connell, D. C. (2015). Zur Transkription von Gesprächen. In U. Flick, E. von Kardorff & I. Steinke (Hrsg.), *Qualitative Sozialforschung. Ein Handbuch* (11. Aufl., S. 437-446). Reinbeck bei Hamburg: Rowohlt.

Krapp, A. (1993). Die Psychologie der Lernmotivation. Perspektiven der Forschung und Probleme ihrer pädagogischen Rezeption. *Zeitschrift für Pädagogik*, 39 (2), 187-206.

Kuckartz, U. (2014a). *Qualitative Inhaltsanalyse. Methoden, Praxis, Computerunterstützung* (2. Aufl.). Weinheim und Basel: Beltz.

Kuckartz, U. (2014b). *Mixed Methods: Methodologie, Forschungsdesigns und Analyseverfahren*. Wiesbaden: Springer VS.

Künsting, J. & Lipowsky, F. (2011). Studienwahlmotivation und Persönlichkeitseigenschaften als Prädiktoren für Zufriedenheit und Strategienutzung im Lehramtsstudium. *Zeitschrift für Pädagogische Psychologie*, 25, 105-114.

Kuh, G. D., Kinzie, J., Buckley, J. A., Bridges, B. K. & Hayek, J. C. (2007). Piecing Together the Student Success Puzzle: Research, Propositions, and Recommendations. *ASHE Higher Education Report* 32 (5). Abgerufen am 23.05.18 von https://onlinelibrary.wiley.com/doi/pdf/10.1002/aehe.3205

Kuhn, C., Zlatkin-Troitschanskaia, O. & Pant, H. A., Hannover, B. (2016). Valide Erfassung der Kompetenzen von Studierenden in der Hochschulbildung: Eine kritische Betrachtung des nationalen Forschungsstandes. *Zeitschrift für Erziehungswissenschaft*, 19, 275-298.

Kultusministerkonferenz (KMK) (2000). *Rahmenvorgaben für die Einführung von Leistungspunktsystemen und die Modularisierung von Studiengängen.* (Beschluss der Kultusministerkonferenz vom 15.09.2000). Abgerufen am 23.05.18 von https://www.kmk.org/fileadmin/Dateien/pdf/PresseUndAktuelles/2000/module.pdf

Kultusministerkonferenz (KMK) (2004). *Standards für die Lehrerbildung: Bildungswissenschaften. Bericht der Arbeitsgruppe.* (Beschluss der Kultusministerkonferenz vom 16.12.2004). Abgerufen am 23.05.18 von https://www.kmk.org/fileadmin/Dateien/veroeffentlichungen_beschluesse/2004/2004_12_16-Standards-Lehrerbildung.pdf

Kultusministerkonferenz (KMK) (2009). *Hochschulzugang für beruflich qualifizierte Bewerber ohne schulische Hochschulzugangsberechtigung.* (Beschluss der Kultusministerkonferenz vom 06.03.2009). Abgerufen am 23.05.18 von http://www.akkreditierungsrat.de/fileadmin/Seiteninhalte/KMK/Vorgaben/KMK_Hochschulzugang_beruflich_Qualifizierte.pdf

Kultusministerkonferenz (KMK) (2010). *Ländergemeinsame Strukturvorgaben für die Akkreditierung von Bachelor- und Masterstudiengängen.* (Beschluss der Kultusministerkonferenz vom 10.10.2003 i. d. F. vom 04.02.2010). Abgerufen am 23.05.18 von https://www.kmk.org/fileadmin/Dateien/veroeffentlichungen_beschluesse/2003/2003_10_10-Laendergemeinsame-Strukturvorgaben.pdf

Kultusministerkonferenz (KMK) (2017). *Ländergemeinsame inhaltliche Anforderungen für die Fachwissenschaften und*

Fachdidaktiken in der Lehrerbildung (Beschluss der Kultus-ministerkonferenz vom 16.10.2008 i. d. F. vom 12.10.2017). Abgerufen am 23.05.18 von http://www.kmk.org/fileadmin/Dateien/veroeffentlichungen_b eschluesse/2008/2008_10_16-Fachprofile-Lehrerbildung.pdf

Lamnek, S. (2005). *Qualitative Sozialforschung: Lehrbuch* (4. Aufl.). Weinheim: Belz.

Larsen, M. S., Kornbeck, K. P., Kristensen, R. M., Larsen, M. R. & Sommersel, H. B. (2013). *Dropout Phenomena at Universities: What is Dropout? Why does Dropout Occur? What Can be Done by the Universities to Prevent or Reduce it? A systematic review*. Copenhagen: Aarhus University, Danish Clearinghouse for Educational Research, Department of Education. Abgerufen am 23.05.18 von http://edu.au.dk/ fileadmin/edu/Udgivelser/Clearinghouse/Review/Evidence_on_drop out_from_universities_technical_report_May_2013.pdf

Lee, K. & Ashton, M. C. (2004). Psychometric properties of the HEXACO personality inventory. *Multivariate Behavioral Research*, 39 (2), 329-358.

Lent, R. W., Brown, S. D. & Gore, P. A. (1997). Discriminant and predictive validity of academic self-concept, academic self-efficacy, and mathematics-specific self-efficacy. *Journal of Counseling Psychology*, 44 (3), 307-315.

Littig, B. (2008). Interviews mit Eliten – Interviews mit ExpertInnen: Gibt es Unterschiede? *Forum Qualitative Sozialforschung*, 9 (3), Art. 16, http://nbn-resolving.de/urn:nbn:de:0114-fqs0803161.

Lohmöller, J. B. (1989). *Latent Variable Path Modeling with Partial Least Squares*. Heidelberg: Physica.

Lotz, M. (2016). *Kognitive Aktivierung im Leseunterricht der Grundschule. Eine Videostudie zur Gestaltung und Qualität von Leseübungen im ersten Schuljahr.* Wiesbaden: Springer.

Marsh, H. W., Muthén, B. O., Asparouhov, T., Lüdtke, O., Robitzsch, A., Morin, A. J. S. …. (2009). Exploratory structural equation modeling, integrating CFA and EFA: Application to students' evaluations of university teaching. *Structural Equation Modeling*, 16, 439-476.

Marsh, H. W. & O'Neill, R. (1984). Self description questionnaire III: the construct validity of multidimensional self-concept ratings by late adolescents. *Journal of Educational Measurement*, 21 (2), 153-174.

Marsh, H. W. & Shavelson, R. (1985). Self-Concept: Its Multifaceted, Hierarchical Structure. *Educational Psychologist*, 20 (3), 107-123.

Maretsch, K. & Voitel, M. (2013a). Herausforderungen von beruflich qualifizierten Studierenden. In Agentur für Erwachsenen- und Weiterbildung (Hrsg.). *Beruflich qualifiziert studieren. Herausforderung für Hochschulen. Ergebnisse des Modellprojekts Offene Hochschule Niedersachsen* (S. 49-66). Bielefeld: Bertelsmann.

Maretsch, K. & Voitel, M. (2013b). Unterstützungsangebote und Selbsteinschätzung. In Agentur für Erwachsenen- und Weiterbildung (Hrsg.), *Beruflich qualifiziert studieren. Herausforderung für Hochschulen. Ergebnisse des Modellprojekts Offene Hochschule Niedersachsen* (S. 67-84). Bielefeld: Bertelsmann.

Mason, P. M., Coleman, B. J., Steagall, J. W., Gallo, A. A. & Fabritius, M. M. (2011). The use of the ETS major field test for assurance of business content learning: Assurance of waste? *Journal of Education for Business*, 86 (2), 71-77.

Mayring, P. (2001). Kombination und Integration qualitativer und quantitativer Analyse. *Forum Qualitative Sozialforschung*, 2 (1), 1-11.

Mayring, P. (2007). Individuelle und situative Bedingungsfaktoren für Wohlbefinden. Ergebnisse psychologischer Glücksforschung In H.-P. Ecker (Hrsg.), *Orte des guten Lebens. Entwürfe humaner Lebensräume*. Würzburg: Königshausen & Neumann.

Mayring, P. (2009). Freude und Glück. In V. Brandstätter & J. H. Otto (Hrsg.), *Handbuch der Allgemeinen Psychologie – Motivation und Emotion* (Bd. 11). Göttingen u. a.: Hogrefe.

Mayring, P. (2015). *Qualitative Inhaltsanalyse: Grundlagen und Techniken* (12. Aufl.). Weinheim und Basel: Beltz.

Mayring, P. (2016). *Einführung in die Qualitative Sozialforschung. Eine Anleitung zu qualitativem Denken* (6. Aufl). Weinheim und Basel: Beltz.

McCrae, R. R. & Costa, P. T. (1987). Validation of the five-factor model of personality across instruments and observers. *Journal of Personality and Social Psychology*, 52, 81-90.

Menzel, B. (2005). Messung von Studienerfolg über Studiennoten und Studiendauer. In H. Moosbrugger, D. Frank & W. Rauch (Hrsg.), *Selektion von Studienbewerbern durch die Hochschulen* (S. 147-158). Frankfurt a. M.: Goethe-Universität Fankfurt. Abgerufen am 23.05.18 von http://publikationen.ub.uni-frankfurt.de/oai/container/index/docId/2409

Merker, L. (2009). *Engagement, Studienerfolg und Berufserfolg: Eine Untersuchung über Zusammenhänge im Lebenslauf von Absolventen der Betriebswirtschaftslehre an der Universität Bayreuth* (Dissertation). Bayreuth: Universität Bayreuth. Abgerufen am 23.05.18 von https://d-nb.info/997381299/34

Mieg, H. A. & Näf, M. (2005). *Experteninterviews* (2. Aufl.). Zürich: Eidgenössische Technische Hochschule. Abgerufen am 23.05.18 von http://www.metropolenforschung.de/download/Mieg_Experten interviews.pdf

Möller, J. & Köller, O. (1997). Kontexteffekte in Berichtszeugnissen. *Psychologie in Erziehung und Unterricht*, 44, 187-196.

Möller, J. & Köller, O. (2004). Die Genese akademischer Selbstkonzepte. *Psychologische Rundschau*, 55 (1), 19-27.

Middendorff, E., Apolinarski, B., Becker, K., Bornkessel, P., Brandt, T., Heißenberg, S. & Poskowsky, J. (2017). *Die wirtschaftliche und soziale Lage der Studierenden in Deutschland 2016. 21. Sozialerhebung des Deutschen Studentenwerks – durchgeführt vom Deutschen Zentrum für Hochschul- und Wissenschaftsforschung*. Berlin: Bundesministerium für Bildung und Forschung (BMBF). Abgerufen am 23.05.18 von http://www.sozialerhebung.de/download/21/Soz21_hauptberic ht.pdf

Minks, K.-H., Netz, N. & Völk, D. (2011). *Berufsbegleitende und duale Studienangebote in Deutschland: Status quo und Perspektiven*. Hannover: Hochschul-Informations-System (HIS). Abgerufen am 23.05.18 von http://www.dzhw.eu/pdf/pub_fh/fh-201111.pdf

Moosbrugger, H. & Jonkisz, E. (2005). Studierendenauswahl durch die Hochschulen – rechtliche Grundlagen, empirische Studien und aktueller Stand. In H. Moosbrugger, D. Frank & W. Rauch (Hrsg.), *Riezlern-Reader XIV: Arbeiten aus dem Institut für Psychologie der J. W. Goethe-Universität* (S. 1-20). Frankfurt a. M.: Goethe-Universität.

Moosbrugger, H. & Kelava, A. (2012). Qualitätsanforderungen an einen psychologischen Test (Testgütekriterien). In H.

Moobrugger & A. Kelava (Hrsg.), *Testtheorie und Fragebogenkonstruktion* (2. Aufl., S. 8-26). Berlin: Springer.

Moosbrugger, H. & Reiss, S. (2005). Determinanten von Studiendauer und Studienerfolg im Diplomstudiengang Psychologie. Eine Absolventenstudie. *Zeitschrift für Evaluation, 2*, 177-194.

Moosbrugger, H. & Schermelleh-Engel, K. (2012). Exploratorische (EFA) und konfirmatorische Faktorenanalyse (CFA). In H. Moobrugger & A. Kelava (Hrsg.), *Testtheorie und Fragebogenkonstruktion* (2. Aufl., S. 308-324). Berlin: Springer.

Mucke, K. & Kupfer, F. (2011). Durchlässigkeit umsetzen für lebensbegleitendes Lernen – Schlussfolgerungen aus der Sicht der beruflichen Bildung. In W. K. Freitag, E. A. Hartmann, C. Loroff, I. Stamm-Riemer, D. Völk & R. Buhr (Hrsg.), *Gestaltungsfeld Anrechnung. Hochschulische und berufliche Bildung im Wandel* (S. 221-238). Münster u. a.: Waxmann.

Müller-Benedict, V. & Tsarouha, E. (2011). Können Examensnoten verglichen werden? Eine Analyse von Einflüssen des sozialen Kontextes auf Hochschulprüfungen. *Zeitschrift für Soziologie, 40* (5), 388-409.

Multrus, F. (2013). *Referenzrahmen zur Lehr- und Studienqualität.* Konstanz: Universität Konstanz, AG Hochschulforschung. Abgerufen am 23.05.18 von http://nbn-resolving.de/urn:nbn:de:bsz:352-250413

Nagy, G. (2005). *Berufliche Interessen, kognitive und fachgebundene Kompetenzen: Ihre Bedeutung für die Studienfachwahl und die Bewährung im Studium* (Dissertation). Freie Universität Berlin.

Nickolaus, R. & Abele, S. (2009). Chancen und Grenzen eines differenzierten Ansatzes zur Hochschulbewerberauswahl. *Das Hochschulwesen, 57* (3), 81-88.

Nonis, S. A. & Hudson, G. I. (2010). Performance of College Students. Impact of Study Time and Study Habits. *Journal of education for business*, 85 (4), 229-238.

OECD (1987). *Adults in Higher Education*. Paris.

Otto, C., Herzog, M. & Holz, S. (2013). Ziele und Durchführung der Untersuchung. In Agentur für Erwachsenen- und Weiterbildung (Hrsg.), *Beruflich qualifiziert studieren, Herausforderung für Hochschulen. Ergebnisse des Modellprojekts Offene Hochschule Niedersachsen* (S. 29-36). Bielefeld: Bertelsmann.

Otto, A. & Kamm, C. (2016). „Ich wollte einfach noch eine Stufe mehr" – Vorakademische Werdegänge und Studienentscheidungen von nicht-traditionellen Studierenden und ihr Übergang in die Hochschule. In A. Wolter, U. Banscherus & C. Kamm (Hrsg.), *Zielgruppen Lebenslangen Lernens an Hochschulen. Ergebnisse der wissenschaftlichen Begleitung des Bund-Länder-Wettbewerbs Aufstieg durch Bildung: offene Hochschulen* (Bd. 1, S. 197-223). Münster u. a.: Waxmann.

Otto, C. & Schwaniger, K. (2013). Motivlagen und berufliche Zielsetzung von beruflich qualifizierten Studierenden. In Agentur für Erwachsenen- und Weiterbildung (Hrsg.), *Beruflich qualifiziert studieren – Herausforderung für Hochschulen. Ergebnisse des Modellprojekts Offene Hochschule Niedersachsen* (S. 37-48). Bielefeld: Bertelsmann.

Petermandl, M. (2009). Optimale Voraussetzungen für den Lerntransfer in berufsbegleitenden Studien. *Zeitschrift für Hochschulentwicklung*, 4 (2), 1-9.

Pintrich, P. R., Smith, D., Garcia, T. & Mc Keachie, W. (1991). *The motivated strategies for learning questionnaire (MSLQ)*. Ann Arbor: University of Michigan.

Pohlenz P., Tinsner, K. & Seyfried, M. (2012). *Studienabbruch: Ursachen, Probleme, Begründungen.* Saarbrücken: AV Akademikerverlag.

Preacher K. J. & Hayes, A. F. (2004). SPSS and SAS procedures for estimating indirect effects in simple mediation models. *Behavior Research Methods*, 36, 717-731.

Preacher K. J. & Hayes, A. F. (2008). Asymptotic and resampling strategies for assessing and comparing indirect effects in multiple mediator models. *Behavior Research Methods*, 40, 879-891.

Rakoczy, K., Klieme, E., Lipowski, F. & Drollinger-Vetter, B. (2010). Strukturierung, kognitive Aktivität und Leistungsentwicklung im Mathematikunterricht. *Unterrichtswissenschaft,* 38 (3), 229-246.

Ramseier, E. (1980). Determinanten des Studienerfolgs. Zusammenfassung der Ergebnisse einer Befragung des schweizerischen Immatrikulationsjahrganges 1965 in einer Pfadanalyse. *Angewandte Sozialforschung*, 8, 107-119.

Raudenbush, S. W. & Bryk, A. S. (2002). *Hierarchical Linear Models. Applications and Data Analysis Methods* (2. Ed.). Thousand Oaks: Sage.

Rehwaldt, R. (2017). *Die glückliche Organisation. Chancen und Hürden für positive Psychologie im Unternehmen.* Wiesbaden: Springer.

Reinecke, J. (2014). *Strukturgleichungsmodelle in den Sozialwissenschaften* (2. Aufl.). München: Oldenbourg.

Richardson, M., Abraham, C., & Bond, R. (2012). Psychological Correlates of University Students' Academic Performance: A Systematic Review and Meta-Analysis. *Psychological Bulletin,* 138 (2), 353-387.

Richter, G. (1995). *Abiturienten und Nichtabiturienten im Hoch-schulstudium* (Dissertation). Osnabrück: Universität Osna-brück.

Ridgell, S. D. & Lounsbury, J. W. (2004). Predicting academic success: General intelligence, "Big Five" personality traits, and work drive. *College Student Journal*, 38, 607-619.

Rindermann, H. (2001). *Lehrevaluation. Einführung und Überblick zu Forschung und Praxis der Lehrveranstaltungsevaluation an Hochschulen mit einem Beitrag zur Evaluation computerba-sierten Unterrichts.* Landau: Empirische Pädagogik.

Rindermann, H. & Amelang, M. (1994). *Das Heidelberger Inven-tar zur Lehrveranstaltungs-Evaluation (HILVE).* Heidelberg: Asanger.

Rindermann, H. & Oubaid, V. (1999). Auswahl von Studienanfän-gern durch Universitäten: Kriterien, Verfahren und Prognosti-zierbarkeit des Studienerfolgs. *Zeitschrift für Differentielle und Diagnostische Psychologie*, 20 (3), 172-191.

Robbins, S. B., Lauver, K., Le, H., Davis, D., Langley, R. & Carlstrom, A. (2004). Do Psychosocial and Study Skill Factors Predict College Outcomes? A Meta-Analysis. *Psychological Bulletin*, 130 (2), 261-288.

Röbken, H. & Mertens, A. (2013). Studienmotivation von Studie-renden in heterogenen Lebenslagen. In A. Hanft & K. Brink-mann (Hrsg.), *Offene Hochschulen. Die Neuausrichtung der Hochschulen auf Lebenslanges Lernen* (S. 42-52). Münster u. a.: Waxmann.

Rosenberg, M. J. & Hovland, C. I. (1960). Cognitive, Affective and Behavioral Components of Attitudes. In M. J. Rosenberg & C. I. Hovland (Eds.), *Attitude Organization and Change: An*

Analysis of Consistency among Attitude Components. New Haven: Yale University Press.

Ruffing, S., Wach, F.-S., Spinath, F. M., Brünken, R. & Karbach, J. (2015). Learning strategies and general cognitive ability as predictors of gender-specific academic achievement. *Frontiers in Psychology*, 6, 1-12.

Sarcletti, A. (2015). Bachelor students' transition to postgraduate studies. Do students with and without migration background have different plans? *Beiträge zur Hochschulforschung*, 37 (2), 116-139.

Sarcletti, A. & Müller, S. (2011). Zum Stand der Studienabbruchforschung. Theoretische Perspektiven, zentrale Ergebnisse und methodische Anforderungen an künftige Studien. *Zeitschrift für Bildungsforschung*, 1 (3), 235-248.

Schäfer, M. & Hagemann, T. (2015). Studienerfolg von Studierenden ohne Abitur an der Fachhochschule der Diakonie. In M. Schäfer, M. Kriegel & T. Hagemann (Hrsg.), *Neue Wege zur akademischen Qualifizierung im Sozial- und Gesundheitssystem. Berufsbegleitend studieren an Offenen Hochschulen* (S. 103-110). Münster u. a.: Waxmann.

Schaeper, H. & Minks, K.-H. (1997). *Studiendauer. Eine empirische Analyse ihrer Determinanten und Auswirkungen auf den Berufseintritt.* Hannover: Hochschul- Informations-System (HIS).

Schiefele, U. & Jacob-Ebbinghaus, L. (2006). Lernermerkmale und Lehrqualität als Bedingungen der Studienzufriedenheit. *Zeitschrift für Pädagogische Psychologie,* 20, 199-212.

Schiefele, U., Krapp, A., Wild, K.-P. & Winteler, A. (1993). Der „Fragebogen zum Studieninteresse" (FSI). *Diagnostica,* 39 (4), 335-351.

Schiefele, U., Moschner, B. & Husstegge, R. (2002). *Skalenhand-buch SMILE-Projekt.* Bielefeld: Universität Bielfeld, Abteilung für Psychologie.

Schiefele, U., Streblow, L. & Brinkmann, J. (2007). Aussteigen oder Durchhalten. Was unterscheidet Studienabbrecher von anderen Studierenden? *Zeitschrift für Entwicklungspsychologie und Pädagogische Psychologie,* 39, 127-140.

Schiefele, U., Streblow, L., Ermgassen, U. & Moschner, B. (2003). Lernmotivation und Lernstrategien als Bedingungen der Studienleistung. *Zeitschrift für Pädagogische Psychologie,* 17, 185-198.

Schermelleh-Engel, K., Moosbrugger, H. & Müller, H. (2003). Evaluating the fit of structural equation models: Tests of significance and descriptive goodness-of-fit measures. *Methods of psychological research online,* 8 (2), 23-74.

Schermelleh-Engel, K. & Werner, C. (2012). Methoden der Reliablitätsbestimmung. In H. Moosbrugger & A. Kelava (Hrsg.), *Testtheorie und Fragebogenkonstruktion* (2. Aufl., S. 119-141). Berlin: Springer.

Schmidt, B. (2008). Qualität der Lehre an Hochschulen. In E. Klieme & R. Tippelt (Hrsg.), *Qualitätssicherung im Bildungswesen* (S. 156-170). Weinheim: Beltz.

Schmidt, C. (2015). Analyse von Leitfadeninterviews. In U. Flick, E. von Kardorff & I. Steinke (Hrsg.), *Qualitative Sozialforschung. Ein Handbuch.* Reinbeck bei Hamburg: Rowohlt.

Schmidt-Atzert, L. (2005). Prädiktion von Studienerfolg bei Psychologiestudenten. *Psychologische Rundschau,* 56, 131-133.

Schmidt, M. & Bargel, T. (2014). International Student Survey in Europe. Concept, background and dimensions of the questionnaire. *Hefte zur Bildungs- und Hochschulforschung (79).* Kon-

stanz: Universität Konstanz, Arbeitsgruppe Hochschulforschung. Abgerufen am 23.05.18 von
https://www.soziologie.uni-konstanz.de/ag-
hochschulforschung/publikationen/hefte-zur-bildungs-und-
hochschulforschung/

Schmidtmann, H. & Preusse, J. (2015). Soziodemografie, Studien-
motive und Studienerfolg beruflich qualifizierter Studierender:
Befunde an der Fern-Universität in Hagen. In U. Elsholz
(Hrsg.), *Beruflich Qualifizierte im Studium: Analysen und
Konzepte zum Dritten Bildungsweg*. Bielefeld: Bertelsmann.

Schlögl, P. & Neubauer, B. (2006). *Vereinbarkeit von Studium und
Berufstätigkeit in ausgewählten Universitäts- und Fachhoch-
schul-Studienrichtungen in Wien*. Wien: Österreichisches Institut für Berufsbildungsforschung. Abgerufen am 23.05.18 von
http://neu.oeibf.at/db/calimero/tools/proxy.php?id=13286

Scholz, W.-D. (2006). *Vom Meister zum Magister, von der Erzie-
herin zur Diplomandin. Berufliche Weiterbildung als Schlüssel
zum Hochschulstudium in Niedersachsen*. Oldenburg: BIS.

Schröder, F., Flatau, J. & Emrich, E. (2011). Viele Wege führen
nach Rom. Eine empirische Untersuchung zum Studieren ohne
Abitur im Saarland. In L. Rampeltshammer & H. Kurtz
(Hrsg.), *Strukturwandel im Saarland. Herausforderungen und
Gestaltungsmöglichkeiten* (S. 299-328). Saarbrücken: Univer-
sitätsverlag des Saarlands.

Schroeter, K. (1998). *Studium ohne Abitur. Studienverlauf und Studienerfolg von Studierenden ohne schulische Hochschulzugangsberechtigung*. Kiel: Christian-Albrechts-Universität.

Schulenberg, W., Scholz, W.-D., Wolter, A., Füllgraf, B., Mees, U.
& Maydell, J. (1986). *Beruf und Studium. Studienerfahrungen
und Studienerfolg von Berufstätigen ohne Reifezeugnis*. Bonn:
Bock.

Schulmeister, R. & Metzger, C. (Hrsg.) (2011). *Der Workload im Bachelor: Zeitbudget und Studierverhalten. Eine empirische Studie.* Münster u. a.: Waxmann.

Schwaiger, M. (2002). *Die Zufriedenheit mit dem Studium der Betriebswirtschaftslehre an der Ludwig-Maximilians-Universität München. Eine empirische Untersuchung.* München: Ludwig-Maximilians-Universität, Institut für Unternehmensentwicklung und Organisation. Abgerufen am 23.05.18 von http://www.imm.bwl.uni-muenchen.de/forschung/schriftenefo/ap_efoplan_09.pdf

Seeber, G., Boerner, S., Keller, H. & Beinborn, P. (2006). Strategien selbstorganisierten Lernens bei berufstätigen Studierenden. Ausgewählte Ergebnisse einer empirischen Untersuchung. *Journal für Sozialwissenschaften und ihre Didaktik, 2,* 1-19.

Seibert, S. E. & Kraimer, M. L. (2001). The Five-Factor Model of personality and career succes. *Journal of Vocational Behavior, 58,* 1-21.

Seidel, T. (2014). Angebots-Nutzungs-Modelle in der Unterrichtspsychologie. Integration von Struktur- und Prozessparadigma. *Zeitschrift für Pädagogik, 60* (6), 850-866.

Shavelson, R. J. (2012). An approach to testing and modeling competencies. In S. Blömeke, O. Zlatkin-Troitschanskaia, C. Kuhn & J. Fege (Eds.), *Modeling and measuring competencies in higher education: Tasks and challenges* (pp. 29-43). Rotterdam: Sense.

Shavelson, R., Davey, T., Ferrara, S., Holland, P., Webb, N. & Wise, L. (2015). *Psychometric considerations for the next generation of performance assessment.* Princeton: Educational Testing Service.

Shavelson, R. J., Hubner, J. & Stanton, G. C. (1976). Self-concept: Validation of construct interpretations. *Review of Educational Research*, 46 (3), 407-441.

Sieverding, M., Schmidt, L. I., Obergfell, J. & Scheiter, F. (2013). Stress und Studienzufriedenheit bei Bachelor- und Diplom-Psychologiestudierenden im Vergleich. Eine Erklärung unter Anwendung des Demand-Control-Modells. *Psychologische Rundschau*, 64 (2), 94-100.

Snijders, T. A. & Bosker, R. J. (1994). Modeled variance in two-level models. *Sociological Methods & Research*, 22, 342-363.

Sobel, M. E. (1982). Asymptotic confidence intervals for indirect effects in structural equation models. *Sociological Methodology*, 13, 290-312.

Spady, W. G. (1970). Dropouts from higher education: An interdisciplinary review and synthesis. *Interchange*, 1 (1), 64-85.

Spearman, C. (1904). General intelligence: objectively determined and measured. *American Journal of Psychology*, 15, 201-293.

Spexard, A. (2016). Flexibilisierung des Studiums im Spannungsfeld zwischen institutioneller Persistenz und Öffnungsbedarfen. In A. Wolter, U. Banscherus & C. Kamm (Hrsg.), *Zielgruppen Lebenslangen Lernens an Hochschulen. Ergebnisse der wissenschaftlichen Begleitung des Bund-Länder-Wettbewerbs Aufstieg durch Bildung: offene Hochschulen* (Bd. 1, S. 269-294). Münster u. a.: Waxmann.

Spexard, A., Banscherus, U. (2018). Lebenslanges Lernen im europäischen Hochschulraum. Eine Bestandsaufnahme unter besonderer Berücksichtigung der Situation in Deutschland. In N. Hericks (Hrsg.), *Hochschulen im Spannungsfeld der Bologna-Reform Erfolge und ungewollte Nebenfolgen aus interdisziplinärer Perspektive* (S. 33-48). Wiesbaden: Springer.

Statistisches Bundesamt (2015). *Studierende an Hochschulen- Fächersystematik. Fachserie 11, Reihe 4.1, WS 2015/2016.* Statistisches Bundesamt: Wiesbaden.

Statistisches Bundesamt (2016a). *Erfolgsquoten 2014. Berechnung für die Studienanfängerjahrgänge 2002 bis 2006.* Wiesbaden: Statistisches Bundesamt. Abgerufen am 23.05.18 von https://www.destatis.de/DE/Publikationen/Thematisch/Bildung ForschungKultur/Hochschulen/Erfolgsquoten5213001147004.pdf?__blob=p ublicationFile

Statistisches Bundesamt (2016b). *Hochschulen auf einen Blick. Ausgabe 2016.* Wiesbaden: Statistisches Bundesamt. Abgerufen   am   23.05.18   von https://www.destatis.de/DE/Publikationen/Thematisch/Bildung ForschungKultur/Hochschulen/BroschuereHochschulenBlick0110010167004 .pdf?__blob=publicationFile

Statistisches Bundesamt (2016c). *Prüfungen an Hochschulen 2015. Fachserie 11, Reihe 4.2.* Wiesbaden: Statistisches Bundesamt. Abgerufen   am   23.05.18   von https://www.destatis.de/DE/Publikationen/Thematisch/Bildung ForschungKultur/Hochschulen/PruefungenHochschulen2110420157004.pdf? __blob=publicationFile

Stauss, B. (1999). Kundenzufriedenheit. *Marketing ZFP, Zeitschrift für Forschung und Praxis*, 21 (1), 5-24.

Ströhlein, G. (1983). *Bedingungen des Studienabbruchs. Eine Längsschnittuntersuchung bei Studenten ingenieurwissenschaftlicher Fakultäten.* Frankfurt a.M., Bern: Peter Lang.

Süllwold, F. (1983). Pädagogische Diagnostik. In K.-J. Groffmann (Hrsg.), *Intelligenz- und Leistungsdiagnostik* (S. 307-351). Göttingen u. a.: Hogrefe.

Süß, H.-M. (2001). Prädiktive Validität der Intelligenz im schulischen und außerschulischen Bereich. In E. Stern & J. Guthke (Hrsg.), *Perspektiven der Intelligenzforschung* (S. 109-135). Lengerich: Pabst Science Publishers.

Süß, H.-M. (2003). Intelligenztheorien. In K. D. Kubinger & R. S. Jäger (Hrsg.), *Schlüsselbegriffe der Psychologischen Diagnostik* (S. 217-224). Weinheim: Psychologie Verlags Union.

Teichler, U. & Wolter, A. (2004). Zugangswege und Studienangebote für nicht-traditionelle Studierende. *Die Hochschule*, 2, 64-80.

Tent, L. (2006). Zensuren. In D. H. Rost (Hrsg.), *Handwörterbuch Pädagogische Psychologie* (S. 873-880). Weinheim: Beltz.

Tent, L. & Stelzl, I. (1993). *Pädagogisch-psychologische Diagnostik. Bd. 1: Theoretische und methodische Grundlagen*. Göttingen u. a.: Hogrefe.

Thiel, F., Blüthmann, I., Richter, M. (2010). *Ergebnisse der Befragung der Studierenden in den Bachelorstudiengängen an der Freien Universität Berlin-Sommersemester 2010*. Berlin: Freie Universität Berlin. Abgerufen am 23.05.18 von http://www.ewi-psy.fu-ber-lin.de/einrichtungen/arbeitsbereiche/lehr_studienqualitaet/zentrale-evaluation/bachelorbefragung/bachelorbefragung-2010.pdf

Thiel, F., Veit, S., Blüthmann, I., Lepa, S. & Ficzko, M. (2008). *Ergebnisse der Befragung der Studierenden in den Bachelorstudiengängen an der Freien Universität Berlin-Sommersemester 2008*. Berlin: Freie Universität Berlin. Abge-

rufen   am   23.05.18   von   http://www.fu-
ber-
lin.de/sites/qm/verfahren/qualitaetssicherungsverfahren/zentral
e-befragungen/bachelorbefragung/bachelorbefragung-2008.pdf

Thurstone, L. L. (1938). *Primary and mental abilities*. Chicago:
The University of Chicago Press.

Tillmann, A., Reiß, S., Moosbrugger, H. Krömker, D., Schweizer,
K. & Gold, A. (2011). Qualitätssicherung der Lehre an großen
Universitäten -der Frankfurter Studierenden -Fragebogen zur
Evaluation von Lehrveranstaltungen (STUD-FEL). *Qualität in
der Wissenschaft*, 3, 79-88.

Tinto, V. (1975). Dropout from Higher Education: A Theoretical
Synthesis of Recent Research. *Review of Educational Research*, 45 (1), 89-125.

Tinto, V. (2006). Research and practice of student retention: What
next? *Journal of College Student Retention*, 8, 1-19.

Trapmann, S. (2008). *Mehrdimensionale Studienerfolgsprognose.
Die Bedeutung kognitiver, temperamentsbedingter und motiva-
tionaler Prädiktoren für verschiedene Kriterien des Studienerfolgs*. Berlin: Logos.

Trapmann, S., Hell, B., Weigand, S. & Schuler, H. (2007). Die Validität von Schulnoten zur Vorhersage des Studienerfolgs-eine
Metaanalyse. *Zeitschrift für Pädagogische Psychologie*, 21 (1),
11-27.

Trost, G. & Bickel, H. (1979). *Studierfähigkeit und Studienerfolg*.
München: Minerva.

Tsarouha, E. (2017). Typologie der Einflussgrößen auf die Notengebung. In V. Müller-Benedict & G. Grözinger (Hrsg.), *Noten
an Deutschlands Hochschulen. Analysen zur Vergleichbarkeit*

von Examensnoten 1960 bis 2013 (S. 17-78). Wiesbaden: Springer VS.

Vignoles, A. & Powdthavee, N. (2009). The Socio-Economic Gap in University Drop Out. *The B.E. Journal of Economic Analysis & Policy*, 9 (1), 1-34.

Völk, D. & Netz, N. (2012). Organisationsformen und Qualitätsdimensionen berufsbegleitender Studienangebote in Deutschland. In A. Fogolin (Hrsg.), *Bildungsberatung im Fernlernen: Beiträge aus Wissenschaft und Praxis* (S. 45-65). Bielefeld: Bertelsmann.

Wach, F.-S., Karbach, J., Ruffing, S., Brünken, R. & Spinath, F. M., (2016). University students' satisfaction with their academic studies: personality and motivation matter. *Frontiers in Psychology*, 55 (7), 1-12.

Wahlen, D., Saunders, K. & Shelley, M. (2010). Leveraging What We Know to Enhance Short-term and Long-term Retention of University Students. *Journal of College Student Retention: Research, Theory and Practice*, 11, 407-430.

Watermann, R. & Baumert, J. (2006). Entwicklung eines Strukturmodells zum Zusammenhang zwischen sozialer Herkunft und fachlichen und überfachlichen Kompetenzen: Befunde national und international vergleichender Analysen. In J. Baumert, P. Stanat & R. Watermann (Hrsg.), *Herkunftsbedingte Disparitäten im Bildungssystem* (S. 61-94). Wiesbaden: Springer VS.

Weiber, R. & Mühlhaus, D. (2010). *Strukturgleichungsmodellierung. Eine anwendungsorientierte Einführung in die Kausalanalyse mit Hilfe von AMOS, SmartPLS und SPSS*. Heidelberg: Springer.

Welter, F.; Levering, B.; May-Strobl, E. (2016). Mittelstandspolitik im Wandel. *IfM Materialien* (Nr. 247). Bonn: Institut für Mittelstandsforschung (IfM). Abgerufen am 23.05.18 von https://www.ifm-bonn.org//uploads/tx_ifmstudies/IfM-Materialien-247_2016.pdf

Werner, C. S., Schermelleh-Engel, K., Gerhard, C. & Gäde, J. C. (2016). Strukturgleichungsmodelle. In J. Bortz & N. Döring (Hrsg.), *Forschungsmethoden und Evaluation für Human- und Sozialwissenschaftler* (5. Auflage, S. 945-976). Berlin: Springer.

West, S. G., Finch, J. &Curran, P. J. (1995). Structural equation models with nonnormal variables. Problems and remedies. In R. H. Hoyle (Ed.), *Structural equation modeling* (pp. 56-75). London: Sage.

Westermann, R., Heise, E., Spies, K. & Trautwein, U. (1996). Identifikation und Erfassung von Komponenten der Studienzufriedenheit. *Psychologie in Erziehung und Unterricht, 43*, 1-22.

Wild, K.-P. & Krapp, A. (1995). Elternhaus und intrinsische Lernmotivation. *Zeitschrift für Pädagogik, 41* (4), 579-595.

Wild, K.-P., Krapp, A., Schiefele, U., Lewalter, D. & Schreyer, I. (1995). *Dokumentation und Analyse der Fragebogenverfahren und Tests. Berichte aus dem DFG-Projekt „Bedingungen und Auswirkungen berufsspezifischer Lernmotivation.* München: Universität der Bundeswehr, Institut für Erziehungswissenschaft und Pädagogische Psychologie.

Wild, K.-P. & Schiefele, U. (1994). Lernstrategien im Studium: Ergebnisse zur Faktorenstruktur und Reliabilität eines neuen Fragebogens. *Zeitschrift für Differentielle und Diagnostische Psychologie, 15*, 185-200.

Willige, J., Grützmacher, J., Sudheimer, S. & Naumann, H. (2017). *Studienqualitätsmonitor SQM 2017. Online-Befragung Studierender im Sommersemester 2017. Bundesweiter Vergleich nach Hochschularten.* Deutsches Zentrum für Hochschul- und Wissenschaftsforschung (DZHW): Hannover. Abgerufen am 23.05.18 von http://www.dzhw.eu/pdf/24/sqm_2017_randauszaehlung_bund_hs-art.pdf

Winteler, A. (1984). Pfadanalytische Validierung eines konzeptionellen Schemas zum Studienabbruch. *Gelbe Reihe: Arbeiten zur empirischen Pädagogik und Pädagogischen Psychologie* (Nr. 8). München: Universität München, Institut für Empirische Pädagogik, Pädagogische Psychologie und Bildungsforschung.

Wissenschaftsrat (1993). *10 Thesen zur Hochschulpolitik.* (Drs. 1001-93). Berlin: Wissenschaftsrat. Abgerufen am 23.05.18 von http://www.die-soziale-bewegung.de/hochschule/10thesen.PDF

Wissenschaftsrat (1998). *Empfehlungen zur Differenzierung des Studiums durch Teilzeitstudienmöglichkeiten* (Drs. 3535-98). Mainz: Wissenschaftsrat. Abgerufen am 23.05.18 von http://www.wissenschaftsrat.de!download!archiv/3535-98.pdf

Wissenschaftsrat (2004). *Empfehlungen zur Reform des Hochschulzugangs.* (Drs. 5920/04). Berlin: Wissenschaftsrat. Abgerufen am 23.05.18 von http://www.wissenschaftsrat.de/download/archiv/5920-04.pdf

Wissenschaftsrat (2012). *Prüfungsnoten an Hochschulen im Prüfungsjahr 2010. Arbeitsbericht mit einem wissenschaftspolitischen Kommentar des Wissenschaftsrates* (Drs. 2627-12). Hamburg: Wissenschaftsrat. Abgerufen am 23.05.18 von https://www.wissenschaftsrat.de/download/archiv/2627-12.pdf

Wissenschaftsrat (2013). *Empfehlungen zur Entwicklung des dualen Studiums. Positionspapier* (Drs. 3479–13). Mainz: Wissen-

schaftsrat. Abgerufen am 23.05.18 von
https://www.wissenschaftsrat.de/download/archiv/3479-13.pdf

Wolter, A. (1996). Qualität und Evaluation der Hochschullehre. Ein
Beitrag zur aktuellen Debatte in Sachsen. *Wissenschaftliche
Zeitschrift der Technischen Universität Dresden* 45 (3), 46-58.

Wolter, A. (2000). Germany. Non-traditional students in German
higher education: situation, profiles, policies and perspectives.
In H. G. Schuetze & M. Slowey (Eds.), *Higher Education and
Lifelong Learners. International Perspectives on Change* (pp.
48-66). London: Routledge Falmer.

Wolter, A. (2010). Vom Besonderheitenmythos zur beruflichen
Kompetenz – Zur Durchlässigkeit zwischen beruflicher Bildung und Hochschule. In K. Birkelbach, A. Bolder & K. Düsseldorf (Hrsg.), *Berufliche Bildung in Zeiten des Wan-
dels. Festschrift für Rolf Dobischat* (S. 199-219). Baltmanns-
weiler: Schneider Verlag Hohengehren.

Wolter, A., Banscherus, U. & Kamm, C., (2016). Zielgruppen Le-
benslangen Lernens an Hochschulen: Einleitung. In A. Wolter,
U. Banscherus & C. Kamm (Hrsg.), *Zielgruppen Lebenslangen
Lernens an Hochschulen. Ergebnisse der wissenschaftlichen
Begleitung des Bund-Länder-Wettbewerbs Aufstieg durch Bil-
dung: offene Hochschulen* (Bd. 1, S. 19-28). Münster u. a.:
Waxmann.

Wolter, A., Banscherus, U., Kamm, C., Otto, A. & Spexard, A.
(2014). Durchlässigkeit zwischen beruflicher und akademischer Bildung als mehrstufiges Konzept: Bilanz und Perspektiven. *Beiträge zur Hochschulforschung,* (4), 8-39.

Wolter, A., Dahm, G., Kamm, C., Kerst, C. & Otto, A. (2015).
Nicht-traditionelle Studierende in Deutschland: Werdegänge
und Studienmotivation – Ergebnisse eines empirischen For-
schungsprojektes. In U. Elsholz (Hrsg.), *Beruflich Qualifizierte*

im Studium. Analysen und Konzepte zum Dritten Bildungsweg (S. 11-33). Bielefeld: Bertelsmann.

Wolter, A., Kamm, C., Otto, A., Dahm, G. & Kerst, C. (2017). *Nicht-traditionelle Studierende: Studienverlauf, Studienerfolg und Lernumwelten.* Berlin: Humboldt Universität. Abgerufen am 23.05.18 von http://www.dzhw.eu/pdf/22/Nicht-traditionelle%20Studierende_Projektbericht%202017.pdf

Zawacki-Richter, O. (2015). Zur Mediennutzung im Studium-unter besonderer Berücksichtigung heterogener Studierender. *Zeitschrift für Erziehungswissenschaft,* 18 (3), 527-549.

Zika, G., Maier, T., Helmrich, R. (2015a). Chancen auf dem Arbeitsmarkt für beruflich und akademisch Qualifizierte im regionalen Vergleich. Ergebnisse der BIBB-IAB-Qualifikations- und Berufsfeldprojektionen. *Berufsbildung in Wissenschaft und Praxis,* 44 (3), 10-14.

Zika, G., Maier, T., Helmrich, R., Hummel, M., Kalinowski, M., Hänisch, C., Wolter, M. I. & Mönnig, A. (2015b). *Qualifikations- und Berufsfeldprojektionen bis 2030: Engpässe und Überhänge regional ungleich verteilt.* (IAB-Kurzbericht, 09/2015). Abgerufen am 23.05.18 von http://doku.iab.de/kurzber/2015/kb0915.pdf

Zinn, B. & Jürgens, A. (2010). Akademische Weiterbildung von Meistern und Technikern in ingenieurwissenschaftlichen Studiengängen. *Berufs- und Wirtschaftspädagogik-online (bwp@),* 19. Abgerufen am 23.05.18 von http://www.bwpat.de/ausgabe19/zinn_juergens_bwpat19.pdf

Zlatkin-Troitschanskaia, O., Pant, H. A., Kuhn, C., Toepper, M. & Lautenbach, C. (2016). *Messung akademisch vermittelter Kompetenzen von Studierenden und Hochschulabsolventen – Ein Überblick zum nationalen und internationalen Forschungsstand.* Wiesbaden: Springer VS.

Zlatkin-Troitschanskaia, O., Pant, H. A., Toepper, M., Lautenbach, C. & Molerov, D. (2017). Valid Competency Assessment in Higher Education: Framework, Results, and Further Perspectives of the German Research Program KoKoHS. *AERA Open*, 3 (1), 1-12.

Zlatkin-Troitschanskaia, O., Shavelson, R. J. & Kuhn, C. (2015). The international state of research on measurement of competency in higher education. *Studies in Higher Education*, 40 (3), 393-411.

Anhang

Anhang A: Analyse des Forschungsstandes

Tabelle 41: Forschungsbefunde zu den Einflussfaktoren des Studienerfolges

Anlage der Studie		Ergebnisse	
Autoren / Stichprobe	Methode / Kriterien	Individuelle Determinanten / Lern- und Studienverhalten	Institutionelle / Überinstitutionelle Determinanten
Albrecht (2011)	Längsschnitt, Regression		
N = 244 Studienanfänger eines Studiengangs an zwei Universitäten	Studienzufriedenheit	HZB-Note, Studienmotive, Informiertheit, Informationsquellen, math. Brücken-/Vorkurs, Lernschwierigkeiten*, Lerngruppen, Anstrengungsmanagement, Zeitmanagement, Studieninteresse*, intrinsische Motivation*, extrinsische Motivation, Demotivation, intrinsische Berufsziele, Vereinbarkeit von Studium und Erwerbstätigkeit, Vereinbarkeit von Familie und Studium, Krankheit	Aufbau und Struktur, inhaltliche Ausgestaltung*, Studien- und Prüfungsorganisation, Studienklima*, Lehrqualität*, Betreuung und Unterstützung, Wahrnehmung der Gesamtbelastung
N = 57 Exmatrikulierte eines Studiengangs an zwei Universitäten	Studienabbruch	HZB-Note*, Studienmotive*, Informiertheit*, Vereinbarkeit von Studium und Erwerbstätigkeit, Vereinbarkeit von Familie und Studium*, Krankheit	Aufbau und Struktur, inhaltliche Ausgestaltung, Studien- und Prüfungsorganisation, Studienklima, Lehrqualität, Betreuung und Unterstützung*
Blömeke (2009)	Längsschnitt, Regression		
N = 760 Absolventen eines Studiengangs an verschiedenen Universitäten	Studiendauer	HZB-Note*, Mathematik-LK, Studieninteresse*, fachbezogene Studienmotivation, Selbstkonzept (Instrumentalität*, Expressivität*)	
	Studienleistungen	HZB-Note*, Mathematik-LK*, Studieninteresse, fachbezogene Studienmotivation*, Selbstkonzept (Instrumentalität*, Expressivität*)	
	Studienabbruchintention	HZB-Note*, Mathematik-LK, Studieninteresse*, fachbezogene	

© Springer Fachmedien Wiesbaden GmbH, ein Teil von Springer Nature 2019
L. Hillebrecht, *Studienerfolg von berufsbegleitend Studierenden*, Economics Education und Human Resource Management, https://doi.org/10.1007/978-3-658-26164-1

Anlage der Studie		Ergebnisse	
Autoren / Stichprobe	Methode / Kriterien	Individuelle Determinanten / Lern- und Studienverhalten	Institutionelle / Überinstitutionelle Determinanten
		Studienmotivation*, Selbstkonzept (Instrumentalität*, Expressivität*)	
Blüthmann (2012) N = 2591 Studierende verschiedener Studiengänge einer Universität	Querschnitt, Strukturgleichungsanalysen, Mehrebenenanalysen Studienzufriedenheit	Geschlecht*, Fachsemester*, Studieninteresse*, Informiertheit, Lernmotivation, Lernstrategien*, Erwerb von Fachwissen*, Krankheit*, Zeitaufwand (Studium, Erwerbstätigkeit)	Studieneingangsphase*, strukturelle Ausgestaltung*, Lehrqualität*, Unterstützung und Betreuung*, Studienklima*, Fachkultur, Studiengangs-Art, Lehrveranstaltungsgröße
Blüthmann, Lepa & Thiel (2008) N = 439 exmatrikulierte Studierende	Querschnittsdaten, Pfadanalysen Studienabbruch aufgrund der Studienbedingungen	HZB-Note*, Wartejahre*, Erwerbstätigkeit*, Krankheit, Studienmotive (berufliche Karriere, Studieninteresse*)	Betreuung und Unterstützung*, Studieninhalte*, Studien- und Prüfungsorganisation*
	Studienabbruch aufgrund der Studienanforderungen	HZB-Note*, Wartejahre*, Erwerbstätigkeit, Krankheit*, Studienmotive (berufliche Karriere*, Studieninteresse*)	Betreuung und Unterstützung*, Studieninhalte, Studien- und Prüfungsorganisation
Blüthmann, Thiel & Wolfgram (2011) N = 2403 Studierende verschiedener Studiengänge einer Universität	Querschnitt, Strukturgleichungsanalysen Studienabbruchintention	HZB-Note*, Studienmotivation*, Studieninteresse*, Informiertheit+, Schwierigkeiten der Vereinbarkeit des Studiums mit Erwerbstätigkeit+ und familiären Verpflichtungen+, Krankheit/psychische Probleme+, Lernschwierigkeiten*	inhaltliche Ausgestaltung+, Studien- und Prüfungsorganisation+, Unterstützung und Betreuung+, Lehrqualität+, Studienklima+
Brandstätter & Farthofer (2003a)	Querschnitt, Korrelationsanalysen, Varianzanalysen		
N = 361 Studierende verschiedener Fachrichtungen einer Universität	Anzahl der Prüfungen	Zeitaufwand (Studium*, Erwerbstätigkeit*)	
	Studienleistungen	Zeitaufwand (Studium*, Erwerbstätigkeit*)	
	Studienzufriedenheit	Zeitaufwand (Studium*, Erwerbstätigkeit*)	
	Studienabbruch	Zeitaufwand (Studium*, Erwerbs-	

Anlage der Studie		Ergebnisse	
Autoren / Stich-probe	Methode / Kriterien	Individuelle Determinanten / Lern- und Studienverhalten	Institutionelle / Überinstitutionelle Determinanten
		tätigkeit*)	
Brandstätter, Grillich & Farthofer (2006) N = 948 Studie-rende verschiede-ner Studiengänge einer Universität	Längsschnitt, Regression, Strukturglei-chungsanalysen Studienabbruch	Geschlecht, HZB-Note* (Deutsch, Englisch, Mathematik), Schultyp*, Interessen, Persön-lichkeitsfaktoren (Selbstkontrol-le*, Belastbarkeit*, Introversi-on*), Problembelastung der Studienwahl* (Entscheidungsun-sicherheit, Informationsdefizit, Besorgtheit über Berufsaussich-ten), selbsteingeschätzte intellek-tuelle Leistungsfähigkeit*, intrin-sische Studienmotivation, studi-enfeld-spezifische kognitive Leistungstests*, Erwerbstätig-keit*	Qualität der Stu-dienbedingungen*
Busato, Prins, Elshout & Ha-maker (2000) N = 409 Studie-rende eines Studienfachs einer Universität	Querschnitt, Korrelations-analysen Studienleistun-gen	Intelligenz*, Lernstile (meaning directed, reproduction directed, undirected*, application directet), Prüfungsangst, Leistungsmotiva-tion*, Persönlichkeitsfaktoren (Extraversion, Gewissenhaf-tigkeit*, Neurotizismus, Verträg-lichkeit, Offenheit)	
Choi (2005) N = 230 Studie-rende eines Studiengangs einer Universität	Querschnitt, Regression Studienleistun-gen	Selbstwirksamkeitserwartungen (generell, akademisch*, spezi-fisch*), Selbstkonzept (akade-misch*, spezifisch*)	
Ditton (1998)	Querschnitt, Pfadmodelle, Korrelations-analysen		
N = 165 Studie-rende verschiede-ner Fachrichtun-gen einer Univer-sität	Studienleistun-gen	Lernstrategien (Ressourcenma-nagement, Tiefenverarbeitung), Selbstwirksamkeitserwartungen*, Kontrollüberzeugungen*, Einstel-lung zum Studium*, Intelligenz[+]	Relevanz der Inhal-te*
	Wissenserwerb	Lernstrategien (Ressourcenma-nagement, Tiefenverarbeitung), Selbstwirksamkeitserwartungen, Kontrollüberzeugungen, Einstel-lung zum Studium*, Intelligenz	Relevanz der Inhal-te*
	Studienabbru-chintention	Lernstrategien (Ressourcenma-nagement, Tiefenverarbeitung), Selbstwirksamkeitserwartungen,	Relevanz der Inhal-te*

Anlage der Studie		Ergebnisse	
Autoren / Stich-probe	Methode / Kriterien	Individuelle Determinanten / Lern- und Studienverhalten	Institutionelle / Überinstitutionelle Determinanten
		Kontrollüberzeugungen, Einstellung zum Studium*, Intelligenz	
Erdel (2010) N = 354 Studierende in wirtschaftswissenschaftlichen Studiengängen einer Universität	Querschnitt, Korrelationsanalysen, Regression Studienleistungen	Geschlecht*, Alter*, Migrationshintergrund*, Bildungshintergrund, HZB-Note*, berufliche Qualifikation*, Studienmotive (intrinsisch*, extrinsisch), Zeitaufwand Studium*, Erwerbstätigkeit*, Karriereorientierung, Informiertheit (Für das Kriterium Studienabbruch zeigte sich lediglich ein sign. Einfluss der intr. und extr. Studienmotive und der Abiturnote.), Bildungsaspirationen Masterstudiums	
Fellenberg & Hannover (2006) N = 120 Studierende unterschiedlicher Studienfächer an verschiedenen Universitäten	Querschnitt, Regression Studienabbruchintention	Selbstwirksamkeitserwartungen*, Studieninteresse*, Selbstkonzept (allgemeines akademisches, fachspezifisches), soziale Unterstützung bei Studienschwierigkeiten*	wahrgenommene Schwierigkeit des eigenen Studienfaches+
Fischer, Schult & Hell (2014) N = 671 Studierende verschiedener Fachrichtungen einer Universität	Längsschnitt, Korrelationsanalysen Studienleistungen	Geschlecht*, HZB-Note*, Studierfähigkeitstest*, Leistungsmotivation, Selbstdisziplin*, Selbstwirksamkeitserwartungen	
Förster, Brückner, Beck, Zlatkin-Troitschanskaia, & Happ (2016) N = 1012 Studierende einer Fachrichtung an verschiedenen Hochschulen	Querschnitt, Strukturgleichungsanalysen, Mehrebenenanalysen Wissenserwerb	Geschlecht*, HZB-Note*, berufliche Qualifikation*, Gymnasialtyp, Migrationshintergrund*	
Freyer (2013) N = 459 Studierende einer Fachrichtung an	Querschnitt, Regression Studienleistungen	HZB-Note*, Vorwissen*, kognitive Fähigkeiten, Wunschfach*, Fachinteresse	Studiengang*, Hochschule*

Anlage der Studie		Ergebnisse	
Autoren / Stichprobe	Methode / Kriterien	Individuelle Determinanten / Lern- und Studienverhalten	Institutionelle / Überinstitutionelle Determinanten
verschiedenen Universitäten			
Freyer, Epple, Brand, Schiebener & Sumfleth (2014) N = 165 Studierende verschiedener Studiengänge einer Hochschule	Studienleistungen Längsschnitt, Regression	HZB-Note*, Vorwissen*, kognitive Fähigkeiten*, Wunschfach, Fachinteresse*	Studiengang*
Georg (2008) N = 80 000 Bachelor- und Masterstudierende in verschiedenen Studiengängen an verschiedenen Hochschulen	Querschnitt, Mehrebenenanalysen Studienabbruchintention	Geschlecht, HZB-Note, Sicherheit zu Studieren*, Erwägungen bzgl. Fachwechsel*, Zeitaufwand Studium*, Erwerbstätigkeit*, intrinsische Motivation, extrinsische Motivation, Leistungsmotivation*, Note Zwischenprüfung, Prüfungsangst, Kommunikationsprobleme, Bildungshintergrund*, Belastungsempfinden (allgemein*, Zukunft, Finanzen)	Studienstruktur, Leistungsnorm, Beratungsqualität, Lehrqualität*, Studienfach
Giesen, Gold, Hummer & Jansen (1986) N = 2284 Studierende verschiedener Studiengänge an verschiedenen Hochschulen	Längsschnitt, Regression Studienleistungen	HZB-Note*, schulisches Wissen*, selbsteingeschätzte Fähigkeiten*, Intelligenz*, Persönlichkeitsmerkmale (Selbstkritik, Extraversion, Dominanz, Neurotizismus, Leistungsängstlichkeit*), Arbeitshaltungen (Leistungsmotivation*, Engagement beim Problemlösen, Fleiß*), Einstellung gegenüber Bildungsinhalten*, Interessen*	Interaktion mit Lehrenden, didaktische Kompetenz Lehrpersonen, Praxisorientierung, Ausbildungsplanung, Studienstruktur
	Studienzufriedenheit	HZB-Note*, schulisches Wissen, selbsteingeschätzte Fähigkeiten*, Intelligenz, Persönlichkeitsmerkmale (Selbstkritik, Extraversion, Dominanz, Neurotizismus*, Leistungsängstlichkeit), Arbeitshaltungen* (Leistungsmotivation, Engagement beim Problemlösen, Fleiß), Einstellung gegenüber Bildungsinhalten*, Interessen	Interaktion mit Lehrenden*, didaktische Kompetenz Lehrpersonen*, Praxisorientierung*, Ausbildungsplanung, Studienstruktur*

Anlage der Studie		Ergebnisse	
Autoren / Stich-probe	Methode / Kriterien	Individuelle Determinanten / Lern- und Studienverhalten	Institutionelle / Überinstitutionelle Determinanten
Gold & Souvig-nier (2005) N = 395 Absol-venten unter-schiedlicher Fächer und Standorte	Längsschnitt, Korrelations-analysen, Mittelwertver-gleiche Studienleistun-gen	Schulnoten* (HZB-Note, Deutsch, Englisch, Mathematik, Physik, Chemie, Biologie, zweite Fremdsprache), Studieneingangs-tests*, Interessen	Fächergruppen*
Hell, Linsner & Kurz (2008)	Querschnitt, Korrelations-analysen		
N = 746 Studie-rende in ingeni-eurswissenschaft-lichen Studien-gängen einer Hochschule	Studienleistun-gen	HZB-Note*, schulische Mathe-matiknote*, schulische Deutschnote, Eignungstest Inge-nieurwissenschaften*, Kenntnis-test Mathematik*	
	Studienabbruch	HZB-Note*, Eignungstest Ingeni-eurwissenschaften, Kenntnistest Mathematik*	
Hill (1990) N = 58 Studie-rende verschiede-ner Fachrichtun-gen einer Univer-sität	Querschnitt, Korrelations-analysen Studienleistun-gen	Fehltage in den Veranstaltun-gen*, Zeitaufwand Studium (während der Woche, Wochenen-de*)	
Hustegge (2011)	Längsschnitt, Regression		
N = 540 Studie-rende verschiede-ner Fachrichtun-gen einer Univer-sität	Studienleistun-gen	Handlungsorientierungen (pros-pektiv*, bedrohungsbezogen), Studieninteresse, Prüfungsangst*, Gewissenhaftigkeit+	
	Studiendauer	Handlungsorientierungen (pros-pektiv*, bedrohungsbezogen*), Studieninteresse, Prüfungsangst*, Gewissenhaftigkeit+	
	Anzahl der abgelegten Prüfungen	Handlungsorientierungen (pros-pektiv, bedrohungsbezogen), Studieninteresse, Prüfungsangst	
Jaeger, Woisch, Hauschildt & Ortenburger (2014)	Querschnitt, Regression		
N = 13 541 Studierende verschiedener	Studienleistun-gen	Geschlecht, Alter, Bildungshin-tergrund, Kinder, HZB-Note*, Zweitstudium*, Studienmotive	Hochschulart*, Qualität der Stu-dienbedingungen*

Anlage der Studie		Ergebnisse	
Autoren / Stich-probe	Methode / Kriterien	Individuelle Determinanten / Lern- und Studienverhalten	Institutionelle / Überinstitutionelle Determinanten
Hochschulen und Fachrichtungen		(extrinsisch*, intrinsisch*), Krankheit, Wunschfach, Finanzierung*, Ortswechsel zu Studienbeginn	
	Studienfortschritt	Geschlecht, Alter*, Bildungshintergrund, Kinder*, HZB-Note*, Zweitstudium*, Studienmotive (extrinsisch*, intrinsisch*), Krankheit*, Wunschfach*, Finanzierung*, Ortswechsel zu Studienbeginn*	Hochschulart*, Qualität der Studienbedingungen*
	Abschlussintention	Geschlecht*, Alter, , Bildungshintergrund, Kinder, HZB-Note*, Zweitstudium*, Studienmotive (extrinsisch*, intrinsisch*), Krankheit , Wunschfach*, Finanzierung, Ortswechsel zu Studienbeginn	Hochschulart*, Qualität der Studienbedingungen*
	Studienzufriedenheit	Geschlecht*, Alter*, Bildungshintergrund, Kinder, HZB-Note, Zweitstudium, Studienmotive (extrinsisch, intrinsisch*), Krankheit*, Wunschfach*, Finanzierung, Ortswechsel zu Studienbeginn	Hochschulart, Qualität der Studienbedingungen*
Jirjahn (2007)	Querschnitt, Regressionsanalysen		
N = 458 Studierende in wirtschaftswissenschaftlichen Studiengängen an verschiedenen Universitäten	Studienleistungen	Geschlecht*, HZB-Note*, Leistungskurswahl*, Studienwechsel, Bildungshintergrund*, Alter*, feste Partnerschaft, finanzielle Situation*, Stellenwert Freizeit, Zeitaufwand für Erwerbstätigkeit*, Zeitaufwand für Ehrenamt*, Probleme bei der Zeiteinteilung*, Studiendauer*	Standort*
	Studiendauer	Geschlecht, HZB-Note*, Leistungskurswahl*, Studienwechsel, Bildungshintergrund*, Alter*, feste Partnerschaft*, finanzielle Situation, Stellenwert Freizeit*, Zeitaufwand (Erwerbstätigkeit*, Ehrenamt), Probleme bei der Zeiteinteilung*	Standort*
Künsting &	Querschnitt,		

Anlage der Studie		Ergebnisse	
Autoren / Stich-probe	Methode / Kriterien	Individuelle Determinanten / Lern- und Studienverhalten	Institutionelle / Überinstitutionelle Determinanten
Lipowski (2011) N = 844 Studie-rende unter-schiedlicher Fächer einer Universität	Strukturglei-chungsanalysen		
	Studienzufrie-denheit	HZB-Note, Studienmotive (intrinsisch*, extrinsisch), Gewis-senhaftigkeit*, Neurotizismus*, Lernzielorientierung	
Merker (2009) N = 283 Absol-venten eines Studiengangs	Querschnitt, Strukturglei-chungsanalysen Studienleistun-gen	HZB-Note*, freiwilliges Enga-gement (Schulzeit*, Studium), Arbeitserfahrungen (Schulzeit*, Studium)	
Nagy (2005)	Längsschnitt, Strukturglei-chungsanalysen		
N = 1 756 Studie-rende in ver-schiedenen Studiengängen an verschiedenen Hochschulen	selbsteinge-schätzte Stu-dienleistungen	Geschlecht, HZB-Note*, kogniti-ve Grundfähigkeit*, mathemati-sche Kompetenzen, Englischleis-tung, Gymnasialform, Interes-sen*, Interessenkongruenz*	Hochschultyp*
	Studienzufrie-denheit	Geschlecht, HZB-Note, kognitive Grundfähigkeit, mathematische Kompetenzen*, Englischleis-tung*, Gymnasialform*, Interes-sen*, Interessenkongruenz*	Hochschultyp
	Studienabbru-chintention	Geschlecht*, HZB-Note*, kogni-tive Grundfähigkeit, mathemati-sche Kompetenzen*, Englisch-leistung*, Gymnasialform*, Interessen*, Interessenkongru-enz*	Hochschultyp*
Nickolaus & Abele (2009)	Querschnitt, Korrelations-analyse		
N = 540 Studie-rende verschiede-ner Fächer einer Universität	Studienleistun-gen	HZB-Note*, fachspezifischer Studieneingangstest*, fi-sche/praktischenZusatzqualifikati onen	

Anlage der Studie		Ergebnisse	
Autoren / Stichprobe	Methode / Kriterien	Individuelle Determinanten / Lern- und Studienverhalten	Institutionelle / Überinstitutionelle Determinanten
Pohlenz, Tinsner & Seyfried (2012) N = 525 Exmatrikulierte verschiedener Studienfächer einer Universität	Querschnittstudie, Varianzanalysen Studienabbruch		Lehrqualität*, Qualität der Studienbedingungen*, Rahmenbedingungen des Studiums*
Ridgell & Lounsbury (2004) N = 140 Studierende eines Studiengangs	Querschnitt, Regression Studienleistungen	Geschlecht, Alter, Kinder, Art der HZB, berufliche Qualifikation, Krankheit, Migrationshintergrund, Bildungshintergrund, Erwerbstätigkeit, Intelligenz*, Persönlichkeitseigenschaften (Extraversion, Neurotizismus*, Verträglichkeit, Gewissenhaftigkeit, Offenheit), Anstrengungsbereitschaft*	
Ruffing, Wach, Spinath, Brünken & Karbach (2015) N = 461 Studierende eines Studiengangs	Querschnitt, Strukturgleichungsanalysen Studienleistungen	Intelligenz*, Lernstrategien (Wiederholung, Organisation, Elaboration, Metakognition: Planung, Überwachung, Regulation, Ressourcenmanagement: Anstrengung*, Zeit, Studierende)	
Sarcletti (2015) N = 16 370 Studierende verschiedener Fachrichtungen und Hochschulen	Querschnitt, Regression Bildungsaspirationen hinsichtlich Masterstudium	Geschlecht*, Alter*, Kinder, Migrationshintergrund, Finanzielle Situation*, Anzahl Geschwister, akademischer Bildungshintergrund*, Fachwechsel, Studienunterbrechung*, Studium ist zentral im Leben*, Zeitaufwand Studium*, Lernschwierigkeiten*	Hochschulart*, Studienfach*
Schaeper & Minks (1997) N = 9 981 Absolventen in verschiedenen Studiengängen an verschiedenen Hochschulen	Querschnitt, Regression Studiendauer	berufliche Qualifikation*, Art der HZB*, Lernschwierigkeiten*, Studienfinanzierung*, Kinder*, Bildungshintergrund*, HZB-Note*, Erwerbstätigkeit*	Studienrichtung*
Schiefele & Jacob-Ebbinghaus (2006) N = 101 Studie-	Querschnitt, Regression Studienzufriedenheit	soziale Kompetenz*, psychische Stabilität*, intellektuell-forschende Orientierung, Studieninteresse*, extrinsische Motivation (Wettbewerbsmotivation,	Lehrqualität (Kompetenz der Lehrperson*, Relevanz*, Leistungsdruck*)

Anlage der Studie		Ergebnisse	
Autoren / Stichprobe	Methode / Kriterien	Individuelle Determinanten / Lern- und Studienverhalten	Institutionelle / Überinstitutionelle Determinanten
rende eines Studiengangs einer Universität		Leistungsmotivation*, berufsbezogene Motivation), Studiendauer*	
Schiefele, Streblow & Brinkmann (2007) N = 141 Studierende verschiedener Fachrichtungen einer Universität	Längsschnitt, Varianzanalysen Studienabbruch	HZB-Note*, extrinsische Motivation, Demotivation*, Studieninteresse*, Volition*, epistemologische Neugier*, epistemologische Überzeugungen, Selbstkonzept (akademisches, sprachliches, mathematisches), Selbstwirksamkeitserwartungen, Lernstrategien (Wiederholung, Organisation*, Elaboration, Metakognition: Planung, Überwachung, Regulation, Ressourcenmanagement: Anstrengung, Zeit, Studierende), Studienfinanzierung, selbsteingeschätzter Kenntnisstand (Anforderung*, Kommilitonen*), soziale Kompetenz	Lehrqualität (Kompetenz der Lehrperson*, Relevanz*, Leistungsdruck*)
Schiefele, Streblow, Ermgassen & Moschner (2003) N = 285 Studierende verschiedener Fachrichtungen einer Universität	Längsschnitt, Strukturgleichungsanalysen Studienleistungen	extrinsische Motivation (Wettbewerbsmotivation*, Leistungsmotivation+, Berufsbezogene Motivation*), Studieninteresse+, HZB-Note*, epistemologische Neugier*, epistemologische Überzeugungen, Selbstkonzept (akademisches*, sprachliches, mathematisches*), Selbstwirksamkeitserwartungen, Lernstrategien (Wiederholung, Organisation, Elaboration, Metakognition: Planung, Überwachung*, Regulation, Ressourcenmanagement: Anstrengung*, Zeit, Studierende)	Lehrqualität (Kompetenz der Lehrperson+, Relevanz+, Leistungsdruck+)
Schmidt-Atzert (2005) N = 106 Studierende des gleichen Studiengangs	Längsschnitt, Korrelationsanalysen Studienleistungen	HZB-Note*, Studieneignungstest, Studienmotive (Selbsterkenntnis, gestalten wollen, Karriere, helfen wollen, Nähe zu Bekannten, Image der Uni), Informiertheit über das Studium, Studienbelastung, Neurotizismus, Leistungs-	

Anlage der Studie		Ergebnisse	
Autoren / Stich-probe	Methode / Kriterien	Individuelle Determinanten / Lern- und Studienverhalten	Institutionelle / Überinstitutionelle Determinanten
		motivation*	
	Studienabbruch	HZB-Note, Leistungsmotivation, Neurotizismus*, Informiertheit über das Studium*, Belastungen	
	Studiendauer	HZB-Note, Leistungsmotivation, Neurotizismus, Informiertheit über das Studium, Belastungen*	
Schulmeister & Metzger (2011) N = 403 Studierende verschiedener Studiengänge an verschiedenen Hochschulen	Längsschnitt, Korrelationsanalysen Studienleistungen	Zeitaufwand Studium	
Trapmann (2008) N = 250 Studierende verschiedener Studienfächer einer Universität	Längsschnitt, Regression Studienleistungen	Abiturnoten (HZB-Note*, Mathematik, Deutsch, Englisch), Lernstrategien, Person-Enviroment-Fit, numerische und verbale* Verarbeitungskapazität, kreatives Denken, Interessen, Leistungsmotivation*, Persönlichkeitseigenschaften	Lehrqualität
	Studiendauer	Abiturnoten, Lernstrategien, Person-Enviroment-Fit, numerische und verbale Verarbeitungskapazität, kreatives Denken, Interessen, Leistungsmotivation, Persönlichkeitseigenschaften (Neurotizismus, Verträglichkeit, Gewissenhaftigkeit, Offenheit*, Extraversion)	Lehrqualität
	Studienabbruchintention	Abiturnoten, Lernstrategien, Person-Enviroment-Fit, Numerische und verbale* Verarbeitungskapazität, kreatives Denken, Interessen*, Leistungsmotivation*, Persönlichkeitseigenschaften	Lehrqualität*
	Studienabbruch	Geschlecht, Abiturnoten (HZB-Note*, Mathematik, Deutsch, Englisch), Lernstrategien, Person-Enviroment-Fit, numerische und verbale Verarbeitungskapazität,	Lehrqualität

Anlage der Studie		Ergebnisse	
Autoren / Stich-probe	**Methode / Kriterien**	**Individuelle Determinanten / Lern- und Studienverhalten**	**Institutionelle / Überinstitutionelle Determinanten**
		kreatives Denken*, Interessen*, Leistungsmotivation*, Persön-lichkeitseigenschaften (Neuroti-zismus, Verträglichkeit, Gewis-senhaftigkeit*, Offenheit*, Extra-version)	
	Studienzufrie-denheit	Abiturnoten, Lernstrategien, Person-Enviroment-Fit*, numeri-sche und verbale Verarbeitungs-kapazität, kreatives Denken, Interessen, Leistungsmotivation*, Persönlichkeitseigenschaften	Lehrqualität
Vignoles & Powdthavee (2009) N = 121 827 Studenten ver-schiedener Fach-richtungen und Hochschulen	Querschnitt, Regression Studienabbruch	Geschlecht, Bildungshinter-grund*, Migrationshintergrund*	
Wach, Karbach, Ruffing, Brün-ken & Spinath (2016) N = 620 Studie-rende eines Studiengangs	Längsschnitt, Strukturglei-chungsanalysen, Studienzufrie-denheit	Geschlecht, Alter, Bildungshin-tergrund, Interessen, akademi-sches Selbstkonzept, Selbstregu-lationsfähigkeit, Leistungsmoti-vation, Studienmotive*, Persönlichkeitsfaktoren (Offen-heit, Neurotizismus*, Gewissen-haftigkeit, Extraversion, Verträg-lichkeit), Intelligenz, Studienno-ten	
Wahlen, Saun-ders & Shelley (2010) N = 4271 Studie-rende unter-schiedlicher Fachrichtungen einer Universität	Längsschnitt, Regression Studienabbruch	Geschlecht*, Herkunfts-Bundesstaat*, Migrationshinter-grund, Bildungshintergrund, Studienmotive*, wohnhaft auf dem Campus*, Teilnahme an Lerngruppen*, HZB-Note*, Ranking der High School*, Freizeitaktivitäten, Finanzen*, Studienleistungen*	

HZB = Hochschulzugangsberechtigung, Mathematik-LK = Mathematik Leistungskurs
Alle signifikanten Determinanten sind mit einem * gekennzeichnet. Wenn ein indirekter Zusammenhang herausgefunden wurde, bei dem alle zugehörigen Pfade signifikant sind, dann erfolgte eine Kennzeichnung mit +.

Tabelle 42: Studien zu nicht-traditionellen Studierenden

Autoren und Jahr	Stichprobe und Methodik	Zentrale Ergebnisse
Agentur für Erwachsenen- und Weiterbildung (2013)	Otto, Herzog & Holz (2013): Stichprobenbeschreibung N = 395 Bachelor-Studierende an verschiedenen niedersächsischen Hochschulen mit BQ (ohne schulische HZB) Zusammensetzung der Stichprobe: Studienform: Vollzeit: 84,1 %, berufsbegleitend: 12,9 %, Teilzeit: 2,5 % Querschnittdaten, deskriptive Auswertungen in Sammelband, in dem von allen Autoren der gleiche Datensatz verwendet wird.	**Otto & Schwaniger (2013): Studienmotive beruflich Qualifizierter** - Häufigste Studienmotive: Persönliche Weiterentwicklung, Erwerb von Fachwissen, berufliche Weiterentwicklung, Erwerb eines akademischen Abschlusses - Zumeist gibt es einen inhaltlichen Zusammenhang zwischen Berufsausbildung, Studienfachwahl und beruflichen Zielen. **Maretsch & Voitel (2013a): Herausforderungen im Studium** - Besonders gravierende Herausforderungen des Studiums: Studienfinanzierung, Vereinbarkeit von Studium und Privatleben, Erstellung wissenschaftlicher Arbeiten, Mehrfachbelastung durch Erwerbstätigkeit - Die Schwierigkeit der Vereinbarkeit von Studium, Beruf und Privatleben steigt mit dem Studienfortschritt. - Studierende mit längerer Berufserfahrung sehen sich eher in der Lage, das Studium inhaltlich zu bewältigen. Allerdings ist die Vereinbarkeit von Studium, Beruf und Privatem bei diesen Studierenden umso größer. - Weibliche Studierende mit Kind nehmen die inhaltlichen und organisatorischen Herausforderungen als schwieriger war. **Maretsch & Voitel (2013b): Unterstützungsangebote und Studienschwierigkeiten** - Nachfrage nach Unterstützungsangeboten besonders in den Bereichen wissenschaftliches Arbeiten und Englisch - Die BQ sind optimistisch in Hinblick auf den eigenen erfolgreichen Studienabschluss. - Die BQ sind in der Mehrheit (83 %) der Ansicht, dass die beruflich erworbenen Kompetenzen hilfreich im Studium sind und dass die Entscheidung zur Studienaufnahme richtig war (94 %). **Herzog & Otto (2013): Vereinbarkeit von Studium, Beruf und Privatleben** - Die berufsbegleitend Studierenden und die Teilzeitstudierenden arbeiten im Mittel ca. 30 Stunden in der Woche und wenden ca. 21 Stunden für das Studium auf. BQ im Vollzeitstudium haben eine deutlich geringere zeitliche Belastung. - Die Vereinbarkeit von Studium, Beruf und Privatle-

Autoren und Jahr	Stichprobe und Methodik	Zentrale Ergebnisse
		ben bereitet den berufsbegleitend Studierenden und den Teilzeitstudierenden mehr Probleme als den Vollzeitstudierenden. - Von den berufstätigen Studierenden erhalten 7,8 % finanzielle Unterstützung von ihrem Arbeitgeber (nicht differenziert nach Studienform).
Berg, Grendel, Hauss-mann, Lübbe & Marx (2014)	N = 503 BQ-Studierende in wirtschafts- und ingenieurwissenschaft-lichen Studiengängen an 4 Hochschulen in Rheinland-Pfalz Zusammensetzung der Stichprobe: Mit schulischer HZB: 34,2 %, ohne schuli-sche HZB: 61,2 %, Modellstudierende: 4,6 % (Studierende mit berufl. Qualifikation, aber weniger als 2 Jahren Berufserfah-rung) Studienerfolg = Studi-ennoten, selbsteinge-schätzter Erfolg im Vergleich mit anderen, erwartete Einhaltung der Regelstudienzeit, Erwartung des erfolg-reichen Studienab-schlusses Panelstudie, Regressi-onsanalysen	**Übergang beruflich Qualifizierter in das Studium** - Die BQ wählen i. d. R. einen mit der beruflichen Ausbildung fachlich verwandten Studiengang. - Der Wunsch zur Studienaufnahme entstand zumeist erst während der Berufstätigkeit und noch nicht wäh-rend der Schulzeit. - Häufigste Studienmotive: Wunsch nach Selbstver-wirklichung, nach ökonomischer Absicherung, nach Steigerung der Lebensqualität und Ein-fluss/Empfehlung des sozialen Umfeldes. - Passung der Eingangskompetenzen mit den Studien-anforderungen: Defizite liegen v. a. im Bereich wis-senschaftliches Arbeiten, Präsentationsfähigkeiten, Informations- und Wissensmanagement. - Selbstbeurteilte Eingangsvoraussetzungen: 1/3 der BQ ist der Ansicht, mit einer schulischen HZB besse-re Eingangsvoraussetzungen gehabt zu haben. Ca. 40 % sind der Ansicht, dass berufliche Vorerfahrun-gen Vorteile im Studium bringen. - BQ häufig nebenbei erwerbstätig: 55,8 % im 1. und 76,7% im 3. Semester - Die Vereinbarkeit von Studium und Beruf wird mit fortschreitendem Studienverlauf besser beurteilt. - Keine sign. Unterschiede hinsichtlich des Studiener-folgs zwischen BQ mit und ohne mit schulischer HZB. - Die BQ sind optimistisch bzgl. der Einhaltung der Regelstudienzeit und dem erfolgreichen Studienab-schluss - Die eigenen Studienleistungen werden im Vergleich zur Studierendengruppe als durchschnittlich einge-schätzt. - Signifikante Determinanten des selbsteingeschätzten Studienerfolgs (positiver Einfluss): Berufserfahrung, FH (im Vgl. zu Universität), Ermunterung zum Stu-dium durch das soziale Umfeld, Vereinbarkeit von Studium und Beruf
Brändle (2014)	N = 726 Studienan-fängerinnen und Studienanfänger mit unterschiedlichen Arten der HZB (AHR,	**Vergleich der Studienmotive und Lebensziele von NTS und TS** - NTS kommen häufiger aus niedrigen oder mittleren sozialen Schichten als TS. - Für NTS dominieren Studienmotive, die auf den

Autoren und Jahr	Stichprobe und Methodik	Zentrale Ergebnisse
	FHR, ohne schulische HZB) eines Studiengangs an einer Hochschule Querschnittstudie, Varianzanalysen NTS = BQ ohne schulische HZB	Erwerb von neuem Wissen und die persönliche Weiterentwicklung abzielen. - Beim Vergleich der Lebensziele fällt auf, dass die NTS stark nach Selbstentfaltung streben. - TS sind sich bezüglich der Lebensziele unsicherer als NTS.
Brändle & Lengfeld (2015)	N = 584 traditionelle und nicht-traditionelle Studierende eines Studiengangs an einer Hochschule Querschnittstudie, Regressionsanalysen NTS = BQ ohne schulische HZB	**Determinanten des erfolgreichen Absolvierens der Studieneingangsphase** Vorbildung (Art der HZB*, NTS = negativer Einfluss, berufliche Ausbildung), soziodemografische Merkmale (Migrationshintergrund, weibl. Geschlecht*, Alter, Kinder*), sozioökonomische Herkunft, Dauer bis zur Studienaufnahme, Umfang der Erwerbstätigkeit*, Einstellung zum Studium*
	N = 1142 traditionelle und nicht-traditionelle Studierende eines Studiengangs an einer Hochschule NTS = BQ ohne schulische HZB Querschnittstudie, Regressionsanalysen	**Determinanten des erfolgreichen Studienabschlusses** Vorbildung (Art der HZB*, NTS = negativer Einfluss), soziodemografische Merkmale (Migrationshintergrund, weibl. Geschlecht* positiver Einfluss, Alter*, Studienerfolg in der Studieneingangsphase*, Studienform (Teilzeitstudium*, negativer Einfluss)
	N = 727 traditionelle und nicht-traditionelle Studierende eines Studiengangs an einer Hochschule NTS = BQ ohne schulische HZB Querschnittstudie, Regressionsanalysen	**Determinanten der Abschlussnote** Vorbildung (Art der HZB*, NTS = negativer Einfluss), soziodemografische Merkmale (Migrationshintergrund*, weibl. Geschlecht, Alter), Studienerfolg in der Studieneingangsphase* und Studienform (Teilzeitstudium)
Brändle, Ordemann & Lengfeld (2013)	N = 233 Studienanfängerinnen und Studienanfänger mit unterschiedlichen Arten der HZB eines Studiengangs an einer Hochschule NTS = BQ ohne schulische HZB Querschnittstudie, Mittelwertvergleiche (t-Test)	**Anforderungen an die Studiengestaltung von NTS im Vergleich zu TS** - NTS legen mehr Wert darauf, die eigenen Wünsche im Studium realisieren zu können (durch freie Kurswahl, Beschäftigung mit interessanten Inhalten, Möglichkeiten zur Selbstentfaltung, mehr Freiheit) - Eine stärkere Ausrichtung des Studiums an späteren beruflichen Tätigkeiten und die stärkere Strukturierung des Studiums durch formale Vorgaben spielt für die TS eine größere Rolle.
Dahm &	N = 11 609 Studieren-	**Vergleich des Studienerfolgs von NTS und TS**

Autoren und Jahr	Stichprobe und Methodik	Zentrale Ergebnisse
Kerst (2016)	de an unterschiedlichen Hochschulen in unterschiedlichen Studiengängen (NTS = BQ ohne schulische HZB = 406) Studienerfolg = Studiennoten, Studienfortschritt, Studienabschluss/Studienabbruch Panelstudie, Regressionsanalysen Nutzung von Daten des Nationalen Bildungspanels, NEPS	- NTS schätzen ihren studienbezogenen Kenntnisstand bei Studienbeginn schlechter ein als die TS (retrospektive Angaben im dritten Semester). - Im Durchschnitt haben NTS leicht schlechtere Noten (Angaben aus dem dritten und fünften Semester). - Diese Unterschiede sind nur in sozial-, kultur- und sprachwissenschaftlichen Fächern signifikant. In wirtschafts-, ingenieur- und naturwissenschaftlichen Studiengängen liegen keine signifikanten Notenunterschiede vor. - Es liegen keine signifikanten Unterschiede im Studienfortschritt zwischen NTS und TS vor (gemessen an den erreichten Credit Points im dritten und fünften Semester). - Die Studienabbruchquote ist bei den NTS höher. - Darüber hinaus zeigt sich die Tendenz, dass die Entscheidung zum Abbruch des Studiums eher getroffen wird als bei den TS.
Gaedke, Covarrubias Venegas, Recker & Janous (2011)	N = 2 033 Studierende (1 071 berufsbegleitend, 962 Vollzeit) in wirtschaftswissenschaftlichen Studiengängen an einer österreichischen Hochschule Längsschnittstudie, Mittelwertvergleiche (t-Test)	**Vereinbarkeit von Studium und Beruf im berufsbegleitenden Studium, Umgang mit Belastungssituationen:** - Berufsbegleitend Studierende fühlen sich signifikant stärker durch das Studium belastet. - Belastungen durch private Verpflichtungen vor dem Studium werden von den berufsbegleitend Studierenden stärker, während des Studiums in etwa gleich stark wahrgenommen. - Berufsbegleitend Studierende müssen signifikant häufiger auf private Aktivitäten verzichten, um das Studium zu bewältigen.
Gonschior (2015)	N = 421 Studierende eines Fernstudiengangs (Bachelor in Psychologie) an einer Universität Studienerfolgskriterium: Klausurnote Längsschnittstudie, Regressionsanalysen	**Lernverhalten und Studienerfolg von Fernstudierenden** Determinanten: Motivation, Achievement Motivation, Selbstwirksamkeitserwartungen, Perfektionismus, Lernstrategien, Coping*, Prüfungsangst*, Persönlichkeitsfaktoren, selbsteingeschätzte Intelligenz*, Intelligenz*, Note der HZB (Durchschnitt*, Mathe Englisch), Umfang Berufstätigkeit, berufliche Selbstständigkeit, Teilzeitstudium, weiteres Studium, Studienabschluss*, Lernverhalten (aufgewendete Zeit*, Strukturiertheit*, Lerngruppen*, Methoden, Besuch von Tutorien, Durchhaltevermögen*, Anwendung verschiedener Methoden*)
Grendel, Lübbe & Haußmann (2014)	N = 100 beruflich qualifizierten Studierenden an verschiedenen Hochschulen eines deutschen Bundeslandes am Ende des	**Einfluss von beruflichen Vorerfahrungen auf den Studienerfolg von beruflich qualifizierten Studierenden** Determinanten: Berufserfahrung (Dauer*, Relevanz der Kenntnisse, Fortbildungsabschluss, fachliche Nähe, Ausbildungsnote*), Vereinbarkeit von Studium und

Autoren und Jahr	Stichprobe und Methodik	Zentrale Ergebnisse
	ersten Semesters Studienerfolg = Studiennoten Längsschnittstudie, Regressionsanalysen	Beruf*, schulische HZB*, Vorkursteilnahme*, sozialwissenschaftl. Studiengang (im Vgl. zu MINT), Hochschultyp*, Schlüsselkompetenzen*, Vereinbarkeit von Studium und Privatleben, Geschlecht, Alter, intrinsische Motivation
Jürgens (2014)	N = 610 Studierende an zehn Hochschulen in ingenieurwissenschaftlichen Studiengängen NTS = BQ ohne schulische HZB (N = 271) TS = Studierende mit schulischer HZB (N = 339) Querschnittstudie, Mittelwertvergleiche	**Unterschiede in der Studienmotivation und im Studieninteresse zwischen NTS und TS** - NTS sind im Mittel älter als die TS und studieren häufiger berufsbegleitend. - Studienmotive: Für NTS und TS ist es wichtig, das eigene Wissen sowie die eigenen Kompetenzen zu erweitern und nach dem Studium ein höheres Einkommen zu erreichen. - Studienfachinteresse ist bei den NTS signifikant höher ausgeprägt.
Jürgens (2017)	N = 334 Studierende (122 berufsbegleitend, 212 Vollzeit) in ingenieurwissenschaftlichen Studiengängen an einer deutschen Hochschule Studienerfolgskriterien: Note der Bachelorvorprüfung und der Bachelorprüfung Längsschnittstudie, Regressionsanalysen, Strukturgleichungsanalysen	**Zusammensetzung der berufsbegleitend Studierenden (N = 122)** - Schulische HZB: 46,7 % (AHSR: 13,1 %); häufiger keine schulische HZB, sondern eine BQ vorhanden als bei Vollzeit-Studierenden, akademischer Bildungshintergrund: Mutter: 4,1 %, Vater: 9,8 % - abgeschlossene berufliche Ausbildung: 96,7 %; durchschnittl. Berufserfahrung nach der Ausbildung: 6,4 Jahre - durchschnittl. Alter bei Studienbeginn: 27,93 Jahre, eigene Kinder vorhanden: 13,6 % - Arbeitgeber-Unterstützung vorhanden: finanziell: 54,6 %, Materialien: 3,7 %, zeitlich: 49,5 %, insges.: 78,7 % **Determinanten des Studienerfolgs von Studierenden im Vollzeit- und im berufsbegleitenden Studium** Alter*, Art der HZB, Note der HZB*, kognitive Leistungsfähigkeit, mathematisch-naturwissenschaftliches Vorwissen*, Lernstrategien (Reflexion, Überwachung, Anstrengung*), epistemologische Überzeugungen (Sicherheit des Wissens*, Struktur des Wissens*, Anwendung des Wissens, Wissensbegründung, Wissensquelle), Studieninteresse*, Studienform (Vollzeit vs. berufsbegleitend)
Jürgens & Zinn (2012)	N = 368 Studierende eines Studiengangs an einer Hochschule der als berufsbegleitender und als Vollzeit-Studiengang angebo-	**Zugangswege, Motive, kognitive Voraussetzungen NTS in ingenieurwissenschaftlichen Studiengängen** - Die berufsbegleitend Studierenden sind im Mittel älter als die Vollzeit-Studierenden und sind häufiger Bildungsaufsteiger. Die Hälfte der NTS erhält finanzielle Unterstützung vom Arbeitgeber beim Studium.

Autoren und Jahr	Stichprobe und Methodik	Zentrale Ergebnisse
	ten wird NTS = berufsbegleitend Studierende (N = 68), TS = Vollzeitstudierende (N = 300), in beiden Gruppen Studierende mit und ohne schulische HZB Längsschnittstudie, Varianzanalysen	- Studienmotive liegen v. a. im Bereich: Fachinteresse, berufliche Weiterentwicklung, höheres Einkommen - Eingangsvoraussetzungen in Mathematik und Physik: NTS haben signifikant schlechtere Ergebnisse im Mathematiktest. Keine signifikanten Unterschiede im Physiktest. - Keine signifikanten Unterschiede beim Studienfachinteresse zwischen NTS und TS. - signifikante Unterschiede bei den subjektiven Überzeugungen zum fachbezogenen Wissen und Wissenserwerb: Bei den TS sind günstigere Ausprägungen vorhanden. - Die NTS setzen häufiger ressourcenbezogene Lernstrategien ein.
Kattmann, Schäfer & Stritmatter, (2015)	N = 440 Studierende an verschiedenen Hochschulen (186 berufsbegleitend, 254 Vollzeit) Querschnittstudie, Mittelwertvergleiche (t-Test)	**Studieneinstieg von Studierenden in berufsbegleitenden und in Vollzeit-Studiengängen im Vergleich** - Berufsbegleitend Studierende verfügen weniger häufig über eine AHS und häufiger über eine BQ. - Beratungsangebote vor Studienbeginn sind für die berufsbegleitend Studierenden bedeutsamer. - Bedeutsamkeit von Brückenkursen wird vom den berufsbegleitend Studierenden geringer eingeschätzt. - Während des Studiums sind den berufsbegleitend Studierenden Lerngruppen wichtiger als den Vollzeit-Studierenden. - 38,7 % der berufsbegleitend Studierenden erhalten Unterstützung von ihrem Arbeitgeber. - Vereinbarkeit von Studium und Beruf wird positiv durch Arbeitgeber-Unterstützung und zielgruppenadäquate Studiengangsgestaltung beeinflusst. - Als hinderlich werden die Mehrfachbelastung, die finanzielle Belastung und fehlende Unterstützung empfunden. - Den berufsbegleitend Studierenden ist eine frühzeitige und verbindliche Terminplanung wichtig.
Otto & Kamm (2016)	Stichprobe: alle Studienanfänger 2013 (amtl. Hochschulstatistik) NTS = BQ ohne schulische HZB	**Partizipation von NTS an Hochschulbildung in Deutschland** - NTS sind im Mittel bei Studienbeginn 8 Jahre älter als TS. - NTS entscheiden sich häufiger für ein Fernstudium (NTS: 36 %, TS: 4 %). - NTS entscheiden sich häufiger für ein Studium an Fachhochschulen als an Universitäten.
	Stichprobe: Daten des Nationalen Bildungspanels, NEPS	**Der Übergang von NTS ins Studium** - Fast alle NTS (93 %) haben einen mittleren Schulabschluss. - ¾ der NTS sind Bildungsaufsteiger, bei den TS ist der Anteil deutlich geringer

Autoren und Jahr	Stichprobe und Methodik	Zentrale Ergebnisse
		- Viele NTS (ca. 30 %) verfügen über einen Fortbildungsabschluss und haben im Mittel 9 Jahre Berufserfahrung. - Unmittelbar vor Studienbeginn waren nahezu alle NTS erwerbstätig.
Röbken & Mertens (2013)	N = 3 801 Studierende an drei Universitäten N = 3 687 Vollzeitstudierende, N = 114 Weiterbildungsstudierende NTS = 30 Jahre oder älter sind, mind. 20 Std. pro Woche arbeiten oder HSR über 2. Bildungsweg erworben haben Querschnittstudie, Regressionsanalysen	**Studienmotivation von NTS, TS und Weiterbildungsstudierenden im Vergleich** - Intrinsische Motivation ist bei den Weiterbildungsstudierenden signifikant höher ausgeprägt als bei den TS. - Leistungsmotivation und extrinsische Motivation ist bei Weiterbildungsstudierenden signifikant geringer als bei den TS. - Bei den NTS zeigt sich keine signifikant andere Leistungs- und intrinsische Motivation als bei den TS. - Lediglich bei der extrinsischen Motivation ergibt sich ein geringer signifikanter Unterschied: NTS haben eine etwas geringere extrinsische Motivation als TS.
Schäfer & Hagemann (2015)	N = 180 berufsbegleitend Studierende in 2 Studiengängen einer Hochschule (mit schul. HZB = 127, ohne schul. HZB = 53) Studienerfolg = Studiennoten, Studiendauer Querschnittstudie, Mittelwertvergleiche (t-Test)	**Studienerfolg von berufsbegleitend Studierenden mit und ohne schulische HZB** - Z. T. schließend die Studierenden ohne schulische HZB einzelne Module signifikant schlechter ab. - keine signifikanten Unterschiede in der Abschlussnote. - Die Studierenden ohne schulische HZB benötigen etwas mehr Zeit, um das Studium erfolgreich abzuschließen.
Schmidtmann & Preusse (2015)	N = 2461 BachelorStudierende in unterschiedlichen Fernstudiengängen an einer Hochschule (BQ = 243, Studierende mit schulischer HZB = 2018) Querschnittsstudie, Mittelwertvergleiche (t-Test), Regressionsanalysen	**Studienmotive und Studienerfolg beruflich qualifizierter Studierender im Fernstudium** - Für BQ sind fachbezogene sowie die Persönlichkeitsentwicklung betreffende Studienmotive signifikant bedeutsamer als für Studierende mit schulischer HZB. - leicht höhere Schwundquote bei den BQ im Vergleich zu Studierenden mit schulischer HZB (k. A. zur Signifikanz) - keine signifikanten Unterschiede hinsichtlich des Studienfortschritts und der Studienzufriedenheit zwischen den Gruppen der Studierenden mit und ohne schulische HZB.
Schlögl & Neubauer (2006)	N = 205 Studierende in verschiedenen berufsbegleitenden	**Vereinbarkeit von Studium, Beruf und Privatleben im berufsbegleitenden Studium, ArbeitgeberUnterstützung**

Autoren und Jahr	Stichprobe und Methodik	Zentrale Ergebnisse
	Studiengängen (N = 134 FH, N = 71) in Österreich Querschnittdaten, deskriptive Auswertungen	- Motive für berufsbegleitendes Studium statt eines Vollzeit-Studiums: finanzielle Gründe, hoher Stellenwert des Berufes - Schwierigkeiten bestehen vor allem darin, dass Einschränkung im Privatleben notwendig ist in der Vereinbarkeit von Studium und Beruf. - Zeitliche AG-Unterstützung: Freistellung erhalten ca. 60 % der Studierenden an Fachhochschulen und 35 % der Studierenden an Universitäten, im Rahmen der Flexibilisierung waren es sogar ca. 57 % (FH) bzw. ca. 83 % (Universität). - Finanzielle AG-Unterstützung erhalten 15 % der FH-Studierenden und 29 % der Studierenden an Universitäten.
Scholz (2006)	N = 232 BQ-Studierende ohne schulische HZB in verschiedenen Studiengängen an unterschiedlichen niedersächsischen Hochschulen Querschnittdaten, deskriptive Auswertungen	**Studienmotive und Studienerfolg beruflich qualifizierter Studierender** - Bei BQ handelt es sich in der Mehrheit um Bildungsaufsteiger. 13 % der BQ sind in Vollzeit erwerbstätig, 37 % in Teilzeit. - Die BQ sind im Mittel älter und haben häufiger Kinder als Studierende üblicherweise. - Studienmotive v. a. im Bereich der persönlichen Weiterentwicklung und Selbstverwirklichung. Das Studium wird oft aus Fachinteresse zur Verbesserung der beruflichen Qualifikation begonnen. - Die BQ fühlen sich fachlich durch ihre beruflichen Vorqualifikationen gut auf das Studium vorbereitet. Fachlich werden vor allem Probleme im Bereich des wissenschaftlichen Arbeitens gesehen. - Belastet fühlen sich die BQ durch die nicht immer gegebene Vereinbarkeit von Studium, Beruf und Privatleben. - Es zeigte sich, dass die BQ keine besonderen Probleme bei der Bewältigung des Studiums haben, woraus geschlossen wird, dass die Studienvoraussetzungen auch ohne schulische HZB gegeben sind. - Allerdings hatten es 30 % der Befragten bereits ernsthaft in Erwägung gezogen, das Studium abzubrechen, obwohl 80 % wiederum angaben, mit den erreichten Leistungen im Studium zufrieden zu sein.
Schröder, Flatau & Emrich (2011)	N = 48 BQ Studierende (45,1 %), Absolventinnen und Absolventen (31,4 %) sowie Studienabbrecherinnen und Studienabbrecher (23,5 %) in verschiedenen Studiengängen	**Studienmotive und Studienerfolg beruflich qualifizierter Studierender** - Studienprobleme bestehen v. a. hinsichtlich Notwendigkeit zur Finanzierung des Studiums durch Erwerbstätigkeit und der Vereinbarkeit von familiären, beruflichen Pflichten mit dem Studium (ca. ¾ waren neben dem Studium erwerbstätig). - Auch bei den Studienabbruchgründen werden häufig

Autoren und Jahr	Stichprobe und Methodik	Zentrale Ergebnisse
	an verschiedenen Hochschulen eines Bundeslandes Diplom- (31,3 %) und Bachelorstudiengänge (41,7 %) Querschnittdaten, deskriptive Auswertungen	finanzielle Probleme und die Belastung durch Erwerbstätigkeit genannt. - Erfüllung der Studienziele: erfolgte v. a. hinsichtlich der Erweiterung des eigenen Horizonts und der Karriereentwicklung.
Seeber, Boerner, Keller & Beinborn (2006)	N = 454 Studierende und N = 122 Absolvierende berufsbegleitender wirtschaftswissenschaftl. Studiengänge an 4 HS Studienerfolg = Selbst eingeschätzter Lernerfolg Querschnittsstudie, Korrelationsanalysen	**Studienerfolg von berufsbegleitend Studierenden** Determinanten: Zusammenhang zwischen Studienmotivation (fachliches Interesse*, Erweiterung des Bildungshorizont*, Arbeitsmarktchancen, Aufstiegsmöglichkeiten*), Lernstrategien*, wahrgenommener Lehr*- und Organisationsqualität*
Wolter, Dahm, Kamm, Kerst & Otto (2015)	N = 604 NTS in unterschiedlichen Studiengängen an unterschiedlichen Hochschulen Nutzung von Daten des Nationalen Bildungspanels, NEPS NTS = Studierende ohne schulische HZB	**Werdegänge und Studienmotivation von NTS** - NTS sind bei Studienbeginn ca. 8 Jahre älter als alle Studierenden, ca. 3/4 kommen aus einem nichtakademischen Elternhaus. - Die Hälfte der NTS lebt gemeinsam mit ihrem Lebenspartner in einem Haushalt, 1/5 hat einen festen Partner aber keinen gemeinsamen Haushalt, mehr als 1/4 der NTS hat bereits eigene Kinder. - NTS haben vor Studienbeginn zumeist einen mittleren Schulabschluss erworben, 2/3 verfügen über eine BQ, 1/3 über eine BQ und einen Fortbildungsabschluss - NTS hatten vor dem Studium zu 2/3 mittlere berufliche Position (z. B. Fach-, Vorarbeiter oder qualifizierte Sachbearbeiter), 1/5 hatte bereits eine höhere berufliche Position (z. B. Meister oder Beamte im gehobenen Dienst), arbeitslos waren nur 3 %. - 60 % der NTS wählen ein zu ihrem Beruf affines Studienfach - zentrale Studienmotive von NTS (berufliche Motive dominieren): Korrektur der ursprünglichen Berufslaufbahn, Wunsch nach beruflichem Aufstieg, Wunsch nach höherem Gehalt, Wunsch nach persönlicher Weiterbildung
Wolter, Kamm, Otto, Dahm &	Nutzung von Daten des Nationalen Bildungspanels, NEPS und der Hochschulsta-	**Studienerfolg von NTS und TS im Vergleich** - Erfolgskriterien: Selbsteingeschätzte Studienleistungen, Studiennoten, Studienfortschritt, Erfolgs- und Schwundquote

Autoren und Jahr	Stichprobe und Methodik	Zentrale Ergebnisse
Kerst (2017)	tistik NTS = Studierende ohne schulische HZB in unterschiedlichen Studiengängen an unterschiedlichen Hochschulen	- NTS schätzen ihre Studienleistungen etwas schlechter ein als TS, vor allem zu Studienbeginn- - Die Studiennoten und der Studienfortschritt (gemessen an der Anzahl der erworbenen Credit Points) fallen bei den NTS ähnlich aus wie bei den TS- - Bei den NTS ist die Schwundquote höher, d. h. die Wahrscheinlichkeit, das Studium erfolgreich zu beenden ist geringer- - Faktoren, die das Abbruchrisiko erhöhen: leistungsbezogene Gründe (geringer selbsteingeschätzter Kenntnisstand, selbsteingeschätzte Erfolgswahrscheinlichkeit), zeitliche und finanzielle Ressourcenengpässe, die Vereinbarkeitsprobleme mit sich bringen (die durch gleichzeitige Erwerbstätigkeit und Familienpflichten entstehen), nichtakademisches Elternhaus - Wenn für die Risikofaktoren kontrolliert wird, haben NTS kein höheres Abbruchrisiko, allerdings treffen die Risikofaktoren bei ihnen häufiger zu.
Zawacki-Richter (2015)	N = 2 339 Studierender (789 = NTS: Fern-/Teilzeitstudierende, berufstätig mit mehr als 19 Std. pro Woche, älter als 30 Jahre) unterschiedlicher Studienfächer an mehreren HS Querschnittstudie, Mittelwertvergleiche (t-Test)	**Mediennutzung von NTS und TS im Vergleich** - NTS nutzen häufiger digitale Lernmaterialien, Lernplattformen und Online-Assessments. - NTS nutzen häufiger virtuelle Veranstaltungen. - NTS haben einen signifikant höheren Bedarf an digitalen und dadurch raum-zeitlich flexiblen Studienangeboten.

BQ = Berufliche Qualifikation, HZB = Hochschulzugangsberechtigung,   NTS = Nicht-traditionelle Studierende, TS = Traditionelle Studierende

Anhang B: Selbst entwickelte Items

Tabelle 43: Skalen zu den institutionellen Determinanten

Lehrqualität	
Skala: Relevanz der Studieninhalte	
REL02	Ich habe die Gelegenheit, eigene Praxiserfahrungen im Studium einzubringen.
Skala: Betreuung durch die Lehrenden	
BET01	Die Studierenden werden intensiv betreut.
BET02	Die Lehrenden schaffen es, gut zu betreuen, obwohl die meisten Studierenden durch die Berufstätigkeit zeitlich eingeschränkt sind.
BET03	Bei Rückfragen sind die Lehrenden gut zu erreichen.
BET04	Auf Anfragen per Mail reagieren die Lehrenden in der Regel innerhalb eines angemessenen zeitlichen Rahmens.

Studienqualität	
Skala: Zeitliche Organisation des Studiums	
ZOR01	Die Termine im Studium werden frühzeitig bekannt gegeben.
ZOR02	Die Terminplanung im Studium ermöglicht Planungssicherheit.
ZOR03	Bei der Terminplanung im Studium herrscht Transparenz und Verbindlichkeit.
ZOR04	Durch die frühzeitige Bekanntgabe der Termine im Studium kann man auch berufliche und private Termine gut planen.
ZOR05	Durch die verbindliche zeitliche Organisation des Studiums gelingt es, Studium und Beruf miteinander zu vereinbaren.
ZOR06	Die zeitliche Organisation des Studiums lässt Spielraum, sodass bei der Zeiteinteilung Flexibilität bleibt.
Skala: Studieneinstieg	
BSE01	Es gab im Vorfeld ausreichend viele Informationsveranstaltungen über das Studium.
BSE02	Es wurde ausreichend Beratung zu den inhaltlichen Anforderungen des Studiums angeboten.
BSE03	Es wurde ausreichend Beratung zum allgemeinen Studienaufbau und -ablauf angeboten.
BSE04	Alle relevanten Informationen waren vor Beginn des Studiums gut

zugänglich.

BSE05   Durch die Angebote zum Studieneinstieg waren die zeitlichen Belastungen, die das Studium mit sich bringt, bereits im Vorfeld bekannt.

BSE06   Durch die Angebote zum Studieneinstieg waren die fachlichen Anforderungen, die das Studium mit sich bringt, bereits im Vorfeld bekannt.

Skala: Beratung

BER01   An meiner Hochschule stehen kompetente Ansprechpartner für die Beratung zur Verfügung.

BER02   Wenn es im Studium Probleme gibt, dann werden auf unkomplizierte Art Lösungen gefunden.

BER03   Bei der Studienverlaufsplanung wird auf die beruflichen und persönlichen Belange der Studierenden eingegangen.

BER04   Die Reaktionszeiten der Beratungspersonen sind angemessen.

BER05   Die Hochschule unterstützt die Studierenden gut bei der Karriereplanung.

BER06   Die Hochschule bietet ausreichend Unterstützung bei der Planung des Studienverlaufs an.

Tabelle 44: Skala zur persönlichen Eingebundenheit

Skala: Persönliche Eingebundenheit	
PEG01	Durch meine privaten Verpflichtungen bin ich zeitlich sehr eingeschränkt.
PEG02	Ich bin stark familiär eingebunden.
PEG03	Durch meine privaten und familiären Angelegenheiten ist meine Flexibilität sehr eingeschränkt.

Tabelle 45: Skala zur Arbeitgeber-Unterstützung

Skala: Intensität der Arbeitgeber-Unterstützung	
BEF01	Insgesamt bin ich mit der Unterstützung meines Arbeitgebers zufrieden.
BEF02	Ich würde mir mehr Unterstützung seitens meines Arbeitgebers wünschen.
BEF03	Ich habe das Gefühl, dass mein Studium positiv durch die Unterstützung meines Arbeitgebers beeinflusst wird.

Tabelle 46: Skalen zur Studierbarkeit

Skala: Fachliche Studierbarkeit

FSB01	Das Anforderungsniveau des Studiums ist für mich passend.
FSB02	Die an mich gestellten Leistungsanforderungen im Studium kann ich gut bewältigen.
FSB03	Es fällt mir nicht schwer, im Studium inhaltlich mitzuhalten.
FSB04	Die Menge an Lernstoff kann ich gut bewältigen.
FSB05	Es fällt mir leicht, allen Studieninhalten zu folgen.
FSB06	Der Umfang der Studieninhalte ist für mich angemessen.

Skala: Strukturelle Studierbarkeit

SSB01	Der Zeitaufwand im Studium in einer normalen Woche lässt sich gut mit Beruf und Privatleben vereinbaren.
SSB02	Der absolute zeitliche Aufwand des Studiums lässt sich innerhalb einer normalen Woche für mich gut bewältigen.
SSB03	Mir gelingt es gut, das Studium zeitlich zu planen.
SSB04	Studium, Beruf und Privatleben lassen sich kurzfristig (innerhalb dieses Semesters) gut zeitlich planen und miteinander vereinbaren.
SSB05	Studium, Beruf und Privatleben lassen sich langfristig (über die Semester hinweg) gut zeitlich planen und miteinander vereinbaren.
SSB06	Die regelmäßigen Zahlungen für das Studium (z. B. Studiengebühren) sind für mich gut aufzubringen.
SSB07	Das Finanzierungsmodell des Studiums lässt sich gut mit meinem Einkommensmodell zusammenbringen.
SSB08	Die unregelmäßig anfallenden Kosten im Studium (z. B. Fahrtkosten, Kosten für Lernmaterialien) kann ich gut aufbringen.
SSB09	Die Zeiten, die ich im Studium an der Hochschule örtlich anwesend sein muss, kann ich gut organisieren.
SSB10	Die räumliche Erreichbarkeit der Veranstaltungen ist für mich, vor meinem beruflichen sowie privaten Hintergrund, gut.
SSB11	Für mich ist die räumliche Organisation des Studiums passend.

Tabelle 47: Skalen zum Studienerfolg

Skala: Studienzufriedenheit	
ZUF01	Insgesamt bin ich mit den Gegebenheiten meines Studiengangs zufrieden.
ZUF02	Wenn ich noch einmal vor der Wahl stehen würde, dann würde ich mich wieder für ein Studium entscheiden.
ZUF03	Wenn ich noch einmal vor der Wahl stehen würde, dann würde ich mich wieder für diesen Studiengang entscheiden.
ZUF04	Ich würde meinen Studiengang einem Bekannten in einer ähnlichen Lebenssituation weiterempfehlen.
Skala: Studienabbruchintention	
STA01	Ich werde mein Studium auf jeden Fall bis zum Abschluss weiterführen.
STA02	Ich denke gelegentlich daran, das Studium ganz aufzugeben.
STA03	Ich habe schon öfter daran gedacht, das Studium abzubrechen.
STA04	Ich denke ernsthaft daran, mein Studienfach zu wechseln.

Anhang C: Ergebnisse der Pilotierung

Tabelle 48: Evaluation des Messmodells (Pilotierung)

Konstrukt	λ (Intervall)*	SMC
Lehrkompetenz (LEK)**	0,608-0,771	≥0,381
Relevanz (REL)	0,639-0,821	≥0,408
Leistungsdruck (LEI)**	0,706-0,825	≥0,498
Betreuung (BET)	0,763-0,831	≥0,582
Zeitliche Organisation (ZOR)**	0,638-0,865	≥0,430
Studieneinstieg (BSE)**	0,791-0,828	≥0,626
Beratung (BER)**	0,614-0,847	≥0,377
Leistungsmotivation (LEM)**	0,882-0,911	≥0,778
Wettbewerbsmotivation (WEM)	0,756-0,933	≥0,572
Berufsbezogene Motivation (BEM)**	0,876-0,938	≥0,767
Studieninteresse (SIN)**	0,776-0,818	≥0,387
Akademisches Selbstkonzept (ASK)	0,610-0,881	≥0,372
Selbstwirksamkeitserwartungen (SWE)	0,680-0,881	≥0,462
Intensität der Arbeitgeber-Unterstützung (BEF)	0,810-0,895***	≥0,656
Fachliche Studierbarkeit (FSB)	0,740-0,839	≥0,548
Strukturelle Studierbarkeit (SSB)	0,622-0,892	≥0,602
Zufriedenheit (ZUF)	0,819-0,892	≥0,671

*Angegeben ist jew. der Betrag der Faktorladungen.
Die Vorzeichen der Faktorladungen entsprechen in allen Fällen den theoretischen Annahamen.
**Es wurden Items selektiert, da sie nicht die Anforderungen an die Güte erfüllten.
***Faktorladungen sind nicht signifikant ($\alpha = 0,10$). In allen übrigen Fällen sind sie signifikant.

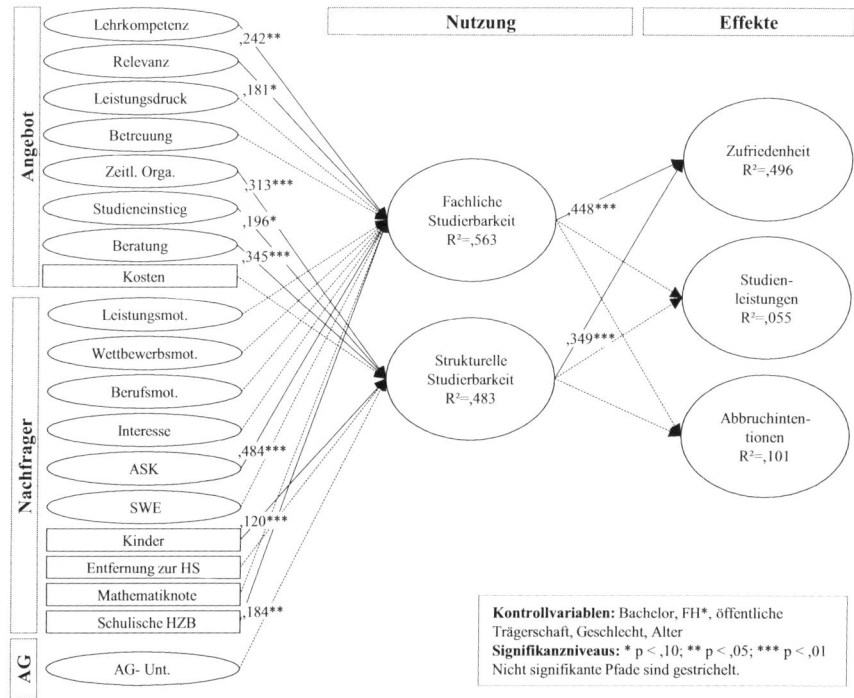

Abbildung 25: Strukturmodell (Pilotierung)

Anhang D: Skalendokumentation

Tabelle 50: Messmodell der Studienqualität mit Einzelitems

Studienqualität:
TLI = 0,973, CFI = 0,981, RMSEA = 0,045, χ^2/df = 2,215

Item	Itemtext	λ	SMC
Zeitliche Organisation (ZOR): α = 0,910, CR = 0,844, AVE = 0,576			
ZOR01	Die Termine im Studium werden frühzeitig bekannt gegeben.	0,832	0,692
ZOR02	Die Terminplanung im Studium ermöglicht Planungssicherheit.	0,929	0,863
ZOR03	Bei der Terminplanung im Studium herrscht Transparenz und Verbindlichkeit.	0,793	0,629
ZOR04	Durch die frühzeitige Bekanntgabe der Termine im Studium kann man auch berufliche und private Termine gut planen.	0,832	0,692
ZOR05*	Durch die verbindliche zeitliche Organisation des Studiums gelingt es, Studium und Beruf miteinander zu vereinbaren.	N. A.	N. A.
ZOR06*	Die zeitliche Organisation des Studiums lässt Spielraum, sodass bei der Zeiteinteilung Flexibilität bleibt.	N. A.	N. A.
Studieneinstieg (BSE): α = 0,830, CR = 0,834, AVE = 0,506			
BSE01	Es gab im Vorfeld ausreichend viele Informationsveranstaltungen über das Studium.	0,601	0,361
BSE02	Es wurde ausreichend Beratung zu den inhaltlichen Anforderungen des Studiums angeboten.	0,814	0,663
BSE03	Es wurde ausreichend Beratung zum allgemeinen Studienaufbau und -ablauf angeboten	0,821	0,674
BSE04	Alle relevanten Informationen waren vor Beginn des Studiums gut zugänglich.	0,687	0,472
BSE05*	Durch die Angebote zum Studieneinstieg waren die zeitlichen Belastungen, die das Studium mit sich bringt, bereits im Vorfeld bekannt.	N. A.	N. A.
BSE06	Durch die Angebote zum Studieneinstieg waren die fachlichen Anforderungen, die das Studium mit sich bringt, bereits im Vorfeld bekannt.	0,599	0,359
Beratung (BER): α = 0,803, CR = 0,811, AVE = 0,522			
BER01	An meiner Hochschule stehen kompetente An-	0,762	0,581

BER02	sprechpartner für die Beratung zur Verfügung. Wenn es im Studium Probleme gibt, dann werden auf unkomplizierte Art Lösungen gefunden.	0,799	0,638
BER03	Bei der Studienverlaufsplanung wird auf die beruflichen und persönlichen Belange der Studierenden eingegangen.	0,560	0,314
BER04	Die Reaktionszeiten der Beratungspersonen sind angemessen.	0,744	0,554
BER05*	Die Hochschule unterstützt die Studierenden gut bei der Karriereplanung.	N. A.	N. A.
BER06*	Die Hochschule bietet ausreichend Unterstützung bei der Planung des Studienverlaufs an.	N. A.	N. A.

Korrelationen:
Cor(ZOR, BSE) = 0,456; Cor(ZOR, BER) = 0,577; Cor(BSE, BER) = 0,703
AVE>Cor²: In allen Fällen gegeben.

χ^2-Differenzentest:

χ^2 (Cor(ZOR, BSE) = 1) = 425,914$\Rightarrow \chi^2$-Δ = 288,560; χ^2 (Cor(ZOR, BER) = 1) = 420,059$\Rightarrow \chi^2$-Δ = 282,705;

χ^2 (Cor(BER, BSE) = 1) = 362,218$\Rightarrow \chi^2$-Δ = 224,864

* Item wurde entfernt. ** Item wurde recodiert.
Anmerkung zu den Faktorladungen (λ): Alle angegebenen Ladungen sind signifikant verschieden von 0 auf einem Signifikanzlevel von 0,001. Die Vorzeichen sind erwartungskonform.

Tabelle 51: Messmodell der Lehrqualität mit Einzelitems

Lehrqualität:			
TLI = 0,942, CFI = 0,956, RMSEA = 0,050, χ^2/df = 2,526			
Item	Itemtext	λ	SMC
Lehrkompetenz (LEK): α = 0,883, CR = 0,883, AVE = 0,486			
LEK01*	In den meisten Lehrveranstaltungen gelingt es den Lehrenden, den Lernstoff gut zu erklären.	N. A.	N. A.
LEK02	Die meisten Lehrenden nehmen die Lehre wichtig.	0,633	0,401
LEK03	Den meisten Lehrenden macht es Spaß zu lehren.	0,714	0,510
LEK04	In den meisten Lehrveranstaltungen ist die inhaltliche Vorgehensweise gut durchdacht.	0,672	0,452
LEK05	In den meisten Lehrveranstaltungen scheinen die Lehrenden viel Interesse am Stoff zu haben.	0,729	0,531
LEK06*	In den meisten Lehrveranstaltungen erleichtert die klare Unterrichtsgestaltung das Lernen.	N. A.	N. A.
LEK07	In den meisten Lehrveranstaltungen sind die Lehrenden inhaltlich gut vorbereitet.	0,696	0,484
LEK08	In den meisten Lehrveranstaltungen scheinen die Lehrenden sehr engagiert zu sein.	0,780	0,608
LEK09*	In den meisten Lehrveranstaltungen wird der Stoff sehr anregend dargeboten.	N. A.	N. A.
LEK10	Normalerweise können die Lehrenden auch komplizierte Sachverhalte verständlich machen.	0,650	0,423
LEK11	Die meisten Lehrenden verfügen über eine große fachliche Kompetenz.	0,691	0,477
Relevanz (REL): α = 0,808, CR = 0,823, AVE = 0,543			
REL01*	Das Wissen, das in den meisten Lehrveranstaltungen vermittelt wird, ist für spätere berufliche Tätigkeiten ziemlich wichtig.	N. A.	N. A.
REL02	Ich habe die Gelegenheit, eigene Praxiserfahrungen im Studium einzubringen.	0,536	0,287
REL03*	Die Themen der meisten Veranstaltungen halte ich für einen wesentlichen Teil meiner beruflichen Qualifikation.	N. A.	N. A.
REL04	Der Stoff wird in meinem Studienfach üblicherweise anhand von Beispielen aus der Praxis erklärt.	0,773	0,598
REL05	In den meisten Veranstaltungen wird die praktische Bedeutsamkeit der behandelten Themen	0,785	0,616

deutlich gemacht.

REL06	In den meisten Veranstaltungen werden Bezüge zwischen Theorie und Praxis hergestellt.	0,818	0,669

Leistungsdruck (LEI): α = 0,697, CR = 0,699, AVE = 0,438

LEI01	In den meisten Lehrveranstaltungen wird sehr viel verlangt.	0,712	0,507
LEI02*	In den meisten Lehrveranstaltungen ist der Lernstoff für viele Studierende zu schwierig.	N. A.	N. A.
LEI03	In den meisten Lehrveranstaltungen steht man ständig unter dem Druck, viel zu arbeiten.	0,681	0,464
LEI04	In den meisten Lehrveranstaltungen wird eine hohe Leistungsbereitschaft erwartet.	0,586	0,343

Betreuung (BET): α = 0,834, CR = 0,807, AVE = 0,517

BET01	Die Studierenden werden intensiv betreut.	0,782	0,612
BET02	Die Lehrenden schaffen es, gut zu betreuen, obwohl die meisten Studierenden durch die Berufstätigkeit zeitlich eingeschränkt sind.	0,855	0,731
BET03	Bei Rückfragen sind die Lehrenden gut zu erreichen.	0,638	0,407
BET04	Auf Anfragen per Mail reagieren die Lehrenden in der Regel innerhalb eines angemessenen zeitlichen Rahmens.	0,566	0,320

Korrelationen:

Cor(LEK, REL) = 0,717; Cor(LEK, LEI) = 0,174; Cor(LEK, BET) = 0,642;
Cor(REL, LEI) = 0,060; Cor(REL, BET) = 0,529; Cor(LEI, BET) = -0,023;
AVE>Cor²: Ist gegeben, bis auf AVE(LEK)<Cor(LEK, REL).

χ^2-Differenzentest:

χ^2 (Cor(LEK, REL) = 1) = 739,346 $\Rightarrow \chi^2$-Δ = 373,053; χ^2 (Cor(LEK, LEI) = 1) = 647,454 $\Rightarrow \chi^2$- Δ = 281,161;

χ^2 (Cor(LEK, BET) = 1) = 694,571 $\Rightarrow \chi^2$-Δ = 328,278; χ^2 (Cor(REL, LEI) = 1) = 645,841 $\Rightarrow \chi^2$-Δ = 279,548;

χ^2 (Cor(REL, BET) = 1) = 653,897 $\Rightarrow \chi^2$-Δ = 287,604; χ^2 (Cor(LEI, BET) = 1) = 648,391 $\Rightarrow \chi^2$-Δ = 282,098

* Item wurde entfernt. ** Item wurde recodiert.
Anmerkung zu den Faktorladungen (λ): Alle angegebenen Ladungen sind signifikant verschieden von 0 auf einem Signifikanzlevel von 0,001. Die Vorzeichen sind erwartungskonform.

Tabelle 52: Messmodell der individuellen Merkmale mit Einzelitems

Individuelle Determinanten: TLI = 0,930, CFI = 0,944, RMSEA = 0,048, χ^2/df = 2,404			
Item	Itemtext	λ	SMC
Leistungsmotivation (LEM): α = 0,708, CR = 0,734, AVE = 0,497			
LEM01	Ich lerne im Studium, weil ich mein Studium erfolgreich abschließen möchte.	0,424	0,180
LEM02	Ich lerne im Studium, weil ich gute Leistungen bringen möchte.	0,842	0,709
LEM03	Ich lerne im Studium, weil ich bei den Prüfungen möglichst gut abschneiden möchte.	0,776	0,602
Wettbewerbsmotivation (WEM): α = 0,872, CR = 0,874, AVE = 0,699			
WEM01	Ich lerne im Studium, weil ich zu den Besten gehören möchte.	0,886	0,785
WEM02	Ich lerne im Studium, weil ich herausragende Leistungen zeigen möchte.	0,839	0,704
WEM03	Ich lerne im Studium, weil ich in den Prüfungen besser abschneiden möchte als andere.	0,779	0,607
berufsbezogene Motivation (BEM): α = 0,865, CR = 0,868, AVE = 0,688			
BEM01	Ich lerne im Studium, um später gute Berufschancen zu haben.	0,781	0,610
BEM02	Ich lerne im Studium, um später einen gut bezahlten Beruf ausüben zu können.	0,868	0,753
BEM03	Ich lerne im Studium, um später ein finanziell abgesichertes Leben führen zu können.	0,837	0,701
Studieninteresse (SIN): α = 0,800, CR = 0,805, AVE = 0,454			
SIN01	Die Beschäftigung mit bestimmten wirtschaftswissenschaftlichen Stoffinhalten wirkt sich positiv auf meine Stimmung aus.	0,616	0,379
SIN02	Wenn ich genügend Zeit hätte, würde ich mich mit wirtschaftswissenschaftlichen Inhalten, auch unabhängig von Prüfungsanforderungen, intensiver beschäftigen.	0,634	0,402
SIN03	Die Beschäftigung mit den Inhalten und Problemen der Wirtschaftswissenschaften gehören zu meinen Lieblingstätigkeiten.	0,680	0,462
SIN04* **	Die Beschäftigung mit wirtschaftswissenschaftlichen Inhalten hat für mich recht wenig mit Selbstverwirklichung zu tun.	N. A.	N. A.

SIN05	Über Inhalte von Betriebswirtschaft zu reden macht mir Spaß.	0,636	0,404
SIN06	Wenn ich in einer Bibliothek oder einem Buchladen bin, schmökere ich gerne in Zeitschriften oder Büchern, die wirtschaftswissenschaftliche Themen ansprechen.	0,788	0,621
SIN07*	Es ist für mich von großer persönlicher Bedeutung, gerade Inhalte aus dem Fach der Betriebswirtschaftslehre studieren zu können.	N. A.	N. A.
SIN08* **	Im Vergleich zu anderen mir sehr wichtigen Dingen (z. B. Hobbys, soziale Beziehungen) messe ich der Betriebswirtschaft eine eher geringe Bedeutung bei.	N. A.	N. A.
SIN09* **	Wenn ich ehrlich sein soll, sind mir die Wirtschaftswissenschaften eher gleichgültig.	N. A.	N. A.

Akademisches Selbstkonzept (ASK): α = 0,842, CR = 0,839, AVE = 0,512

ASK01	In den meisten Lehrveranstaltungen kann ich mich auf meine Begabung verlassen.	0,780	0,608
ASK02*	Ich weiß genau, was ich machen muss, um gute Noten zu bekommen.	N. A.	N. A.
ASK03	In den meisten Lehrveranstaltungen erziele ich aufgrund meiner intellektuellen Begabungen gute Ergebnisse.	0,742	0,551
ASK04*	Auch wenn eine Prüfung sehr schwierig ist, weiß ich, was ich tun muss, um sie zu bestehen.	N. A.	N. A.
ASK05	In den meisten Lehrveranstaltungen vertraue ich auf meine Intelligenz.	0,656	0,430
ASK06	In den meisten Lehrveranstaltungen lerne ich – auch ohne mich anzustrengen – schnell etwas dazu.	0,667	0,445
ASK07*	Auch bei schwierigen Prüfungsvorbereitungen bin ich in der Lage, mich gezielt mit dem Lernstoff auseinanderzusetzen.	N. A.	N. A.
ASK08	Für die meisten Lehrveranstaltungen sind meine Begabungen sehr hilfreich.	0,725	0,526
ASK09*	In den meisten Lehrveranstaltungen erziele ich aufgrund meiner Fähigkeiten gute Leistungsergebnisse.	N. A.	N. A.

Selbstwirksamkeitserwartungen (SWE): α = 0, 806, CR = 0,807, AVE = 0,512

SWE01	Ich bin sicher, auch sehr komplizierte Sachverhalte, die im Studium vorgestellt werden, verstehen zu können.	0,693	0,480
SWE02	Ich traue mir zu, die Anforderungen im Studium hervorragend erfüllen zu können.	0,776	0,602
SWE03	Ich bin ganz sicher, mein Studium mit gutem Erfolg abzuschließen.	0,689	0,475
SWE04	Die Anforderungen im Studium kann ich leicht erfüllen.	0,701	0,491
SWE05*	In Prüfungen schneide ich gut ab, weil ich gute Studierfähigkeiten habe.	N. A.	N. A.
Persönliche Eingebundenheit (PEG): α = 0,812, CR = 0,826, AVE = 0,620			
PEG01	Durch meine privaten Verpflichtungen bin ich zeitlich sehr eingeschränkt.	0,732	0,536
PEG02	Ich bin stark familiär eingebunden.	0,628	0,394
PEG03	Durch meine privaten und familiären Angelegenheiten ist meine Flexibilität sehr eingeschränkt.	0,965	0,931

Korrelationen:

Cor(LEM, WEM) = 0,861; Cor(LEM, BEM) = 0,496; Cor(LEM, SIN) = 0,124; Cor(LEM, ASK) = 0,207; Cor(LEM, SWE) = 0,370; Cor(LEM, PEG) = -0,069; Cor(WEM, BEM) = 0,404; Cor(WEM, SIN) = 0,192; Cor(WEM, ASK) = 0,297; Cor(WEM, SWE) = 0,453; Cor(WEM, PEG) = -0,115; Cor(BEM, SIN) = -0,063; Cor(BEM, ASK) = -0,033; Cor(BEM, SWE) = 0,053; Cor(BEM, PEG) = -0,044; Cor(SIN, ASK) = 0,296; Cor(SIN, SWE) = 0,344; Cor(SIN, PEG) = -0,015; Cor(ASK, SWE) = 0,731; Cor(ASK, PEG) = -0,109; Cor(SWE, PEG) = -0,183

AVE>Cor²: Ist gegeben, bis auf AVE(LEM) und AVE(WEM)<Cor(LEM, WEM)²; AVE(ASK) und AVE(SWE)<Cor(ASK, SWE)²

χ^2-Differenzentest:

χ^2 (Cor(LEM, WEM) = 1) = 656,627⇒ χ^2-Δ = 82,840; χ^2 (Cor(LEM, SIN) = 1) = 1018,064⇒ χ^2-Δ = 444,277;

χ^2 (Cor(LEM, ASK) = 1) = 961,210⇒ χ^2-Δ = 387,423; χ^2 (Cor(LEM, PEG) = 1) = 1020,185⇒ χ^2-Δ = 446,398

χ^2 (Cor(WEM, BEM) = 1) = 839,873⇒ χ^2-Δ = 266,086; χ^2 (Cor(WEM, SIN) = 1) = 893,064⇒ χ^2- Δ = 319,277;

χ^2 (Cor(WEM, ASK) = 1) = 825,733 $\Rightarrow \chi^2$-Δ = 251,946; χ^2 (Cor(WEM, SWE) = 1) = 854,059 $\Rightarrow \chi^2$-Δ = 280,272;

χ^2 (Cor(WEM, PEG) = 1) = 953,700 $\Rightarrow \chi^2$-Δ = 379,913; χ^2 (Cor(SIN, ASK) = 1) = 974,135 $\Rightarrow \chi^2$-Δ = 400,348

χ^2 (Cor(SIN, PEG) = 1) = 1058,931 $\Rightarrow \chi^2$-Δ = 485,144; χ^2 (Cor(ASK, PEG) = 1) = 1072,213 $\Rightarrow \chi^2$-Δ = 498,426

Die Modelle, zu denen keine χ^2-Werte angegeben sind, sind nicht identifiziert.

* Item wurde entfernt. ** Item wurde recodiert.

Anmerkung zu den Faktorladungen (λ): Alle angegebenen Ladungen sind signifikant verschieden von 0 auf einem Signifikanzlevel von 0,001. Die Vorzeichen sind erwartungskonform.

Tabelle 53: Messmodell zur Intensität der Arbeitgeber-Unterstützung mit
Einzelitems

Intensität der Arbeitgeber-Unterstützung* $\alpha = 0,833$, CR $= 0,845$, AVE $= 0,653$			
Item	Itemtext	λ	SMC
BEF01	Insgesamt bin ich mit der Unterstützung meines Arbeitgebers zufrieden.	0,991	0,982
BEF02**	Ich würde mir mehr Unterstützung seitens meines Arbeitgebers wünschen.	0,699	0,489
BEF03	Ich habe das Gefühl, dass mein Studium positiv durch die Unterstützung meines Arbeitgebers beeinflusst wird.	0,698	0,487

* Die globalen Fitwerte können für dieses Konstrukt nicht angeben werden, da für die Berechnung mindestens vier Indikatoren erforderlich sind. Da lediglich ein Konstrukt aus diesem Bereich vorhanden ist, kann ferner die Diskriminanzvalidität nicht beurteilt werden.
** Item wurde recodiert.
Anmerkung zu den Faktorladungen (λ): Alle angegebenen Ladungen sind signifikant verschieden von 0 auf einem Signifikanzlevel von 0,001. Die Vorzeichen sind erwartungskonform.

Tabelle 54: Zweidimensionales Messmodell der Studierbarkeit mit Einzelitems

Studierbarkeit:
TLI = 0,959, CFI = 0,971 RMSEA = 0,051, χ^2/df = 2,596

Item	Itemtext	λ	SMC
Fachliche Studierbarkeit (FSB)			
Bewältigung des Anforderungsniveaus (FSBa): α = 0,723, CR = 0,735, AVE = 0,586			
FSB01	Das Anforderungsniveau des Studiums ist für mich passend.	0,656	0,430
FSB02	Die an mich gestellten Leistungsanforderungen im Studium kann ich gut bewältigen.	0,861	0,741
FSB03*	Es fällt mir nicht schwer, im Studium inhaltlich mitzuhalten.	N. A.	N. A.
Bewältigung des Umfangs der Leistungsanforderungen (FSBb): α = 0,815, CR = 0,817, AVE = 0,599			
FSB04	Die Menge an Lernstoff kann ich gut bewältigen.	0,820	0,672
FSB05	Es fällt mir leicht, allen Studieninhalten zu folgen.	0,712	0,507
FSB06	Der Umfang der Studieninhalte ist für mich angemessen.	0,786	0,618
Strukturelle Studierbarkeit (SSB)			
Zeitliche Bewältigung des Studiums (SSBa): α = 0,874, CR = 0,875, AVE = 0,585			
SSB01	Der Zeitaufwand im Studium in einer normalen Woche lässt sich gut mit Beruf und Privatleben vereinbaren.	0,822	0,676
SSB02	Der absolute zeitliche Aufwand des Studiums lässt sich innerhalb einer normalen Woche für mich gut bewältigen.	0,850	0,723
SSB03	Mir gelingt es gut, das Studium zeitlich zu planen.	0,670	0,449
SSB04	Studium, Beruf und Privatleben lassen sich kurzfristig (innerhalb dieses Semesters) gut zeitlich planen und miteinander vereinbaren.	0,760	0,578
SSB05	Studium, Beruf und Privatleben lassen sich langfristig (über die Semester hinweg) gut zeitlich planen und miteinander vereinbaren.	0,707	0,500
Finanzielle Bewältigung des Studiums (SSBb): α = 0,873, CR = 0,877, AVE = 0,705			

SSB06	Die regelmäßigen Zahlungen für das Studium (z. B. Studiengebühren) sind für mich gut aufzubringen.	0,904	0,817
SSB07	Das Finanzierungsmodell des Studiums lässt sich gut mit meinem Einkommensmodell zusammenbringen.	0,832	0,692
SSB08	Die unregelmäßig anfallenden Kosten im Studium (z. B. Fahrtkosten, Kosten für Lernmaterialien) kann ich gut aufbringen.	0,778	0,605

Räumliche Bewältigung des Studiums (SSBc): α = 0,859, **CR** = 0,871, **AVE** = 0,773

SSB09*	Die Zeiten, die ich im Studium an der Hochschule örtlich anwesend sein muss, kann ich gut organisieren.	N. A.	N. A.
SSB10	Die räumliche Erreichbarkeit der Veranstaltungen ist für mich, vor meinem beruflichen sowie privaten Hintergrund, gut.	0,778	0,605
SSB11	Für mich ist die räumliche Organisation des Studiums passend.	0,970	0,941

Korrelationen:

Cor(FSB, SSB) = 0,866; **AVE>Cor²:** Nicht gegeben.

χ²-Differenzentest:

χ^2 (Cor(FSB, SSB) = 1) = 227,923 ⇒ χ^2-Δ = 9, 857

* Item wurde entfernt. ** Item wurde recodiert.

Anmerkung zu den Faktorladungen (λ): Alle angegebenen Ladungen sind signifikant verschieden von 0 auf einem Signifikanzlevel von 0,001. Die Vorzeichen sind erwartungskonform.

Tabelle 55: Eindimensionales Messmodell der Studierbarkeit mit Einzelitems

Studierbarkeit:
TLI = 0,563, CFI = 0,676 RMSEA = 0,167, χ^2/df = 18,027

Item	Itemtext	λ	SMC
Fachliche Studierbarkeit (FSB): α = 0,854, CR = 0,858, AVE = 0,549			
FSB01	Das Anforderungsniveau des Studiums ist für mich passend.	0,609	0,371
FSB02	Die an mich gestellten Leistungsanforderungen im Studium kann ich gut bewältigen.	0,781	0,610
FSB03*	Es fällt mir nicht schwer, im Studium inhaltlich mitzuhalten.	N. A.	N. A.
FSB04	Die Menge an Lernstoff kann ich gut bewältigen.	0,811	0,658
FSB05	Es fällt mir leicht, allen Studieninhalten zu folgen.	0,706	0,498
FSB06	Der Umfang der Studieninhalte ist für mich angemessen.	0,786	0,608
Strukturelle Studierbarkeit (SSB): α = 0,830, CR = 0,818, AVE = 0,341			
SSB01	Der Zeitaufwand im Studium in einer normalen Woche lässt sich gut mit Beruf und Privatleben vereinbaren.	0,638	0,799
SSB02	Der absolute zeitliche Aufwand des Studiums lässt sich innerhalb einer normalen Woche für mich gut bewältigen.	0,679	0,824
SSB03	Mir gelingt es gut, das Studium zeitlich zu planen.	0,465	0,682
SSB04	Studium, Beruf und Privatleben lassen sich kurzfristig (innerhalb dieses Semesters) gut zeitlich planen und miteinander vereinbaren.	0,576	0,759
SSB05	Studium, Beruf und Privatleben lassen sich langfristig (über die Semester hinweg) gut zeitlich planen und miteinander vereinbaren.	0,496	0,704
SSB06	Die regelmäßigen Zahlungen für das Studium (z. B. Studiengebühren) sind für mich gut aufzubringen.	0,107	0,327
SSB07	Das Finanzierungsmodell des Studiums lässt sich gut mit meinem Einkommensmodell zusammenbringen.	0,098	0,313
SSB08	Die unregelmäßig anfallenden Kosten im Studium (z. B. Fahrtkosten, Kosten für Lernmaterialien) kann ich gut aufbringen.	0,114	0,337

SSB09*	Die Zeiten, die ich im Studium an der Hochschule örtlich anwesend sein muss, kann ich gut organisieren.	N. A.	N. A.
SSB10	Die räumliche Erreichbarkeit der Veranstaltungen ist für mich, vor meinem beruflichen sowie privaten Hintergrund, gut.	0,099	0,314
SSB11	Für mich ist die räumliche Organisation des Studiums passend.	0,140	0,374

Korrelationen:
Cor(FSB, SSB) = 0,682; **AVE>Cor²**: Nicht gegeben.

* Item wurde entfernt. ** Item wurde recodiert.

Anmerkung zu den Faktorladungen (λ): Alle angegebenen Ladungen sind signifikant verschieden von 0 auf einem Signifikanzlevel von 0,001. Die Vorzeichen sind erwartungskonform.

Tabelle 56: Messmodell des Studienerfolgs mit Einzelitems

Studienerfolg
TLI = 0,917, CFI = 0,956, RMSEA = 0,079, χ^2/df = 4,821

Item	Itemtext	λ	SMC
Zufriedenheit (ZUF): α = 0,821, CR = 0,825, AVE = 0,544			
ZUF01	Insgesamt bin ich mit den Gegebenheiten meines Studiengangs zufrieden.	0,629	0,396
ZUF02	Wenn ich noch einmal vor der Wahl stehen würde, dann würde ich mich wieder für ein Studium entscheiden.	0,677	0,458
ZUF03	Wenn ich noch einmal vor der Wahl stehen würde, dann würde ich mich wieder für diesen Studiengang entscheiden.	0,812	0,659
ZUF04	Ich würde meinen Studiengang einem Bekannten in einer ähnlichen Lebenssituation weiterempfehlen.	0,815	0,664
Studienabbruchintentionen (STA): α = 0,721, CR = 0,737, AVE = 0,442			
STA01**	Ich werde mein Studium auf jeden Fall bis zum Abschluss weiterführen.	0,390	0,152
STA02	Ich denke gelegentlich daran, das Studium ganz aufzugeben.	0,865	0,748
STA03	Ich habe schon öfter daran gedacht, das Studium abzubrechen.	0,839	0,704
STA04	Ich denke ernsthaft daran, mein Studienfach zu wechseln.	0,407	0,166

Korrelation:
Cor(ZUF, STA) = -0,465; **AVE>Cor²:** In beiden Fällen gegeben.
χ^2-**Differenzentest:** Nicht durchführbar, weil das restringierte Modell nicht identifiziert ist.
* Item wurde entfernt. ** Item wurde recodiert.
Anmerkung zu den Faktorladungen (λ): Alle angegebenen Ladungen sind signifikant verschieden von 0 auf einem Signifikanzlevel von 0,001. Die Vorzeichen sind erwartungskonform.

Anhang E: Ergebnisse der Haupterhebung

Tabelle 57: Analyse der fehlenden Werte bei den Indikatorvariablen

Analyse der fehlenden Werte an der Gesamtstichprobe (N = 612)

Indikator	Anzahl	Anteil	Indikator	Anzahl	Anteil
ZOR01	0	0,000	SIN02	2	0,003
ZOR02	3	0,005	SIN03	3	0,005
ZOR03	2	0,003	SIN04	2	0,003
ZOR04	0	0,000	SIN05	1	0,002
ZOR05	2	0,003	SIN06	3	0,005
ZOR06	1	0,002	SIN07	3	0,005
BSE01	2	0,003	SIN08	3	0,005
BSE02	4	0,007	SIN09	2	0,003
BSE03	3	0,005	ASK01	2	0,003
BSE04	1	0,002	ASK02	3	0,005
BSE05	3	0,005	ASK03	5	0,008
BSE06	5	0,008	ASK04	4	0,007
BER01	2	0,003	ASK05	0	0,000
BER02	5	0,008	ASK06	1	0,002
BER03	6	0,010	ASK07	6	0,010
BER04	8	0,013	ASK08	4	0,007
BER05	28	0,046	ASK09	4	0,007
BER06	15	0,025	SWE01	0	0,000
LEK01	0	0,000	SWE02	0	0,000
LEK02	4	0,007	SWE03	0	0,000
LEK03	6	0,010	SWE04	1	0,002
LEK04	6	0,010	SWE05	5	0,008
LEK05	7	0,011	PEG01	0	0,000
LEK06	7	0,011	PEG02	2	0,003
LEK07	5	0,008	PEG03	2	0,003
LEK08	6	0,010	BEF01	33	**0,054**
LEK09	5	0,008	BEF02	28	0,046
LEK10	5	0,008	BEF03	44	**0,072**
LEK11	4	0,007	FSB01	2	0,003
REL01	6	0,010	FSB02	5	0,008
REL02	3	0,005	FSB03	4	0,007
REL03	7	0,011	FSB04	2	0,003
REL04	3	0,005	FSB05	3	0,005
REL05	4	0,007	FSB06	2	0,003

REL06	3	0,005	SSB01	0	0,000
LEI01	3	0,005	SSB02	2	0,003
LEI02	5	0,008	SSB03	2	0,003
LEI03	4	0,007	SSB04	5	0,008
LEI04	2	0,003	SSB05	3	0,005
BET01	5	0,008	SSB06	6	0,010
BET02	6	0,010	SSB07	7	0,011
BET03	6	0,010	SSB08	6	0,010
BET04	8	0,013	SSB09	3	0,005
LEM01	0	0,000	SSB10	2	0,003
LEM02	1	0,002	SSB11	2	0,003
LEM03	1	0,002	ZUF01	0	0,000
WEM01	1	0,002	ZUF02	3	0,005
WEM02	0	0,000	ZUF03	3	0,005
WEM03	0	0,000	ZUF04	2	0,003
BEM01	1	0,002	STA01	2	0,003
BEM02	2	0,003	STA02	6	0,010
BEM03	7	0,011	STA03	7	0,011
SIN01	1	0,002	STA04	6	0,010

Tabelle 59: Vollständige Ergebnisse der Mediatoranalyse

Mediator: Fachliche Studierbarkeit (FSB)

AV: Studienzufriedenheit (ZUF)

UV	c	a	b	c'	a*b	Ergebnis
LEK	0,447***	0,136***	0,245***	0.268***	0,042***	Partiell
REL	0,371***	0,061	0,274***	0,209***	0,019	-
LEI	-0,134	-0,209***	0,308***	0,046	-0,061***	Vollst.
BET	0,428***	0,073**	0,300***	0,235***	0,022*	Partiell
LEM	0.222***	0,120***	0,274***	0,100**	0,036***	Partiell
WEM	0.170***	-0,054	0,282***	0,072*	-0,016	-
BEM	0.091	-0,023	0,296***	0,056*	-0,006	-
SIN	0,256***	0,083***	0,275***	0,092**	0,024**	Partiell
ASK	0,208***	0,132***	0,328***	-0,060	0,039***	Vollst.
SWE	0,255***	0,424***	0,356***	-0,091*	0,127***	Partiell
Mathe-Note	-0,063	-0,016	0,302***	0,024	-0,005	-
Schul. HZB	0,010	0,029	0,301***	-0,046	0,009	-

AV: Studienabbruchintention (STA)

UV	c	a	b	c'	a*b	Ergebnis
LEK	-0,168***	0,136***	-0,228***	0,036	-0,033***	Vollst.
REL	-0,182***	0,066*	-0,277***	-0,068	-0,015	-
LEI	0,157***	-0,204***	-0,224***	0,059	0,048***	Vollst.
BET	-0,145***	0,074*	-0,234***	-0,013	-0,018*	Vollst.
LEM	-0,265***	0,120***	-0,193***	-0,179***	-0,029**	Partiell
WEM	-0,183***	-0,054	-0,216***	-0,089*	0,013	-
BEM	-0,131*	-0,022	-0,233***	-0.065	0,005	-
SIN	0,133	0,080**	-0,236***	0,077	-0,019**	-
ASK	-0,236***	0,132***	-0,229***	-0,015	-0,031***	Vollst.
SWE	-0,300***	0,420***	-0,164***	-0,122**	-0,100***	Partiell
Mathe-Note	0,143***	-0,016	-0,227***	0,093	0,004	-

Schulische HZB	-0,016	0,029	-0,236***	0,007	-0,007	-

AV: Studienleistungen (STL)

UV	c	a	b	c'	a*b	Ergebnis
LEK	-0,146***	0,138***	-0,308***	0.001	-0,043***	Vollst.
REL	-0,194***	0,062*	-0,305***	-0,029	-0,019	-
LEI	0,093**	-0,203***	-0,300***	0,047	0,063***	Vollst.
BET	-0,078*	0,074**	-0,317***	0,064	-0,023*	Vollst.
LEM	-0,361***	0,105***	-0,242***	-0,271***	-0,037***	Partiell
WEM	-0,440***	-0,054	-0,226***	-0,345***	0,017	-
BEM	-0,100**	-0,024	-0,303***	-0,069*	0,006	-
SIN	-0,021	0,080***	-0,322***	0,052	-0,025**	-
ASK	-0,308***	0,133***	-0,243***	-0,142***	-0,041***	Partiell
SWE	-0,438***	0,421***	-0,124**	-0,303***	-0,131***	Partiell
Mathe-Note	0,294***	-0,016	-0,289***	0,217***	0,005	-
Schul. HZB	-0,059	0,026	-0,308***	-0,052	-0,009	-

Mediator: Strukturelle Studierbarkeit (SSB)

AV: Studienzufriedenheit (ZUF)

UV	c	a	b	c'	a*b	Ergebnis
ZOR	0,430***	0,269***	0,243***	0,262***	0,091***	Partiell
BSE	0,479***	0,143***	0,270***	0,301***	0,048***	Partiell
BER	0,467***	0,075*	0,258***	0,306***	0,025*	Partiell
Kosten	-0,077	-0,040	0,331***	-0,043	-0,013	-
PEG	-0,180***	-0,203***	0,342***	-0,042	-0,068***	Vollst.
Entfernung HS	-0,083	-0,164***	0,335***	0,038*	-0,055***	-
BEF	0,001	0,156***	0,344***	-0,039	0,053***	-

AV: Studienabbruchintentionen (STA)

UV	c	a	b	c'	a*b	Ergebnis
ZOR	-0,126***	0,271***	-0,142***	-0,009	-0,039***	Vollst.

	c	a	b	c'	a*b	Ergebnis
BSE	-0,177***	0,144***	-0,134***	-0,052	-0,021**	Vollst.
BER	-0,153***	0,075*	-0,138***	-0,028	-0,011	-
Kosten	-0,054	-0,040	-0,144***	0,013	0,006	-
PEG	0,134***	-0,202***	-0,134***	0,047	0,030***	Vollst.
Entfernung HS	0,107	-0,164***	-0,141***	0,032	0,024**	-
BEF	-0,110	0,157***	-0,149***	0,017	-0,024**	-

AV: Studienleistungen (STL)

UV	c	a	b	c'	a*b	Ergebnis
ZOR	-0,093**	0,271***	0,027	0,026	0,010	-
BSE	-0,479***	0,144***	0,039	-0,012	0,005	-
BER	-0,092**	0,076*	0,025	0,036	-0,003	-
Kosten	-0,165***	-0,040	0,032	-0,044*	-0,001	-
PEG	0,152***	-0,201***	0,034	0,106***	-0,007	-
Entfernung HS	-0,018	-0,164***	0,036	-0,017	-0,006	-
BEF	-0,133***	0,157***	0,051	-0,068*	0,006	-

Signifikanzniveaus (zweiseitig): * p < ,10; ** p < ,05; *** p < ,01
UV = Unabhängige Variable, AV =Abhängige Variable, Partiell=Partielle Mediation, Vollst. = Vollständige Mediation

Zu dieser Arbeit gehören weitere Anhänge, die nicht mit veröffentlicht werden. Bei Interesse wenn Sie sich an die Autorin.

Druck:
Customized Business Services GmbH
im Auftrag der KNV-Gruppe
Ferdinand-Jühlke-Str. 7
99095 Erfurt